CAMBRIDGE LIBRARY COLLECTION

Books of enduring scholarly value

Religion

For centuries, scripture and theology were the focus of prodigious amounts of scholarship and publishing, dominated in the English-speaking world by the work of Protestant Christians. Enlightenment philosophy and science, anthropology, ethnology and the colonial experience all brought new perspectives, lively debates and heated controversies to the study of religion and its role in the world, many of which continue to this day. This series explores the editing and interpretation of religious texts, the history of religious ideas and institutions, and not least the encounter between religion and science.

Geschichte des Urchristenthums

A keen student of theology, August Friedrich Gfrörer (1803–61) became professor of history at the University of Freiburg and also sat as a representative in the Frankfurt parliament, agitating for the reunification of Protestantism and Catholicism. This three-volume work, published in 1838, may be regarded as marking the beginning of the modern period in the Christian study of Judaism. Gfrörer was the first scholar who attempted to recount the history of Palestinian Judaism at the time of Jesus by using primary source material and without pursuing an obvious apologetic or polemic agenda. More than 2,000 pages in length, the work is a formidable scholarly achievement of lasting value in the field of religious studies. Volume 3 is dedicated to an exploration of the Gospel of John. According to Gfrörer, the dogma of God's transcendence is fundamental to both Judaism and Christianity, as told in the Gospel of John.

Geschichte des Urchristenthums

VOLUME 3:
DAS HEILIGTHUM UND DIE WAHRHEIT

AUGUST FRIEDRICH GFRÖRER

CAMBRIDGE
UNIVERSITY PRESS

CAMBRIDGE UNIVERSITY PRESS

Cambridge, New York, Melbourne, Madrid, Cape Town,
Singapore, São Paolo, Delhi, Mexico City

Published in the United States of America by Cambridge University Press, New York

www.cambridge.org
Information on this title: www.cambridge.org/9781108053686

© in this compilation Cambridge University Press 2012

This edition first published 1838
This digitally printed version 2012

ISBN 978-1-108-05368-6 Paperback

Geschichte

des

Urchristenthums,

durch

A. Fr. Gfrörer,
Professor, Bibliothekar in Stuttgart.

III. Haupttheil.

———•❈•———

Stuttgart.
E. Schweizerbart's Verlagshandlung.
1838.

Das Heiligthum und die Wahrheit,

durch

A. Fr. Gfrörer,
Profeſſor, Bibliothekar in Stuttgart.

Κτῆμα εἰς ἀεὶ μᾶλλον, ἢ ἀγώνισμα εἰς τὸ παραχρῆμα. **Thucydides I, 22.**

Stuttgart.
E. Schweizerbart's Verlagshandlung.
1838.

Inhalt.

———

———

Drittes Buch.

—

Das
Heiligthum und die Wahrheit.

—

Von Zion geht aus die Lehre, und das Wort des
Herrn von Jerusalem.

Jesaias II, 3.

Erstes Kapitel.

Der Gottessohn.

Seit Schleiermacher ist der Gebrauch unter uns aufgekommen, alte kirchliche Ausdrücke in der Art anzuwenden, daß denselben ein neuer Sinn untergeschoben wird. Die Absicht Derer, welche sich dieses Kunstgriffs bedienen, geht manchmal darauf aus, Unwissende durch den Schein der Rechtgläubigkeit zu täuschen. Da ich fürchte, man möchte argwöhnen, ich hätte selbst zu ähnlichem Zwecke den Ausdruck Gottes Sohn vorangestellt, so muß ich mit einer Begriffsbestimmung beginnen. Ich verstehe unter Gottes Sohn nicht das metaphysische, menschlicher Erfahrung ferne liegende Wesen der hergebrachten Dogmatik, sondern ich bezeichne damit die sittliche und geistige Vollkommenheit, durch welche sich Christus von anderen Menschen unterscheidet. Dieser Gebrauch des Worts ist nicht neu. In einem ähnlichen Sinne wird dasselbe von Jesus selbst angewendet, Johannis X, 34 u. flg. Wundern muß man sich nun, daß gerade dieser höchste und wichtigste Theil der ganzen evangelischen Geschichte am Leichtesten und Sichersten erhärtet werden kann. Zum Behufe des Beweises schlage ich folgenden Gang ein.

Mag man sämmtliche Evangelien auch für noch so sagenhafte und unlautere Berichte halten, so muß doch der übertriebenste Zweifel drei Punkte zugestehen: Erstens, daß ein Mann,

1 *

welcher Jesus hieß und von Vielen für Christus, d. h. für
den Messias angesehen ward, wirklich zur Zeit des Kaisers
Tiberius im jüdischen Lande gelebt hat; zweitens, daß er gekreuzigt wurde; drittens, daß er den Tod nicht auf freien
Antrieb der römischen Obrigkeit jener Provinz, oder genauer
gesprochen, des Landvogts Pontius Pilatus, sondern in
Folge gewisser Anklagen und Ränke einer mächtigen Partei
unter seinem eigenen Volke erlitten hat. Zum Beweise der
beiden ersten Punkte braucht man sich nicht einmal auf die
Evangelien zu berufen, das einfache Zeugniß des römischen
Geschichtsschreibers genügt: *) auctor nominis ejus (Chri-
stianorum) Christus, Tiberio imperitante, per procuratorem Pontium Pilatum supplicio affectus erat. Nicht minder sicher ist der dritte Punkt, daß Jesus nicht durch die freie
Gewaltthat des römischen Landvogts den Tod erlitten hat,
sondern daß er dem Hasse seiner eigenen Landsleute erlegen
ist, daß somit der Arm des Römers nur das Werkzeug war,
während der Antrieb zur That von den Juden ausging. Denn
erstlich stimmen hierüber sämmtliche Evangelien, Johannes wie
die Synoptiker, überein, was nach den oben entwickelten Grundsätzen an sich ein beachtenswerther Fingerzeig der Wahrheit ist.
Zweitens, wenn man sagen wollte, irgend ein jüdisches Vorurtheil sey an der fraglichen Uebereinstimmung schuld, und sie
habe darum kein Gewicht: so wäre dieser Einfall ganz aus
der Luft gegriffen, das Gegentheil läßt sich vielmehr mit überzeu-
gender Kraft darthun. Die alte Sage, welche den Berichten
der Synoptiker zu Grunde liegt, stammt von Juden her, und
zwei der Evangelisten, der erste und der vierte, waren ohne
Zweifel Juden. Nun ist bekannt, daß den Mitgliedern dieser
Nation Haß gegen die Fremden, namentlich gegen ihre damaligen Unterdrücker, die Römer, und Zuneigung für die
Stammgenossen gleichsam angeboren war. Hiefür spricht ihre

---

*) Tacitus, Annal. XV, 44.

ganze Geschichte, wenn auch nicht das ausdrückliche Zeugniß des Römers hinzukäme: *) apud ipsos obstinata fides, misericordia in promtu, sed adversus omnes alios hostile odium. Die ältesten Christen theilten, als von den Juden ausgegangen, diese Gefühle. Bürge dafür einerseits die Briefe Pauli, besonders der an die Römer gerichtete, andererseits die Offenbarung Johannis, in der ein glühendes Rachegefühl gegen Rom sich Luft macht. Bei solcher Gemüthsstimmung ist es rein undenkbar, daß die urchristliche Ueberlieferung, ohne historischen Grund, nicht auf den Römer Pilatus, sondern auf das Haupt des eigenen Volks die Schuld des an Christo verübten Mordes wälzen sollte. Hätte Pilatus auch nur entfernt den Anlaß dazu gegeben, so würde der Fluch des Evangeliums ihn und seine Nation, die ohnedieß jedem Juden ein Gegenstand gerechten Hasses war, und nicht die eigenen Landsleute treffen. Wir sind also auf alle Weise genöthigt, den Evangelien in diesem Punkte Recht zu geben, d. h. einzugestehen, daß die Hinrichtung Christi nicht auf dem Landvogt, sondern auf einer jüdischen Partei laste. Auch hat in der That, so viel ich weiß, noch Niemand die Wahrheit dieser Angabe bezweifelt. Ich fordere jedoch meine Gegner, d. h. die Mythiker auf, sich wohl vorzusehen, ehe sie jenen Satz zugeben, denn ich erkläre zum Voraus, daß er den Grundstein meines Beweises bildet. Von Nun an folgt historischer Schluß auf Schluß, die alle mit unzerreißbaren Ketten aneinander geheftet sind, so daß sie später in meine Phalanx nicht mehr einbrechen können. Die Wurzel müssen sie angreifen, sonst habe ich gewonnenes Spiel. Also es sey! Auf Pilatus falle die Schuld vom gewaltsamen Tode Jesu, nicht auf die Juden, und jene Uebereinstimmung der Evangelien über das Gegentheil, obgleich sie, allen Erfahrungen gemäß, den Vorurtheilen der Christen und Juden zuwider lauft, beruhe dennoch auf einem — uns sonst nicht mehr erforschbaren

---

*) Tacitus, Histor. V, 5.

Wahne, — also auf einer unbekannten Größe! Offenbär be=
ruft sich, wer so spricht, auf ein Nichts. Dennoch, so unstatt=
haft auch ein solches Verfahren ist, will ich die Gegner nicht
auf dieser Seite angreifen, sondern ich führe einen neuen Ge=
währsmann gegen sie in die Schranken, welcher wie ein Augen=
zeuge betrachtet werden muß. Paulus redet im ersten Briefe
an die Thessalonicher II, 14, 15, die Christen in der ebenge=
nannten Stadt mit folgenden Worten an: „Lieben Brüder, ihr
seyd Nachfolger worden der Gemeinden Gottes in Judäa,
indem ihr Dasselbe von euren Stammgenossen erdulden mußtet,
was jene (die Gemeinden in Judäa) von den Juden erdulbeten,
welche den Herrn Jesum Christum, wie auch ihre
übrigen Propheten, gemordet haben," ταῦτὰ ἐπάϑετε
καὶ ὑμεῖς ὑπὸ τῶν ἰδίων συμφυλετῶν, καϑὼς καὶ αὐτοὶ
ὑπὸ τῶν Ἰεδαίων, τῶν καὶ τὸν Κύριον ἀποκτεινάντων Ἰησοῦν
καὶ τοὺς ἰδίες προφήτας. Also Paulus bezeugt es mit dür=
ren Worten daß die Juden die Schuld von der Hinrichtung
des Herrn trägen. Und Paulus kannte die Begleiter Jesu;
Petrus, Jakobus, Johannes und die Anderen sehr genau, denn
sie waren seine Mitapostel; auch dürfen wir getrost annehmen,
daß er sich bei ihnen und Anderen nach den Schicksalen des
Herrn erkundigt habe; denn das Gegentheil behaupten, hieße
ihm allen Verstand, oder alle Theilnahme für das Christen=
thum absprechen, zwei Voraussetzungen, von denen die eine so
dumm und abgeschmackt ist, als die andere. Folglich gilt seine
Aussage so viel als die eines Augenzeugen, und zwar eines
verständigen, wahrheitsliebenden. Folglich gränzt es an Ver=
rücktheit, obigen Satz ferner bestreiten zu wollen.

Ist aber Jesus der Christ, oder der Messias, dem Hasse
einer mächtigen Partei unter seinen eigenen Landsleuten erlegen,
so unterscheidet er sich in dem Punkte aufs Schärfste von allen
anderen, durch die Geschichte bekannten Männern, welche als
Messiasse unter den Juden aufgetreten sind. Denn alle diese

zusammen fanden ihren Tod durch den Arm der weltlichen Obrigkeit, unter deren Joche jeweilig die Juden standen: durch die Römer, durch die Perser, durch die Ismacliten, die Sultane von Konstantinopel, die deutschen Kaiser. Die Geschichtbücher des Josephus sind voll von Aufständen, welche, obgleich jener Jude ihre wahre Farbe zu verhüllen sucht, alle den messianischen Charakter trugen. Von Augustus Tagen bis zu denen Nero's folgte eine Empörung auf die andere, und man darf sicher seyn, daß die Anführer einer jeden dieser Bewegungen sich für den Messias erklärten, oder in seinem Auftrage zu handeln vorgaben. Wie benahmen sich dabei die Römer? Man schickte einige Cohorten hinaus an den Ort, wo die Aufrührer sich versammelt hatten, und hieb sie wie zum Spaße nieder. Die Art, in welcher die damaligen Herren der Welt sich in solchen Fällen gegen die Juden betrugen, läßt sich nur mit dem Verfahren der brittischen Lords in Ostindien vergleichen. Mehrere von Lezteren sind durch die fürchterliche Kaltblütigkeit berühmt geworden, mit der sie Tausende von bewaffneten Hindus ohne Noth in die Pfanne hauen ließen, oder andere Tausende Unbewaffneter Hungers sterben sahen. Doch ist auch der stolzeste Sieger in Indien durch das Parlament zu London beaufsichtigt, in welchem die Stimme wahrhaft christlicher Gesinnung sich gegen solche Greuel erhebt, oder Neid und andere unlautere Triebfedern der Art die Maske des Christenthums vornehmen, um jenen Uebermüthigen den Daumen aufs Auge zu drücken. Einen solchen Damm kalter Menschenverachtung gab es nicht einmal für die Willkür römischer Profonsularen; weit schutzloser, als die Hindus, standen die Provinzialen überhaupt, besonders die Juden da, der geringste Verdacht von Empörungslust genügte, um Jedem den Kopf vor die Füße zu legen. Es ist ein merkwürdiges Zeugniß auf uns gekommen, aus welchem man zugleich ersieht, wie die Römer gegen die Juden gesinnt waren, und wie sie mit ihnen umsprangen.

Tacitus sagt [*)] von der Regierung Tibers: actum et de saeris: aegyptiis judaicisque pellendis, factumque Patrum consultum, ut quatuor millia libertini generis ea superstitione infecta, quibus idonea aetas, in insulam Sardiniam veherentur, coërcendis illic latrociniis, et si ob gravitatem cueli interiissent, *vile damnum.* Welche blutige Verachtung des jüdischen Namens liegt in diesen zwei Worten! Der wilde Haß gegen alles Fremde, welcher in der Brust jedes Juden kochte, erregte den Widerwillen der Römer, der Mangel an soldatischem Geiste, welcher die Kinder Israel damals wie jezt auszeichnete, der lächerliche Widerspruch zwischen den großen politischen Hoffnungen, mit denen sie sich blähten, und den Mitteln der Ausführung machte sie den Herren der Welt im höchsten Grade verächtlich. Beide Empfindungen zusammen brachten jene schnöde Behandlung hervor. So verhielt es sich nun mit den kleineren messianischen Aufständen, welche laut Zeugnissen des Josephus dem Kriege unter Vespasian vorangingen. Immer bewies der Römer mit dem Schwerte, daß der erwartete Messias noch nicht gekommen sey, er spielte durchaus die Rolle des Gegenkämpfers, des blutigen Widerlegers. Eine ernstere Wendung nahm die Sache mit Ausbruch des Krieges unter Titus, aber der Kern blieb derselbe. Im Namen des Messias wurde das Banner der Empörung von den Juden erhoben und die Anführer erklärten sich für den Gesalbten selbst, oder für seine Unterfeldherren. Kampf gegen die weltliche Gewalt, unter deren Joch Juda sich befand, war die nächste und nothwendige Folge des Wahns, daß die Zeit des Messias endlich gekommen. Nur kostete derselbe dießmal unendlich schwerere Opfer. Durch die Trümmer der Hauptstadt und des Tempels, durch den Untergang des Volks, im Blute von Tausenden, wurde der Rechnungsfehler dargethan.

[*)] Annalen II, 85. Die Libertiner, die hier vorkommen, sind dieselben mit den Apostelgesch. VI, 9 erwähnten.

Judäa glich einer Wüste, aber nach 50 Jahren wiederholten sich die nämlichen Gräuel; der neue Judenmessias Barchochba erlag, nachdem er eine Million seiner Landsleute ins Verderben gestürzt, zulezt dem Schwerte der Römer. Jezt war die Kraft zu neuen messianischen Versuchen, wenigstens im Stamm= lande Judäa, gebrochen, nicht jedoch in fremden Provinzen, wo Israeliten unter dem Scepter anderer Könige lebten. Der Leser möge mir ein wenig durch die jüdische Geschichte folgen; Eisenmenger sey unser Führer. *) Im Jahr 1137 der christlichen Zeitrechnung gab sich ein Jude in Frankreich für den Messias aus. Mit welchem Erfolge? darüber wollen wir das Zeugniß des berühmten Maimonides, seines Zeitgenossen, abhören: In seiner Schrift Iggereth Hatteman erzählt Lezterer: * „Ein Jude ist in Frankreich aufgestanden, welcher sprach, ich bin der Messias, auch hat derselbige nach der (übrigen Juden) Meinung Wunder verrichtet. Allein die Franzosen schlugen ihn todt, und rotteten zugleich mit ihm ganze Judengemeinden aus." Nach dem Bericht desselben Ge= währsmannes erhob sich 30 Jahre früher zu Cordova in Spa= nien ein anderer Judenmessias, wegen welcher Bewegung nach der Aussage des Buches Scheveth Jehuda: „bald ganz Israel von den Gojim umgebracht worden wäre". Weiter erzählt Maimonides ebendaselbst: „Also ist auch ein Mann gegen Sonnenuntergang im Lande Fez vor 45 Jahren erstanden, welcher aussagte, daß er der Bote und Gesandte des Messias sey, und den Juden verkündigte, der Gesalbte werde noch in selbigem Jahre erscheinen. Es ist aber seine Aussage nicht erfüllt worden, sondern den Israeliten erfuhr seinet= wegen großes Leid." Noch drolliger ist eine Geschichte, welche Maimonides in einem Briefe an seine Glaubensgenossen

---

*) Entdecktes Judenthum II, 654 u. flg. Wenn auch manche Einzelnheiten in seinem Berichte nicht gehörig verbürgt sind, so ist doch das Ganze wahr.

**) Seite 127 d. der Amsterdamer Ausgabe.

zu Marseille erzählt: „Vor 22 Jahren erhob sich ein Jude in Arabien, welcher vorgab, er sey der Gesandte des Messias, und dazu bestimmt, den Weg vor dessen Ankunft zu bereiten, auch behauptete er, der Gesalbte werde sich im Lande gegen Mittag offenbaren. Viel Volk, Araber und Juden, versammelte sich um diesen Mann, und er lief mit ihnen auf den Bergen herum, verführte die Menschen, indem er stets sagte: kommt mit mir und laßt uns dem Messias entgegen ziehen, denn er hat mich zu euch gesendet, den Weg vor ihm zu bereiten. — Nach Verfluß eines Jahres ward aber derselbe gefangen, worauf seine Anhänger davon flohen. Einer von den arabi=schen Königen, die ihn überwältigt, sprach zu ihm: Warum hast du dieß gethan? Der Jude antwortete: In Wahrheit mein Herr König! Gott hat mir den Befehl dazu gegeben. Weiter sagte der König: was für ein Zeichen weisest du auf? Der Jude entgegnete: Mein Herr König, laß mir den Kopf ab=hauen, so werde ich darnach wieder lebendig, und seyn, wie ich zuvor gewesen bin. Alsbald befahl der König, ein Schwert herbei zu bringen und ihm den Kopf abzuschlagen. Dieß ge=schah, aber der Jude blieb todt. Indeß,“ fügt Maimonides bei, „gibt es daselbst noch immer dumme Leute genug, welche wäh=nen, der Getödtete werde wieder ins Leben kehren und aus seinem Grabe auferstehen.“ Rabbi Gedaliah erzählt in sei=nem Buche Schalscheleth Hakkabala S. 34, a.: „Ums Jahr 1174 habe sich ein Jude in Persien für den Messias ausgegeben, was, wie die Quelle beifügt, viel Trübsal über Israel brachte.“ Man bemerke, daß alle diese Bewegungen unter den Juden während der Kreuzzüge stattfanden. Wie unter August und seinen nächsten Nachfolgern, so brachten auch damals die na=menlosen Bedrückungen, welchen das Judenvolk in den ver=schiedenen Ländern des Orients und Occidents ausgesezt war, zahlreiche Empörungen, mit Schwärmern an ihrer Spitze, her=vor, welche, wie sonst überall, dem Arme der bestehenden Staatsgewalt erlagen. In den folgenden Jahrhunderten sind zwar Erscheinungen derselben Art seltener, aber auch dafür genauer bekannt. Die größte Aufmerksamkeit verdient der Versuch des berüchtigten Schwärmers aus Smyrna, Schabbathai Zewi. Nachdem derselbe lange Zeit dem Studium der Kabbala obgelegen und durch seine Kenntniß dieser bodenlosen Wissenschaft Aufsehen genug erregt hatte, gab er sich ums Jahr 1666 für den Judenmessias aus. Hören wir über ihn den Geschichtschreiber des osmanischen Reichs: *) „In Jerusalem trat Schabbathai Zewi als Neuerer auf, wollte das Tempelfest abgestellt wissen, und gab sich zulezt für den Messias aus. Als solcher erließ er Kreisschreiben an alle Juden des osmanischen Reichs, vorzüglich aber an die von Smyrna und Thessalonich, und leztere beide Synagogen kamen durch die Briefe Schabbathai's in nicht geringere Aufregung, als vor 1600 Jahren ihre Vorfahren durch die Briefe Pauli an die Thessalonicher und Ephefer. Er nannte sich Schabbathai Zewi, den einzigen und erstgebornen Sohn Gottes, den Messias und Heiland Israels. Tausende von Juden strömten zum neuen Messias nicht nur aus Smyrna, Selanik und Konstantinopel, sondern auch von Polen, Deutschland, Livorno, Venedig, Amsterdam, und die Rabbiner stritten für oder wider ihn. Zulezt nahm aber der Großvessir Ahmed Köprili den neuen Gottessohn am Kopf und ließ ihn in Konstantinopel einsperren, in welcher Prüfung jedoch seine fanatischen Anhänger Nichts als die beginnende Erfüllung des alten Prophetenspruches sahen, daß der Messias neun Monate lang verschwinden, dann aber wieder erscheinen werde, auf einer Löwin reitend, mit einem Zaume von siebenköpfigen Schlangen, im Geleite der Brüder Juden, die da wohnen jenseits des Flusses Sabbation, als einziger Herrscher der Welt. Wie der Großvessir ins Feld gegen Kandien zog, befahl er die Ueberführung des Judenmessias in das europäische Schloß der

---

*) Hammer, sechster Band, S. 183.

Dardanellen. Schabbathai, jezt im vierzigsten Jahre, dem kanonischen Prophetenalter, benüzte die Zeit seiner Haft zu Ausbildung seiner neuen Lehre, deren Hauptpunkte einer die Einsetzung seines eigenen Geburtsfestes an die Stelle der aufgehobenen Tempelweihe war. Später durch einen polnischen Juden Nehemiah, der Zewi's Untermessias seyn wollte, aber von dem Ehrgeizigen zurückgewiesen wurde, von Neuem angeklagt, ward er nach Adrianopel gebracht, und in Gegenwart des Sultans, des Kaimakampascha, des Mufti und des Scheich Wani zur Rede gestellt. Der Sultan (Mohammed IV) wollte sich ohne Wunder nicht begnügen, und befahl, daß der Jude, nackt ausgezogen, den geschicktesten Bogenschützen zur Zielscheibe diene, damit er sehe, wie die Pfeile von seinem Leibe abprallen. Diese Drohung brachte den Messias zum Geständnisse, daß er nur ein schlechter Rabbine sey, wie Andere mehr. Nun forderte der Sultan noch Genugthuung für so vieles gegebene Aergerniß, so wie für den Hochverrath, daß er Palästina, die Provinz der hohen Pforte, als Messias sich angemaßt, ein Verbrechen, das den Pfahl verdiene, und nur durch Annahme des Islam gesühnt werden könne. So in die Enge getrieben, zwischen Tod und dem Turban, wählte der Jude den leztern, ward Moslim, und für Verzichtung auf die Herrschaft der Welt mit einer Thorhüterstelle von fünfzig Aspern und einem Beutel Geldes entschädigt. Schabbathai führte seine ganze Verwandtschaft in den Schoß des Islam, und er wurde eines der nützlichsten Werkzeuge des Scheichs Wani zur Bekehrung der Juden. Zehn Jahre lang betrieb er dieses Bekehrungsgeschäft, bis er, nach Morea verwiesen, nach zehn weiteren Jahren starb." Einen solchen Ausgang hatte die Unternehmung des berühmtesten aller späteren Judenmessiasse. Nehmet aber jegliches andere Beispiel, das die Geschichte Israels darbietet, ihr werdet immer die Regel bestätigt finden, daß Jeder, der sich für den Gesalbten ausgab, am Ende durch die Staatsgewalt des Landes, in dem er auftrat,

zum Fall gebracht worden iſt, und wenn es heute noch einem
Juden einfiele, dieſelbe Rolle zu ſpielen, würde es ihm nicht
anders ergehen. Was nun überall und unter den ver-
ſchiedenſten Umſtänden, gleich geſchieht, iſt ein Geſetz und muß
einen tiefen Grund haben. Wer ſieht dieſen nicht? Ich habe
im erſten Haupttheile des vorliegenden Werks die Zweige des
alten jüdiſchen Meſſiasglaubens entwickelt. Höchſt mannigfaltig
ſind dieſelben, ſie durchlaufen eine lange Stufenleiter von an-
ſcheinend erfahrungsmäßigen Hoffnungen bis zur grübelndſten
Myſtik hinauf. Aber ſo verſchieden ſie lauten, haben ſie einen
gemeinſchaftlichen Kern in dem politiſchen Wahne, daß Israel
zur herrſchenden Nation erhoben werden, daß die anderen Völker
des Erdballs den Juden dienen ſollen. Eine Hoffnung der
Art konnte nie verwirklicht werden ohne Umſturz der fremden
Oberherrſchaft; denn die Juden waren ja ſeit den Tagen des
Königs Herodes beſtändig unter dem Joche auswärtiger Nationen. Wer aber fremde Oberherrſchaft abſchütteln will, muß
ſich ſeinen Weg bahnen über die Leiber der Machthaber. Es
iſt folglich klar, daß der meſſianiſche Glaube am Ende immer
auf Umwälzungen hinaus lief, darum verfiel Jeder, der den
Wahn begünſtigte, oder ſich gar ſelbſt für den Meſſias erklärte,
dem ſtrafenden Arme der beſtehenden Staatsgewalt, und zwar nach
den ſtrengſten Begriffen des überall geltenden öffentlichen Rechts.
Mochte das politiſche Element auch noch ſo ſehr von myſtiſchen Träumereien und Redensarten umhüllt ſeyn, am Ende
lief doch Alles auf einen Umſturz hinaus, gerade wie die neuen
Theorien über allgemeine Rechte, Freiheit und Gleichheit Aller,
mögen ſie urſprünglich von eitlen Gimpeln auch noch ſo gut-
herzig gemeint ſeyn, zulezt auf Revolutionen führen. So tief
verwachſen in den Meſſiasglauben iſt jenes politiſche Element,
daß es bis in die erſten hiſtoriſchen Anfänge der Hoffnung
ſelbſt zurück verfolgt werden kann. Nicht nur feiern jene allgemeinen Weiſſagungen des alten Teſtaments den Verheißenen
als Herrſcher und Bezwinger des Erdbodens, ſondern auch

diejenige Prophezeiung, welche nach meiner Ansicht in einem sehr eigenthümlichen und wunderbaren Verhältnisse zu der Person Jesu Christi steht, das 53ste Kapitel des Jesaias, schreibt ihrem Helden die Gewalt eines Eroberers zu. Denn heißt es nicht B. 12: Deßhalb geb ich ihm sein Loos unter Mächtigen, und den Raub der Starken soll er theilen, dafür weil er sein Leben in den Tod gegeben hat, und den Uebelthätern gleich gerechnet ward, weil er die Sünden Vieler trug, und für die Uebelthäter betete. Man ersieht hieraus, daß Der, welcher den politischen Wahn von dem Messiasglauben ausscheiden wollte, nicht nur die Meinung seines ganzen Zeitalters überwältigen, sondern selbst über den höchsten der Propheten Israels seinen Schwung nehmen mußte.

Von der allgemeinen Regel, welche sonst alle Anderen beherrscht, die je unter den Juden als Messiasse auftraten, macht nur Jesus Christus eine Ausnahme. Denn es ist ja erwiesen, daß er nicht der höchsten Obrigkeit des Landes, sondern dem Haß seiner eigenen Stammgenossen erlag. Aus dieser Thatsache folgt nun mit mathematischer Sicherheit, daß in dem ganzen Unternehmen Jesu auch keine Spur gewesen seyn kann, welche den Verdacht politischer Absichten rechtfertigte. Denn wäre dieß der Fall, so hätte Pilatus sicherlich nicht erst die Anklage der Juden abgewartet, sondern ihn aus eigenem Antriebe aufgegriffen und hingerichtet. Viele werden vielleicht denken, ich schließe zu schnell; aber die Sache verhält sich doch so. Da es in der unendlich wichtigen Frage, welche uns vorliegt, durchaus nicht darauf ankommt, daß der Sprechende Recht behalte, sondern daß eine unerschütterlich feste Ueberzeugung begründet werde, so wollen wir alle Möglichkeiten prüfen, welche sich mit einigem Schein gegen obige Behauptung einwenden lassen. Man kann erstlich sagen: es sey immerhin denkbar, daß Jesu Absichten mitunter auch auf Veränderung des Staats ausgegangen, und daß Pilatus ihn dennoch für

unschuldig gehalten, weil er nämlich den wahren Stand der
Dinge nicht wissen mochte; denn als ein in ganz anderen Be=
griffen aufgewachsener Römer werde er sich wenig um jene
jüdische Träumereien vom Messias bekümmert haben. Wer so
denkt, geht von einer gänzlich falschen Ansicht von der römischen
Provinzialverwaltung aus, er stellt sich vor: der eine Landvogt
sey gekommen, der andere abgereist, und mit dem Wechsel der
Person des höchsten Beamten habe auch die ganze Verwaltung
gewechselt. Aber so verhielt sich die Sache nicht. Das rö=
mische Regiment war freilich manchmal sehr ungerecht gegen
einzelne Provinzialen, aber sonst mit großer Staatsklugheit
eingerichtet. Beweis dafür der Umstand, daß jener Koloß nicht
von den entfernten Gliedern aus, wie doch zu erwarten stand,
sondern vom Haupte und Herzen aus verweste. Wie wenige
Aufstände der unterworfenen Völkerschaften waren, verglichen
mit anderen Reichen von solcher Größe, zu bekämpfen, wie
wenige Statthalter haben sich empört! Diese Festigkeit konnte
nicht erreicht werden, ohne daß die Verwaltung den Eigen=
thümlichkeiten der beherrschten Völker angepaßt war, die Pro=
konsularen mußten also genau unterrichtet seyn von den
Schwächen und Hülfsmitteln der Provinz, von dem Charakter
und Wesen der unterthänigen Bevölkerung, namentlich auch
da, wo die Religion einen besondern Einfluß auf die öffent=
lichen Verhältnisse übte, von dem Aberglauben derselben. Die
englischen Statthalter in Ostindien bekümmern sich z. B. sehr
viel um das Kastenwesen, um die religiösen Vorurtheile der
Hindu, denn thäten sie dieß nicht, so könnte es ihnen übel
bekommen. In gleichem Falle befanden sich die Römer in
Judäa. Die zahlreichen Aufstände, welche von August an auf
einander folgten, nöthigten sie schon allein, auf den Quell der=
selben, den messianischen Wahn, ein wachsames Auge zu haben,
wenn dieß nicht schon durch die allgemeinen Regeln der Staats=
klugheit geboten wäre. Man muß Die studieren, welche man
im Zaume halten will. Wie käme es auch, daß Tacitus die

Juden so wahr schildert, wäre man in Rom nicht genau über die Eigenthümlichkeit dieses Volkes unterrichtet gewesen. Wäre nun mit dem Abgange eines Prokonsuls und der Ankunft seines Nachfolgers die ganze Verwaltung eine andere geworden, so konnte sich sicherlich weder ein stetiges System noch die richtige Ansicht vom Zustande der Provinz erhalten. Aber dieß ist auch eine ganz falsche Voraussetzung; nur die Hand, welche das Schwert hielt, wechselte, nicht der Griff desselben, lezterer hatte seine unabänderliche Form. Leider kennen wir die Einrichtung der Provinzen im Einzelnen nicht genau genug, aber doch wissen wir, daß den wechselnden Landvögten bleibende Provinzialkollegien, bestehend aus römischen Unterbeamten und angesehenen Einwohnern des Bezirks, zur Seite standen. Auf dieser festen Grundlage ruhte der Nerv der Verwaltung, ihnen kam es zu, über alles Wichtige, was in der Provinz vorging, Kunde einzuziehen, und den Statthalter auf dem Laufenden zu erhalten. Wer wird sich nun einreden lassen, daß diese Hände, Augen und Ohren des Prokurators Pilatus allein gleichgültig blieben, während das Erscheinen Jesu ganz Jerusalem und Judäa in Athem versetzte? Im Fall sie aber wirklich ins Klare darüber zu kommen suchten, ob die Lehre des neuen Propheten nicht auch, wie so viele andere Versuche jener Zeit, auf Staatsveränderungen abgesehen war, mußten sie den Landvogt von Dem, was vorging, in Kenntniß setzen; war dieß der Fall, so konnte Pilatus den Angeklagten nicht aus Irrthum für unschuldig halten, während er doch, vermöge der Voraussetzung, die wir hier bekämpfen, ein politischer Neuerer, d. h., im römischen Sinne gesprochen, ein Aufrührer gewesen seyn sollte. Ueberdieß hat das Verfahren bei Verurtheilung des Herrn in dem Berichte, den Johannes, zum Theil auch Lukas, davon erstattet, eine so schlagende innere Wahrscheinlichkeit, daß man ihn schon darum nicht ohne Vorwurf des Leichtsinns bzweifeln darf. Dieß zugestanden, behaupte ich, Pilatus benimmt sich bei der ganzen Verhandlung durchaus nicht wie ein Unwissender, sondern im Gegentheil wie ein Mann, der die Hintergedanken der Ankläger Jesu Christi vollkommen durchschaut, und also sehr gut unterrichtet ist. Der erste Einwurf gegen die oben ausgesprochene Meinung, welche wir hier prüfen wollten, fällt also in sich selbst zusammen.

Zweitens möchte man sagen: es sey immerhin denkbar, daß Pilatus dem Angeklagten, den das Sanhedrin vor ihn brachte, Absichten zutraute, die an sich staatsgefährlich seyn konnten, aber bloß in anderen Händen, und nicht unter Jesu Leitung. Man sieht, wo ich hinaus will. Pilatus mochte denken: der Schwärmer da, der sich für den Sohn Gottes ausgibt, würde, wenn ihm gelänge, was in seinem Kopfe spukt, allerdings schöne Händel anrichten, aber die Ausführung ist unmöglich, denn er besizt viel zu wenig Welterfahrung und Willenskraft, als daß ich Etwas von ihm fürchten sollte; wären nur alle Juden wie dieser, ich will ihn daher dem giftigen Pfaffenschwarm zum Troz, das ihn anklagt, nicht einmal als Strafbeispiel für andere Schlimmere gebrauchen: er möge laufen, wohin er will. Allen Regeln der Staatsklugheit zuwider hätte Pilatus gehandelt, wenn er so dachte. Denn erstens weiß Jedermann, daß Schwärmer um so gefährlicher sind, je feurigern Glauben sie an sich selber haben. Besonders sprach die Erfahrung jener Zeiten für diesen Satz. Durch die abenteuerlichsten Behauptungen haben damals mehrere Betrüger, die sich für den Gesalbten ausgaben, die Volkshaufen an sich gelockt und Aufstände veranlaßt. Fürs Zweite lud Pilatus die schwerste Verantwortung auf sich, im Fall er ihn, troz der Voraussetzung, daß Jesus mit staatsgefährlichen Plänen schwanger gehe, in Freiheit gesezt hätte. Denn wer stand ihm dafür, daß der Angeklagte nicht später irgend eine Bewegung veranlassen könnte? Wie würden ihn dann die Häupter des Synedriums in Rom angeschwärzt haben, wenn der Mann, vor dem sie ihn doch gewarnt, irgend ein Unheil anstiftete. Nur ein unumschränkter Fürst, ein Cäsar etwa, konnte so handeln, wie hier vorausgesezt wird, keineswegs ein Statthalter, der seine Feinde bei Hofe hat, welche jeden falschen Schritt aufs Schlimmste auslegen. Der mildeste Ausweg, den er bei solcher Ansicht von der Sache einschlagen mochte, war: den Schwärmer, dem er zwar wohl die Absicht, aber nicht die Kraft, Neuerungen zu machen, beimaß, in guten Gewahrsam zu bringen, damit die Ruhe gesichert sey, etwa wie die beiden Statthalter Felix und Portius Festus den Apostel Paulus mehrere Jahre lang gefangen hielten, um Frieden vor den Ohrenbläsereien der Juden zu haben. Doch will mich erst bedünken, als schreiben wir auch so dem Landpfleger kein römisches Verfahren zu. Sobald er den Angeklagten einmal für einen Menschen ansah, der staatsgefährlich werden könnte, trug er gewiß kein Bedenken, ihn auf immer stumm zu machen. Was lag dem Profonsul daran, ob ein Kopf mehr oder weniger auf den Schultern eines schuldigen Provinzialen stehe! Vergleichen wir endlich jene Voraussetzung mit dem Berichte der Evangelisten, so weicht vollends der Boden ganz unter ihr. Allerdings behandelt Pilatus Jesum wie einen Schwärmer, aber als einen solchen, der sich mit den Verhältnissen hier unten gar nicht befasse, und keine gefährlichen Absichten hege. Er will ihn hauptsächlich darum in Freiheit setzen, weil er die geheimen Beweggründe seiner Ankläger durchschaut und sich nicht zum Werkzeug ihrer Rachgier erniedrigen mag.

Drittens könnte man noch sagen: es gebe politische Verbrechen, welche von gewissen Obrigkeiten gerne gesehen werden, weil ihre Bestrafung großen Vortheil bringe. So beschuldigt der jüdische Geschichtschreiber Josephus die beiden Prokonsuln Gessius Florus und Felix, daß sie absichtlich die Juden bis zur Verzweiflung getrieben und zum Aufstande genöthigt hätten, weil sie im Gefühle ihrer Uebermacht mit dem armen Volke leicht fertig zu werden hofften, und dann als Sieger ihnen den lezten blutigen Heller abzupressen gedachten. Auf dieselbe Weise könnte nun irgend ein Klügling vermuthen, habe

auch Pilatus gerechnet. Eben weil er in Jesus einen Feuerbrand
der Empörung gesehen, sey es seine Absicht gewesen, den gefährlichen Schwärmer loszulassen, damit er, der Landvogt, hintendrein, wenn der Sturm losgebrochen und nach kurzem oder
längerem Widerstande durch die römischen Legionen wieder unterdrückt wäre, alle Juden, welche die Waffen erhoben, nach
Herzenslust ausplündern könnte. Daß aber Pilatus sehr geizig
und zu Streichen der Art fähig gewesen, das bezeuge die Geschichte. Diese Vermuthung schlägt gerade den entgegengesezten
Weg ein, im Vergleiche mit den früher berührten, sie ist aber
eben so nichtig wie die anderen. Denn so wenig römische Prokonsuln im Allgemeinen von dem Vorwurfe ähnlicher Arglist
freigesprochen werden können, so übel ist derselbe hier angebracht. Pilatus mochte Jesum als einen staatsgefährlichen
Neuerer nur dann gewähren lassen, so lange derselbe Anhang
bei den Juden fand, namentlich so lange kein gewichtiger Ankläger gegen ihn vor der römischen Behörde auftrat! So wie
dieß geschah, mußte er den Angeklagten zum Tod verurtheilen,
sonst sezte er seinen eigenen Kopf aufs Spiel. Wir kommen hier
wieder auf die Gründe zurück, die bereits entwickelt worden
sind. Wie würden die Feinde des Pilatus, wie würden namentlich die Mitglieder des Synedriums triumphirt haben,
wenn Jesus, wider ihre Warnung vom Landvogte in Freiheit
gesezt, später irgend eine Volksbewegung anstiftete! Jene Voraussetzung erklärt höchstens, warum Pilatus, obgleich Jesum als
staatsgefährlichen Neuerer betrachtend, denselben nicht aus eigenem Antriebe am Kopfe nahm, sondern die Anklage Dritter
abwartete; keineswegs warum er, nachdem eine Anklage auf
Hochverrath von Seiten des Synedriums erfolgt war, den
Verfolgten zu retten suchte. Und Lezteres müßten wir selbst
dann voraussetzen, wenn auch nicht sämmtliche Evangelien
dafür zeugten. Denn hätte das Synedrium bloß die einfache
Anzeige gemacht, und Pilatus dagegen alles Weitere aus eigener Machtvollkommenheit verfügt, so wäre es unbegreiflich, wie

2 *

Paulus in der oben angeführten Stelle die Juden Mörder Christi nennen konnte, noch unbegreiflicher aber, daß die Volks= sage der alten Christen, welchen doch das römische Regiment eben so verhaßt war als den Juden, die Schuld am vergosse= nen Blute des Herrn bloß auf die Häupter der eigenen Lands= leute wälzt und den fremden Landvogt so sorgfältig davon ausnimmt. Kurz wir mögen die Sache betrachten, von welcher Seite wir wollen: immer werden wir mit unausstehlicher Ge= walt auf das Geständniß hingetrieben, daß der Römer Pilatus, ein erfahrner Geschäftsmann und Richter Jesu Christi, den Beklagten nicht im entferntesten Sinne ehrgeiziger oder staats= neuernder Plane schuldig befunden habe.

Dasselbe Ergebniß stellt sich uns fast mit noch größerer Schärfe dar, wenn wir den Angeklagten und die Ankläger ins Auge fassen. Die Pharisäer, die mächtigste Partei unter den Juden, welche gegen 6000 Mitglieder zählte, welche die niederen Gerichtshöfe, wie das hohe Sanhedrin zu Jerusalem aus ihrer Mitte bevölkerte, welche die Schulen und durch sie die Köpfe aller Juden beherrschte — diese Partei war es, die ihn bei der römischen Obrigkeit auf Leben und Tod anklagte. Es springt in die Augen, daß man nicht gleich auf solche Weise zum Aeußersten gegen einen Mann schreitet, der zum Ersten= male bekannt wird. Längere Kämpfe, und in Folge derselben heftige Erbitterung müssen vorangegangen seyn. Nun — sämmt= liche Evangelien lassen uns hierüber nicht in Zweifel. Seit seinem Auftreten bekämpft Christus fortwährend die Pharisäer und ihre Gesinnung; sie sind durchaus das Ziel seiner Angriffe, ihrerseits wird die Abneigung mit wucherischen Zinsen vergol= ten. Mehr als einmal, berichten die Synoptiker wie Johannes, hätten sie ihm nach dem Leben gestrebt, bis sie zuletzt Gelegen= heit fanden, ihn mit dem Schein der Gesetzlichkeit zu verderben. Aus diesem Verhältnisse folgt nun abermals mit mathematischer Sicherheit, daß Jesus nicht darauf ausging, die politische Ge= stalt seiner Nation zu verändern. Denn wer der Landeshoheit

einen Stoß versetzen will, der ist verrückt, wenn er Diejenigen,
welche ihn bei diesem schweren Vorhaben allein unterstützen
können, vorher zu seinen Todfeinden macht; im Gegentheile
schmeicheln muß er denselben und sie auf alle Weise in sein
Interesse zu ziehen suchen. In der That sind alle messianischen
Empörungsversuche, von den Tagen Augusts an bis zu Barchochba
herab, durch Pharisäer unterstützt und ausgebrütet worden, sie
standen an der Spitze jeder Widersetzlichkeit gegen die bestehende Staatsgewalt. Josephus sagt dieß mit dürren Worten: *)
καὶ ἦν γὰρ μόριόν τι Ἰϑδαϊκῶν ἀνϑρώπων ἐπ' ἀκριβώσει
μέγα φρονοῦν τοῦ πατρίϑ νόμϑ, οἷς χαίρειν τὸ ϑεῖον προσ-
ποιϑμένων ὑπῆκτο ἡ γυναικωνῖτις. Φαρισαῖοι καλοῦνται,
βασιλεῦσι δυνάμενοι μάλιϛα ἀντιπράσσειν,
προμηϑεῖς, κἀκ τοῦ προΰπτϑ εἰς τὸ πολεμεῖν καὶ
βλάπτειν ἐπηρμένοι· παντὸς γοῦν τοῦ Ἰϑδαικοῦ
βεβαιώσαντος δι ὅρκων, ἦ μὴν εὐνοῆσαι Καίσαρι
καὶ τοῖς βασιλέως (Ἡρώδϑ) πράγμασιν, οἷδε οἱ
ἄνδρες οὐκ ὤμοσαν ὄντες ὑπὲρ ἑξακιϛχίλιοι.
Wenn man bedenkt, wie listig der Jude, aus dessen Schriften
vorliegende Stelle genommen ist, seine Worte besonders dann,
wenn sie gegen seine eigene Partei **) lauten, was hier wirklich der Fall, auf Schrauben stellt, und wie er überall die
wahren Ursachen der jüdischen Empörung zu verhüllen sucht:
so muß man bekennen, daß dieß Zeugniß außerordentlich viel
besagen wolle. Es liegt nicht mehr und nicht weniger darin,
als das Geständniß, daß alle Kraft messianischen Widerstands
gegen die fremden Herrscher auf die Partei der Pharisäer zu-
sammengedrängt war. An diese mußte sich daher Jesus an-
schließen, wenn er im Entferntesten eine Staatsveränderung
beabsichtigte. Da er es nicht that, so muß man ihn für verrückt halten, sobald man jene Voraussetzung ferner gelten lassen

---

*) In der schon früher angeführten Stelle, Alterthümer XVII,
2, 4. Opp. Haverc. I. 830.
**) Bekanntlich war Josephus selbst Pharisäer.

will. Allein von solcher Verwirrung des Geistes findet sich, wie wir später sehen werden, keine Spur bei Christus. Also ist man gezwungen, jene Muthmaßung zurückzunehmen. Gehen wir vom Angeklagten zu den Anklägern über. Unter dem Vorwande des bedrohten öffentlichen Wohles, oder genauer gesprochen, der Treue gegen die römische Landeshoheit, greifen sie ihn vor Pilatus auf Tod und Leben an. Nun ist es eine allbekannte Erfahrung, daß unter Hunderttausenden, die solche Worte in politischen Parteikämpfen als Waffe gebrauchen, kaum Einer es redlich meint; bei Weitem die Meisten bemänteln mit dem schönen Aushängeschild ihre eigenen Interessen, Wenige haben außer diesen theilweise auch allgemeine Zwecke im Auge. Wir müssen daher argwöhnen, daß die Pharisäer in unserm vorliegenden Falle gleiche Heuchelei geübt; wenigstens ist der Verdacht so lange gerechtfertigt, bis das Gegentheil erwiesen worden. Nun! ein tüchtiger Beurtheiler, der Landvogt Pilatus selbst, behandelt die Angeber als Leute, welche die Treue gegen den römischen Kaiser nur als Vorwand voranstellen, in der That aber ihre Rachgier an Jesu, wegen seiner Angriffe auf ihre Sekte, kühlen wollen. Und so verhält sich auch die Sache in Wirklichkeit. Sie sahen in ihm durchaus nicht einen Neuerer gegen die bestehende Regierungsform, welche Niemand verhaßter war als ihnen, sondern einen Feind ihrer eigenen Gewalt über das Volk.

Schließen wir. Zwei unumstößliche Zeugen stehen vor uns: Pilatus, welcher so handelt, als ob Jesus unmöglich staatsgefährliche Absichten gehabt haben könne, die Pharisäer, seine Ankläger, welche sich so benehmen, als gehen sie von der Ansicht aus: Christi Thätigkeit sey gegen ihren Stand gerichtet, nicht im Geringsten gegen die römische Herrschaft. Das Betragen Beider ist im höchsten Grade beglaubigt, und kein Vernünftiger kann zweifeln, daß beide Theile von der Geschichte Jesu und Allem, was er gethan, genau unterrichtet seyn mußten. Mit mathematischer Schärfe wäre demnach der Satz bewiesen, daß Jesus keine politischen Neuerungen im Sinne hatte, folglich daß er sich im wesentlichsten Punkte von allen Denen unterschied, welche je in Israel als Messiasse aufgetreten sind, folglich daß er den Begriff des Messias anders faßte, als ihn die alten Seher des Volks, auf deren Prophezeihungen jene politischen Messiasse fußten, aufgestellt haben. Denn selbst der leidende Knecht Gottes, der im 53sten Kapitel des Jesaias gefeiert wird, ist, wie wir sahen, zugleich ein Herrscher, ein Eroberer, ein Held, der die äußere Lage seiner Nation nothwendig umgestalten muß.

Dennoch ist Nichts gewisser, als daß Jesus sich selbst für den verheißenen Erretter ausgab, und als Messias anerkannt seyn wollte. Nehmen wir das Gegentheil an, so muß man auch zugestehen, daß an sämmtlichen Evangelien kein wahres Wort sey. Denn jene Behauptung findet sich in jedem Kapitel, in jedem Verse, und die ganze Lebensgeschichte Jesu hat ohne sie gar keinen Sinn. Auch das gerichtliche Verfahren gegen den Herrn, für welches, wie wir fanden, unumstößliche christliche und heidnische Zeugnisse vorliegen, führt nothwendig auf jene Voraussetzung hin. Von den Pharisäern war er angeklagt, durch die Behauptung seiner messianischen Würde den Hoheitsrechten des römischen Kaisers zu nahe getreten zu seyn, und um dieser Anklage willen verfügte Pilatus die Todesstrafe über ihn, was klar aus der von allen Evangelien einstimmig beschriebenen Ueberschrift des Kreuzes hervorgeht: Jesus von Nazareth, König der Juden. Einen guten Schein von Wahrheit muß die Anklage gehabt haben, sonst wären Richter und Kläger gleich große Schufte gewesen. Dasselbe besagt am Ende auch die oben aus Tacitus angeführte Stelle: auctor nominis ejus *Christus* per procuratorem Pontium Pilatum supplicio adfectus erat. Denn ist nicht der Name Christus eine treue Uebersetzung des hebräischen Wortes Messias? Sehen wir von diesen Aussagen einzelner Zeugen ab, und wenden uns zu den allgemeinen Verhältnissen der Zeit, in welcher Jesus erſtand. Selbſt Die, welche den Evangelien allen geſchichtlichen Werth abſprechen, ſehen ſich genöthigt, einzugeſtehen, daß ein Mann Namens Jeſus zur Zeit des Kaiſers Tiberius die Religion ſeines Volkes habe umbilden, und eine neue Kirche ſtiften wollen. Hegte er dieſe Abſicht, ſo mußte er ſich irgend einer weltgeſchichtlichen Idee bemächtigen, mit deren´ Hülfe er allein ſo große Plane ausführen zu können ſich Hoffnung machen durfte. Eine ſolche Idee war aber damals nur der Meſſiasglauben, der die Juden aufs Heftigſte bewegte, und alles Große, was unter ihnen vorging, hervorgerufen hat. Nichts iſt alſo ſchon aus dieſem allgemeinen Grunde gewiſſer, als daß Jeſus ſich für den Meſſias ausgab. Nun ſind wir, aus lauter wohlbegründeten Vorderſätzen ſchließend, auf einen anſcheinenden Widerſpruch gerathen. Die früher entwickelten Gründe zwangen uns anzunehmen, daß Jeſus keineswegs ſich benommen habe, als wäre er der von den Sehern geweiſſagte Meſſias, daß er ganz anders handelte, als die Uebrigen, welche in Israel unter dieſem Namen auftraten; die zweite Reihe von Schlüſſen dagegen nöthigte uns das Geſtändniß ab, daß er ſich für den von Moſes und den alten Propheten verheißenen Geſalbten ausgegeben. Hier iſt alſo zunächſt ein Widerſpruch zu vereinigen! Nun hiezu bedarf es keiner künſtlichen Mittel; wir müſſen eben ſagen, er habe ſich in gewiſſem Sinne für den Erſehnten erklärt, in einem andern aber nicht. Und nun ſind wir bis nahe an den Punkt gerückt, auf den ich in vorliegendem Abſchnitte zunächſt losſteure.

Ich ſehe im Geiſte voraus, daß manche Theologen unter meinen Landsleuten an dem bisherigen Gange meiner Unterſuchung Anſtoß nehmen. An lauter metaphyſiſche Redensarten und Schulgezänke gewöhnt, werden ſie ſagen, ich ſey auf ein fremdes Gebiet abgeſchweift, und ſpreche bisher wie ein Rechtsgelehrter, wie ein Richter, der etwa zu prüfen habe, ob eine peinliche Unterſuchung gehörig geführt worden ſey, und nicht wie ein Geſchichtſchreiber des Urchriſtenthums. Mit Nichten!

was ich bisher sagte, ist mit reifer Ueberlegung gesagt. Es kommt hier darauf an, für Immer zu entscheiden, welcher historische Werth den Evangelien beizumessen sey, und ob namentlich das vierte von einem Augenzeugen und treuen Berichterstatter herrühre. Da wir vom Zweifel ausgehen, und nothwendig ausgehen müssen, so durfte ich den Beweis der Wahrheit nicht aus ihnen selbst allein führen, denn dieß wäre ein Zirkel, wenigstens würden wir auf diesem Wege nie volle Befriedigung erringen. Also lag mir ob, außerhalb der Evangelien einen festen und sichern Punkt zu finden, an den sich fürder die Untersuchung anlehnen möge. Der Satz des alten Archimedes: δός μοι ποῦ σῶ καὶ τὴν γῆν κινήσω gilt auch hier. Deßhalb habe ich, auf einige unbezweifelbare Nachrichten fußend, die historische Mathematik zu Hülfe gerufen; oder mit anderen Worten, ich habe die inneren, nothwendigen Verhältnisse der Dinge, deren Wesen, so sehr auch die äußere Form der Erscheinung wechselt, sich dennoch nicht verändert, in Betracht gezogen, und aus wohl erhobenen Thatsachen weiter schließend, sind wir bis auf den Satz gerathen, daß Jesus sich nur in einem gewissen Sinne, in einem andern aber nicht, für den Messias ausgegeben haben könne. Dieser Satz läuft geradezu wider die vorgefaßte Meinung der Evangelien. Beherrscht von den Vorurtheilen ihrer Nation, über die sich nur Jesus, nicht Andere, weit erhob, hielten sie ihn in jeder Beziehung für den von den alten Sehern des Volks verheißenen und damals von der ganzen Judenschaft sehnlichst erwarteten Gesalbten Gottes. Wir brauchen also nicht im Mindesten zu fürchten, daß sie aus eigenem Vorrathe entgegengesezte Zeugnisse aufgenommen haben werden. Wenn nun dennoch Anklänge der Art sich in ihnen finden, so folgt, daß dieselben in einer Thatsache wurzeln, daß sie uns Wahres berichten, und im Fall solche Anklänge recht laut und oft ertönen, dann sage ich, sind wir befugt zu vermuthen, daß wir einen Augenzeugen und zwar einen treuen, vor uns haben dürften. Ich denke Niemand soll mir diesen Grundsatz umstoßen.

Zur Sache. Es fragt sich, ob in den Evangelien Spuren vorkommen, daß Jesus für den Messias, und doch wieder nicht für den Messias, gehalten seyn wollte. Ja, antworte ich, eine deutliche findet sich bei Johannes, andere minder klare auch bei den Synoptikern. In der früher schon für andere Zwecke benützten Stelle Johannis X, 23 u. flg. heißt es: „Jesus wandelte im Tempel, in der Halle Salomo's, und die Juden umgaben ihn, sprechend: wie lange hältst du noch unsere Seele in gespannter Erwartung? Bist du der Messias, so sage es uns offen." Ἐκύκλωσαν οὖν αὐτὸν οἱ Ἰϑδαῖοι καὶ ἔλεγον αὐτῷ· ἕως πότε τὴν ψυχὴν ἡμῶν αἴρεις; εἰ σὺ εἶ ὁ χριϑὸς, εἰπὲ ἡμῖν παῤῥησίᾳ. Auf diese Frage antwortet Christus in den folgenden Versen: „Ich habe es euch schon längst gesagt, aber ihr glaubet mir nicht," welche Worte eine schlichte Bejahung der vorangegangenen Frage zu enthalten scheinen, aber dann fährt Er, wohlgemerkt in den bekannten mystischen Sätzen vom guten Hirten, vom ewigen Leben, dem himmlischen Vater, dem Sohne des Höchsten fort, welche, wie sich später ergeben wird, eine überlegte Vergeistigung der hergebrachten Messiaslehre beabsichtigen. Also antwortet der Herr, beim Lichte besehen, abermals nicht mit der gewünschten παῤῥησίᾳ. Wer wird sich nun einreden, Johannes sey von selbst darauf verfallen, die Juden im zweiten, dritten Jahr der öffentlichen Wirksamkeit Jesu, kurz vor seinem Hingange, sich so aussprechen zu lassen, wie wenn es ungewiß wäre, ob Christus sich für den Messias ausgebe, oder nicht? Daß er wirklich der Messias sey, das konnten sie wohl bezweifeln, aber hievon handelt es sich in vorliegender Stelle nicht, sondern ob er, Christus selbst, der Gesalbte zu seyn behaupte? Das wird als zweifelhaft hingestellt. Diese angedeutete Ansicht nun läuft schnurstraks wider das Glaubensbekenntniß des Johannes, denn er ist nicht nur für sich aufs

Feſteſte überzeugt, daß Jeſus der Chriſt ſey, ſondern er läßt ihn
auch in jeder Zeile, ja faſt in jedem Worte des Evangeliums
ſich ſelbſt als den Sohn Gottes, den Logos = Meſſias verkünden.
Alſo dürfen wir getroſt annehmen, daß Johannes, wenn je
anderswo, ſo hier, von treuer Erinnerung beherrſcht, durchaus
Wahrheit berichte. Iſt aber die Frage der Juden wahr, ſo
liegt uns offenbar eine deutliche Spur vor, aus welcher folgt,
daß der Herr in gewiſſer Hinſicht ſich nicht für den König
Meſſias ausgegeben, ſondern dieſe Frage bis ans Ende ſeiner
Wirkſamkeit als ein Geheimniß behandelt habe. Ebenſo gewiß
iſt aber aus den oben entwickelten Gründen andrerſeits, daß er
für den Meſſias gehalten ſeyn wollte. Folglich werden wir
mit Gewalt auf das Bekenntniß hingetrieben: ein klarer Be=
weis finde ſich im vierten Evangelium, daß der Herr in einem
gewiſſen Sinne ſich für den damals erwarteten Geſalbten
Gottes erklärte, in einem andern aber nicht. Nun ich dächte,
unſere Stelle iſt keine kleine Bürgſchaft für die Glaubwürdig=
keit des vierten Evangeliſten. Doch will ich daraus allein noch
nicht ſchließen, daß er Augenzeuge geweſen, denn er könnte es
auch von Anderen, die zugegen waren, richtig gehört haben. In
der That verliert jener Schluß ſchon darum ſeine Spitze, weil
die Synoptiker, die erweislich keine Augenzeugen waren, uns
auf die gleiche Spur hinleiten. Jezt iſt es am Plaße, eine
Reihe von Stellen, die wir oben unerörtert laſſen mußten, in
das gehörige Licht zu ſtellen. Lucä **IV**, 41 heißt es: „Durch die
Kraft Chriſti gingen böſe Geiſter von Vielen aus, welche
ſchrien und ſprachen: du biſt Chriſtus, der Sohn Gottes, und
Er bedräuete ſie, und ließ ſie Das, was ſie wußten, nicht ver=
künden, nämlich, daß Er der Meſſias ſey:“ καὶ ἐπιτιμῶν οὐκ
εἴα αὐτὰ λαλεῖν, ὅτι ᾔδειϲαν τὸν χριϲὸν αὐτὸν εἶναι. Auf
gleiche Weiſe verbietet Jeſus Lucä **V**, 14 dem Ausſäßigen, den
Er geheilt, irgend Jemand zu ſagen, was Er an ihm gethan.
Ebenſo Lucä **VIII**, 56: als Jeſus die Tochter des Jairus er=
weckte, ergriff Erſtaunen ihre Eltern; „der Herr aber,“ heißt

es weiter, „gebot ihnen, Niemand zu sagen, was geschehen war,“ ὁ δὲ παρήγγειλεν αὐτοῖς μηδενὶ εἰπεῖν τὸ γεγονός. Noch deutlicher lautet eine vierte Stelle IX, 20: „Jesus fragte die Jünger: für wen haltet ihr mich? Da antwortete Petrus und sprach: für den Gesalbten Gottes! Der Herr aber be= bräucte sie, Niemand dieß zu sagen“: ὁ δὲ ἐπιτιμήσας αὐτοῖς παρήγγειλε μηδενὶ εἰπεῖν τοῦτο. Das erste Evangelium enthält noch zahlreichere Stellen der Art. Matth. IX, 30: „Nachdem Jesus zwei Blinde geheilt, gebot er ihnen ernstlich,“ indem er sprach: „Sehet zu, daß es Niemand erfahre“. Ebenso Matth. VIII, 4, welche Stelle sich auch bei Lukas findet, und XVI, 20: τότε διεσείλατο τοῖς μαθηταῖς αὐτοῦ, ἵνα μηδενὶ εἴπωσιν, ὅτι αὐτός ἐστιν ὁ χριστός. Ueberhaupt ist es Regel bei den Synoptikern, daß Jesus jedesmal, wenn Er ein Wunder an einem Kranken verrichtet hat, den Geheilten verbietet, das Geschehene bekannt zu machen. Nur eine einzige Aus= nahme findet sich Lucä VIII, 39, wo der Herr zu dem geheilten Dämonischen sagt: „Gehe hin nach deiner Heimath, und verkündige, was dir der Herr gethan hat.“ Dennoch verliert dadurch die Regel ihre Kraft nicht. Denn sichtlich sind jene Worte von der Sage darum eingestreut, weil sie die Weige= rung Jesu, den Geheilten mit sich jenseits des Sees zu nehmen, nicht anders begründen zu können vermeinte. Verlegenheit hat sie eingegeben, keine Thatsache.

Das Verbot Jesu, ihn als den Gesalbten des Herrn überall zu verkünden, läuft nun durchaus gegen den Sinn der urchristlichen Ueberlieferung, auf welche die synoptischen Evangelien gebaut sind. Denn dieselbe ist aufs Lebhafteste über= zeugt, daß Jesus der Verheißene sey, sie verlangt ferner, daß alle Welt diese Wahrheit aufs Freudigste anerkenne, sie rechnet es endlich dem Apostelfürsten Petrus als höchstes Verdienst auf, daß er Jesu, als dem Messias, feierlichst gehuldigt, Matth. XVI, 15 u. flg. Jenes Verbot des Herrn widerstreitet also gänzlich ihrer vorgefaßten Meinung, und wir dürfen daher mit großer Zuversicht annehmen, daß sie es nicht aus eigenem Vorrathe hinzugesezt, sondern daß es ihr von Außen her, d. h. durch eine Thatsache aufgenöthigt worden ist. Ferner, sie unterlegt demselben eine unrichtige Erklärung. Matth. **XII, 14** u. flg. heißt es: „Die Pharisäer hielten einen Rath, wie sie Jesum umbringen möchten. Als der Herr dieß merkte, entwich er, und viele Haufen folgten ihm, und Er heilte sie alle. Und Er bedräuete sie, daß ihn Niemand als den Gesalbten offenbar machen möchte. Auf daß erfüllet würde die Weissagung des Jesaias: siehe mein Sohn, den ich erwählt habe, mein Geliebter, an dem meine Seele Wohlgefallen trägt; ich will meinen Geist auf ihn legen, und Er soll den Völkern das Gericht verkünden. Nicht schreien wird Er, noch sich brüsten, und seine Stimme wird man auf den Gassen nicht hören. Das zerstoßene Rohr wird Er nicht zerbrechen, und den glimmenden Docht nicht auslöschen, bis daß Er führe das Gericht zum Siege" u. s. w. Wir gehen wohl nicht zu weit, wenn wir behaupten, daß der erste Synoptiker in diesem Spruche den Grund aller jener Verbote Jesu an wunderbar Geheilte ausgesprochen glaubt. Bescheidenheit, Scheue vor dem lauten Lärmen des Volkes, wäre also die Ursache, warum Christus trotz den Wunderheilungen, die Er vollbracht, nicht als der Gesalbte anerkannt seyn will? Bei aller Achtung, welche Christen den Evangelien schuldig sind, behaupte ich dennoch getrost, diese Erklärung der Sache ist nicht die richtige. Zu viele Stellen finden sich bei Johannes und den Synoptikern, aus welchen hervorgeht, daß Christus jen Werke der Kraft gerade deßhalb verrichtete, um als der den Vätern Verheißene anerkannt zu werden. Auch ist es an sich klar, daß unser Herr mit seinen Thaten einen bestimmten Zweck erreichen wollte, und dieser kann unmöglich ein anderer seyn, als der, bei seinem Volke den Glauben zu erwecken, daß Er ein Gesandter Gottes, d. h. eben jener Verheißene sey. Warum sollte Er nun so hier dieser nothwendigen Endabsicht schnurstraks entgegen handeln? Nun

wir ersehen eben hieraus noch deutlicher, daß jener oft wieder=
kehrende Zug in der Geschichte Jesu nicht aus dem dichterischen
Boden der Sage stammen kann, weil er ihr fremd ist, weil
sie ihn nicht zurecht zu legen vermag. Die wahre Erklärung
ist von uns vorbereitet und liegt auf der Hand. In der ur=
christlichen Ueberlieferung hatte sich das Andenken an die That=
sache erhalten, daß der Herr nur in Einer Beziehung, in einer
andern aber nicht, als der erwartete Gesalbte des Herrn aner=
kannt seyn wollte. Allen Anzeigen nach hat Er bei etlichen,
oder auch bei irgend einer Heilung besonders vorgebeugt, daß die
Volksmasse nicht Schlüsse daraus ziehe, welche Ihm gefährlich
schienen. Diese Thatsache schuf nun die Sage, wie es immer
zu geschehen pflegt, in eine allgemeine Regel um, welche sie
auch da anbrachte, wo es wieder passend war. Wie die heitere
Sonne durch trübe Nebel, so bricht also auch durch die Sagen=
evangelien die große Wahrheit durch, daß unser Herr nur
in einem gewissen Sinne der Messias seyn wollte. Weit klarer
aber zeugt hiefür Johannes.

Welche Seite des Messiasbegriffs nun ausgeschlossen seyn
sollte, das wird klar durch die Entwicklung des Drama, durch
das Ende seines Lebens, noch klarer durch den Spruch bei
Johannes XVIII, 36: „Christus antwortete dem Landvogte:
mein Reich ist nicht von dieser Welt, wäre mein Reich von
dieser Welt, so würden meine Diener für mich fech=
ten, daß ich den Juden nicht überantwortet würde,
nun ist aber mein Reich nicht von hier." Jede politische Rich=
tung weist Christus in diesen Worten von sich ab, und daß
Er immer nach diesem Grundsatze gehandelt habe, dafür bürgt
der Erfolg und die beglaubigte Geschichte seiner lezten Tage.
Indessen durfte der Herr nur mit der äußersten Vorsicht dem
hergebrachten Volksglauben eine andere Wendung geben; denn
die Möglichkeit, irgend etwas Großes zu wirken, beruhte für ihn
allein auf dieser damals unendlich mächtigen Idee, und nur
vermittelst derselben, welche in seinen Tagen die Gemüther des

Volks beherrschte, konnte er tiefe Wurzeln in seinem Zeitalter treiben. Wir werden daher unwillkürlich auf die Frage hingedrängt, ob Christus nicht jene Beschränkung, durch die überlieferte Lehre selbst, vor seinen Zeit= und Stammgenossen gerechtfertigt habe. Ich will mich noch deutlicher aussprechen: da vier verschiedene Darstellungen des Messiasbegriffs — wie im ersten Buche des vorliegenden Werkes bewiesen worden ist, — unter dem israelitischen Volke umliefen, so läßt sich vermuthen, daß Er denjenigen unter ihnen, der seinen hohen Absichten am meisten entsprach, vorzugsweise auf sich bezogen haben werde. Das prophetische Vorbild trägt eine starke politische Farbe. Der Gesalbte, den es verkündet, ist dem großen Könige der hebräischen Volkssage, David, nachgeformt, er ist ein Held, ein Kriegsmann, der die Schädel seiner Feinde zerschmettert von Dan bis gen Beersaba, der die Kinder Edom, Moab, Ismael, Javan mit Gewalt unter sein Joch beugt. Solche Erwartungen paßten nicht für Den, der da kam im sanften stillen Säuseln. *) Das Gleiche gilt von dem Daniel'schen Vorbild, dessen Gesalbter es mit den vier Reichen der Welt zu thun hat und nur durch Waffen und Blut den Sieg erringen mag. Anders verhält es sich mit dem Mosaischen Zweige des Messiasglaubens. Denn sein Gesalbter ist vorzugsweise Lehrer, Prophet, Religionsstifter: lauter Aemter, zu denen auch unser Herr den Beruf in sich fühlte. Die nächste Frage wäre demnach: ob sich in den Evangelien Spuren finden, kraft welcher Christus für den Messias gelten wollte, der in dem Meisterspruche Deuter. XVIII, 15 gefeiert ist. Auch diese Frage muß bejaht werden; doch zeugt abermals nur das Evangelium Johannis deutlich und offen dafür, die Synoptiker bloß versteckt und unwillkürlich. Der vierte Evangelist kennt vorerst den Unterschied zwischen dem prophetischen und Mosaischen Erretter sehr gut. Dieß sieht man aus der Antwort, welche er dem

---

*) I. König. XIX, 12.

Täufer auf die Anfrage der Gesandten des Synedriums in den Mund legt, Kap. I, 19 u. flg.: „Die Juden aus Jerusalem schickten Priester und Leviten, um den Täufer auszuforschen: wer bist du? und er bekannte offen und läugnete nicht, sondern sprach: Ich bin nicht der Messias. Da fragten sie weiter, wer denn sonst? bist du Elias? Und er entgegnete, nein, ich bin es nicht! Weiter drangen sie in ihn: bist du der Prophet (von Deuter. XVIII, 15), und er entgegnete: Nein!" Allerdings erhellt aus dieser Stelle bloß so viel, daß unser Evangelist einen Unterschied zwischen dem Propheten und dem Gesalbten anerkennt, keineswegs daß er Jesum für den Propheten hält, oder ihn sich selbst dafür erklären läßt. Näher kommen wir unserm Zweck durch die Stelle Kap. VII, 40: „Viele, welche die Reden des Herrn gehört hatten," heißt es hier, „sprachen: Dieser ist in Wahrheit der Prophet; Andere aber sagten: Er ist der Messias," πολλοὶ ἔλεγον· οὗτός ἐστιν ἀληθῶς ὁ προφήτης, ἄλλοι ἔλεγον· οὗτός ἐστιν ὁ χριτός. Nicht nur ist hier eine scharfe Gränzlinie zwischen dem Propheten von Deuter. XVIII, 15 und dem Messias gezogen, sondern Jesus wird auch für den Erstern erklärt. Wer wird nun glauben, daß Jesus nicht selbst darauf hingewirkt, für den Propheten gehalten zu werden. Hierauf deutet das Wörtchen ἀληθῶς hin, denn es enthält den stummen Gedanken: Er ist in Wahrheit Der, für welchen er sich ausgibt, nämlich der Prophet, den Moses verkündigt hat. Zur vollen Gewißheit wird unsere Vermuthung erhoben durch die weiteren Stellen Joh. VI, 14, wo es heißt: „Die Menschen, welche das (Zeichen der Speisung) mit angesehen hatten, sprachen: In Wahrheit, dieser ist der Prophet, welcher in die Welt kommen soll, οἱ οὖν ἄνθρωποι ἰδόντες ὃ ἐποίησε σημεῖον ὁ Ἰησοῦς, ἔλεγοι ὅτι οὗτός ἐστιν ἀληθῶς ὁ προφήτης ὁ ἐρχόμενος εἰς τὸν κόσμον. Die Speisung nimmt eine wichtige Stelle ein in der Geschichte Jesu, hauptsächlich durch die Größe des Eindrucks, welchen sie auf die Gemüther der Menschen übte. Keiner soll mir nun

einreden, daß die Eigenthümlichkeit dieses Eindrucks nicht von
Jesu vorbereitet und überwacht war; mit andern Worten, Er
wollte für den gehalten seyn, für welchen ihn die Volksmasse
erklärte. Auch bemerke man, daß abermals das Wörtchen
ἀληθῶς beigefügt ist, wie oben, nur hat es hier noch entschie=
dener den bezeichneten Sinn. Die andere Stelle ist Joh. I, 46:
„Philippus fand den Nathanael und sprach zu ihm: Denjenigen,
von welchem Moses geschrieben hat im Gesetz, und
auch die Propheten, haben wir gefunden in der Person Jesu,
Josephs Sohn, von Nazareth." Εὑρίσκει Φίλιππος τὸν Ναθα-
ναὴλ καὶ λέγει αὐτῷ· ὃν ἔγραψε Μωσῆς ἐν τῷ νόμῳ καὶ οἱ
προφῆται, εὑρήκαμεν, Ἰησοῦν τὸν υἱὸν τοῦ Ἰωσὴφ τὸν ἀπὸ
Ναζαρὲτ. Daß mit den Worten: ὃν ἔγραψε Μωσῆς ἐν τῷ
νόμῳ die Meisterstelle Deuter. XVIII, 15 gemeint sey, erken=
nen alle Ausleger an. Ein Apostel, Philippus, ist es, der dieß
sagt, allein Johannes war nicht selbst zugegen, als jener sich
so äußerte, und wenn je anderswo, so ist es hier wahr=
scheinlich, daß Johannes seine eigene und seiner Mitapostel
Gesammtmeinung dem Redenden in Mund legt. Philippus
mag im Allgemeinen gesagt haben, wir haben den Messias
oder den Verheißenen gefunden. Die bestimmte Fassung dieses
Satzes, die Hinweisung auf die betreffende Stelle des Gesetzes
gehört ohne Zweifel der spätern Ansicht des Evangelisten und
seiner Genossen an. Ist dieß der Fall, so folgt, daß sie in
dem Herrn vorzugsweise den Propheten von Deuter. XVIII, 15
sahen. Moses ist vorangestellt, das Zeitwort richtet sich nur nach
ihm, denn es steht in der einfachen Zahl, zum deutlichen Be=
weise, daß der Evangelist im Gesetze die wichtigste Prophezeihung
auf den Künftigen findet; die Propheten werden bloß hinten=
drein als untergeordnete Quelle genannt. Hiemit ist zugleich
ein Hauptunterschied zwischen den Synoptikern und dem vierten
Evangelisten angedeutet. Lezterer betrachtet Jesum als den
Propheten, welchen Moses verkündigt, die Propheten dunkel
geahnt hatten, jene dagegen stellen ihn als den Gesalbten dar

auf den die Propheten geweissagt, und der auch Mosi nicht unbekannt war. Aus den bisher entwickelten Zeugnissen geht hervor, daß die Volksmassen, daß die Apostel Christum für den Propheten von Deuter. XVIII, 15 hielten; daß sie sich dieser Ansicht nicht wider die Absicht des Herrn zuwenden konnten, sieht Jedermann. Aber wie, wenn der Herr selbst jene Weissagung vorzugsweise auf sich deutet? Dieß ist der Fall Joh. V, 46, wo Jesus zu den Juden spricht: „Würdet ihr an Moses glauben, so glaubtet ihr an mich, denn von mir hat Moses geschrieben.“ Nicht auf die Propheten, sondern auf den Gesetzgeber beruft sich hier Christus ausschließlich.

Indeß stünden uns auch diese Zeugnisse bei Johannes nicht zu Gebot, so würde schon eine sonnenklare Thatsache beweisen, daß Jesus vorzugsweise für den Gesandten Gottes, den der Gesetzgeber verheißen, gehalten seyn wollte; ich meine die Erwählung der zwölf Apostel, deren Namen, Zahl und Amt durch die zuverlässigsten Zeugen, Paulus und Johannes, verbürgt ist. Die Zwölfe tragen das Gepräge eines mosaischen Vorbildes an der Stirne, Jesus hat sie selbst gewählt. Er wollte also in diesem höchst wichtigen Stücke Mosi gleich seyn, d. h., Er bezog die wichtigste Prophezeihung des alten Bundes Deuter. XVIII, 18: „Ich will ihnen einen Propheten wie du bist, erwecken,“ und 15: „einen Propheten wie mich, wird der Herr dein Gott dir erwecken, aus dir und deinen Brüdern, demselben sollt ihr gehorchen“ — diese Weissagung, sage ich, bezog also Jesus selbst auf sich. Jezt wird es auch recht begreiflich, warum die älteste christliche Urkunde, die Rede des Stephanus, Apostelgesch. VII, 37, so entschieden auf die Weissagung Deuter. XVIII, 15 hinweist, denn je näher die Kirche den Tagen des Herrn selbst steht, desto lebendiger herrscht in ihr das mosaische Vorbild, weil Jesus es selbst auf sich bezogen hat. Später ward es von dem danielschen und prophetischen in den Hintergrund gedrängt.

Von den Evangelisten zeugt nur Johannes, wie wir sahen,

bestimmt dafür, daß Christus für den Propheten, den Moses verkündet, gehalten seyn wollte. Die Synoptiker deuten dieses Verhältniß bloß durch die Zwölfzahl der Apostel an, von welchen auch sie wissen, jedoch ohne das wahre Geheimniß derselben zu kennen. Allein anders verhält es sich mit den Quellen, aus welchen sie schöpften. Daß auf leztere das mosaische Vorbild einen unermeßlichen Einfluß geübt hat, wurde oben im ersten Bande dieses Werkes dargethan. Die schriftlichen Sagen, welche den synoptischen Evangelien zur Grundlage dienen, sind wohl um 30 bis 40 Jahre älter, als die Sammler Matthäus und Lukas sammt ihren Zusammenstellungen. Es ist daher ganz in der Ordnung, daß sie mächtiger von dem Gepräge beherrscht werden, welches Christus, dem sie um ein volles Menschenalter näher standen als die Synoptiker, seinem Werke aufgedrückt hat, und unsere Annahme wird also auch von dieser Seite her bestätigt. Aber wie kommt es, daß jener Grundzug aus dem Bewußtseyn der drei ersten Evangelisten verschwunden ist? Ich erkläre mir diese unläugbare Erscheinung so: Bei weitem die überwiegende Mehrzahl des israelitischen Volks war dem prophetischen Begriffe des Messias zugethan; man muß ihn als die eigentliche Nationalmeinung der Juden betrachten. Allgemeine und bleibende Ursachen bewirkten überdieß, daß er in der folgenden Zeit an Stärke nicht verlieren konnte. Durch die Römer von Tag zu Tag mehr bedrückt, mit dem Verluste des lezten Restes der Nationalität bedroht, konnten sie in dem Erwarteten nur einen Herrscher und Kriegshelden sehen, der das Reich wiederherstellen, die Feinde vor Gericht ziehen und bestrafen werde. Das mosaische Vorbild dagegen hatte vor Christus bloß unter einem kleinen Kreise, aus welchem jedoch unsere Kirche sicherlich ihre ersten Bekenner zog, unter den Essenern, Wurzeln getrieben. Außerdem bekam es durch Christus erst noch eine eigenthümliche, von der hergebrachten verschiedene, Farbe. Natürlicher Weise konnte sich leztere nur so lange ganz rein erhalten, als

3 *

der Eindruck der Persönlichkeit Jesu frisch blieb, als namentlich
die Kirche sich auf jenen kleineren, zum Voraus für ähnliche
Ansichten herangebildeten Kreis beschränkte, nicht mehr dagegen
als die lebendige Erinnerung an Das, was der Herr gesagt
und gethan, allmälig erbleichte — was mit dem Aussterben
der ersten Generation der Fall war — nicht mehr als mit
Paulus eine Menge Juden, die in die pharisäische Schule gegangen, herübertraten. Es wäre eine Ausnahme von den
Gesetzen, die sonst überall herrschen, wenn von Stund an das
nationale Element, als das stärkere, nicht das Uebergewicht bekommen hätte. Hiezu kommt noch, daß der Herr selbst durch
gewisse Verhältnisse, die später entwickelt werden sollen, verhindert war, dem Einbrechen dieser Ansicht einen kräftigen Damm
entgegen zu werfen. Er durfte um höherer Zwecke willen nicht
geradezu läugnen, daß Er nicht auch zugleich, neben dem von
Moses verheißenen, Lehrer jener Gesalbte sey, welchen die
Propheten Israels verkündet, und welcher damals und später
mit unerhörter Sehnsucht erwartet wurde. Das heißt mit anderen
Worten: Er mußte es sich gefallen lassen, daß man ihn für
einen ewigen König, den Wiederhersteller des David'schen Reiches, den Ueberwinder der Feinde Israels hielt. Aus diesen
Umständen zusammen erklärt es sich, warum auch bei Johannes,
der doch sonst allein den eigensten und wahren Jesus uns vor-
führt, fremdartige, den Propheten abgeborgte Töne sich vernehmen lassen, wie wir später sehen werden.

Schließen wir ab. Sonnenklar ist es, daß unser Herr
seine Messiaswürde vorzugsweise auf den Pentateuch stüzte,
oder daß Er für den Deuter. XVIII, 15 verheißenen Propheten gelten wollte. Nicht nur einzelne Aussprüche im Jo-
hannes-Evangelium, sondern unabweisbare, durch die gültigsten
Zeugnisse beglaubigte Thatsachen bürgen dafür. Aber ohne
das Evangelium Johannis wären wir nicht im Stande, den
Beweis vollständig zu führen. Das ist nun gewiß keine unbedeutende Spur, daß wir im vierten Evangelium einen wahren

Bericht vor uns haben. Ein wahrer Bericht sezt aber, beson=
ders bei Gegenständen, die weit über die Vorurtheile der Zeit=
genossen hinausgehen, sehr treue Erinnerung voraus, und
diese wiederum, weil Nachrichten so zarter Natur, wenn sie
aus einem Munde in einen andern übergehen, schnell ihre
ächte Farbe verlieren, nöthigt uns das Zugeständniß ab, daß Der,
welcher jenes Evangelium schrieb, ein Augenzeuge gewesen seyn
müsse. Nun! dieß soll vorerst eine Vermuthung seyn, keines=
wegs als Beweis angesehen werden. Rücken wir weiter vor
mit unsern historischen Schlüssen. Wollte Jesus vorzugs=
weise für den Propheten von Deuter. XVIII, 15 gelten, so
steht zu erwarten, daß dieß Vorbild nicht ohne Einfluß auf
den Plan seines Lebens blieb, oder daß seine beabsichtigte
Thätigkeit in gewissen Stücken der des Gesetzgebers gleichen
sollte. Dieser Gedanke schließt jedoch den andern nicht aus, daß
Er seinem Wirken noch ein weit höheres Ziel gesteckt haben
dürfte, denn vielleicht ergibt es sich, daß wir an dasselbe den
höchsten denkbaren Maßstab anlegen müssen. Jedenfalls haben
wir in obiger Vermuthung, die uns die Logik aufbrängte, eine
sichere Spur vor uns, die uns weiter vorwärts leiten kann,
und der Erfolg wird darthun, daß sie uns nicht irre führt.

Moses galt den Juden als ein Gesandter des Himmels,
der ein Gesetz von Oben empfangen, und den Sterblichen die
wichtigsten Aufschlüsse über das Wesen des Höchsten zu geben
bestimmt war. Jeder Vers der Evangelien zeugt dafür, daß
Jesus sich eine ähnliche Sendung zuschrieb. Eine neue Offen=
barung Gottes wollte Er dem menschlichen Geschlechte mit=
theilen. Ehe ich jedoch weiter hievon spreche, muß ich einige
allgemeine Sätze voranschicken. Jede Religion, die einen ge=
sunden Zweck hat, d. h. eine solche, die nicht für die Schule,
sondern für das Völkerleben bestimmt ist, betrachtet das höchste
Wesen nicht bloß für sich und nach seiner innern Natur, die von
uns, als endlichen Geschöpfen, unmöglich genau erkannt werden
kann, sondern immer mit Bezug auf die Menschen; Alles, was

von Ihm ausgesagt wird, enthält zugleich eine Vorschrift und Regel für unser Verhalten. Von dieser Art ist die Mosaische und auch die Christliche. Welche neue Erkenntniß der Gottheit nun Christus den Menschen offenbaren wollte, läßt sich allerdings auch aus den Synoptikern ersehen, aber lange nicht mit der Bestimmtheit und Schärfe, wie aus dem Evangelium und den Briefen unseres Johannes. Auf zwei einfache Sätze kommt bei ihm Alles zurück, Joh. IV, 24: „Gott ist ein Geist, und Die, so Ihn anbeten, müssen Ihn im Geiste und in der Wahrheit anbeten." Diese inhaltschweren Worte sind Christo selbst in den Mund gelegt. Hiezu müssen wir noch den 8ten Vers des IVten Kapitels im ersten Briefe des Evangelisten fügen: „Wer nicht liebt, erkennt Gott nicht, denn Gott ist die Liebe;" ferner ebendaselbst: „Gott ist die Liebe, wer in der Liebe bleibt, der bleibt in Gott und Gott in ihm." Zwar sagt Johannes Lezteres in eigener Person, aber es ist die Summe aller seiner Erkenntniß von Christo, und stimmt überdieß genau überein mit vielen Aussprüchen des Herrn im vierten Evangelium. Längst hat man anerkannt, daß jene Sätze die eigentlichste Eigenthümlichkeit der neuen Religion, und folglich die Grundzüge enthalten, durch welche sie sich von jeder andern unterscheidet. So einfach sie klingen, kommt ihnen doch eine außerordentliche Tiefe zu, sie umfassen einen Reichthum der erhabensten Gedanken, die vor Christo unserem Geschlechte größtentheils verborgen waren, einen Reichthum, der sich immer mehr enthüllt, in dem Maße, wie man die leitenden Ideen Schritt vor Schritt verfolgt. Weil Gott ein Geist ist, dürfen wir Ihm nur mit geistigen Kräften, d. h. mit dem Gefühle, dem Verstande, dem Willen zu nahen hoffen. Und weil ferner Gott im vollkommensten Sinne ein Geist ist, so müssen die geistigen Kräfte, durch welche wir mit Ihm allein in Verbindung stehen, ebenfalls das uns beschiedene Maß menschlicher Vollkommenheit haben. Das heißt: dem Höchsten naht nur ein lauteres Herz, ein reiner Wille, ein unbewölkter, durch keine niedrige Leidenschaften getrübter Verstand. Aber was ist ein reiner Wille, ein lauteres Herz, der rechte Geist? Das sind bis jezt bloße Worte, die der Eine so, der Andere anders verstehen mag, einer Fläche vergleichbar, welche die Ausströmerin des Lichts, die Sonne, noch nicht beschienen, einem Raume, dem der Inhalt voll Gluth und Leben noch fehlt. Nun eben dieser Inhalt strömt herein durch die zweite Offenbarung: „Gott ist die Liebe, und wer in der Liebe bleibt der bleibt in Ihm." Das heißt, in Begriffe aufgelöst: der Herr der Welt, welcher unsere Geschicke lenkt, hat Alles so eingerichtet, daß jegliches Geschöpf, namentlich das edelste, der Mensch, den Zweck seines Daseyns erreicht; auf Befriedigung ist der Weltplan abgesehen, Nichts soll verloren gehen — ein Gedanke der durch eine Reihe schöner Gleichnisse gefeiert wird — in jeder Lage des Lebens sind wir getragen von Gottes Armen, der auch da, wo wir nur Verderben sehen, zulezt Segen wirkt. Das angemessenste Bild, unter dem wir uns den Höchsten denken sollen, ist das eines Vaters, weßhalb Gott im N. T. gewöhnlich so genannt wird. Aber dieses Bild schließt zugleich eine hohe Verpflichtung für uns ein: wie Er unser Wohl im Auge hat, wie Er uns liebt, so sollen wir nicht nur Ihn selbst wie gute Kinder ihren Vater lieben, sondern wir sind auch gleiche Gesinnung unseren Mitgeschöpfen, allen anderen Menschen schuldig. Das ganze Menschengeschlecht ist eine Familie, durch die gegenseitigen Bande des Wohlwollens mit einander verbunden. Diese Vorstellungen sind Jedermann bekannt. Nicht so verhält es sich mit dem unendlich wichtigen Umschwung, welchen sie der hergebrachten Meinung aller alten Völker gaben. Der Satz: Gott ist ein Geist, und nur mit dem Geiste darf man ihm nahen, vernichtet mit Einem Schlage alle religiöse Nationalität, welche dem Alterthum eigenthümlich war. Wenn nur jene geistigen Kräfte, welche der Mensch als Mensch besitzt, vor dem Höchsten gelten, so verliert der Unterschied des Standes, der Geburt, der Volksthümlichkeit, in Beziehung auf unsere Verhältnisse zum Ewigen, allen

Werth. Das ist, verglichen mit der hergebrachten religiösen Ansicht des Alterthums, eine große Ketzerei. Der Römer, der Grieche, der Barbare sezte seine Götter in ein ausschließendes Verhältniß zu seinem Staate, seiner Heimath, seinem Volksstamme. Jupiter ist dem Römer sein höchster Gott, nicht weil er die ganze Welt regiert, sondern weil er das römische Reich zum Gegenstande seiner besondern Obhut macht, für das Wohl desselben vorzugsweise Sorge trägt, um die anderen Nationen sich wenig oder gar nicht bekümmert. Dieser Glaube lebte nicht nur im gemeinen Volke, sondern in Allen ohne Unterschied, und selbst jener tragische Zweifel, den Tacitus im VIten Buche der Annalen dem 22sten Kapitel mit den Worten ausspricht: non initia nostri, non finem, non denique homines Diis curae esse, bezieht sich, so allgemein er auch lautet, doch im Grunde auf den Glauben an eine besondere göttliche Fürsorge für eine bestimmte Nation. Nicht deßhalb war Tacitus an der Vorsehung irre geworden, weil er wähnte, daß die Götter sich überhaupt um die Dinge hier unten nichts bekümmern, sondern darum, weil eine bittere Erfahrung ihm zu beweisen schien, daß die Himmlischen nicht mehr in gleichem Grade, wie in den alten glücklichen Zeiten der Republik, für die Wohlfahrt Roms Sorge tragen. Er übersah, daß an Rom, die große Verschlingerin, triefend vom Blute der Nationen, auch einmal die Reihe des Duldens kommen müsse. Das politische Glück hatte den Götterglauben erzeugt, das Unglück drohte ihn zu zerstören. Wie die Römer dachten Griechen und Barbaren, aber auch die Juden, ob sie gleich sonst der Einheit Gottes zugethan waren. Nach ihrer Ansicht mußte man erst Jude werden, um des besonderen Schutzes der Gottheit zu genießen, denn Jehova trägt nur zu dem auserwählten Volke ein väterliches Herz. Die christliche Grundlehre: „Gott ist ein Geist, und im Geiste muß man ihn anbeten," war also eine große Neuerung, weil sie den Satz enthielt: Juden, Griechen und Barbaren sind gleich angenehm vor Gott, sofern ein lauteres Herz in ihnen ist, sie sind aber auch gleich verdammlich, sofern sie jene Eigenschaft entbehren. Diese Richtung auf das Allgemein=Menschliche, welche dem Christenthum den Charakter einer Weltreligion gibt, tritt daher schneidend dem National= stolze der alten Völker, besonders der Juden entgegen, und trägt einen Keim heftiger Kämpfe mit dem Zeitalter in sich. — Hiezu kam noch ein zweiter. Die Lehre: „Gott ist die Liebe, und nur wer in der Liebe bleibt, bleibt auch in Ihm," enthält zwar, wo sie ins Leben eintritt, einen Reichthum bürgerlicher und häuslicher Wohlfahrt, aber sie wirft auch dem Streben nach gewaltsamer Veränderung der äußeren Lage jedes Einzelnen, wie ganzer Nationen, einen unübersteiglichen Damm entgegen. Denn aus ihr folgt, daß auch die scheinbar unglück= lichsten Verhältnisse, die über uns verhängt sind, von einem liebenden Vater herstammen und zu unserm wahren Wohle dienen sollen. Wer sich dagegen mit Waffen und Gewalt auf= lehnt, der erkennt die Liebe Gottes nicht an, gehört nicht zu seinen Kindern. Hingebung, duldender Gehorsam sind höchst wesentliche Grundzüge des christlichen Glaubens, der christlichen Kirche. Nun herrschte aber unter den Zeit= und Stammge= nossen Jesu die wildeste Aufregung, Freiheit, Herrschaft war in Aller Munde, und das Feuer des Aufruhrs gegen Rom glühte in den Herzen. Ja ihre politischen Leidenschaften hatten aufs Innigste selbst den religiösen Glauben durchdrungen, denn in dem ersehnten Gesalbten sahen sie am Ende nichts Anderes, als den göttlichen Vollstrecker ihrer Wünsche, den himmlischen Befriediger ihrer Rachgier. Auch dieser Stimmung der Zeit trat die Lehre des Propheten mit größter Entschiedenheit ent= gegen: ein weiterer Anlaß des Zwiespaltes. — Noch gefährlicher für den Herrn war ein dritter. Jede Religion des Alterthums hatte ihre besonderen Gebräuche, Opfer, bevorzugte Kasten, denen eine außerordentliche Kraft, um die Gunst der Gottheit zu erringen, beigelegt wurde, keine aber mehr als die jüdische. Nur der Dienst, der dem Höchsten im Tempel zu Jerusalem bargebracht wurde, galt als heilig und gesetzlich, nur die dortigen Opfer konnten seinen Zorn sühnen, nur wer die vom Pentateuch vorgeschriebenen zahlreichen Ceremonien ängstlich genau erfüllt, darf sich rühmen, ein ächtes Mitglied des erkornen Volkes zu seyn, darf seinen Theil an den Segnungen des Höchsten mit Recht ansprechen. Eine vollkommene Kenntniß der Bücher, welche Moses geschrieben, der Gelehrsamkeit, welche aus ihnen entstanden, baute — so glaubte man damals — eine Staffel in den Himmel und verlieh dem Einzelnen, wie dem Stande, der sich damit beschäftigte, ein übermenschliches Ansehen. Alle diese Vorurtheile griff die neue Lehre an der Wurzel an. Wenn nur heilige Gesinnung, ein lauteres Herz, ein guter Wille Gott wohl gefällt: ja dann haben Opfer, Fasten, Almosen, Gebräuche, die nur die Hand verrichtet, Gebete, die nur der Mund spricht, dann hat die Gelehrsamkeit des Pharisäers wie die Erwählung des Stammes Levi zum heiligen Dienste, ja selbst der Tempel in Jerusalem hat dann keinen wahren Werth vor dem Allerhöchsten. Auf allen diesen Dingen beruhten nun einzig und allein die Vorrechte des doppelten jüdischen Adels, durch Verdienst und Geburt, der Pharisäer und Leviten, zweier Körperschaften, die eine treffliche Organisation besaßen, und von denen es sich daher, laut einer Erfahrung ohne Ausnahme, zum Voraus erwarten läßt, daß sie nicht gutwillig ihre — ob rechtlich oder unrechtlich erworbene — Stellung aufgegeben haben werden. Die Umstände duldeten es nicht anders, entschieden mußte Christus ihnen entgegen treten, denn sie waren es, welche der neuen Lehre, die Er offenbarte, das Bürgerrecht verweigerten. Ohne Scheue erhob Er sich wider sie, also entstand nothwendig ein Kampf auf Leben und Tod, welcher nicht eher ruhte, bis sie Ihn ans Kreuz geschlagen hatten. Sämmtliche Evangelien sind voll von diesem Kampfe, und die eigenthümliche Art, in der er berichtet wird, beweist schon für sich allein, daß Jesus nach den Grundsätzen, die hier entwickelt worden sind, wirklich gehandelt hat.

Der Umfang der Lehre Jesu ist aber damit noch nicht erschöpft. Schon Moses, der Vermittler des alten Bundes, nimmt eine erhabene Stelle ein in der jüdischen Religion, eine ungleich höhere gebührt dem Offenbarer des neuen Bundes, dem Propheten von Deuter. XVIII, 15. Daß Gott ein Geist, daß Er die Liebe sey, ist zwar ein hohes Wort, aber es trifft nur das Ohr, nicht das Herz des Menschen, wenn dieses nicht zuvor von Liebe zum Höchsten entzündet war. Die Liebe Gottes mußte erst die menschliche befruchten, wenn leztere den Schwung zum Himmel empor nehmen soll. So stellt Johannes, der Evangelist, die Sache dar, indem er uns zu verstehen gibt, daß in Jesu Christo die Liebe Gottes sich unserer erbarmt habe, und gleichsam in körperlicher Gestalt auf Erden erschienen sey, Joh. III, 16: „Also hat Gott die Welt geliebt, daß Er seinen eingebornen Sohn gab, auf daß Alle, die an ihn glauben, nicht verloren werden, sondern das ewige Leben haben." Diese Worte sind zwar in der betreffenden Stelle Jesu selbst in Mund gelegt, aber wir haben oben gefunden, daß sie in ihrer jetzigen Fassung höchstwahrscheinlich die eigene Ansicht des Evangelisten enthalten. Nichts desto weniger ist gewiß, daß der Herr selbst gelehrt hat: in Ihm sey die höchste Wahrheit erschienen, in Ihm allein werde die göttliche Liebe erkannt, Niemand komme zum Vater als durch Ihn. Matth. XI, 27 spricht Er: „Alle Dinge sind mir übergeben von meinem Vater. Und Niemand kennet den Sohn als nur der Vater, und Niemand kennet den Vater, als nur der Sohn, und wem es der Sohn will offenbaren" Auch dem unempfindlichsten Ohre muß es auffallen, daß vorliegende Sätze ganz anders lauten, als Christus sonst bei den Synoptikern zu reden gewohnt ist. Es sind Töne aus einer fremden, aus der johanneischen Welt; denn im vierten Evangelium äußert sich Christus immer so: z. B. Joh. XIV, 6: „Ich bin der Weg, die Wahrheit und das Leben, Niemand gelangt zum Vater, es sey denn durch mich." Wie kommt es nun, daß zwei Zeugen, die sonst eine so verschiedene Ansicht von dem Herrn haben, und ihn namentlich ganz anders von sich sprechen lassen, in diesem Punkte auf einmal zusammen tönen? Ich halte keine andere Erklärung für möglich, als die natürlichste, einfachste: wo zwei Quellen von verschiedener Art dasselbe aussagen, berichten sie die Wahrheit. Weil Christus wirklich so von sich gesprochen hat, und weil das Andenken daran auch in der trüben synoptischen Sage nicht ganz erlosch, stimmen die drei, Johannes, Matthäus und Lukas (in der Parallele X, 22), mit einander überein. Es will mich aber außerdem bedünken, als müsse man schon aus allgemeinen historischen Gründen annehmen, daß Jesus wirklich so von sich gesprochen habe. Jeder Stifter einer neuen Religion wird, wenn er wirklich göttlichen Beruf zu seinem hohen Werke in der Brust trägt, sich innigen Verkehr mit der Gottheit und folglich ein unbeschränktes Ansehen zuschreiben, sonst hat seine Sendung gar keinen Sinn. Denn wie kann ein bloßer gewöhnlicher Mensch sich herausnehmen, die Welt über ihr Verhältniß zum Höchsten belehren zu wollen? Fühlt er aber auch jenen göttlichen Beruf nicht wirklich in sich, so wird er doch den Verkehr mit der Gottheit erheucheln, und also eben so gut unbedingten Glauben fordern. Die Nothwendig= keit der Voraussetzung des innigsten Verhältnisses zum Höchsten wird noch erhöht im vorliegenden Falle. Jesus fand kein Neubruchland vor; in das Er, als der Erste, seinen Samen streuen durfte, sondern eine Religion war schon unter dem jü= dischen Volke, welche Jedermann als eine Offenbarung Gottes ansah. Wer nun einen neuen Glauben auf den Grund eines ältern aufbaut, der muß diesen theilweise aufheben, jedenfalls verbessern, vergeistigen. War aber der Vermittler des alten Bundes, Moses, ein Gesandter Gottes im vollen Sinne des Wortes gewesen, so mußte Der, welcher den neuen schloß, den alten aufhob, noch in viel höherer Beziehung zum Herrn des Himmels und der Erde stehen. Hatte Jener in den hellen Spiegel der Gottheit geschaut — wie die Juden von Damals

ſich auszudrücken pflegten — ſo mußte Dieſer der Sohn des
Höchſten ſelbſt ſeyn. Der Satz. „Ich bin der Weg, die Wahrheit und das Leben, Niemand kommt zum Vater, denn durch
mich,“ iſt demnach eine nothwendige, unabweisbare Folgerung
aus dem andern: ich bin der Prophet, den Moſes verkündigt
hat. Wenn Chriſtus Lezteres von ſich ausſagte — und wir
haben bewieſen, daß dieß der Fall iſt — ſo muß Er auch Er-
ſteres behauptet haben, obwohl vielleicht nicht ganz in denſelben Ausdrücken, die ihm Johannes in Mund legt, denn dafür möchte ich nicht einſtehen, es thut auch Nichts zur Sache.

Ganz gewiß würde Chriſtus eben ſo gehandelt und den
gleichen Lebensplan verfolgt haben, wenn Er auch die Stelle
Deuter. **XVIII**, 15 nicht auf ſich bezogen hätte, oder wenn
dieſelbe gar nicht in den Büchern Moſis ſtünde. Allein ſie
bot ihm eine treffliche Form dar, um ſeine Thätigkeit in das
Gewand der Ueberlieferung einzuhüllen, und dadurch eine Bürgſchaft, deſto ſicherer auf das Volk zu wirken. In dieſer Hinſicht beſaß ſie großen Werth für ihn, hätte ſie nur nicht andere, widerſtrebende, ich möchte ſagen, verderbliche Elemente in
ſich befaßt. Moſes war nicht bloß Prophet, Geſandter Gottes,
Geſetzgeber, ſondern zugleich auch politiſcher Befreier des Volks
aus der ägyptiſchen Sklaverei, und gerade die leztere Seite
ſeines Berufs wurde damals aus Gründen, die ich oben berührt, am Meiſten gefeiert. Ueberdieß hatten, von den andern
Zweigen des Meſſiasbegriffs her, gewiſſe politiſche Hoffnungen
ſich unzertrennlich mit der Lehre vom großen Propheten vermählt. Errichtung einer ewigen Herrſchaft, Begründung eines
ganz neuen Zuſtands der Dinge, welchen man, in der Sprache
des Volks, jene Welt oder die neue Welt nannte, Gericht
über die Feinde Iſraels, betrachtete man allgemein als
Werke, welche der Erſehnte, ob derſelbe ſich nun Davids Erben nach den ältern Sehern, oder des Menſchen Sohn nach
Daniel, oder den Propheten von Deuter. **XVIII** nenne, jedenfalls verrichten müſſe. Solche Kraftäußerungen lagen aber, wie

wir sahen, den Absichten Jesu Christi völlig ferne; aber eben
hiedurch gerieth Er in eine peinliche und gefährliche Lage. Die
Weissagungen des alten Testaments waren es, auf welchen für
Ihn alle Möglichkeit hohen Einflusses auf seine Zeit= und Stamm=
genossen beruhte, sie allein konnten ihm den Boden Messiani=
scher Wirksamkeit verschaffen. Aber eben dieselben hatten zugleich
Hoffnungen erweckt, welche Christus, weil er jede Gewaltthat
verabscheute, weder erfüllen wollte noch auch konnte. Was
war hier zu thun? Sagte Er: die betreffenden Stellen des
Gesetzes und der Propheten sind anders zu deuten, als ihr
wähnet, so antwortete man ihm, wie? du willst den klaren
Wortsinn der heiligen Bücher Israels fälschen, du willst sie
anders erklären, als alle Lehrer und die ganze Nation sie seit
Jahrhunderten verstanden haben? Wahrlich, du bist nicht der er=
sehnte Gesalbte, sondern ein Verächter Gottes. Behauptete Er
dagegen offen: jene Seher haben nicht die volle Wahrheit, son=
dern bloß durch einen trüben Spiegel geschaut, so beleidigte Er
die theuersten Meinungen des Volks noch stärker, um die
Möglichkeit messianischen Wirkens war es völlig geschehen!
Kein Ariadne = Faden führte aus diesem Irrsal ganz heraus.
Doch finden sich in dem Evangelium Johannis unbezweifelbare
Spuren, aus welchen ersichtlich ist, wie Er die drohenden
Klippen zu vermeiden bedacht war. Ohne die Frage zu be=
rühren, ob die Propheten gegen den Wortsinn gedeutet werden
müssen, oder ob sie die volle Wahrheit nicht geschaut, sucht Er
jene allgemein verbreiteten Begriffe von ewiger Herrschaft,
Himmelreich, Gericht, künftiger Welt, zu vergeistigen, damit
ihnen der politische Stachel genommen werde, und bezieht sie
allein in dieser verklärten Gestalt auf sich. In Betracht kom=
men hier folgende Stellen des vierten Evangeliums: III, 17
u. flg. spricht der Herr: „Gott hat seinen Sohn nicht dazu in
die Welt gesandt, daß er die Welt richte, sondern damit
die Welt durch ihn selig werde. Wer an ihn glaubt, der wird
nicht gerichtet, wer aber nicht glaubt, der ist schon gerichtet,

weil er nicht geglaubt hat an den Namen des Eingebornen
Sohnes Gottes. Das ist aber das Gericht, daß das
Licht in die Welt gekommen ist, und die Menschen liebten die
Finsterniß mehr als das Licht; denn ihre Werke waren böse."
Ferner **V**, 24: „Wahrlich, wahrlich, ich sage Euch, wer mein
Wort höret und glaubet Dem, der mich gesandt hat, der hat
(besizt schon) das ewige Leben, und kommt nicht
in das Gericht, sondern er ist vom Tode zum Leben
(bereits) durchgedrungen." *) Deßgleichen Kap. **VI**, 47:
„Wahrlich, wahrlich, ich sage Euch, wer an mich glaubt, der
hat (schon) das ewige Leben." Kap. **VIII**, 51: „Wahrlich,
wahrlich ich sage Euch, wer mein Wort hält, wird den Tod
nicht schauen in Ewigkeit." Kap. **XI**, 25, 26: „Der Herr
sprach zu Martha: Ich bin die Auferstehung und das
Leben, wer an mich glaubt, der wird leben, ob er
gleich stürbe. Und Jeglicher, der lebt und an mich glaubt,
wird nicht sterben in alle Ewigkeit." Endlich **XVII**, 2, 3,
betet Christus: „Vater, du hast dem Sohne Macht verliehen über
alles Fleisch, auf daß er das ewige Leben gebe Allen, die du
ihm anvertrautest. Das ist aber das ewige Leben, daß
sie dich als den allein wahren Gott und deinen
Gesandten Jesum Christum erkennen." Ich habe
bloß die stärksten Stellen ausgewählt, viele andere könnten
ihnen noch beigefügt werden, denn fast jeder Vers im vierten
Evangelium enthält ähnliche Anklänge. Eine bestimmte Ansicht zieht sich durch alle hindurch. Handgreiflich ist es, daß
ihnen der Zweck zu Grunde liegt, die volksthümlichen Begriffe
vom Reich Gottes, messianischer Herrschaft, Gericht über die
Heiden, selbst Auferstehung, zu verklären. Nur dreimal kommt
im Johannis-Evangelium der Name βασιλεία τοῦ Θεοῦ vor,

---

*) Dasselbe Wort braucht Johannes im ersten seiner Briefe III, 14:
ἡμεῖς οἴδαμεν, ὅτι μεταβεβήκαμεν ἐκ τοῦ θανάτου εἰς τὴν
ζωήν, ὅτι ἀγαπῶμεν τοὺς ἀδελφούς.

welcher in den synoptischen eine so bedeutende Rolle spielt, und zwar jedesmal mit der Absicht, denselben umzudeuten, zu vergeistigen. Erstens in der mehrfach angeführten Stelle XVIII, 36, wo der Herr zu Pilatus spricht: „Mein Reich ist nicht von dieser Welt, wäre dasselbe von dieser Welt, so würden meine Diener für mich fechten, damit ich nicht den Juden übergeben werde." Der historische Sinn dieser Worte ist, wie Jedermann sieht: in dem Gottesreiche, wie Ich es will und mir denke, findet keine Gewaltthat statt, d. h. es ist völlig verschieden von den irdischen Reichen der Erde, aber auch von dem himmlischen, das die Juden erwarteten. Deutlicher wird das Wesen desselben bestimmt in der zweiten und dritten Stelle, III, 3, wo der Herr zu Nikodemus spricht: „Wahrlich, wahrlich, ich sage dir, wenn nicht Jemand von Neuem geboren ward, kann er nicht in das Reich Gottes kommen," ἐὰν μή τις γεννηθῇ ἄνωθεν, οὐ δύναται ἰδεῖν τὴν βασιλείαν τοῦ Θεοῦ. Und ebendaselbst V. 5: „Wahrlich, wahrlich, ich sage dir, wer nicht geboren wird aus Wasser und Geist, kann nicht in das Reich Gottes kommen." Sonnenklar ist es: der Ausdruck „Reich Gottes" bezeichnet hier nicht eine politische, sondern eine geistige Größe, aber so brauchte sicherlich kein Jude das Wort; eben darum bedient sich Christus desselben nur ausnahmsweise, und gegen Fremde — den Pharisäer Nikodemus, den Heiden Pilatus; wenn Er mit seinen Jüngern spricht, oder auch sonst seine Lehre genauer entwickelt, tritt ein anderer Ausdruck an die Stelle der βασιλεια θεου, ein Ausdruck, welcher dem wahren Wesen des Begriffs angemessener ist, nämlich das Wort ζωὴ αἰώνιος. Das ewige Leben hat für den Gläubigen schon hier begonnen, daher der Satz: ὁ πιςευων εἰς ἐμὲ ἔχει ζωὴν αἰώνιον und μεταβέβηκεν ἐκ τοῦ θανάτε εἰς τὴν ζωήν. Es wird auch durch den körperlichen Tod nicht unterbrochen, denn dieser hat keine Gewalt über die himmlische Frucht; daher der Satz: ὁ πιςευων εἰς ἐμὲ, κἂν ἀποθάνῃ, ζήσεται. Der zweite messianische Hauptbegriff: „das Gericht" ist nur die Kehrseite des himmlischen Reichs, oder nach der genauern Faſſung, des ewigen Lebens. Wie dieſes für den Gläubigen, ſo hat jenes für den Ungläubigen ſchon hier begonnen, daher der Satz: ὁ μὴ πιςεύων ἤδη κέκριται, ὅτι μὴ πεπίςευκεν εἰς τὸ ὄνομα τοῦ μονογενοῦς υἱοῦ τοῦ Θεοῦ. Daſſelbe iſt, wie ſich von ſelbſt verſteht, nicht äußerlich ſichtbar, ſondern bloß eine innere geiſtige Erſcheinung; denn indem die Ungläubigen den Sohn Gottes nicht anerkennen, haben ſie ſich ſelbſt von den Kindern des Höchſten ausgeſchieden; darin beſteht eben das Gericht, nach dem Ausſpruche (III, 19): αὕτη δέ ἐςιν ἡ κρίσις, ὅτι τὸ φῶς ἐλήλυθεν εἰς τὸν κόσμον καὶ ἠγάπησαν οἱ ἄνθρωποι μᾶλλον τὸ σκότος, ἢ τὸ φῶς, ἦν γὰρ πονηρὰ αὐτῶν τὰ ἔργα. Wie die Gläubigen endlich das ewige Leben haben, ob ſie gleich körperlich ſterben, ſo ſind die Ungläubigen im ewigen Tode, ob ſie gleich körperlich leben. Dieß iſt eben=falls ein bekannter Gedanke des vierten Evangeliums. Auch der meſſianiſche Begriff der Auferſtehung ſcheint in dieſen myſtiſchen Kreis gezogen; wenigſtens kann ich mir den Satz (XI, 25): ἐγώ εἰμι ἡ ἀνάςασις καὶ ἡ ζωή kaum anders er=klären, als ſo: die körperliche Auferſtehung, die ihr Juden er=wartet, iſt Nichts, die wahre, geſunde beſteht im Eingehen in mein Reich, im ewigen Leben. Dieſe Vergeiſtigung des herge=brachten Meſſiasbegriffes wird noch nach verſchiedenen Seiten weiter ausgeſponnen. Im himmliſchen Reiche, das die Juden erwarteten, herrſcht Gott ewig, aber auch unter Ihm und durch Ihn ſein Statthalter, der Geſalbte. Gleicher Weiſe beſteht das ewige Leben, das Chriſtus bei Johannes an die Stelle des äußern Himmelreiches ſezt, darin, daß die Seelen ewig in Gott ruhen, aber auch zugleich im Sohne des Höchſten, mit deſſen Aufnahme für jeden Gläubigen jenes Leben beginnt. Daher die Sätze Joh. XV, 4 u. flg.: „Bleibet in mir und ich in Euch; gleichwie die Ranke der Rebe keine Frucht bringt von ihr ſelber, ſie bleibe denn am Weinſtocke, alſo auch Ihr nicht, Ihr bleibet denn in mir. Ich bin der Weinstock, Ihr seyd die Reben. Wer in mir bleibet, und ich in ihm, der bringet viel Frucht, denn ohne mich könnet ihr Nichts schaffen" u. s. w. Deßgleichen Kap. **XVII**, 21 u. flg. in dem hohenpriesterlichen Gebete: „Alle die an mich glauben, sollen Eins seyn, gleich wie Du Vater in mir, und ich in Dir, daß auch sie in uns Eins seyen, damit die Welt glaube, Du habest mich gesandt. — Ich in Ihnen und Du in mir, auf daß sie vollkommen Eins seyen (mit uns), und die Welt erkennen möge, daß du mich gesandt hast, und sie liebest, wie du mich liebest." Tief greift diese geheimnißvolle Einheit der Seelen in Christo, und Christi mit dem Vater in die Lehre unseres Erlösers ein, sie ist gleichbedeutend mit dem Ausspruche: „Ich bin der Weg, die Wahrheit und das Leben, Niemand kommt zum Vater, denn durch mich;" sie gehört also zu den Grundwahrheiten des neuen Bundes, und kann folglich nicht aus dem Christenthum weggedacht werden, ohne daß es seinen Charakter verlöre. Dennoch ist sie zugleich mit jener vergeistigten Umdeutung des jüdischen Himmelreichs in ein gewisses Verhältniß gebracht; denn wer an Christum glauben will, muß in ihn eingehen, Eins mit ihm werden. Indem dieß geschieht, nimmt der Gläubige am ewigen Leben Theil, das an die Stelle des Reiches Gottes gesezt ist; so hängt jener Begriff mit diesem zusammen, weßhalb wir hier davon sprechen mußten. Ganz in den Kreis der vergeistigten Volksvorstellungen fällt dagegen noch der Ausspruch Joh. **XVI**, 11: „Der Fürst dieser Welt (der Teufel) ist schon gerichtet." Man muß diesen Satz als einen Schluß aus dem andern, früher angeführten: ὁ μὴ πιστεύων εἰς ἐμὲ ἤδη κέκριται betrachten. Denn wenn die Ungläubigen schon gerichtet sind, so folgt, daß dieß auch von dem Teufel gilt, der das Vorbild und die Kraft des Unglaubens ist.

Man wird mir nun einwenden: allerdings stehen alle diese Sprüche im Evangelium Johannis, aber wer bürge dafür, daß sie die eigene Ansicht des Herrn enthalten, und Ihm nicht bloß von dem Verfasser unterschoben seyen? Oben sey ja bereits dargethan worden, daß das Gespräch Christi mit Nikodemus, in welchem eben mehrere der stärksten, von uns benuzten, Beweisstellen sich finden, deutliche Spuren der eigenen Denkweise des Evangelisten an sich trage und unmöglich in dieser Gestalt von dem Herrn gehalten seyn könne. Ich entgegne: daß Christus gerade die von Johannes überlieferten Ausdrücke und zwar gerade bei den, von ihm geschilderten, Anlässen gebraucht, möchte ich keineswegs verfechten, wohl aber behaupte ich, daß Er sich in gleichem Sinne über den gleichen Gegenstand ausgesprochen haben müsse. Den Beweis meines Satzes führe ich auf folgende Weise: Zwischen den althergebrachten Messiashoffnungen aller uns bekannten jüdischen Parteien und der Lehre Christi findet eine Aehnlichkeit im Wortklange bei der größten Verschiedenheit in der Sache Statt. Jene sagten: das Reich Gottes erscheint äußerlich sichtbar, begleitet von großen politischen Erschütterungen, und weil leztere noch nicht eingetreten sind, so folgt, daß auch das Reich der Zukunft angehört; ist es aber einmal gekommen, so erringen seine Bürger das ewige Leben, und der körperliche Tod herrscht nicht mehr über sie. Christus dagegen lehrt: Das Reich Gottes kommt nicht mit Gewalt, noch mit äußerlichem Gepränge, der jetzige politische Zustand der Welt wird nicht dadurch verändert, es ist bereits gekommen, und das ewige Leben wird schon jezt kraft desselben den Gläubigen zu Theil, wenn gleich der körperliche Tod über sie herrscht. Weiter behaupteten die Juden: wenn das himmlische Reich einst am Ende der Zeiten erschienen ist, so wird der Messias Gericht halten über die Feinde des erkorenen Volks, sie für alle ihre Frevel bestrafen und zu ewiger Pein in die Hölle hinabschleudern. Dagegen sagt Christus: das Gericht fällt eben so wenig in die Augen, als das himmlische Reich, es ergeht nicht über die Feinde Israels, sondern über alle Ungläubige, es ist auch bereits gesprochen, und die Verdammten befinden sich schon jezt im ewigen Tode, obgleich sie körperlich noch leben. Die Juden waren der Ansicht: in jener Welt wird Gott und sein Gesalbter ewiglich herrschen über die Erkornen; Christus dagegen erklärt: schon jezt in dieser Welt, ja mitten unter Euch ruhen die Gläubigen ewig in Gott und in seinem Sohne, sie sind durch ihn Eins mit dem Höchsten. Endlich erwarteten jene: am jüngsten Tage werde der Teufel vernichtet, oder für immer in die höllische Flamme verstoßen. Dagegen sagt Christus: der Fürst dieser Welt ist bereits gerichtet. Diese beiden Lehren schließen sich, wie Jedermann sieht, geradezu aus. Nur etliche Worte haben sie mit einander gemein, einen Anhaltspunkt, den Christus nicht zerstören durfte, weil Er sich sonst des einzigen Mittels beraubte, durch welches Er auf die Gemüther und Köpfe seiner Zeitgenossen einwirken konnte, sonst hätte Er sich gewiß anders ausgedrückt. Dem Sinne nach sind beide Lehren völlig verschieden, ja entschieden einander entgegen. Findet sich nun in irgend einer Schrift die erste Meinung ausgeprägt, so dürfen wir versichert seyn, daß der Verfasser derselben von der jüdischen Denkweise beherrscht war, denn der jüdischen Ueberlieferung gehört jene Ansicht an, nur von ihr konnte man sie entlehnen. Eben so gewiß ist, daß, wer die zweite Lehre in seinem Haupte erzeugte, unmöglich zugleich der ersten zugethan seyn konnte, denn als Schöpfer derselben mußte er wissen, daß beide sich ausschließen; oder besser: eine stete Verneinung der ersten ist der zweiten aufgeprägt. Sollte sich aber ergeben, daß ein christlicher, den Zeiten des Herrn nicht ferner Schriftsteller beide Ansichten zugleich bekennt, so müssen wir offenbar schließen, daß derselbe einerseits von der jüdischen Volksmeinung, andererseits aber von einem fremden Gedanken beherrscht war, welchen er zwar nicht im ganzen Umfange begriff — denn sonst hätte er zwei vollkommene Gegensätze nicht zusammengeworfen — der aber doch so mächtig auf ihn einwirkte, daß er sich seiner Gewalt nicht entziehen konnte. Wem dieser fremde Gedanke ursprünglich angehörte, darüber könnte ebenfalls kaum gestritten werden, denn sämmtlichen

jüdischen Parteien und Schulen: Paläſtinenſern wie Alexandri=
nern, Myſtikern wie Phariſäern liegt er ferne; die Zeit hat
ihn nicht geboren, er iſt die Schöpfung eines eigenthümlichen
Geiſtes. Da er nun auffallend mit anderen völlig beglaubigten
Spuren des Plans Jeſu Chriſti übereinſtimmt, ſo muß man
ihn ſchon deßhalb dem Herrn zuſchreiben. Ich glaube nicht,
daß ſich gegen dieſen Schluß etwas Triftiges einwenden laſſe;
nun dann habe ich gewonnenes Spiel. Neben jener vergei=
ſtigten Umdeutung des gemeinen Meſſiasbegriffs bekennt
der Evangeliſt zugleich die volfsthümliche Anſicht. Im erſten
Briefe Kap. II, 18 ſagt er: „Kindlein, die lezte Stunde iſt
vorhanden! wie ihr vernommen habt, daß der Antichriſt kom=
men ſoll, ehe der Chriſt zum Weltgerichte erſcheint, ſind jezt
viele Antichriſten aufgeſtanden, woraus wir erkennen, daß die
lezte Stunde vorhanden iſt.“ Παιδία ἐσχάτη ὥρα ἐσὶ· καὶ
καϑὼς ἠκούσατε, ὅτι ὁ ἀντίχρισος ἔρχεται, καὶ νῦν ἀντί-
χρισοι πολλοὶ γεγόνασιν· ὅϑεν γινώσκομεν, ὅτι ἐσχάτη ὥρα
ἐσίν. Ebendaſelbſt Vers 28 heißt es weiter: „Kindlein! blei=
bet in Jhm, auf daß wir, wenn Er geoffenbart wird,
Freudigkeit haben und nicht zu Schande werden vor Jhm, bei
ſeiner Ankunft;“ ἵνα ὅταν φανερωϑῇ, ἔχωμεν παῤῥησίαν καὶ
μὴ αἰσχυνϑῶμεν ἀπ’ αὐτοῦ ἐν τῇ παϱεσίᾳ αὐτοῦ. Die Be=
griffe παϱεσία, ἐσχάτη ὥρα und φανερωϑῆναι gehören der
gemeinen jüdiſchen Anſicht an, und ſind deßhalb ſehr häufig
bei den, von der alten Lehre durchdrungenen, Synoptikern. Sie
enthalten den Satz, daß Chriſtus erſt in Zukunft, am jüngſten
Tag, oder dem Ende der Zeiten wieder erſcheine, um das
Himmelreich aufzurichten und das Weltgericht zu halten über
die Gottloſen. Vor der Wiederkunft des Erſehnten geht der
Antichriſt, der Sohn des Teufels, oder der Böſe ſelbſt in
Menſchengeſtalt her, und derſelbe wird zulezt vom Geſalbten ver=
nichtet. Dieſe Erwartung läuft alſo ſchnurſtraks der oben ent=
wickelten Lehre zuwider, kraft welcher das Himmelreich nicht
äußerlich ſichtbar iſt, nicht der Zukunft angehört, und ſchon in

den Geistern begonnen hat, kraft welcher zweitens auch das
Gericht im Gange und der Teufel bereits verdammt ist. Woher
seine Ansichten stammen, zeigt der Apostel klar genug an durch
die Worte Vers 18: καθὼς ἠκούσατε, ὅτι ὁ ἀντίχριστος
ἔρχεται. In dem vierten Evangelium steht keine Sylbe davon, daß vor der Wiederkunft des Herrn der Antichrist erscheinen solle. Woher anders können also die Gläubigen, an
welche Johannes seinen Brief richtet, diesen Wahn entnommen
haben, als aus der jüdischen Ueberlieferung, welche auch die
Quelle ist, aus welcher derselbe in das 24ste Kapitel des Matthäus überging. Die gemeine Messiaslehre findet sich also bei
demselben Johannes, der im Evangelium die vergeistigte, jener
scharf entgegengesezte, Christo unterschiebt. Ja er hat sogar
beide in das Evangelium eingemischt und dem Herrn selbst in
Mund gelegt. Ich berühre hier eine Eigenthümlichkeit des
vierten Evangelisten, die, wie ich fürchte, so handgreiflich sie
auch ist, bisher allen Auslegern entging, aber die wichtigsten
Aufschlüsse gibt. Johannes trägt sein eigenes Schwanken zwischen der volksthümlichen und der neuen Messiaslehre auf den
Herrn selbst über. Joh. VI, 39, 40 spricht Christus: „Das
ist aber der Wille des Vaters, der mich gesandt hat, daß ich
keinen von Allen, die Er mir gegeben, verliere, sondern sie
auferwecke am jüngsten Tage. Das ist der Wille Deß,
der mich gesandt hat, daß Jeglicher, der den Sohn schaut
und an ihn glaubt, das ewige Leben habe, und ich werde
ihn auferwecken am jüngsten Tage.“ Ich will den Text selbst
hersetzen: τοῦτο δέ ἐςι τὸ θέλημα τοῦ πέμψαντός με πατρὸς
ἵνα πᾶν ὃ δέδωκέ μοι, μὴ ἀπολέσω ἐξ αὐτοῦ, ἀλλὰ ἀναςήσω
αὐτὸ ἐν τῇ ἐσχάτῃ ἡμέρᾳ. Τοῦτο δέ ἐςι τὸ θέλημα τοῦ
πέμψαντός με, ἵνα πᾶς ὁ θεωρῶν τὸν υἱὸν, καὶ πιςεύων εἰς
αὐτὸν ἔχῃ ζωὴν αἰώνιον· καὶ ἀναςήσω αὐτὸν ἐγὼ τῇ ἐσχάτῃ
ἡμέρᾳ. Wir haben hier den Satz: Jeglicher, welchen der
Vater dem Sohne gegeben, geht nicht verloren. Gleich bedeutend damit ist der andere: Jeglicher, der den Sohn gesehen

hat und an ihn glaubt, hat das ewige Leben. Aus sonstigen
Stellen des Evangeliums wissen wir, daß, wer das ewige Leben
hat, diese hohe Gabe schon jezt ganz besizt, daß er bereits hier
unten hinübergeschritten ist vom Tode zum ewigen Leben (πᾶς
πισεύων ἔχει ζωὴν αἰώνιον, καὶ εἰς κρίσιν οὐκ ἔρχεται, ἀλλὰ
μεταβέβηκεν ἐκ τοῦ θανάτε εἰς ζωήν). Wenn derselbe auch
dem körperlichen Tode unterliegt, so ist er darum nicht wahrhaft gestorben, sondern er besizt das ewige Leben auch im Tode
(XV, 25: ὁ πισεύων εἰς ἐμὲ, κἂν ἀποθάνῃ, ζήσεται, καὶ
πᾶς ὁ ζῶν καὶ πισεύων εἰς ἐμὲ, οὐ μὴ ἀποθάνῃ εἰς τὸν
αἰῶνα). Heißt man das Leben nach dem Tode Auferstehung,
so folgt, daß der Gläubige auch im Tode die wahre Auferstehung besizt, weil er in Christo ruht, der die Auferstehung selbst
ist (ἐγώ εἰμι ἡ ἀνάσασις καὶ ἡ ζωή). Daß alle diese Säze
dem Evangelium Johannis wirklich angehören, ist eben so gewiß,
als daß sie in unserer Stelle durch den Ausdruck ἔχει ζωὴν
αἰώνιον befaßt werden. Nun lehrt aber ferner der Augenschein, daß, wer ins körperliche Leben zurückgerufen wird, vorher todt seyn muß, und folglich, daß ihm in dem Zwischen-
raume zwischen dem natürlichen Tode und der Auferweckung,
kein ewiges Leben, oder sonst Etwas, was irgend Aehnlichkeit
damit hätte, zugeschrieben werden kann, es sey denn, daß die
Sprache auf ärmliche sophistische Weise mißbraucht werde.
Ferner der Ausdruck ἀνασῆσαι ἐν τῇ ἐσχάτῃ ἡμέρᾳ bedeutet,
besonders wenn er so nackt hingestellt ist, nichts Anderes, als
die körperliche Auferweckung am jüngsten Tage, welche nach
der jüdische Volkslehre der Messias einst bewerkstelligen sollte.
Ich glaube, daß man keinem von diesen Säzen ohne Beleidigung des gesunden Menschenverstandes das Geringste abbingen
kann. Nun dann müssen wir auch eingestehen, daß in unserer
vorliegenden Stelle zwei feindselige Größen, die gemeine jüdische
Volkslehre vom Messias und die Verklärung derselben durch
Christus, hart nebeneinander wohnen. Jenes Schwanken, von
dem ich oben sprach, wäre somit im Evangelium selbst

nachgewiesen. Ich gehe noch weiter und behaupte zuversichtlich:
die beiden Verse enthalten deutliche Spuren, daß Johannes
den eben aufgedeckten Zwiespalt peinlich empfand. Es ist hand=
greiflich, daß der 39ste und 40ste Vers im Grunde Dasselbe
besagen. Wozu nun diese unangenehme Wiederholung? Nach
meinem Gefühle war Johannes mit dem 39sten Verse, als
ihm derselbe kaum seiner Feder entschlüpft, nicht recht zufrieden,
weil die höhere geistige Ansicht, die er von dem Herrn einge=
saugt, nicht gehörig in ihm hervortrat. Denn der Satz: ἵνα πᾶν
ὃ δέδωχέ μοι ὁ πατήρ, μὴ ἀπολέσω ἐξ αὐτοῦ drückt nur un=
vollkommen den Begriff ζωὴ αἰώνιος aus, zuviel Raum besaß
daneben die herkömmliche Lehre ἀναστήσω αὐτὸ ἐν ἐσχάτῃ
ἡμέρα. Leztere war ihm aus dem allgemeinen Denkkreise des
Zeitalters, als Etwas das sich von selbst verstand, zugeströmt,
aber die Erinnerung gebot, auch die eigenthümliche Lehre des
Herrn mit gleicher Stärke hervorzuheben. Also wiederholt er
den 39sten Vers, in der Absicht, den gemachten Fehler zu ver=
bessern, und bringt deßhalb statt des ungenauen: ἵνα πᾶν ὃ δέ=
δωχέ μοι ὁ πατήρ den bestimmten, dem Herrn selbst angehörigen
Satz an: ἵνα πᾶς ὁ θεωρῶν τὸν υἱὸν καὶ πιςεύων εἰς αὐτὸν
ἔχῃ ζωὴν αἰώνιον.

Es ist mir bekannt, daß die Ausleger jenes Schwanken
zwischen der jüdischen und geistigen Ansicht in beiden Versen
auf andere Weise zu erklären, oder besser zu bemänteln suchen.
Sie sagen: allerdings lehre der Herr, daß, wer an ihn glaube,
schon hier das ewige Leben besitze und vom Tode zum Leben
durchgedrungen sey, aber nichts destoweniger habe Er auch dane=
ben die volksthümliche Erwartung, kraft welcher der Messias
einst am Ende der Tage die Todten auferwecken werde, zu der
seinigen gemacht und durch seine Zustimmung geheiligt. Ich
entgegne: wer die Volksmeinungen so vergeistigt, der kann nicht
zugleich ihr Sklave seyn; ewiges Leben im mystischen Sinn und
Auferstehung des Fleisches schließen sich aus, eine Wahrheit,
welche schon viele Zeitgenossen Jesu, wie die Therapeuten, die

alexandrinischen Theosophen, Philo an ihrer Spitze, vielleicht auch einzelne paläſtiniſche Eſſener, anerkannt haben. Denn dieſe verwarfen die Wiedererſtehung des Fleiſches aus den angegebenen Gründen; und aus dem erſten Korintherbriefe erſehen wir ſogar, daß manche Chriſten gleicher Meinung waren. Denn ſicherlich beſtritten die Korinther, welche Paulus bekämpft, nicht darum die Auferſtehung, weil ſie an die Sterblichkeit der Seele glaubten — wozu wären ſie denn dann Chriſten geworden? — ſondern weil ſie, im Beſitze eines ewigen geiſtigen Lebens, die Wiederbekleidung mit dem Fleiſche als eine unerträgliche Laſt betrachteten. Man wird mir einwenden, das ſey meine eigene Anſicht von der Sache, nicht die mit Urkunden beglaubigte, Lehre Chriſti. Gut! ich will darum einen andern Zeugen herbeirufen. In der mehrfach angeführten Stelle V, 24 flg. läßt Johannes den Herrn ſprechen: „Wahrlich ich ſage Euch: wer mein Wort höret und glaubet an Den, der mich geſandt, hat das ewige Leben, und er kommt nicht in das Gericht, ſondern er iſt bereits vom Tode zum Leben hindurchgedrungen.“ Offenbar iſt in dieſen Worten die vergeiſtigte Anſicht aufs Bündigſte ausgeſprochen. Hören wir weiter! Im 25ſten Verſe ſpricht Chriſtus: „Wahrlich, wahrlich ich ſage Euch, die Stunde kommt, ja ſie iſt ſchon da, in welcher die Todten die Stimme des Sohnes Gottes hören werden, und die, welche ſie hören, werden leben;“ ἔρχεται ὥρα καὶ νῦν ἐστιν, ὅτε οἱ νεκροὶ ἀκούσονται τῆς φωνῆς τοῦ υἱοῦ τοῦ Θεοῦ καὶ οἱ ἀκούσοντες ζήσονται. Vorliegender Vers bildet den Uebergang von der vergeiſtigten Lehre zu der gemeinen, volksthümlichen, denn Leztere verlegte bekanntlich das Wiedererſtehen der Todten in die Zukunft, ſie behauptete alſo Daſſelbe, was Johannes den Herrn hier ausſprechen läßt, und zwar auf eine Weiſe, welche, die Vers 24 vorgetragene Anſicht verneint. Ganz der Volksmeinung gehören vollends die nächſten Verſe an: „Denn wie der Vater das Leben hat in Ihm ſelbſt, alſo hat Er auch dem Sohne verliehen, das Leben zu haben in Ihm selber. Und Er hat Ihm Macht gegeben, auch das Gericht zu halten, darum weil derselbe des Menschen Sohn (d. h. der Messias) ist. Verwundert Euch nicht darüber, denn es kommt die Stunde, in welcher Alle, die in den Gräbern sind, seine Stimme hören werden. Dann werden hervorgehen Alle, die da Gutes gethan haben, zur Auferstehung des Lebens, die aber Uebel gethan haben, zur Auferstehung des Gerichts.“ Die wohlbekannte jüdische Volksmeinung vom jüngsten Tage und vom Weltgerichte steht hier leibhaftig vor uns! Ich behaupte nun: hat Christus im Sinne des 24sten Verses seine Sendung aufgefaßt und gelehrt, so kann Er unmöglich im Sinne des 25sten und der folgenden Verse sich ausgesprochen haben. Denn beide Ansichten schließen einander aus. Die Quelle, aus welcher Leztere stammt, kennen wir, es ist der jüdische Volksglaube! Entweder erhob sich Jesus nicht über denselben, oder lehrte Er nicht so, wie ihn Johannes Vers 25 u. flg. lehren läßt. Nun haben wir bereits die deutlichsten Anzeigen gefunden, daß Jesus weit über seiner Zeit stand, also bleibt uns nichts übrig, als einzugestehen: Johannes habe Lezteres aus seinem eigenen Vorrathe beigefügt. Und so verhält sich auch die Sache. Durch mehrere Ausdrücke und Wendungen, die ihm entschlüpften, verräth der Evangelist selbst, daß nicht Jesus, sondern er, Johannes es ist, der spricht. Hieher zähle ich die Worte: καὶ νῦν ἐστιν im 25sten Verse. Das „Jezt“ ist der Augenblick, in welchem Johannes schrieb, er glaubte der jüngste Tag sey vor der Thüre, wie wir aus der oben angeführten Stelle seines Briefes ersahen: παιδία, ἐσχάτη ὥρα ἐστίν, dieser seiner Ansicht gemäß läßt er hier Christum reden. Eine Menschlichkeit ist ihm begegnet, gerade wie III, 13: ὁ ἐκ τοῦ οὐρανοῦ καταβὰς υἱὸς τοῦ ἀνθρώπε, ὁ ὢν ἐν τῷ οὐρανῷ, und ebendaselbst Vers 19. Noch stärker zeugt dafür, daß Johannes Eigenes einmischt, der 27ste und die ersten Worte des 28sten Verses: „Gott hat Ihm Macht gegeben auch Gericht zu halten, weil Er des Menschen

Sohn ist." Dieser Satz drängt mehrere Gedanken kurz zusammen; löst man sie auf, so will der Herr, oder vielmehr Johannes, sagen: Jesus ist nicht bloß der geistige Erlöser, sondern Er ist auch zugleich der Messias (des Volksglaubens), und eben weil Er der Messias ist, muß Ihm auch die Macht zukommen, das Weltgericht zu halten. Kaum hat der Evangelist diesen Satz niedergeschrieben, so beugt er mit den Worten μὴ θαυμάζετε τοῦτο einem Einwurfe vor, welchen man sich so denken muß: gewisse Gegner, welche Johannes im Auge hat, sprachen: wäre Jesus zugleich der Judenmessias, wie du Johannes sagst, so müßte Er während seines Lebens auf Erden messianische Werke gethan, Er müßte namentlich das Gericht über die Völker der Welt vorgenommen haben; da er dieß nicht that, kann er auch nicht jener Messias seyn. Nein! entgegnet nun Johannes, wundert Euch nicht, daß ich ihn dennoch Messias nenne, denn jene Werke gehören der Zukunft, und zwar der nächsten an; wenn Er sich auch früher, während seines irdischen Lebens nicht durch das Gericht als Messias bethätigte, so wird Er es doch jezt in den nächsten Tagen thun. Ich denke diese Erklärung der Stelle rechtfertige sich selbst. Diejenige, deren Einwürfe unser Evangelist berücksichtigt, oder widerlegt, standen nun nicht vor Jesu, sondern sie lebten zu Ephesus, oder in der Nähe dieser Stadt, und zwar im nämlichen Augenblicke, wo Johannes schrieb; es ist also sonnenklar, daß er hier spätere Ansichten Christo unterlegt. Diese Thatsache hat für uns gar nichts Auffallendes, denn Erstens liegt es in der Nothwendigkeit der Dinge, daß ein Geschichtschreiber, der die Reden eines Dritten nach langer Zeit bloß aus dem Gedächtnisse wiederholt, manches Eigene einmischt; fürs Zweite haben wir ja dieselbe Entdeckung schon oben durch andere Stellen bestätigt gefunden. Jezt ist unsere Untersuchung zum Abschlusse reif. Im vierten Evangelium findet sich eine vergeistigte Lehre vom Messias, welche die gemeine, volksthümliche aufhebt, hart neben lezterer, als vertrügen sich beide schwesterlich mit einander. Die zweite Lehre gehört, wie wir wissen, dem Zeitalter und der Nation an, aus welcher der Evangelist stammt. Als Kind seiner Zeit, als Sohn seines Volks hat er sie aufgenommen. Die Erstere dagegen ist jenem Jahrhundert fremd, und der Evangelist hat sie nicht einmal recht begriffen — da er ihren geheimen Gegensatz gegen die volksthümliche Lehre nicht ahnte — folglich hat er sie nicht selbst geschaffen, folglich von einem andern ursprünglichen, dem Zeitalter überlegenen Geiste erhalten. Das heißt nun, unter den gegebenen Verhältnissen, nichts Anders als: sie stammt von Christus her. Wie es kam, daß der gemeine messianische Glaube, wider die eigentliche Lehre des Herrn, neben der wahren, von Christo vorgetragenen im Gemüthe eines Augenzeugen und Schülers Jesu Wurzel fassen konnte, wollen wir später entwickeln.

Auf dasselbe Ergebniß, daß Jesus Christus die volksthümlichen Begriffe vom Reich Gottes, Weltgericht u. s. w. auf die beschriebene Weise vergeistigt habe, drängen uns auch die Synoptiker fast mit Gewalt hin. Diese sind, wo sie das messianische Gebiet berühren, ganz und gar vom jüdischen Volksgeiste durchdrungen, d. h. sie lassen Jesum Christum in solchen Fällen reden und handeln, wie der Messias nach der jüdischen Ueberlieferung handeln und reden mußte. Er verspricht am Ende der Tage aus den Wolken niederzusteigen, ein ewiges Reich auf Erden herzustellen, Gericht zu halten über die Guten und Bösen, und Leztere zu ewiger Pein in die Hölle zu verstoßen; den Aposteln verheißt er, daß sie dann auf den zwölf Stühlen sitzen werden, zu richten die Stämme Israel. Kurz zwischen der Lehre vom Messias, welche Christus bei den Synoptikern vorträgt, und der gemeinjüdischen findet nur der Eine Unterschied statt, daß hier der Herr jene Werke der Majestät auf seine zweite irdische Ankunft am Ende der Zeiten verlegt, während die Juden all Dieß mit dem ersten Erscheinen des Gesalbten erwarteten. Nichts läuft daher so vollkommen gegen den Sinn der synoptischen Evangelien, als die Lehre eines geistigen Himmelreichs, das schon jezt begonnen, und innerlich in den Seelen wohnend, nicht mit äußerem Gepränge erscheint, noch den Augen sichtbar ist. Dennoch finden sich einzelne Töne der Art bei Lukas, selbst bei Matthäus. Ersterer hat Kap. XVII, 20 folgende Stelle, durch welche man sich auf den Boden des Johannisevangeliums hingezaubert wähnt: „Da Jesus von den Pharisäern gefragt wurde: wann kommt das Himmelreich? antwortete Er ihnen: das Reich Gottes kommt nicht mit äußerlichen Zeichen (οὐκ ἔρχεται ἡ βασιλεία τοῦ Θεοῦ μετὰ παρατηρήσεως). Man wird auch nicht sagen, siehe hie oder da ist es. Denn siehe! das Reich Gottes ist in Euch: οὐδὲ ἐροῦσιν· ἰδοὺ ὧδε, ἢ ἰδοὺ ἐκεῖ, ἰδοὺ γὰρ ἡ βασιλεία τοῦ Θεοῦ ἐντὸς ὑμῶν ἐστιν. Der leztere Satz, das Himmelreich sey ἐντὸς ὑμῶν, will ohne Zweifel dieß besagen: dasselbe wohne innerlich im Gemüthe; übersezt man aber auch die Worte durch: es wohnt schon unter Euch, hat unter Euch angefangen, wie einige Erklärer wollen, so bleibt der Sinn doch derselbe. Denn hat es schon begonnen, so muß es, weil es mit Augen nicht gesehen wird, nothwendig etwas Innerliches, Geistiges seyn. Christus trägt demnach hier ganz die nämliche Lehre vor, die Er im vierten Evangelium nur mit anderen Worten so ausspricht: ὁ πιστεύων εἰς ἐμὲ ἔχει ζωὴν αἰώνιον καὶ εἰς κρίσιν οὐκ ἔρχεται, ἀλλὰ μεταβέβηκεν ἐκ θανάτε εἰς τὴν ζωήν. Ebenso verhält es sich mit einer zweiten Stelle bei Lukas X, 18: „Christus sprach zu den Jüngern, ich sahe den Teufel vom Himmel herabfallen wie einen Blitz.“ Das ist bildlich gesprochen, löst man das Bild in seine Begriffe auf, so besagt der Satz: der Teufel sey bereits aus seiner Wirksamkeit vertrieben, er sey gerichtet; wir haben also hier denselben Gedanken, den Johannes XVI, 11, mit den dürren Worten ausspricht: ὁ ἄρχων τοῦ κόσμε τούτε κέκριται. Auch das erste Evangelium liefert in seinem lezten Verse einen Gedanken, der in unsern Kreis gehört. In dem Augenblicke, wo sich der Herr von den Jüngern für immer trennt, um in den Himmel zurückzukehren, spricht Er (XXVIII, 20): siehe ich bleibe bei Euch alle Tage bis an der Welt Ende: ἰδοὐ ἐγὼ μεϑ' ὑμῶν εἰμι πάσας τὰς ἡμέρας ἕως τῆς συντελείας τοῦ αἰῶνος. Das ist das mystische Ruhen der Gläubigen in Christo, jene Allgegenwart des Herrn in den Herzen und Geistern seiner Bekenner, die wir aus dem Johannisevangelium sehr gut kennen.

Nichts lauft nun so sehr gegen die vorgefaßte Meinung der Synoptiker, als der erste und zweite Ausspruch (Luc. XVII, 20 und X, 18); sie sind aufs Lebhafteste vom Gegentheile überzeugt. Selbst erdacht haben sie also jene Worte und Lehren nicht, eben so wenig sind dieselben eine Frucht der dichtenden Sage, denn leztere weiß, als die Quelle der Synoptiker, als die Tochter des jüdischen Volksgeistes, nur von einem äußerlichen Himmelreich, von einem Teufel, der am Ende der Zeiten ins ewige Feuer geschleudert wird. Woher anders sollten also jene Töne stammen, als aus dem Munde Jesu!

Indessen wären auch diese Zeugnisse sämmtlicher Evangelisten nicht, welche um so mehr Glauben verdienen, weil sie von Widerstrebenden und Andersgesinnten fast bewußtlos abgelegt werden: so würde schon ein allgemeiner historischer Grund dafür bürgen, daß Jesus Christus die volksthümlichen Begriffe vom Himmelreich, Weltgericht, Teufel u. s. w., auf die von Johannes beschriebene Weise vergeistigt und umgedeutet hat. Ausgemacht ist es: Jesus hat sich für den Messias in einem gewissen Sinne erklärt, der mit der Politik Nichts zu schaffen hatte; hieraus geht hervor, daß Er kein äußerlich sichtbares, sondern ein geistiges Reich gründen wollte. Verhält sich aber die Sache so — und wer kann es läugnen — so muß Er nothwendig jene politischen Begriffe vom himmlischen Staate, vom Weltgericht, von Wiederherstellung des Reiches David u. s. w., welche auf den klaren Buchstaben der Propheten gestüzt, damals allgemein in Palästina verbreitet waren, und ungeheuren Einfluß auf die Juden übten, entweder als unwahr und der ächten Religion zuwider verworfen, oder umgedeutet haben, indem Er ihnen einen höhern, seinen Zwecken entsprechenden Sinn unterlegte. Den erstern Ausweg zu wählen, wäre aller Lehrklugheit, aller gesunden Vernunft zuwider gewesen; hätte Er ihn wirklich eingeschlagen, so würde die evangelische Geschichte Etwas von den Folgen zu erzählen wissen, die eine solche Verwegenheit unausbleiblich nach sich ziehen mußte. Denn sicherlich hätten Ihn dann seine Feinde, die Leviten und Pharisäer, als Verächter der Propheten Gottes angeklagt und aufs Bitterste unter diesem Vorwande verfolgt. Allein in keinem der vier Evangelien findet sich die leiseste Spur hievon, also kann Er jene Begriffe nicht verworfen, sondern Er muß sie umgedeutet haben. Kurz von welcher Seite wir auch die Frage betrachten, immer bewährt sich als Thatsache, daß Christus auf die oben entwickelte Weise sich über das Reich Gottes ausgesprochen hat.

Das Evangelium Johannes feiert also einen neuen Triumph. Wahr ist das Bild, welches es uns von der weiser Vorsicht gibt, mit der Christus die grobsinnlichen Meinungen seiner Zeit vom Reiche Gottes verklärend umdeutet. Diese Treue des Evangelisten hat noch einen höhern Werth, weil er den vollen Sinn seines Meisters nicht einmal begreift. Wer wird jezt noch sagen, daß der Verfasser unseres Buchs kein Apostel, kein Augenzeuge gewesen! Doch wir werden noch stärkere Beweise für seine Jüngerschaft finden. Zunächst beschäftigt uns die Frage, ob Christus bei seiner Ansicht vom Reiche Gottes, welche den liebsten Erwartungen der Juden schneidend entgegen trat, ihren wilden Fanatismus ganz nieder schlug, sich die Hoffnung machen konnte, von seinen Volksgenossen als göttlicher Gesandter, sey es in Form des Gesalbten, sey es in der des Propheten von Deuter. XVIII, 15 anerkannt zu werden; und zweitens, was Er wohl gethan hätte, wenn Ihm diese Anerkennung zu Theil ward. Die bitteren Klagen über die Halsstarrigkeit und Verhärtung seiner Zeitgenossen, welche uns aus sämmtlichen Evangelien entgegentönen, die oft wiederholten Reisen nach Jerusalem, welche nur den Zweck haben konnten, dort seine höhere Würde zu beglaubigen, seine sonstigen vielfachen Versuche, durchzudringen, nöthigen uns das Geständniß auf, daß Er es wenigstens zu Anfang seiner öffentlichen Thätigkeit für möglich hielt, vom Volke Israel als Messias anerkannt zu werden. Aber andererseits scheint auch die schwermüthige Stimmung, welche über die Evangelien ausgegossen ist, dafür zu bürgen, daß Er bald inne ward, nur über seinem Grabe winke die Palme des Siegs. Bei Beantwortung der zweiten Frage: was wohl Christus gethan hätte, wenn Er lebend durchgedrungen wäre, sind wir auf bloße Vermuthungen beschränkt, da uns keine Thatsachen zur Seite stehen. Die Evangelien schildern uns nur einen kämpfenden und leidenden Christus, keinen solchen, der lebend siegte, und seine Plane ins Werk setzen konnte, weßhalb auch die christliche Kirche, als sie den Sieg über das römische Reich errungen, eines Vorbildes für den Weg, den sie nun einzuschlagen hatte, ermangelte, und bloß auf die Stimme des Geistes, den Christus seiner Gemeinde als bleibendes Erbe verheißen, angewiesen war. Ich will meine Ansicht von der Sache frei heraus sagen, ohne sie für mehr auszugeben, als für eine auf bloßen Wahrscheinlichkeiten beruhende Vermuthung, die man nachsichtig aufnehmen möge. Ich glaube: Christus hätte, wenn die Juden ihn als göttlichen Gesandten gewähren ließen, die Einrichtung der jüdischen Kirche in sehr wichtigen Theilen verändert, oder auch ganz umgeordnet, den blutigen Opferdienst im Tempel abgeschafft, die bloßen Ceremonialgesetze aufgehoben, dem Stamme Levi eine geistigere, wenn man will, mystische Gestalt gegeben, den Einfluß und die Sekte der Pharisäer niedergeschlagen, eine ganz veränderte Erziehung des jüdischen Volks eingeführt. Doch versteht sich, ohne die römische Landeshoheit im Geringsten anzutasten, oder überhaupt politische Verhältnisse zu ändern. Aber durch welche Mittel konnte Er hoffen, das

ungeheure Ansehen bei seinen Zeitgenossen zu erringen, welches
nöthig war, um so wichtige, die Interessen so Vieler verletzende
Neuerungen auszuführen? Durch die Kraft der Ueberzeugung,
welche aus seinen Reden strömte und die Herzen eroberte,
durch seinen tadellosen Lebenswandel, auf den Er sich im Streite
mit den Pharisäern bei Johannes öfter beruft, endlich aber
gewiß auch durch außerordentliche Werke, welche den innigen
Verkehr mit der Gottheit, den Er sich zuschrieb, vor den
Augen der Welt beurkunden mußten. Saget dagegen was ihr
wollet, erkläret vornhinweg aus euren philosophischen Systemen heraus alles Wunderbare für Unsinn und unmöglich; dennoch ist gewiß, daß der große Eindruck, welchen sein dreijäh-
riges öffentliches Wirken auf Viele hervorbrachte, ein Eindruck,
welcher mit Nichts sicherer gemessen werden kann, als mit der
Furcht seiner Feinde, und mit den Anstrengungen, welche sie
machten, um Ihn als Staatsverbrecher zu verderben und durch
diesen schmählichen Tod für Immer den christlichen Wahn mit
der Wurzel auszureißen: — dieser Eindruck, sage ich, zwingt
uns das Zugeständniß ab, daß Er nicht bloß mit der Kraft des
Wortes und der Lehre gewirkt, sondern auch außerordentliche
Dinge verrichtet haben müsse. Sicherlich ist es ein historischer
Zug, daß Ihn Johannes so oft auf seine Werke hinweisen läßt,
als die kräftigsten Zeugen seines himmlischen Berufes. Wer
den Leidenschaften der Menschen schmeichelt, Eroberung, Beute
und die Herrschaft der Welt verheißt, wie Mahomet, der
mag bei einem kriegerischen und phantasiereichen Volke, wie
die Araber, den Glauben an seine göttliche Sendung erkünsteln,
auch wenn Er keine Wunder zu thun im Stande ist, aber
nicht wer Demuth predigt, alle Gewaltthat verdammt und die
theuersten Hoffnungen seines Volkes dadurch zerstört, daß Er
sie nur in einem geistigen Sinne gelten läßt, welcher den
Massen unmöglich behagen kann. Findet ein Solcher dennoch
Anklang, so muß man annehmen, daß Er die Gemüther nicht

bloß durch Worte, sondern auch durch außerordentliche Werke hingerissen habe.

Indeß, wenn gleich Christo auch die Kraft inwohnen mochte, unerhörte Dinge zu verrichten, so genügte sie doch nicht, um die Aufgabe, die Er sich gestellt, zu lösen, d. h. um als anerkannter Messias frei seine geistigen Plane ins Leben einführen zu können. Wie eine unübersteigliche Mauer thürmte sich gegen Ihn die wilde politische Richtung auf, welche der Messiasglauben in den Gemüthern seiner Volksgenossen genommen, eine Richtung, die Er nicht an der Wurzel angreifen konnte, ohne die Weissagungen der Propheten, auf deren Wortsinn sie fußte, zu verwerfen, — was unmöglich war; aber auch nicht begünstigen durfte Er sie, ohne sein edles Werk in das trübe Gewirre wüthender Leidenschaften herabzuziehen. Von einer Seite drohte die Scylla, von der andern die Charybdis. Ging es Ihm am Erwünschtesten, d. h. nahmen die Massen Ihn als den Verheißenen an, so war vorauszusehen, daß sie zu Ihm sagen würden: in Wahrheit, du bist der von den Vätern verkündigte Gesalbte, also sey auch, wozu schon dein Name dich auffordert, unser König, gebiete, wir gehorchen, sprich ein Wort, so sammeln wir uns in Waffen um dich, um deine erhabene Würde gegen jeden Schlechtgesinnten mit Gewalt aufrecht zu halten. Die Geschichte steht uns für unsern Satz zur Seite. Johannes erzählt **VI,** 14: „Die Volksmassen, welche das Zeichen der Speisung geschaut, sprachen: in Wahrheit, dieß ist der Prophet, der in die Welt kommen soll; sie wollten ihn daher mit Gewalt festhalten und zu ihrem Könige ausrufen." Zwar die Synoptiker kennen diesen wichtigen Zug nicht, dennoch erhält derselbe durch sie die vollkommenste Beglaubigung. Denn erzählen sie nicht (Lucä **IX,** 7 u. flg. Matth. **XIV,** 1 u. flg.), der Vierfürst Herodes seye damals aufmerksam auf Jesum geworden, und deutet Dieß nicht darauf hin, daß er aufrührerische Bewegungen zu fürchten begann? Wie wir schon früher gezeigt: Beide, die Synoptiker und Johannes, ergänzen sich, indem dieser von einer Ursache berichtet, die eine solche Wirkung, jene von einer Wirkung reden, die eine solche Ursache haben mußte. Nur ist die klarere Darstellung abermals auf Seiten des vierten Evangelisten. Wie benahm sich nun der Herr bei der beschriebenen, in damaligen Umständen so begründeten Stimmung der Volkshaufen? So benahm Er sich, wie Er mußte, wenn der Plan, welchen wir bisher als den seinigen entwickelten, wirklich Ihm angehörte. Er entzog sich dem aufgeregten Volke und floh davon, Joh. VI, 15: ὁ δὲ Ἰησοῦς, γνοὺς ὅτι μέλλουσιν ἔρχεσθαι καὶ ἁρπάζειν αὐτὸν, ἵνα ποιήσωσιν αὐτὸν βασιλέα, ἀνεχώρησε πάλιν εἰς τὸ ὄρος αὐτὸς μόνος. Man bemerke den Ausdruck ἁρπάζειν αὐτὸν, er weist darauf hin, daß die Haufen selbst fühlten, Christus werde sich gutwillig nicht zum Könige ausrufen lassen! *) Wie Alles zusammenstimmt! Unsere Vordersätze müssen richtig seyn!

Fand Jesus aber die gewünschte Anerkennung nicht in dem vollen Maße, das hier vorausgesezt ist, sondern zeigte das Volk nur im Allgemeinen Bereitwilligkeit, seine höhere Würde unter gewissen Bedingungen gelten zu lassen: so war vorauszusehen, daß die Leute sprechen würden: bist du der Messias, so zeig es durch die That, mach uns frei vom römischen Joche, erfülle somit, was schon der Name deiner Würde מָשִׁיחַ oder נוֹגֵשׁ dir gebietet. Daß Manche wirklich so rechneten, ersieht man abermals aus einer Stelle des vierten Evangeliums, welche nur dann einen guten Sinn erhält, wenn man Das, was wir eben sagten, vorausetzt. Johannis VIII,

---

*) Da ich mir vorgenommen habe, keinen Einwurf zu scheuen, sondern jedem, auch dem schlimmsten, fest ins Auge zu sehen, so will ich mir selbst einen solchen machen. Ungläubige könn= ten sagen: Christus sey vielleicht nur aus Heuchelei davon gelaufen, um die Masse durch eine verstellte Weigerung noch mehr ins Feuer zu jagen! u. s. w. Ich entgegne: ist Etwas Wahres an dieser Vermuthung, so muß sich dieß später zeigen.

31 u. flg. heißt es: „Jesus sprach zu den Juden, die an ihn glaubten: So ihr meiner Rede treu bleibet, so seyd ihr meine rechten Jünger; ihr werdet die Wahrheit erkennen **und die Wahrheit wird Euch frei machen.** (Ἔλεγεν οὖν ὁ Ἰησοῦς πρὸς τοὺς πεπισευκότας αὐτῷ Ἰεδαίες· ἐὰν ὑμεῖς μείνητε ἐν τῷ λόγῳ, ἀληθῶς μαθηταί με ἐσὲ, καὶ γνώσεσθε τὴν ἀλήθειαν, καὶ ἡ ἀλήθεια ἐλευθερώσει ὑμᾶς.) Könnte Johannes Christum diese Töne anschlagen lassen, wenn er sich nicht erinnerte, daß die Juden Ihm vielfach folgendes Entweder Oder gestellt: entweder bist du der Messias, dann mußt du uns nothwendig von dem fremden Joche befreien, unter dem wir seufzen, oder wenn du uns nicht befreien kannst und willst, so bist du auch nicht Der, für den du dich ausgibst, der von den Vätern verheißene Prophet Gottes. Und wenn die Juden so zu ihm sprachen, auf welchem andern Wege konnte der Herr **treu seinem geistigen Plane** diesen Vorwurf ablehnen, als indem Er auf die beschriebene Weise entgegnete: wahre Freiheit, wahre Sklaverei ist etwas ganz Anderes, als was ihr darunter versteht, nur Der, welcher den blinden Leiden= schaften seines Herzens gehorcht, ist ein Knecht, nur Der, wel= cher den Irrthum geistig überwunden, ist ein Freier; das Kopfgeld, das ihr den Römern bezahlt, thut Nichts zur Sache, die Nothwendigkeit es zu bezahlen macht Euch nicht zu Skla= ven, die Aufhebung desselben würde Euch nicht frei machen. Ich will hiemit durchaus nicht behaupten, daß Jesus gerade bei der von Johannes angegebenen Gelegenheit, noch auch ganz in den Ausdrücken, welche er Ihm in Mund legt, so gesprochen habe; ich glaube vielmehr, daß Johannes, wenn er weniger von dem Gedanken beherrscht wäre, die Logosnatur des Herrn zu beweisen, und auf **historische Größen, die uns jezt** wichtiger sind, mehr Bedacht genommen hätte, noch viel häu= figere und wichtigere Züge der Art uns berichten könnte: aber Das sage ich mit Zuversicht, daß jener Stelle eine richtige historische Anschauung zu Grunde liegt. Es ist mir auch nicht

unbekannt, was die Beſtreiter der Aechtheit des Evangeliums Johannis gegen den betreffenden Vers einzuwenden pflegen. Sie ſagen: das Wort ἐλευθεροῦν ſey eine myſtiſche Spielerei, ohne allen hiſtoriſchen Gehalt, wie man ſie zu Dutzenden im vierten Evangelium treffe. Ich erwidere: Wer ſich bloß mit ſolchen Hirngeſpinnſten abgibt, wie Johannes nach der Vorausſetzung jener Gegner — Dem liegt nichts ferner als der Begriff Freiheit, denn das iſt ein verzweifelt praktiſches Ding, um das ſchon Blut in Strömen floß. Hingegen wenn Jeſus wirklich die meſſianiſchen Erwartungen der Juden, unter welchen politiſche Freiheit vom Joche der Römer oben anſtand, auf die beſchriebene Weiſe geiſtig umzudeuten ſuchte, wie wir bewieſen zu haben glauben: ſo konnte es nicht fehlen, daß Er gerade auch an jenen Hauptbegriff denſelben Maßſtab anlegen mußte. Alſo bloße Träumerei kann unſerm Johannes den 32ſten Vers nicht wohl eingegeben haben! Was bleibt dann übrig, als das ehrliche Geſtändniß, daß hier eine richtige Erinnerung aus ihm ſpreche.

Solche Gefahren umgaben Chriſtum, auch wenn die Leute ihm entgegen kamen und bereit waren, ſeine himmliſche Würde anzuerkennen. Wenn Er nun die Art an die Wurzel des Irrthums ſezte und offen heraus ſagte: alle eure Hoffnungen auf Eroberung anderer Völker, auf Herrſchaft, Freiheit, Rache für langes Unrecht ſind Nichts, mußte Er zulezt nothwendig auch die Propheten angreifen, auf deren Wortſinn jene Hoffnungen ſich ſtüzten. That Er dieß, ja dann ſcholl ihm gewiß auch das Hohngeſchrei ſeiner Feinde entgegen: wie, du willſt der Geſandte Gottes ſeyn, der den Vätern verheißen ward, du verlangſt, auf dieſe Behauptung bauend, unbedingtes Anſehen vom Volke, um Alles nach deinen Anſichten umzuordnen, und zerſtörſt doch zugleich die alten Weiſſagungen, auf welchen deine Anſprüche allein beruhen, indem du freventlich behaupteſt, die alten Seher unſeres Volks hätten ſich getäuſcht und bürgerliche ſtatt geiſtiger Freiheit, ein irdiſches Reich ſtatt eines himmlischen verkündet. Mit bestem Recht konnten sie Ihn, nach damaligen Begriffen, unter den vorausgesezten Umständen als Verächter Gottes zum Tode verurtheilen, und gewiß hätten sie es auch gethan, da die Macht der Pharisäer und Leviten, wie wir sahen, durch seine Lehre schwer bedroht war.

So war seine Stellung gegenüber dem Volke. Noch peinlicher gestaltete sich dieselbe in Bezug auf die eigenen Jünger, die Er erkoren, damit sie Sein Werk, wann Er selbst dahin gegangen, fortsetzen und ihm Bürgen der Zukunft seyen. Aus dem großen Haufen hatte Er dieselben mit hoher Weisheit erwählt, weil nur unbefangene Seelen, die noch nicht durch den pharisäischen Schuldunst verkehrt waren, die Keime auffassen konnten, welche Er in sie zu streuen beabsichtigte. Aber obgleich durch die stärksten Triebfedern der Liebe und Hochachtung zu dem Meister hingezogen, und von den Vorurtheilen der jüdischen Sekten weniger beherrscht, hingen doch auch sie mit zäher Kraft an den Nationalhoffnungen, welche damals in allen Juden gährten. Der Glaube, daß Jesus der ersehnte, den Vätern verheißene Befreier Israels sey, war das hauptsächlichste Band, das sie an Ihn fesselte. Natürlich verstanden sie die Lehre vom Messias in dem althergebrachten Sinne. Welcher gewöhnliche Mensch kann sich auch losreißen von Begriffen, die in Fleisch und Blut eines ganzen Volkes übergegangen sind, und die überdieß durch die Verhältnisse jener Zeit, die wachsende Bedrückung durch die fremden Tyrannen täglich mehr Stärke erhielten! Die unvorsichtige Entdeckung, daß Jesus nicht in dem von den Propheten verkündigten, sondern in geistigem Sinne der Erlöser Israels sey, daß Er folglich kein äußerlich sichtbares Reich errichten, daß sie, die Apostel Ihm nicht in die Wolken entgegen fahren, auch nicht auf den zwölf Stühlen sitzen werden, zu richten die Stämme Israel: dieses unvorsichtige Geständniß hätte wahrscheinlich das Band zwischen Jesu und den Aposteln zerrissen und so den künftigen Triumph seiner Sache unmöglich gemacht. Ich kann für meine

Behauptung zwei Thatsachen aufrufen, die stark genug zeugen. Erstens, aus den katholischen Briefen ersehen wir, daß die Apostel, welche den Umgang des Herrn während seiner irdischen Wirksamkeit genossen: Johannes, Petrus, Jakobus, Judas, die Auferstehung Christi, als den unumstößlichen Beweis für seine Messiaswürde ansahen, daß sie Ihn vorzugsweise unter diesem Gesichtspunkt betrachteten, daß endlich hauptsächlich die messianischen Hoffnungen, die sich hieran knüpften, ihnen den Muth gaben, für die Sache Jesu Gut und Blut zu opfern. Mit dürren Worten bekennt dieß vollends der später erwählte Apostel Paulus. Man hat daher guten Grund zu zweifeln, ob sie gleiche Freudigkeit, gleichen Eifer bewiesen hätten, wenn jene Hoffnungen durch einen unumwundenen Ausspruch des Herrn enttäuscht worden wären. Zweitens, der hier ausgesprochene Verdacht wird beinahe zur Gewißheit durch Das, was Johannes zu Ende seines sechsten Kapitels berichtet. Von Vers 32 bis 59 hält Christus eine Rede, deren Inhalt auf wenige Sätze zurückgebracht werden kann: mein Reich ist ein innerliches, ich bin Lehrer, nicht Herrscher, nur wer so ganz in mich eingeht, daß er mit mir Ein Fleisch und Blut wird, ist mein rechter Anhänger. In Bildern ist Alles versteckt, aber diese Bilder streifen an das Geständniß an, daß Er keineswegs in dem Sinne Messias sey, welchen das Volk und die Jünger mit dem Begriffe Messias verbanden. Welchen Eindruck machten nun die Reden des Herrn auf seine Schüler? Vers 60 berichtet Johannes: „Viele seiner Jünger, die das vernommen, sprachen: das ist eine harte Rede, wer mag sie anhören." Und Vers 66 fährt der Evangelist fort: „Von Nun an verließen Ihn viele seiner Jünger, und wandelten hinfort nicht mehr mit Ihm." Zwar die Zwölfe blieben treu, aber hätten sie bei Ihm ausgeharrt, wenn Er ihre Vorurtheile bei der Wurzel angriff? Das ist eine Frage, die ich bei solchen Vorgängen nicht bejahen möchte! Man wird vielleicht einwenden, die angeführte Stelle aus dem vierten Evangelium habe nicht hinreichende Kraft, weil der Nerv des Beweises auf einer der längern Reden des Herrn beruhe, von denen wir selbst zugestanden, daß Johannes viel Eigenes einmischte. Ich entgegne: die Angabe, daß der Herr von vielen seiner Jünger verlassen worden sey, ist ein schwermüthiges Geständniß, das unseren Evangelisten gewiß Mühe kostete und Schmerz verursachte, denn es läuft seinem Lieblingsgedanken der Logosnatur Christi zuwider; da es sich dennoch so scharf in seiner Erinnerun erhielt, daß er es, vielleicht 50—60 Jahre nach der That, noch in sein Evangelium niederlegte, so müssen wir annehmen, auch der Anlaß des Vorfalls, oder die Gründe, welche jene Jünger bestimmten, den Herrn zu verlassen, seyen ihm gegenwärtig geblieben. Und trägt nicht Alles unter den obwaltenden, von uns nachgewiesenen Umständen das Gepräge der höchsten Wahrscheinlichkeit?

Kurz nicht einmal seinen vertrautesten Jüngern durfte sich der Herr ganz enthüllen, noch die Vorurtheile derselben m't der Wurzel ausreißen, weil Er sonst Gefahr lief, zugleich das Band zwischen Ihm und ihnen zu zerreißen. Auch konnte Er über diesen wunden Punkt schweigen, weil vorauszusehen war, daß die Wahrheit doch allmälig ans Licht kommen werde. Denn Er hatte an der Zeit selbst einen mächtigen Verbündeten. Der Erfolg mußte nach und nach den Wahn der Jünger enttäuschen, daß Er ein irdisches Himmelreich, ob während seines Lebens, oder bei der erwarteten zweiten Wiederkunft, zu errichten gedenke, und der Herr durfte erwarten, daß an die Stelle dieses jüdischen Traums im Laufe der Jahrhunderte der allgemein menschliche Glaube an Unsterblichkeit, an ewige Verbindung der Seelen mit Ihm, weit über die Schranken des Todes hinaus, treten werde. Denn ersehen wir nicht aus dem Evangelium Johannis, daß der große Gärtner die Keime dieses edlen und erhabenen Gedankens aufs Sorgsamste in den Gemüthern seiner Jünger gehegt und gepflegt? Auch verdrängte in der That dieser Gedanke seit dem dritten Jahrhunderte unserer Kirche jene jüdische Hülle so vollkommen, daß er jetzt allein im Bewußtseyn der christlichen Nation lebt.

Allerdings würde das Bild, welches wir uns von unserem Erlöser machen, den wir gerne als das Muster aller Vollkommenheit denken, einen fühlbaren Flecken haben, wenn der Herr seine Jünger u n g e w a r n t in jenem, wenn auch nothwendigen, Irrthum ließ, wenn Er ihnen nicht einen Wink gab, daß und worin ihre Erkenntniß mangelhaft sey! Aber Er hat dieß gethan, laut dem vierten Evangelium, das uns auch in diesem wichtigsten Punkte seine Dienste nicht versagt. Dunkler stimmen übrigens auch die Synoptiker bei. In jenen Abschiedsreden, welche ein Vierttheil des Evangeliums füllen, spricht der Herr Kap. XVI, 12: „Ich hätte Euch noch Vieles zu sagen, a b e r i h r k ö n n e t e s j e t z t n i c h t e r t r a g e n" ἔτι πολλὰ ἔχω λέγειν ὑμῖν, ἀλλ' οὐ δύνασθε βασάζειν ἄρτι. Hiezu müssen noch genommen werden Vers 25 und 29 ebendaselbst. Dort sagt Christus: „Solches habe ich in Bildern zu Euch geredet, es kommt aber die Stunde, da ich nicht mehr in Bildern (oder Räthseln) mit Euch reden, sondern offen heraus lehren werde von meinem Vater: ταῦτα ἐν παροιμίαις λελάληκα ὑμῖν, ἀλλ' ἔρχεται ὥρα, ὅτε οὐκέτι ἐν παροιμίαις λαλήσω ὑμῖν, ἀλλὰ παῤῥησίᾳ περὶ τοῦ πατρὸς ἀναγγελῶ ὑμῖν. Hier äußern sich die Jünger: „Siehe nun sprichst du offen und nicht mehr in Räthseln." Der wahre Gehalt der gebrauchten Ausdrücke wird durch den Gegensatz von παροιμία und παῤῥησία bestimmt. Da lezteres Wort einen Vortrag bezeichnet, durch welchen ohne allen Rückhalt die wahre Meinung des Redenden enthüllt wird, so muß ersteres Bilder, Räthsel, kurz solche Reden bedeuten, welche einen versteckten Sinn erst errathen lassen. Eben so wenig kann ein Zweifel über den wahren Sinn des Ganzen obwalten. Der 13te Vers lüftet den Schleier. Gleich nach den Worten: „Ich hätte Euch noch Vieles zu sagen, aber ihr könnet es jetzt nicht ertragen," heißt es weiter: „wenn aber jener kommt, der Geist der Wahrheit, so wird Er

Euch in alle Wahrheit leiten." Da ich von dem verheißenen
Tröster besonders handeln muß, bin ich genöthigt, mich hier
aufs Nöthigste zu beschränken. So viel ist klar, Jesus will
sagen: die wahre vollkommene Erkenntniß des Reiches Gottes
vermag ich Euch jezt noch nicht mitzutheilen, denn ihr seyd zu
schwach, dieselbe zu ertragen. Die wahre Erkenntniß des Him=
melreichs ist aber jene geistige, von der wir bisher so viel zu
sprechen Anlaß hatten, folglich eine Erkenntniß, welche die ge=
meinjüdische Ansicht vom Messias und seinem Wirken verklären
soll, ihrem Wesen nach aber derselben geradezu entgegengesezt
ist. Also hat Jesus seinen Jüngern einen deutlichen Wink
gegeben, daß ihre, vom jüdischen Volksglauben durchdrungene,
Auffassung seines Berufs, seiner einstigen und jetzigen Wirk=
samkeit, nicht die wahre sey, zugleich aber auch, daß höhere
Zwecke ihn hindern, jezt schon die Wahrheit unverhüllt mitzu=
theilen, erst im Laufe der Zeiten solle dieß geschehen. Nicht
ungewarnt blieben sie also, aber auch nicht ungetröstet! Was er
sagen konnte, hat er gesagt! Freilich wird man abermals ein=
wenden: dieser Beweis beruhe wiederum auf einer höchst un=
sichern Grundlage, auf den langen Reden Christi bei Johannes.
Doch dießmal können wir die angegriffene Glaubwürdigkeit des
vierten Evangelisten noch glänzender erhärten als sonst. Die
angeführten Verse enthalten das klare Bekenntniß: die Apostel
des Herrn hätten nicht die volle Wahrheit erkannt, sondern
ihren Meister in sehr wesentlichen Punkten gar nicht verstanden.
Nun frage ich, wer wird sich einreden lassen, daß die alte
christliche Sage, oder ihre Mutter, die Phantasie, eine die
Ehre der Apostel, und in gewisser Beziehung auch die Christi,
so durchaus gefährdende Nachricht erdichtet habe? Wahrlich,
wenn je sonst wo, muß hier eine Thatsache zu Grunde liegen!
Seyd ihr damit jedoch nicht zufrieden, so stelle ich noch andere
Zeugen. Durch sämmtliche Evangelien zieht sich die Voraus=
setzung durch, daß die Apostel, ja, daß alle Andern, die mit
Ihm verkehrten, Christum nicht verstanden hätten, und diese

Ansicht ist zu einem stehenden Grundsatze geworden, sie treibt auch da üppige Ranken, wo es gar nicht am Platze war. Das vierte Evangelium enthält etliche Zwiegespräche Christi mit Anderen, bei denen Johannes nicht zugegen gewesen seyn kann. Nun eben bei solchen Gelegenheiten läßt er den Pharisäer Nikodemus, oder das samaritische Weib, die geistig gemeinten Reden des Herrn auf eine Weise mißverstehen, die außer aller Wahrscheinlichkeit liegt! Was können wir hieraus anders schließen, als daß Johannes die allgemeine Regel, die ihm die Erfahrung aufgedrängt — Christus sey hoch über den Begriffen seiner Zeit gestanden — hier übermäßig angewandt habe? Auch auf Gespräche Christi mit den Jüngern wirkt bei Johannes manchmal diese Voraussetzung zu stark ein. So Kap. XIV, 5: Der Herr sagte vorher: ὅπω ἐγὼ ὑπάγω, οἴδατε, καὶ τὴν ὁδὸν οἴδατε. Darauf antwortet Thomas: Κύριε οὐκ οἴδαμεν ποῦ ὑπάγεις, καὶ πῶς δυνάμεϑα τὴν ὁδὸν εἰδέναι, — und ebendaselbst V. 9. auf die Worte Christi: εἰ ἐγνώκειτέ με, καὶ τὸν πατέρα με ἐγνώκειτε ἄν, καὶ ἀπ᾽ ἄρτι γινώσκετε αὐτὸν καὶ ἑωράκατε αὐτόν, entgegnet Philippus: Κύριε δεῖξον ὑμῖν τὸν πατέρα καὶ ἀρκεῖ ἡμῖν. Ich kann kaum glauben, daß die Apostel Christum so derb mißverstanden, sondern ich vermuthe, daß jene allgemeine Erfahrung unsern Evangelisten stärkere Ausdrücke brauchen läßt, als es in der That der Fall war. Wer wird sich auch an so kleine Reden bis aufs Wort erinnern! Noch viel häufiger und greller finden wir dieselbe Erscheinung bei den Synoptikern. Christus mag vortragen, was Er will, wenn die Jünger Gelegenheit nehmen, nachher Ihn darüber zu befragen oder ihre Ansicht von sich zu geben, so lautet dieselbe so verkehrt, und sie zeigen sich so wenig geeignet, seine Schüler zu seyn, *) daß man die Wahl gerade dieser Apostel bedauern müßte,

---

*) Man vergl. Matth. XIII, wo die Jünger keines der Gleichnisse begreifen.

wüßten wir nicht, daß die Sache sich in Wahrheit nicht so arg verhält. Nicht nur von seinen Jüngern, auch von seinen nächsten Anverwandten, von Vater und Mutter, wird Er bei den Synoptikern auf die seltsamste Weise mißverstanden. Hier ist nun der gehörige Ort, um einen Vers des dritten Evangeliums zu erläutern, dessen Erklärung ich früher aussetzen mußte. *) Lucä II, 49 spricht der zwölfjährige Jesusknabe zu seinen Eltern, die Ihn in großer Angst gesucht hatten und endlich im Tempel zu Jerusalem fanden: „Was suchtet ihr mich, war es Euch nicht bekannt, daß ich in dem Hause meines Vaters weilen muß?" Nun heißt es weiter Vers 50: „Aber seine Eltern verstanden das Wort nicht, welches Er zu ihnen gesprochen." Ich habe früher auseinander gesezt, warum es unbegreiflich sey, daß die Eltern des Herrn, die doch nach der Sage seine übernatürliche Abstammung vom Himmel kannten, diese einfachen Worte nicht verstehen sollten. Es bleibt daher kein anderer Ausweg übrig, als einzugestehen, daß die allgemeine Regel, Christi Reden und Thaten seyen zu hoch gewesen für seine Zeitgenossen, auch hier eingewirkt habe. Nichts lag nun dem Geiste des christlichen Alterthums ferner, als Etwas der Art zu erdichten. Die Mutter Jesu galt für eine Heilige, von Gott Erkorne, der Name Apostel stand in der Werthschätzung unserer Kirche schon um die Mitte des ersten Jahrhunderts — also ehe die heilige Sage sich bildete, die in den Synoptikern niedergelegt ist — bereits weit höher als der Begriff Prophet, was man aus Stellen abnehmen kann, wie Ephes. II, 20: ἐποικοδομηθέντες ἐπὶ τῷ θεμελίῳ τῶν ἀποσόλων καὶ προφητῶν, ὄντος ἀκρογωνιαίς αὐτοῦ Ἰησοῦ χρισοῦ, ferner 1. Korinth. XII. 28: ἔθετο ὁ Θεὸς ἐν τῇ ἐκκλησίᾳ πρῶτον ἀποσόλᾳς, δεύτερον προφήτας κ. τ. λ., endlich Offenb. Johannis XVIII, 20: εὐφραίνε ἐπ᾽ αὐτῇ οὐρανέ, καὶ οἱ ἅγιοι καὶ οἱ ἀπόσολοι καὶ οἱ προφῆται. Unmöglich

---

*) Siehe oben zu Luc. II, 49.

ist daher anzunehmen, daß die alte christliche Sage jene Miß=
verständnisse der Jünger des Herrn aus eigenem Vorrathe
erschaffen habe, denn dieselben laufen schnurstraks wider ihren
Sinn; eine Thatsache muß also zu Grunde liegen. Eben so
wenig können wir aber andererseits glauben, daß die Jünger,
daß die Eltern Jesu den Sohn Gottes gerade auf die beschrie=
bene Weise mißverstanden — denn die Uebertreibung liegt zu
Tage. Folglich kommen wir am Ende auf die schon früher erwie=
sene Behauptung zurück, daß sich der alten evangelischen Sage
die Thatsache tief eingeprägt hatte, Christus sey hoch über den
Begriffen seines Zeitalters gestanden, und von keinem Zeitge=
nossen richtig erfaßt worden: eine Thatsache, die, wie es in
solchen Fällen gewöhnlich ist, zum allgemeinen Grundsatze ge=
stempelt und auch da angebracht wurde, wo sie nicht taugte.
Das vierte Evangelium wird also von den Synoptikern getreu=
lich unterstüzt, und Beide stimmen zusammen, nur mit dem
Unterschiede, daß jene nur die Thatsache des Mißverstehens
bezeugen, woran eben so gut völlige Unfähigkeit der Apostel
zu ihrem Berufe, oder Ungeschicklichkeit des Lehrers, als andere
Umstände Schuld seyn konnten, während nur das erstere uns
die wahre Bewandtniß der Dinge enthüllt. Denn nur aus
Johannes ersehen wir — was für uns das Wichtigste ist —
daß die hohe Lehrweisheit Jesu es für gut fand, ihnen eine
Wahrheit nicht im vollen Umfange mitzutheilen, welche die
Jünger damals noch nicht ertragen konnten, d. h. welche unter
den gegebenen Verhältnissen für sie oder die Sache des Herrn
verderblich werden mußte. Jezt wird zugleich begreiflich,
warum auch Johannes die jüdische Volksmeinung nicht ganz
überwinden konnte. Obgleich derjenige Schüler des Herrn,
welchen Christus am Tiefsten in sein Inneres blicken ließ,
durfte er doch den geistigen Messias nicht ganz rein erschauen,
weil er als Kind seiner Zeit ihn nicht ertragen konnte. Der
Herr wollte auch ihn nicht vollkommen in seine Geheim=
nisse einweihen, und zwar aus Liebe, weil sie ihm vielleicht

verberblich geworden wären. Das ist, was ich oben *) noch nachzuweisen versprach.

Nicht einmal dem vertrautesten Kreise seiner Jünger durfte sich der Herr ganz entdecken, von Außen umgaben ihn doppelte Gefahren. Sprach Er zum Volke: ja ich bin der Messias, den ihr erwartet, so mußte Er befürchten, daß in seinem Namen ein Aufruhr ausbrechen, und sein reines Werk mit Gewalt in den Pfuhl politischer Leidenschaften herabgezogen werde. Gestand Er dagegen offen: ich bin nicht der Messias, den Ihr Euch vorstellt, so war es um seinen Einfluß auf die jüdische Nation gethan, da nur jene Hoffnung eine Laufbahn außerordentlicher Wirksamkeit eröffnete. Aus der bereits entwickelten Stelle Joh. X, 24 ersehen wir, daß kurz vor seiner lezten Reise nach Jerusalem manche Juden das Geheimniß seiner Stellung zu fühlen begannen. Es fiel ihnen auf, daß Er es angstlich vermied, sich frei darüber auszusprechen, in welchem Sinne Er der den Vätern verheißene Gesalbte sey. Wohlgesinnte, wie Gegner drangen daher lebhaft auf eine unumwundene Erklärung. Hiemit stimmen auch die Synoptiker überein, so fern sie Christi Verbote an die Jünger, zu enthüllen, daß Er der Messias sey, in den Zeitraum zwischen der Abreise aus Galiläa und dem lezten Osterfeste in Jerusalem verlegen. Man begreift daher, daß, sobald irgend ein außerordentliches Zwischenereigniß eintrat, das geeignet war, seine Würde vollends ganz zu offenbaren, die Entscheidung herannahen mußte. Und so ist es geschehen. Hören wir Johannes. Nachdem unser Evangelist berichtet, wie Jesus seinen gestorbenen Freund Lazarus von den Todten auferweckte, fährt er Kap. XI, 45 u. flg. so fort: „Viele der Juden, welche zu Maria gekommen waren, und mit angesehen hatten, was Jesus that, glaubten an Ihn. Etliche aber von ihnen liefen hin zu den Pharisäern, und zeigten denselben an, was Jesus vollbracht.

---

*) Siehe S. 60 dieses Kapitels.

Da versammelten die Hohenpriester und Pharisäer einen Rath, und sprachen: was ist zu thun? Dieser Mensch verrichtet viele Zeichen. Lassen wir Ihn gewähren, so glauben zulezt noch alle an Ihn, drauf kommen die Römer und nehmen uns Stadt und Volk weg. Einer aber aus ihrer Mitte, Kaiphas, der Hohepriester jenes Jahres, sagte zu der Versammlung: Ihr verstehet nichts, bedenkt auch nichts, besser ist es, ein Mensch sterbe für das Volk, denn daß ganz Israel verderbe. — Von dem Tage an rathschlagten sie, wie sie Ihn umbringen möchten." Wenn auch alle anderen Anklänge historischer Wahrheit, die ich theils schon nachgewiesen, theils noch nachweisen werde, im Evangelium Johannis fehlten, und nur diese Eine Stelle darin stünde, würde ich kühn behaupten: ein Augenzeuge ist es, der vorliegendes Buch geschrieben. Wem je Natur die Gabe des historischen Sinnes nicht versagt hat, der wird auch bekennen, daß uns hier lauter ächte geschichtliche Verhältnisse entgegen tönen. So hat man zu allen Zeiten im Staatsrathe gesprochen, so würde man dort unter gleichen Umständen noch heute sprechen. Zwar hat Kaiphas nur nach seiner Vorstellungsweise Recht, in der That Unrecht, denn wären die Sachen wirklich ganz so gestanden, so hätte eher der römische Landvogt sich so äußern müssen: Mag dieser Mensch Absichten haben, welche Er will, sicher ist, daß sein Unternehmen auf eine Empörung hinauslaufen wird; alles Volk ist von Ihm bezaubert, sie werden Ihn zulezt, fortgerissen von ihrem Aberglauben, zum Könige ausrufen, darum kommen wir zuvor, nehmen wir Ihn am Kopfe und schaffen Ihn auf die Seite. Der Zweck rechtfertigt hier das Mittel — so hätte, sage ich, weit eher der Landvogt sprechen sollen, dessen Pflicht es war, die Ruhe im Lande aufrecht zu erhalten, und nicht die Mitglieder des Sanhedrin, welche diese Sorge zunächst Nichts anging. Jedenfalls hätte sich, wenn Kaiphas Recht gehabt, sich nachher die Schuld Jesu bei der peinlichen Untersuchung ergeben sollen, was ja bekanntlich nicht der Fall war. Der Fehler des Hohenpriesters bestand darin, daß er von der Voraussetzung ausging, Jesus werde, sobald das ganze Volk Ihm zufalle, seinen Anhang zu ehrgeizigen Planen mißbrauchen, nach der höchsten Würde trachten, und dadurch die Römer ins Land ziehen, was, bei der unendlichen Uebermacht des kaiserlichen Thrones, nothwendig zu einem schlimmen Ende führen müsse. Allein die Ansicht des Priesters ist ein Grundsatz, der in der Politik überall gilt. Als untrügliche Regel nimmt man auf diesem Gebiete an, daß jeglicher Mensch so weit gehe, als er nur immer könne, d. h. daß Jeder so ehrsüchtig sey, als ihm die Umstände erlauben. Und leider zeigt die Erfahrung, daß jene Regel unter Millionen Fällen nur ein einziges Mal täuscht; freilich in vorliegendem Beispiel war sie trügerisch, wie der Erfolg bewiesen hat. Aber da der Hohepriester dieß nicht voraussehen konnte, da andererseits die Wohlfahrt des ganzen Landes wirklich auf dem Spiele stand: so möchte ich nicht den ersten Stein auf Kaiphas werfen, sondern will lieber die Verkettung der Umstände anklagen.

Nicht nur Das, was im Rathe vorgeht, nicht nur die Worte des vorsitzenden Hohenpriesters enthalten einen reinen Abdruck damaliger Verhältnisse, auch die Einleitung erscheint höchlich beglaubigt. Wegen der Auferweckung des Lazarus, berichtet Johannes, habe das Sanhedrin den entscheidenden Beschluß gefaßt. Daß gerade ein Wunder dieser Art vorangehen mußte, dafür zeugt der Erfolg nicht, wohl aber nöthigt er uns, vorauszusetzen, daß irgend etwas Außerordentliches vorher von Jesu bewirkt worden sey, was geeignet war, das ganze Volk auf seine Seite zu ziehen, und somit die Befürchtungen zu rechtfertigen, welche die Mitglieder des Synedriums im Rathe äußern. So fest ich nun überzeugt bin, daß die vorliegende Stelle im Ganzen historisch sey, nehme ich doch keinen Anstand zu bekennen, daß Johannes im 48sten Verse, durch die Worte ἀροῦσιν ἡμῶν καὶ τόν τόπον καὶ τὸ ἔθνος eine spätere Erfahrung eingemischt haben dürfte. Es scheint mir nicht glaublich, daß die Mitglieder des Synedriums sich so

ſtarker Ausdrücke bedient, daß ſie gleich an Zerſtörung der
heiligen Stadt, an Ausrottung des ganzen Volkes gedacht, was
offenbar in den Worten liegt. Ich ſehe darin eine leiſe An-
ſpielung auf Das, was 40 Jahre ſpäter unter Veſpaſian geſchah. Weil er die Zerſtörung Jeruſalems erlebt hatte, und weil
dieſes fürchterliche Ereigniß ſeine Gedanken beherrſchte, wähnte Johannes, wie mir ſcheint, ſchon damals hätten die Oberſten des
Volks bei ähnlichem Anlaſſe Aehnliches befürchtet. Denke übrigens Jeder von dem Verſe, was er verantworten mag. Jedenfalls ſpricht eine ſo unbedeutende Uebertragung ſpäterer Verhältniſſe nicht im Geringſten weder gegen die Glaubwürdigkeit
der Stelle im Ganzen, noch gegen die Augenzeugenſchaft des
Berichterſtatters. Denn Unheil haben die Synedriſten ſicherlich
erwartet, wenn auch kein ſo entſetzliches.

Hätte Jeſus das Amt des Meſſias in dem hergebrachten
Sinne aufgefaßt, d. h. politiſch und nicht geiſtig, ſo würde
Ihm Nichts mehr am Herzen gelegen ſeyn, als die Prieſter
und die Phariſäer, die kirchlichen Häupter des Volks, durch
deren Beihülfe Er am ſicherſten auf die Maſſen wirken konnte,
ſich zu Freunden zu machen, ſtatt daß Er ſie jezt während ſeiner ganzen Wirkſamkeit ſchonungslos angriff. Und
wäre Er nicht ſo gegen ſie verfahren, ſo würden Jene nicht
ſeinen Tod beſchloſſen haben. Denn beleidigtes Standesintereſſe,
gekränkte Eigenliebe wirkte ſicherlich ſehr viel bei den Be-
ſchlüſſen der Mitglieder des Sanhedrin. Nichts deſtoweniger
iſt ihre Beurtheilung der damaligen Umſtände in einer Beziehung vollkommen wahr. Entſcheiden müſſe ſich jezt die Sache,
dachten ſie, zu viel habe Jeſus bereits gethan, um zurück-
treten zu können; wenn das Volk ſich Ihm in die Arme werfe;
was nach den Vorgängen in Bethania kaum zweifelhaft ſey, ſo
werde Er ſich offen für den Meſſias erklären, und dann breche
ein Aufſtand gegen die Römer los. Das eigene Betragen
Jeſu gibt ihren Vorausſetzungen theilweiſe Recht. Die Zeit
zu ausweichenden Erklärungen, zu vergeiſtigenden Antworten iſt

verstrichen, der entscheidende Augenblick gekommen, wo Er offen sagen muß: entweder Ich bin der Messias, der von Euren Propheten verkündigt worden ist — so entsteht eine politische Bewegung, durch welche Sein Werk die hohe Weihe einbüßt, auf den Boden irdischen Getriebes herabsinkt; oder Ich bin Der nicht, den ihr erwartet — wodurch der Zweck seines Lebens, die Stiftung einer neuen Kirche, die nur in jenem messianischen Boden Wurzel treiben konnte, verloren geht. Aber der Gottessohn weiß eine höhere Lösung, obgleich sie mit seinem eigenen Blute besiegelt ist. Er gibt sich selbst zum Opfer hin. In einen Abgrund hineingeschleudert, einerseits erdrückt durch den Gedanken, daß seine Laufbahn, wenn Er weiter auf ihr fortschreite, zur Empörung, durch dieselbe zum Untergange des Volkes führe, andererseits durch die noch trostlosere Voraussicht erschreckt daß, wenn Er, einen Schritt zurückweiche, der Zweck aller früheren Thaten und Leiden aufgegeben sey, findet Er einen Ausweg, indem Er freiwillig vom Schauplatze abtritt, freiwillig in die Höhle des Drachen nach Jerusalem eilt, und sich seinen Feinden in die Hände liefert, wohl bekannt mit dem Schicksale, das Ihn dort erwartet.

Betrachten wir seine Lage. Auch gewöhnliche Menschen ergreift, wenn sie von sehr gefährlichen Verhältnissen umstrickt sind, eine Vorahnung, wie das Räthsel sich lösen werde: gut oder schlimm für sie. Sollen wir dieses gemeine Gefühl Christo absprechen? Gewiß wäre dieß die größte Thorheit! Nun dann müssen wir auch eingestehen: Er wußte, daß Er dem Tode entgegen ging, als Er Jerusalem beim lezten Passah betrat. Hätte Er dem Geschick entweichen wollen, so würde Er die Hauptstadt nicht besucht, sondern sich in der Wüste verborgen haben, wohin der Arm des Sanhedrin kaum reichte. Zweitens: so ungenau der Bericht des ersten Synoptikers von dem Mahle zu Bethania ist, so stimmt er doch mit Johannes darin überein, daß Jesus die Salbung der Maria gegen den Geiz des Judas mit den Worten gerechtfertigt habe: laßt sie

gewähren, sie hat meinen Leib dadurch zum Grabe einbalsa-
mirt, Joh. XII, 7: εἶπεν οὖν ὁ Ἰησοῦς· ἄφες αὐτήν, εἰς
τὴν ἡμέραν τοῦ ἐνταφιασμοῦ μⲉ τετήρηκεν αὐτό, Matth.
XXVI, 12: βαλοῦσα γὰρ αὕτη τὸ μύρον τοῦτο ἐπὶ τοῦ
σώματός μⲉ, πρὸς τὸ ἐνταφιάσαι με ἐποίησεν. Sehr tief
muß in der That der Eindruck gewesen seyn, den diese Worte
Jesu hervorgebracht, sonst würden sie sich nicht in einer
sonst so unrichtigen Sage getreulich erhalten haben. Hat aber
Jesus wirklich dieselben gesprochen, so trug Er sechs Tage vor
seinem Einzuge in Jerusalem die bestimmteste Ahnung seines
Todes in sich. Freiwillig und des Kommenden bewußt, ist
Er also seinem Geschick entgegengegangen. Sollte Jemand
behaupten, die Worte, welche beide Evangelisten aus Gelegenheit des Mahles in Bethania dem Herrn in Mund legen,
seyen von der Sage hintenher erdichtet, welcher es nahe gelegen,
die That der Maria in solcher Art sinnbildlich auf den Tod
Christi zu deuten: so berufe ich mich Drittens auf eine ganz
unverdächtige Nachricht im vierten Evangelium. Johannes
berichtet Kap. XI, 57: „Die Hohenpriester und Pharisäer hatten
ein Gebot ergehen lassen: so Jemand wüßte, wo Christus wäre,
sollte man es zur Anzeige bringen, damit sie ihn ergriffen."
Jesu blieb diese feindselige Absicht des Synedriums nicht unbekannt, denn Vers 54 ebendaselbst erzählt unser Evangelist
weiter: „Der Herr wandelte nicht mehr frei unter den Juden
herum, sondern zog von Bethanien weg nach einer Gegend
nahe bei der Wüste in eine Stadt, genannt Ephraim, und weilte
daselbst einige Zeit mit seinen Jüngern." Ich möchte Den sehen,
der diese Angabe mit einigem Grunde angreifen könnte? Sind
sie nicht im höchsten Grade wahrscheinlich? Wenn sie einmal
beschlossen hatten, Ihn zu verderben — und daß sie Dieß ge-
gethan, ist aus dem Erfolge sonnenklar — so trafen sie sicherlich auch Anstalt, Ihn in ihre Gewalt zu bekommen, im
Fall Er sich in Jerusalem betreten ließe, und falls sie diese
Anstalten trafen, wer sollte dann glauben, daß nur Er allein
Nichts davon erfahren habe, was sonst alle Welt wußte?

6 *

Nichts ist gewisser, als daß Jesus wohl voraus sah, was Ihm in Jerusalem bevorstand, und daß Er also freiwillig dem Tode entgegenging. Immerhin mag noch ein lezter Funke schwacher Hoffnung in seiner Brust geglommen haben, daß seine Landsleute ihn vielleicht jezt noch unbedingt als göttlichen Gesandten anerkennen würden, ohne messianische Befreiung von Ihm zu fordern; aber gewiß war Er auch entschlossen, wenn dieß nicht geschähe, sein Leben für das Volk, für die Menschheit zu opfern. Wenden wir unsere Aufmerksamkeit zunächst auf die Weise, in welcher seine Gegner Ihn verdarben. Jenes Zeitalter war ziemlich gesetzlos; auf den Heerstraßen, in den Wüsten trieben sich Räuberhaufen um, die von den verschiedenen Parteien, ja oft sogar von den Landvögten selbst, zu politischen Verbrechen mißbraucht wurden. Mordthaten kamen häufig vor. Man könnte nun fragen, warum die Priester und Pharisäer nicht lieber den verhaßten Propheten ohne allen Lärm, durch einen gedungenen Messerstich sich vom Halse schafften. Christliche Begriffe von Sittlichkeit waren es gewiß nicht, was sie von solchen Maßregeln abhielt, eben so wenig Scheue vor Entdeckung. Denn man kann Verbrechen der Art so fein verhüllen, daß kein Auge, selbst kein Verdacht, den wahren Thäter erreicht, besonders wenn das Werkzeug zugleich mit dem Opfer verderbt wird. Nicht aus unzeitigem Vorwitz werfe ich diese Frage auf, sie ist geeignet, uns wichtige Aufschlüsse zu geben. Alle Gewalten des Landes wurden in Bewegung gesezt, um Christum zu verderben: die angesehensten Eingebornen, die geistlichen Häupter des Volks traten als seine Ankläger auf, der Statthalter des römischen Kaisers mußte die Rolle des Richters, des Verurtheilers spielen. Wozu dieses Gepränge? Offenbar um zugleich jeden Gedanken an Widerstand niederzuschlagen und den Glauben an Christi Würde mit der Wurzel auszurotten. Die Gegner handelten, als ob sie unserm Erlöser einen sehr großen Einfluß zutrauten, einen mächtigen Anhang hinter Ihm glaubten, der vielleicht zu seiner Rettung die Waffen erheben könnte, oder für Ihn, wenn Er meuchlings fiele, nur um so wilder, als für einen Märtyrer, Partei ergreifen würde. In solchen Fällen ist es das sicherste Mittel, das erkorne Opfer auf feierliche, gesetzmäßige Weise, unter Zusammenwirkung aller Gewalten, kurz mit einem möglichst großen Scheine des Rechts zu verderben. Die Todesart, auf welche die Gegner hinarbeiteten, war nach jüdischen Begriffen die schmählichste, entehrendste; sie konnten erwarten, daß Niemand mehr sich für den Anhänger eines Mannes erklären werde, der so schändlich in allen Formen des Rechts geendet. Bis in das Mittelalter herab, erhielt Jesus von den Juden immer den Schimpfnamen „der Gehenkte, der ans Holz Gehenkte." Schon in der ältesten christlichen Urkunde, nämlich in der Rede des Stephanus, sehe ich deutliche Spuren, daß sie großes Gewicht auf diesen seinen Tod legten. Mit Recht dürfen wir daraus schließen, daß Alles überlegt war. Sie behandelten Ihn, nicht wie eine vereinzelte Person, nein sie trauten Ihm, wie gesagt, einen mächtigen Anhang zu, der auch nach dem Tode Ihm treu bleiben könnte; und diesen Anhang suchten sie durch ein in der That nicht schlecht berechnetes Mittel, durch die schmählichste Hinrichtung, in allen Formen des Gesetzes, umgeben von den Schrecken der kirchlichen, wie der weltlichen Gewalt, jene vertreten durch die Priester und Pharisäer, diese durch den römischen Landvogt und seine Soldaten, mit der Wurzel auszureißen. Jezt wird auch die Art begreiflich, wie sie Ihn verhaftet haben. Vier Tage lang lehrte Christus vor dem lezten Passah öffentlich vor allem Volk in der Hauptstadt. Während dieser Zeit wagten sie nicht, den Finger an Ihn zu legen. Warum? offenbar, weil sie fürchteten, daß es, wenn man Ihn am hellen Tage verhafte, zu einem Auflaufe kommen könnte, daß seine Anhänger im Volke die Waffen für Ihn erheben würden, was ihren Planen zuwiderlief, insofern eine solche Wendung der Sache den Fortbestand einer christlichen Partei, auch nach dem Tode des Hauptes, einleiten mochte. Um ganz sicher zu gehen, hielten sie es fürs Beste, Einverständnisse mit einem Mitgliede seines engern Schülerkreises anzuknüpfen, damit er den Herrn bei Nacht ohne alles Aufsehen in ihre Hände lieferte. Was den Elenden zu der schwarzen That vermochte, ob bloßer Geldgetz, ob getäuschte Hoffnungen, weil die ehrsüchtigen Plane, in denen er sich gewiegt, unter dem vermeintlichen Judenmessias seine Rolle als Apostel zu spielen, sich nicht verwirklichten, ist nicht klar. Doch halte ich Lezteres für wahrscheinlicher, weil bei einer so durchaus niederträchtigen Gesinnung, wie man sie bei Judas voraussetzen müßte, wenn er seinen Herrn und Meister bloß um jenes verächtliche Blutgeld von 30 Silberlingen verrieth, kaum begreiflich wäre, wie Jesus einen solchen Menschen unter seine Apostel aufnehmen und an seiner Seite behalten mochte. Denn ein so heilloser Charakter kann sich in die Länge nicht einmal vor den Augen gewöhnlicher Menschen verbergen. Nehmen wir dagegen an, zu einer natürlichen Geldgier, welche schon damals fast allen Juden anklebte, *) sey noch getäuschter Ehrgeiz in einer augenblicklichen Aufwallung gekommen, welche die Verführer geschickt benuzt hätten: so bleibt sein Verbrechen auf dem gemein menschlichen Boden, und jene nachtheiligen Folgerungen fallen ganz oder größtentheils weg. Judas mochte denken: unser Meister hat uns betrogen, denn während Er sich für den Messias nach seiner Weise ausgibt, stößt Er das Volk von sich, wo es Ihm zuläuft und Ihn auf die höchste Stufe der Macht erheben will, und führt uns nach der Hauptstadt herein, wo taglich nicht nur sein eigenes Haupt, sondern auch die unsrigen, die seiner übel berathenen Apostel, von den drohendsten Gefahren umringt sind. Wenn ich Ihn verrathe, sorge ich bloß für meine Sicherheit, und räche mich für das Unrecht, das Er mir gethan. Deutliche Spuren, bei Johannes wie bei den Synoptikern, zeigen, daß Jesus die schwache Seite des

---

*) Sie findet sich überall, wo politischer Druck sich mit Uebervolkerung paart: zwei Uebel, an denen die Juden seit langer Zeit litten.

Jüngers, der den niedrigsten Dienst im engeren Kreise verrichtete, indem er den Beutel trug (Joh. XII, 6), wohl kannte.
Aber allem Anschein nach wollte Er ihn nicht von sich stoßen,
und dadurch dem sichern Verderben preisgeben, weil Er ihn noch
zu retten hoffte. Beweist nicht die fürchterliche Reue, die zufolge zweier Berichte, bei Matthäus und Lukas, den Verräther
nach der That überfiel, und die ich nicht für einen bloßen Fund
der Sage halten kann, — beweist dieser Zug nicht, daß er kein
durchaus verdorbener Mensch war?

Jezt ist es Zeit, den sterbenden Propheten selbst ins Auge
zu fassen. Allerdings hatte sich die Sache durch die Gewalt der
Umstände so gestaltet, daß sein begonnenes Werk den himmlisch
reinen Charakter verlieren mußte, wenn Er weiter schritt, daß
die ausgestreute Saat vernichtet war, wenn Er zurücktrat.
Aber welcher vom Weibe Geborne gibt sich in solchen Fällen,
wo die Flucht oder der Kampf gleich möglich, selbst zum Opfer
hin! Die großen Entwicklungen der Menschheit knüpfen sich
an gewisse Ideen, welche die Völker mächtig ergreifen, erschüt-
tern, und dadurch der Welt eine neue Gestalt geben. Ursprünglich sind dieselben rein, auf Tugenden gebaut, und Tugend
wirkend; aber schnell schießt wilde Leidenschaft an sie an, und
schafft sie oft und lange zum Fluche um. Man hat längst
bemerkt, daß ein eigenthümliches Etwas, elektrisch, wie der
Blitz, die römische Geschichte durchzieht: es ist der blinde — soll
ich sagen, prophetische Glaube an die ewige Dauer und Bestimmung Roms! Welche Mannhaftigkeit hat derselbe dem
Geschlechte Latiums eingehaucht, aber auch welche unbändige
Herrschsucht! Anfangs das erhabenste Schauspiel, ist er zur
Geißel für den Erdkreis geworden. Ein ähnliches Gefühl, nur
mit anderer, morgenländischer Färbung lebte in den Juden; für
das auserkorne Volk des Herrn der Welten hielten sie sich —
so hatte es sie Moses, ihr Gesetzgeber gelehrt. Kühner Gedanke, der einen unberechenbaren Einfluß auf die Menschheit
geübt hat! Aber zu welcher übermüthigen Verachtung gegen

andere Nationen hat er sie verleitet, sobald wilde Selbstsucht die ursprünglich wahre Idee durchdrang: eine Verachtung, die mit dem wucherischen Hasse der Heiden vergolten wurde. Doch die edelsten Seher Israels gaben jenem Gedanken einen neuen und höhern Schwung. Sie stellten ihre Nation, wie man aus Jesaias und Andern ersieht, als die Bewahrerin der heiligen Flamme einer Weltreligion dar, welche einst alle Bewohner der Erde, wie Eine Heerde, um den Dienst des wahren Gottes versammeln sollte. Die Ausführung überwiesen sie einem Sohne des Himmels — Priester und König zugleich — nach dem Fleische stammend aus dem Geschlechte Davids, der im Laufe der Zeiten sämmtliche Völker des Erdkreises, nicht zur Knecht= schaft, sondern zur Anbetung Dessen, der Himmel und Erde geschaffen, unter seinem Scepter vereinigen würde. Sicherlich die folgenreichste Ahnung des Alterthums, sofern sie die Hülle darbot, aus welcher allein die verheißene allgemeine Religion entschlüpfen mochte. Aber wie schnell ward sie durch die an= brängende Selbstsucht der Menschen verunreinigt, entweiht! Schon einige der alten Propheten hatten, im Unmuthe über die vielen Bedrückungen, welche ihre Nation von fremden erdulden mußte, den Künftigen zum Rächer und Zuchtmeister der Hei= den erniedrigt. Die Zeitgenossen Jesu konnten sich ihn gar nicht mehr anders denken. Wenn sie auch in ihren Synagogen noch so fromm von Demselben träumten: im Hintergrunde ihrer Seele lauerte wilde Rachgier, die, wenn es je zur That kam, glühend hervorzubrechen bereit war. Rom dachte man sich als den Gegner. Da Rom durch Waffen groß geworden, durch Waffen allein überwunden werden mochte, war Kampf auf Leben und Tod das Feldgeschrei der Anhänger des Messias, ein gezücktes Schwert ihr Wahrzeichen. „Haben die Kinder Edom uns unterjocht, so wollen wir ihnen, zum Streite ge= führt von dem Gesalbten Gottes, hundert und tausendfältig die erlittene Schmach heimgeben" — dieser Gedanke lebte im ganzen Volke. Wenn wirklich ein außerordentlicher Krieger sich des

Meſſiasglaubens bemächtigt, und unterſtüzt von der Gluth des Haſſes und der Liebe, die in den Gemüthern gährte, aus den Juden gemacht hätte, was irgend aus ihnen zu machen war, wenn er Rom zulezt überwand, die Herrſchaft der Welt an ſich riß, gemäß der Weiſſagung: percrebuerat toto oriente opinio, fore ut Judaea profecti rerum potirentur: was wäre das Ende vom Spiele geweſen? Andere Namen der Unterdrücker, aber daſſelbe Joch, ja wahrſcheinlich noch ein ſchlimmeres, weil die Juden bei Weitem nicht den politiſchen Verſtand beſaßen, der die Römer auszeichnete, der ſie hinderte, nuzlos grauſam zu ſeyn. Nach Strömen vergoſſenen Blutes wäre es mit der Welt noch ſchlimmer geſtanden als zuvor: ſtatt römiſcher Herren jüdiſche Wütheriche, als Zugabe ein mit dem Schwerte aufgedrungener Jehovadienſt. Es war ein Glück, daß Jeruſalem erlag und Rom triumphirte. Nach 700 Jahren ward die Welt abermals von einer der meſſianiſchen ähnlichen Gluth entzündet. Ich habe ſchon früher die Vermuthung ausgeſprochen, *) daß Mahometh auf einen meſſianiſchen Glauben gebaut zu haben ſcheint. Das widerliche Gemiſch von Begeiſterung und Ehrſucht, Wahrheit und Lüge blieb hier nicht den Nachfolgern des Propheten von Mekka vorbehalten, es fand ſchon in ſeiner eigenen Seele ſtatt. Bekehrer, Henker, Eroberer, in Einer Perſon, durchſchwärmten ſeine erhizten Anhänger das Abend- und Morgenland und unterwarfen Alles mit Gewalt den Geſezen des Islam. Wie viel Blut wurde vergoſſen, wie viele Blüthen zerſtört, und für Was? Man ſehe die mahomedaniſchen Reiche an, ſie eilen unaufhaltſam der Verweſung entgegen, während die chriſtlichen Nationen das Maß ihrer Entwicklung, ihrer Wohlfahrt noch lange nicht erreicht zu haben ſcheinen. Das wilde Feuer des Islam und ſeine ſchnellen, aber nicht tief wirkenden, Siege entzündeten nach drei Jahrhunderten auch im chriſtlichen Abendland

---

*) Siehe den erſten Band dieſes Werkes, 2te Abth. S. 442.

eine Flamme. Es galt, das Grab des Welterlösers aus den Händen der Ungläubigen zu befreien. Wie schön und uneigennützig war dieser Gedanke an sich! Ganz Europa sezte er in fieberhafte Bewegung, der Kern unseres Adels stürzte sich, in Eisen gehüllt, auf den Orient und erstürmte Jerusalem! Aber wie bald war auch hier jener dichterische Duft in die gemeinste Wirklichkeit umgewandelt! Päpste, Fürsten, einzelne glückliche Kreuzfahrer überboten sich an List, fast Alle wollten im Trüben fischen. Ein schmähliches Ende nahm der schöne Wahn, nutzlos war abermals so viel Blut vergossen. Die wahrhaft guten Folgen, welche die Kreuzzüge wirklich hatten, lagen außer der Absicht Derer, welche sie anstifteten, leiteten, mitmachten. Eine dritte Bewegung, noch geistiger in ihrem Zweck, und noch reiner in ihrem Ursprung, war die Kirchenreformation des sechszehnten Jahrhunderts. Keine gutgeborne Seele konnte den Worten Luthers widerstehen. Die Wahrheit und Gerechtigkeit schien von seinen Lippen zu strömen, denn hatte nicht die gränzenlose Verderbniß des Papstthums alle diese Rügen verdient, handelte er nicht im besten Glauben, und gab uns das reine Evangelium wieder? Dennoch hat sich nach kurzer Zeit die eigennützigste Berechnung des Werkes bemächtigt, das er und gleichgestimmte Freunde in reiner Absicht gestiftet. Wie viel man an Land und Leuten, an Einfluß gewinnen werde: Dieß war der Maßstab, nach dem man sich entschied, katholisch zu bleiben, lutherisch = oder schweizerisch-reformirt zu werden. Hatte das Joch des Papstes und seiner Bischöfe zu Anfang des sechszehnten Jahrhunderts uns unerträglich geschienen, so kamen wir deutschen Protestanten, während des dreißigjährigen Krieges und zuvor, unter ein schmählicheres, unter das der Hofprediger, und besser wurde es erst, als die neue geistliche Macht gebrochen war. Eine andere noch größere Erschütterung haben wir selbst in ihrem Ausbruche oder in ihren nächsten Folgen erlebt. Gleiche Menschenrechte Aller, Freiheit, so viel das Gesetz erlaubt, die Herrschaft der

Vernunft und Tugend verkündigte man zu Anfang der französischen Revolution; mit größtem Jubel lauschte man auf diese Töne. Aber zu welchen Gräueln hat die Entwicklung des Drama geführt, das so rein begonnen zu haben schien! Wie wenig hat sich von den angepriesenen Grundsätzen als wahrhaft brauchbar erwiesen! Kurz jene elektrischen Kräfte, welche sich von Zeit zu Zeit, nach unerforschten Gesetzen, im Leben der Völker anhäufen und dann eine neue Entwicklung der Menschheit herbeiführen, scheinen Anfangs immer rein und segenbringend, aber, wenn sie sich entladen, gleichen sie wüthenden Gewittern, schlagen zündend ein und zerstören die Staaten. Woher kommt dieß? Daher, weil auch den edelsten Gedanken, sobald er ausgeführt werden und ins Leben treten soll, böse Leidenschaften und Interessen umklammern. Er muß diese irdischen Mächte zu Hülfe rufen, will er Boden gewinnen, wird aber dann durch sie verunreinigt und verliert seinen ursprünglichen Charakter; sucht er denselben treu zu bewahren, so geräth er mit den Interessen und Leidenschaften, die ihn unterstützt hätten, wenn er sich dazu verstand, ihre Hülfe anzunehmen, in einen Kampf auf Leben und Tod. Denn wir erkennen in die Länge nur Die als Häupter und Stifter neuer Zustände an, welche eine außerordentliche, besonders eine verderbliche Macht zeigen, und uns dadurch entweder schrecken, oder unserm Eigennutze, Ehrgeize, unserer Rachgier schmeicheln. Dieß ist der Fehler nicht eines einzigen Volkes — wie etwa der Juden zur Zeit Jesu Christi, denn unter gleichen Umständen wäre jedes andere auf dieselbe Weise mit Christo verfahren — sondern aller Nationen, es ist eine Gesammtschuld der Menschheit.

Ein Opfer dieser allgemeinen Schuld wurde Jesus Christus, und zwar ein Opfer in doppelter Hinsicht: ein unfreiwilliges, weil Er jener Bosheit erlag, die keine große erhabene Idee duldet, ohne sie in den Strudel wilder Leidenschaft herabzuziehen, oder den Träger derselben zu vernichten; ein freiwilliges, indem Er seiner himmlischen Sendung nur durch

Hingebung seines Lebens den Sieg verschaffen konnte. Die elektrische Gluth, die jede welthistorische Idee zu umwehen pflegt, und welche, wenn Er sich ihr aus Ehrgeiz oder Schwäche hingab, zündend in seine eigene und auch in die fremden Nationen eingeschlagen hätte, entlud Er freiwillig auf sein eigenes Haupt und starb für seine Zeitgenossen, für uns Alle. Daß dieß buchstäblich wahr sey, kann man aus dem Erfolge abnehmen. Ueber die Juden, welche Ihn zurückstießen, brach vierzig Jahre später das Gewitter los, und zwar eben darum, weil sie keinen geistigen Sinn der Messiashoffnung anerkannten, oder weil sie von dem elektrischen Stoffe ganz gesättigt waren; in Staub und Trümmer sank Hauptstadt und Heiligthum, die Nation ins Grab. Faßt Das, was ich hier gesagt, so scharf als möglich auf: ihr werdet finden, daß ich Sachverhältnisse entwickelt habe, keine Redensarten vorbringe. Ich will die damalige Lage der Dinge noch einmal zusammen fassen und auf ihren kürzesten Ausdruck zurückführen. Allgemein erwartete man zu jener Zeit, daß ein Sohn des Himmels, ein großer Prophet gleich Moses, in Israel erscheinen werde, um den neuen Bund abzuschließen, den die alten Seher verhießen, d. h. eine neue Kirche zu stiften. Jesus erklärte sich für den Erwartete.. Wer Dieß that, der mußte seine Sendung dadurch vor dem Angesicht der Juden rechtfertigen, daß er das Schwert zog, das Joch, unter welchem Israel seufzte, brach, sein Volk zum weltherrschenden machte, und folglich die anderen Nationen unterwarf. Jesus verschmähte diesen blutigen Abweg. Also verlangte man, Er solle seine Behauptung durch die That oder stillschweigend zurücknehmen; Er verharrte unerschütterlich bei der Aussage, daß Er der Verheißene sey. Damit zog er die Rache der Fremden, welche als Herren des Landes nicht dulden mochten, daß Einer aus der Mitte ihrer Unterthanen sich, wenn auch in rein geistigem Sinne, für einen König Israels erklärte, Er zog weiter die fanatische Verfolgung seiner Stammgenossen, welche einen

Herrscher und Rächer erlittenen Unrechts in dem Verheißenen sahen, Er zog endlich den überlegten, berechnenden Haß der Häupter des Volks, deren Standesinteresse durch seine Lehren bedroht war — alle diese Leidenschaften zog Er auf sein Haupt. Jesus wußte Dieß und ging ohne Wanken freiwillig dem gezückten Schwerte entgegen, sicher, im Tode zu siegen.

Voraussehend, daß Er im Tode siegen werde, ist Er gestorben. Wir haben die höchste Spitze der Beschauung noch nicht erstiegen, das herrlichste Geheimniß des neuen Testaments ist noch zu erklären übrig. Man könnte vermuthen, Jesus sey aus bloßem Pflichtgefühle, nothgedrungen, überwältigt von den Umständen, in den Tod gegangen, weil Er sonst keinen andern Ausweg sah, der mit der Würde seiner Sendung sich vereinigen lasse; sonst hätte Er wohl die süße Gewohnheit des Lebens gerne weiter fortgesezt. Wenn sich die Sache so verhält, dann steht Er zwar sehr hoch unter den Menschen da, aber Er erhebt sich nicht über unser Geschlecht. Es war eine häßliche Gewohnheit der alten Dogmatik, die bitteren Schmerzen, die Er für uns erduldet, mit der Genauigkeit eines Zergliederers menschlicher Leichname als Christi höchste Glorie hervorzuheben. Aber wie viele Opfer einer schändlichen Verwaltung der Gerechtigkeit haben in früheren Zeiten unter weit größeren Martern unschuldig ihr Leben ausgehaucht. Andere Lehrer feierten den Tod an sich als den höchsten Beweis der Hingebung, deren ein Mensch fähig sey. Aber Tausende von Kriegern sind schon dem gewissen Tode eben so muthig entgegen gegangen, selbst ohne den Trost, daß die Welt nachher ihrer Aufopferung rühmend gedenken werde; sie wußten zum Voraus, daß von ihrem Gedächtniß Nichts übrig bleibe, als die Meldung auf der Todtenliste: der und der gefallen gestern in seiner Pflicht. Die Stelle fällt mir bei, wo Cervantes, durchdrungen von dem Heldenzeiste seiner Nation, den Posten auf dem bedrohten Walle beschreibt, der die feindlichen Schanzgräber unter seinen Füßen die Pulvertonne in die Mine hineinrollen hört, jeden Augenblick gewärtig, in einem Nebel von Schwefel und Dampf, zerrissen, zerschmettert, fünfzig Klafter hoch in die Lüfte emporgeschleudert zu werden, und doch ohne Wanken auf dem angewiesenen Platze stehen bleibt. Freilich wünschte er sich in diesem Augenblicke lieber an seines Vaters Heerd, und wäre gerne der Gefahr enthoben: aber zwei mächtigere Triebfedern, als die Liebe zum Leben, Ehrgefühl und der unerbittliche Befehl — **pudor et imperium** — halten ihn zurück. Eine andere Bewandtniß hat es aber mit dem Stifter unserer Kirche. Der sterbende Christus hat die Geschicke der Menschheit prophetisch durchdrungen, die künftigen Entwicklungen der Weltgeschichte vor sich geschaut, und weil dem so war, hat Er erkannt, daß der Tod einen wesentlichen Theil seiner himmlischen Sendung ausmache, und daß über seinem Grabe die Palme des Sieges winke; darum ist Er mit klarem Blicke, unbewölktem Haupte und aus freistem Antriebe gestorben. Abermals müssen wir das vierte Evangelium hören, das uns allein dieses Geheimniß vollständig enthüllt. Joh. XII, 24 spricht Christus: „Wahrlich, ich sage Euch, wenn das Saatkorn nicht in die Erde geworfen wird, und abstirbt, so bleibt es allein, erst wenn es abgestorben ist, trägt es viele Frucht." Ein ähnliches Bild kömmt vor XVI, 20 u. flg., wo der Herr zu den Jüngern sagt: „Wahrlich, ich sage euch, ihr werdet weinen und wehklagen, aber die Welt wird sich freuen, ihr aber werdet traurig seyn, doch eure Traurigkeit soll in Freudigkeit verkehret werden. Das Weib, wann sie gebäret, überwältigt der Schmerz, weil ihre Stunde gekommen ist; wann sie aber das Kind geboren hat, gedenkt sie nicht mehr der Angst, um der Freude willen, daß ein Mensch zur Welt geboren ist."

In leztem Verse wird Christi Tod mit den Geburtsschmerzen einer kreisenden Frau verglichen, welche ein neues Leben zu Tage fördere; im erstern mit dem Samenkorn, das in der Erde absterben muß, damit eine neue Saat daraus entstehe. In beiden Bildern ist der Gedanke ausgedrückt, daß

über dem Grabe des Herrn die Kirche erblühen werde. Allein
Wer steht uns dafür, daß Christus gerade diese Ausdrücke gebraucht? Sehr wohl könnte Johannes, aller Treue unbeschadet,
hier die spätere Ansicht der Christen vom Tode Jesu eingemischt haben. Wenigstens läßt sich das Gegentheil nicht mit
genügender Kraft beweisen. Anders jedoch verhält es sich mit
einer zweiten Reihe von Stellen. Joh. XIV, 15 u. flg. spricht
der Herr zu den Jüngern: „Wenn Ihr mich lieb habt, werdet
Ihr meine Gebote halten, und ich will den Vater bitten, daß
er Euch einen andern Beistand (ἄλλον παράκλητον) gebe, der
bei Euch bleibe ewiglich — den Geist der Wahrheit nämlich, welchen die Welt nicht fassen kann, weil sie ihn nicht schauet,
noch erkennt, aber Ihr schauet ihn, weil ich lebe und Ihr lebet.“
Ebendaselbst Vers 25: „Solches habe ich zu Euch gesprochen,
während ich bei Euch weilte, der Beistand aber, den der Vater
senden wird in meinem Namen, der heilige Geist, der wird
Euch Alles lehren und Euch erinnern an Alles, was ich Euch
gesagt habe.“ Ferner Kap. XV, 26: „Wann der Beistand
kommen wird, den ich euch sende vom Vater, der Geist der
Wahrheit, der vom Vater ausgehet, wird derselbige von mir
Zeugniß ablegen.“ Endlich Kap. XVI, 6 u. flg.: „Weil ich
zu Euch gesagt habe, daß ich von hinnen gehe, ist Eure Seele
von Trauer erfüllt; aber ich versichere Euch, es ist Euch
heilsam, daß ich hingehe, denn so ich nicht hingehe,
kommt der Beistand nicht zu Euch, nur wenn ich
von hinnen ziehe, kann ich ihn Euch senden.“ Ἀλλ᾽
ἐγὼ τὴν ἀλήθειαν λέγω ὑμῖν, συμφέρει ὑμῖν, ἵνα ἐγὼ ἀπέλθω, ἐὰν γὰρ μὴ ἀπέλθω, ὁ παράκλητος οὐκ ἐλεύσεται
πρὸς ὑμᾶς, ἐὰν δὲ πορευθῶ, πέμψω αὐτόν. Auch dieß ist
wieder gesprochen in der bildlichen Redeweise des Morgenlands.
Aber in den vorgetragenen Bildern liegen folgende bestimmte
Sätze: Erstens, wann der Herr gestorben ist, wird Er seine
hinterlassenen Jünger auf die richtige Erkenntniß seines Werkes,
seiner Lehre leiten (darum die Worte: τὸ πνεῦμα τῆς ἀληθείας

μαρτυρήσει περὶ ἐμοῦ). Zweitens die versprochene wahre Erkenntniß kann den Schülern Jesu nicht zu Theil werden, wenn
der Herr nicht stirbt; Sein Tod ist die unerläßliche Bedingung
derselben. Ein ganzer Himmel der erhabensten Wahrheit liegt
in diesen beiden Sätzen. Ehe wir sie entwickeln, erweisen wir
vorerst ihre Aechtheit. Man könnte sagen: jene Verse sprechen
eigene Träumereien des Johannes aus, keineswegs die Lehre
des Herrn, denn zugestanden sey es ja, daß der vierte Evangelist oft Eigenes einmische. Ich entgegne: Johannes enthüllt
hier einen Zweck des Todes Jesu, den er sonst nie vorträgt,
und der mit seinen eigenen, wohlbekannten Ansichten im Wi-
derspruche steht. Johannes ist überzeugt, daß Jesus dazu gestorben sey, um durch sein Blutopfer die Sünden der Menschen
zu sühnen. Diese Ansicht legt er dem Täufer in Mund I, 29:
ἴδε ὁ ἀμνὸς τοῦ Θεοῦ, ὁ αἴρων τὴν ἁμαρτίαν τοῦ κόσμв.
Dieselbe bekennt er in seinem ersten Briefe vielfach I, 7: το
αἷμα Ἰησοῦ χριςοῦ, τοῦ υἱοῦ τοῦ Θεοῦ, καθαρίζει ἡμᾶς ἀπὸ
πάσης ἁμαρτίας. *) II, 2: αὐτὸς ἱλασμός ἐςι περὶ τῶν ἁμαρτιῶν ἡμῶν. III, 5: οἴδατε, ὅτι ἐκεῖνος ἐφανερώθη, ἵνα τὰς
ἁμαρτίας ἡμῶν ἄρῃ. IV, 10: ὁ Θεὸς ἀπέςειλε τὸν υἱὸν
αὐτοῦ ἱλασμὸν περὶ τῶν ἁμαρτιῶν ἡμῶν. V, 6: ἐλθὼν
δὶ ὕδατος καὶ αἵματος Ἰησοῦς ὁ χριςός. Eine andere
selbstständige Deutung des Todes Jesu, als die des Opfers,
kommt überhaupt bei Johannes nicht vor. Das Gleiche gilt
von seinen Genossen, den übrigen Aposteln. Sie alle erklärten,
von der jüdischen Denkweise beherrscht, den Tod des Herrn
aus der Nothwendigkeit, dem Höchsten ein genügendes Opfer
darzubringen, für die Sündhaftigkeit des menschlichen Geschlechts. Da nun Johannes, da seine Zeitgenossen aufs Bestimmteste dieser Meinung zugethan waren: so läßt es sich
erwarten, daß unser Evangelist, wenn er je eigene Ansichten
in die lezten Reden Jesu einflicht, diesen Lieblingsgedanken

---

*) Vergleiche auch ebendaselbst Vers 9.

dort angebracht haben werde. Dennoch geschieht Dieß nicht, statt des Opfers finden wir daselbst einen Satz, der i h m und seiner ganzen Zeit sonst völlig fremd ist. Also müssen wir schließen, daß er hier nicht seinen eigenen, sondern einen frem= den Gedanken vorträgt, mit anderen Worten, daß er uns eine Thatsache erzählt. Ich dächte, dieser Grund hat schon an und für sich ein sehr bedeutendes Gewicht; allein derselbe wird noch verstärkt, durch eine andere wichtige Erscheinung. Ich habe das Pfingstwunder im ersten Bande des vorliegenden Werkes *) historisch erklärt. Alles ist nach mosaischen Vorbildern gedich= tet, bis auf Einen Zug, der einen Bruch zurück läßt und nicht aufgehen will. Gemäß dem Grundsatze: „einen Propheten, wie Du, will ich aus deinen Brüdern erwecken," hätte die Aus= gießung des heiligen Geistes, in Anwesenheit Christi, gleichsam durch seine Hand, erfolgen sollen. Aber sie findet erst nach sei= nem Hingange Statt, wodurch ein sehr wesentlicher Theil des Vorbildes umgeprägt wird. Also konnte die Sage hier nicht ihrer natürlichen Richtung folgen, sie ist vielmehr darin unter= brochen worden, durch eine höhere Gewalt, d. h. durch eine Thatsache, die ihr Fesseln anlegte. Diese Thatsache kann aber nichts Anderes seyn, als entweder ein wahrhaftes Ereigniß: daß nämlich der heilige Geist wirklich am Pfingstfeste, oder im All= gemeinen, nach dem Hingange des Herrn, ausgegossen worden wäre, oder aber eine richtige Ueberlieferung: daß der Herr wirk= lich seinen Jüngern beim Scheiden verkündigt hätte, der heilige Geist könne erst erscheinen, wenn Er hingegangen sey. Erstere Annahme ist darum mißlich, weil das Pfingstwunder außer dem Zeitpunkte nach dem Tode des Herrn, in den es verlegt wird, auch keinen einzigen historischen Zug enthält, an welchen die Sage hätte anschießen können. Doch wir wollen in einer so wichtigen Frage höchst vorsichtig seyn, damit kein Zweifel zurückbleibe. Im Evangelium Johannis VII, 38 heißt es:

---

*) I. Band, 2te Abtheilung, S. 390 u. flg.

„Der Herr sprach: wer an mich glaubt, von dem gilt die Weissagung der Schrift: Ströme lebendigen Wassers sollen fließen aus seinem Leibe. Mit diesen Worten," fügt Johannes bei, „deutete der Herr auf den Geist, welchen empfangen sollten Alle, die an Ihn glaubten, denn der heilige Geist war damals noch nicht da, weil der Herr noch nicht verkläret war." Der Evangelist weist darauf hin, daß der heilige Geist, nach dem Tode des Herrn, äußerlich sichtbar, wenigstens erkennbar, über die Gläubigen gekommen sey, er deutet auf eine Thatsache, über deren wahren Sinn wir keinen Augenblick im Dunkel bleiben können. Früher wie Lämmer, die bei jedem Schritt eines Hirten bedürfen, zunächst nach dem Tode, wie eine vom Wolfe zersprengte Heerde, werden sie, als der Herr erstanden und verklärt war, zu Löwen, fahren aus über Land und Meer, das Evangelium zu predigen allen Völkern, den Gefahren trotzend, den Tod herausfordernd. Im Grunde gilt von allen Aposteln, was Paulus mit gerechtem Selbstgefühle von sich rühmt, 2. Kor, XI, 23 u. flg: „Ich habe gearbeitet über die Maßen, Schläge erlitten, bin oft gefangen und in Todesnöthen gewesen. Von den Juden habe ich fünfmal empfangen vierzig Streiche weniger einen. Ich bin dreimal gestäupet, einmal gesteinigt worden, dreimal habe ich Schiffbruch gelitten, und Tag und Nacht zugebracht in den Wellen des Meeres. Ich habe viele Reisen gemacht, bin in Fährlichkeiten gewesen zu Wasser, in Fährlichkeiten vor Räubern, in Fährlichkeiten unter Juden, in Gefahren unter den Heiden, in Gefahren in den Städten, in Gefahren auf dem platten Lande, in Gefahren zur See, in Gefahren vor den falschen Brüdern, in Mühe und Drangsal, in Wachen, in Hunger und Durst, in Fasten, in Frost und Blöße" u. s. w. Diesen Bekehrungseifer der Apostel meint ohne Zweifel Johannes mit dem Worte: πνεῦμα ἅγιον, wiewohl der heilige Geist, welcher die Jünger beseelte, viel mehr in muthiger Gesinnung, als in höherer Er= kenntniß bestand. Denn ihre Ansicht von dem Werke des Herrn war nach der Auferstehung nicht viel geistiger als vorher. Man könnte nun sagen: auf diese Thatsache spiele Johannes nicht nur in der Stelle VII, 38 an, sondern auch in den Reden vom Paraklet (Beistand), welche er dem Herrn in Mund lege, auf denselbe fuße auch der Bericht vom Pfingstwunder, Apostelgeschichte II. Jene Entschlossenheit, jenes muthige Bekenntniß Christi sey eine Erfahrung gewesen, die in den Akten, gemäß dem Geiste der jüdischen Weltanschauung, zu einer mosaischen Sage ausgebildet, im Evangelium Johannis dagegen dem Herrn selbst als Prophezeiung unterlegt worden, sey, weil nach der Meinung der ersten Kirche den Gläubigen nichts Erfreuliches oder Unerfreuliches zustoßen konnte, was der Herr nicht vorausgesehen und verkündigt habe. Allein mehr als Ein unüberwindlicher Grund steht dieser Deutelei entgegen, die nur beim ersten oberflächlichen Anblick einigen Schein für sich hat. Erstlich ist der Satz: Alles, was der Kirche, oder dem Herrn selbst widerfahren, sey Ihm als Weissagung in Mund gelegt worden, in dieser allgemeinen Fassung falsch. Nichts lag sicherlich der alten Sage näher, als Ihn sein Wiedererstehen am dritten Tage vorausverkündigen zu lassen. Die Synoptiker haben Dieß daher gethan, aber schon aus dem Berichte des Lukas bricht, wie wir oben zeigten, ein wohlbegründeter Zweifel hervor. Johannes läugnet es vollends geradezu, was keiner der geringsten Beweise für die Aechtheit des vierten Evangeliums ist, Kap. XX, 9: οὐδέπω γὰρ ᾔδεισαν τὴν γραφήν, ὅτι δεῖ αὐτὸν ἐκ νεκρῶν ἀναστῆναι. Wenn die Jünger es nicht aus der Schrift wußten, daß der Herr am dritten Tage von den Todten auferstehen würde, wenn ihnen Dieß ferner nicht aus anderen Quellen bekannt war, wie Johannes andeutet: so folgt, daß sie es noch viel weniger aus Christi eigenem Munde vernommen haben konnten. Wir haben also hier ein sehr starkes Beispiel, daß vom vierten Evangelisten Hinweisungen auf spätere Ereignisse dem Herrn keineswegs mit solchem Leichtsinn, wie jener Einwurf voraussetzt, unterschoben

7 *

worden sind, und hiedurch verliert derselbe bereits einen Theil seiner
Kraft, obwohl freilich hiemit nicht bewiesen ist, daß eine solche
Weissagung post eventum nicht gerade in unserem Falle ausnahmsweise Statt haben könnte. Zweitens, die Spitze des Pfingst-
wunders, so gut als der Reden vom Tröster bei Johannes, beruht
darauf, daß der heilige Geist von Christus voraus verkündigt
ward. Lange vor dem eigentlichen Bericht davon wird die Ausgießung als eine Verheißung aus der Höhe, als Etwas, das der
Herr scheidend seinen Jüngern versprochen, vorbereitet. So zu
Ende des Evangeliums Lucä (XXIV, 48), wo Christus zu den
Jüngern spricht: ὑμεῖς ἐσε μάρτυρες τούτων, καὶ ἰδοὺ ἐγὼ
ἀποσέλλω τὴν ἐπαγγελίαν τοῦ πατρός με ἐφ᾽ ὑμᾶς, ὑμεῖς
δὲ καθίσατε ἐν τῇ πόλει Ἱερεσαλὴμ, ἕως οὗ ἐνδύσησθε
δύναμιν ἐξ ὕψες. Dann Apostelgeschichte I, 8: λήψεσθε
δύναμιν ἐπελθόντος τοῦ ἁγίε πνεύματος ἐφ᾽ ὑμᾶς. Es ist
eine bekannte Regel, daß die Sage, sobald sie eine Dichtung
an wirkliche Thatsachen anknüpft, immer auf lezteres Element
das Hauptgewicht legt: eine Erscheinung, die mit der Nothwendigkeit der Dinge selbst zusammenfällt. Hier hingegen träte
der umgekehrte Fall ein, denn die Ausgießung des heiligen
Geistes, welcher, nach der Annahme, ein wirkliches Ereigniß zu
Grunde liegen soll, wird nicht an sich, sondern hauptsächlich
darum so gefeiert, weil sie der Vorhersage des Herrn so genau
entsprochen. Ich füge bei: jener Glaubensmuth, der die Jünger nach der Verklärung Christi beseelte, war nichts so Außerordentliches, daß man begreifen könnte, warum die christliche
Ueberlieferung sie auf eine so tief mystische Weise behandelte,
den Eintritt der dritten Person der Gottheit, des heiligen Geistes, in die Welt daran knüpfte, und dieselbe in den Kreis der
größten Geheimnisse unseres Glaubens zog — ich sage, Dieß
bleibt unbegreiflich, so lange man annimmt, daß jene Sagen
und Reden bloß auf einer falschen, überdieß sehr oberflächlichen,
judenchristlichen Schlußfolgerung beruhen. Dagegen wird Alles
klar, wenn wir voraussetzen, daß die Jünger in dem freudigen

Muthe, der ihre Herzen beseelte, eine wirklich gegebene Verheißung des Herrn erfüllt sahen. Auch noch einen andern Punkt muß man ins Auge fassen. Wenn an Allem zusammen nur Dieß wahr seyn soll, daß die Jünger nach der Verklärung des Herrn, d. h. nach seiner Rückkehr aus dem Grabe, hohe Zuversicht empfanden, warum verlegt dann die Sage den Bericht Apostelgeschichte II nicht in die Gegenwart des Auferstandenen? Vierzig Tage lang, heißt es Apostelgeschichte I, 3, habe Er sich nach der Auferstehung den Gläubigen gezeigt. Warum ließ Ihn nun die Sage nicht noch bis zum Pfingsttage hier unten verweilen und den Geist, welchen Er verheißen, in eigener Person ausgießen? Das mosaische Vorbild, welchem das Pfingstwunder nachgedichtet ist, verlangte doch diesen Zug gebieterisch! Man sieht hieraus klar, daß es ein Hebel von übermächtiger Art gewesen seyn muß, der die Sage weit über die vorgeschriebene Linie hinaustrieb. Drittens, der heilige Geist, den die Jünger aus Erfahrung kannten, war ein Geist der Kraft, des Muthes. Aber der Geist, der in den Reden bei Johannes verheißen, und merkwürdiger Weise auch im Pfingstwunder gefeiert wird, ist ein Geist der Erkenntniß, welcher in alle Wahrheit leiten soll. . Die Apostel wußten schon vor der Auferstehung, daß Jesus der Christi sey, wie nachher, und wenn sie es auch nachher freudiger und tiefer glaubten, so glaubten sie es doch, wie der Augenschein beweist, ganz auf jüdische Weise Die Verheißung: „der Paraklet, der heilige Geist wird Euch alle Erkenntniß lehren,“ liegt weit über den Gesichtskreis der Apostel, auch des geistigsten unter ihnen, Johannis, hinaus. Wie sollte also die Sage statt der Kraft, welche die Jünger wirklich durch Erfahrung erprobt, eine so räthselhafte Größe gesezt haben. Das erkläre mir Einer auf überzeugende Weise. Doch ich gebe alle diese Gründe Preis, ob ich gleich von ihrer Macht vollkommen überzeugt bin, und stütze mich allein auf folgenden Vierten. Oben wurde dargethan, daß man, wenn nicht alle Anzeigen, alle Geschichte und

Logik täuschen, Jesu die Lehre zuschreiben müsse: Er hätte den Jüngern noch Vieles zu sagen, aber sie können es jetzt noch nicht ertragen. Mit diesem Satze hängt nun der andere zusammen: Das, was Ihr jetzt noch nicht versteht, soll Euch in Zukunft auf irgend eine Weise klar werden. Denn welcher nur irgend vernünftige Lehrer wird, wenn er eine Unzulänglichkeit seiner Schüler diesen selbst aufdeckt, ihren so natürlichen Schmerz nicht durch das Versprechen künftiger Erkenntniß trösten? Wir können uns daher den Vordersatz: „jetzt verstehet ihr es nicht," gar nicht ohne den Nachsatz denken: „aber später werdet ihr es begreifen." Wer daher das Eine gesagt, hat sicherlich auch das Andere gesprochen; so gewiß als beide Sätze bei Johannes unzertrennlich neben einander stehen, Kap. **XVI**, 12 u. flg.: „Noch viel hätte ich euch zu sagen, aber Ihr konnet es jetzt nicht ertragen. Wann aber Jener kommt, der Geist der Wahrheit wird er Euch in alle Wahrheit leiten." Folglich gehört die Lehre: „ich will euch nach meinem Hingange den himmlischen Tröster senden," Christo an, dann aber ebenso gewiß auch die andere: „es ist nützlich für euch, daß ich hingehe, denn wenn ich nicht hingehe, kommt der Paraklet nicht" (Joh. **XVI**, 7).

Die Ebenbürtigkeit der wichtigsten Verse des N. T. (Joh. **XIV**, 16. 25. **XV**, 26. **XVI**, 7. 12) wäre demnach erwiesen. Was haben wir nun unter dem heiligen Geiste, dem Geiste der Wahrheit, oder dem Paraklet, zu verstehen, den der Herr nach seinem Tode den Gläubigen zu geben verheißen hat? Derselbe ist Erstens die Kraft, welche in der Kirche wohnt, auch unter ganz anderen Verhältnissen, als diejenigen waren, unter denen der Herr lebte und sein Werk stiftete, dem Plane des Erlösers und seinen Absichten treu zu bleiben. Unter beständigen Kämpfen hatte Jesus gewirkt, nur im Tode gesiegt. Wie sollte sich aber die Kirche benehmen auf dem Wege zur Herrschaft, den sie bald betrat, wie im Besitze derselben, wie Königen und Fürsten und großen Nationen gegenüber, die

sich bald um das Kreuz zu schaaren begannen? Hiefür hatte
der Herr den Seinigen kein Vorbild gegeben, weil die Um=
stände es nicht litten. Wenn die Kirche aber in diesen wichti=
gen Verhältnissen ohne seinen Geist blieb, so war alles Andere
vergeblich. Man sieht also, daß es keine geringe Gabe ist,
die Er dort seiner Kirche verheißt. Zweitens, der Geist der
Wahrheit ist die Fähigkeit, immer lebendiger die wahre Natur
seines Werkes zu erkennen, denn dasselbe besizt unendliche
Tiefe. Bessere Erkenntniß wird aber erleichtert oder erschwert
durch den Wechsel der öffentlichen Zustände. Ich will ein Bei=
spiel geben. Hauptsächlich, unter dem Einflusse der Lehren des
Evangeliums, auf welche die neueren Reiche gegründet sind, hat
Milde und Gerechtigkeit im Staatsleben fortwährend zugenom=
men, und in gleichem Maße ist der wilde politische Fanatis=
mus, der im Alterthum so oft unter der Gestalt einseitiger
Vaterlandsliebe hervorbricht, verringert worden. Rachedurst
gegen die Feinde Israels war es, was den Kern der messi=
anischen Hoffnungen bei den Juden' ausmachte. Wir sehen
jezt fremde Staaten ohne den geringsten Haß an, ja, Wir sind
gewohnt, dieselben als eine große Familie zu betrachten, deren
Bestimmung die Humanität ist. Darum wird es uns, ganz ohne
unser Verdienst, viel leichter, eine geistige Ansicht allgemein
menschlicher Verhältnisse zu erringen, und wir dürfen deßhalb
wohl gestehen, Jesu Lehre von dem wahren Gehalt der Mes=
siaswürde besser zu erfassen, als die Apostel, ohne daß uns
deßhalb der Vorwurf maßlosen Hochmuthes trifft. Denn Wir
verdanken diese bessere Einsicht nicht uns selbst, sondern der
Entwicklung der Weltgeschichte, welche vom Christenthume be=
herrscht und geleitet wird. Ich habe hier eine Erklärung des
Begriffes „heiliger Geist" gegeben, welche von der hergebrachten
weit abweicht. Mögen Andere Wortlaute in Wortlaute umän=
dern: ich habe jene erhabene Lehre durch historische Größen
gedeutet, die ihr gewiß, wenn auch verhüllt und in Bildern, zu

Grunde liegen. Ich hoffe, die Erfahrung, der gesunde Men=
schenverstand wird meine Ansicht rechtfertigen.

Und nun nach diesen Vorbegriffen gehen wir über zur
Beschauung des Geheimnisses, das in dem Verse Joh. **XVI, 7**
liegt: „Ich versichere Euch, es ist Euch heilsam, daß ich von
hinnen gehe, denn wenn ich nicht gehe, kommt der
Paraklet nicht zu Euch." Das heißt, die wahre Erkenntniß
meines Berufes wird nur möglich durch meinen Tod, bleibe
ich leibhaftig bei Euch, so wird sie Euch nicht zu Theil, son=
dern die unvollkommene Erkenntniß, die Ihr jezt habt, dauert
fort. Das ganze vorliegende Kapitel wäre für Nichts geschrie=
ben, wenn wir nicht mit größter Zuversicht behaupten könnten,
daß die unvollkommene Erkenntniß, die der Herr hier seinen
Jüngern zuschreibt, eben jene politischen Irrthümer über die
Messiaswürde seyen, welche den Herrn ans Kreuz schlugen, welche
aufs Innigste mit dem jüdischen Leben verwachsen waren,
welche auch den Geist der Jünger so sehr beherrschten, daß Er
sie nicht ausreißen durfte, ohne das Band, das sie an Ihn knüpfte,
gewaltsam zu zerstören, nur künftige Heilung konnte Er ver=
sprechen. Die Worte: „der heilige Geist kommt nicht, es sey
denn, daß ich sterbe," besagen also: in Folge meines Todes
werdet Ihr allmälig erkennen, — was ich Euch jezt nicht
sagen darf weil Ihr es nicht ertragen möget, — daß jene
wilden Hoffnungen von Herstellung des Davidischen Reichs und
Unterwerfung aller anderen Nationen auf Irrthum beruhen,
denn nie wird Etwas der Art eintreffen; rein geistig ist mein
Reich; Herrschaft, Sklaverei Staatseinrichtungen überhaupt,
berühren den Kern desselben nicht, seine Kraft liegt in Dem,
was den Menschen zum Menschen macht, was ihn mit der
ewigen Wurzel seines Daseyns, mit Gott verbindet. Das Gei=
stigste aber an allem Wirken ist mein Tod, weil er die Pforte
ist, die zum wahren Verständniß Christi führt.

Allerdings haben die Apostel, besonders in Folge der
Auferstehung welche alle Ansichten der jüdischen Schulen zu

bestätigen schien, den Tod des Herrn nicht so geistig aufgefaßt; sie sahen in Ihm, nach wie vor, den Messias der Propheten, der von den Wolken niederfahren, das Weltgericht halten, die Heiden in die Hölle verstoßen und dann ein tausendjähriges Reich gründen werde. Sie unterscheiden sich von den Juden nur dadurch, daß sie alle messianischen Werke, welche Jene beim ersten Erscheinen des Gesalbten erwarteten, auf eine zweite Wiederkunft verlegten. Die Vorsehung wollte diesen Wahn darum nicht früher ausrotten, weil er dem ersten Gedeihen der Kirche förderlich war; doch ward derselbe schon im zweiten Jahrhundert von einzelnen Vätern bekämpft, und hat seine Schärfe allmälig verloren. Nur in die Seele des Lieblings= jüngers Jesu, Johannis, ist ein Funke des himmlischen Lichtes gefallen, weßhalb er jene Töne aus einer höhern Welt auf uns gebracht hat, ob gleich er sonst den Irrthum der Parusie oder der zweiten leiblichen Wiederkunft Christi auch theilte. Aber was thut Dieß. Mit dem bestimmtesten Bewußtseyn der ewi= gen Dauer seiner Kirche ist der Herr in den Tod gegangen, also sprach Er' in jenen Abschiedsreden nicht allein zu den an= wesenden Zwölfen, sondern auch zu den Millionen, die hinter ihnen das Kreuz anerkennen sollten. Durch ihre Ohren haben Wir gehört. Die Verhältnisse sind im neuern Europa, haupt= sächlich durch die Einwirkung des Evangeliums auf das Staats= leben, so gestaltet, daß wir jenes Geheimniß (Joh. XVI, 7) besser verstehen, als die Apostel. In ihm liegt der kräftigste Zauber, der die neuere Welt an das Christenthum fesselt, denn die alten Begriffe von Blutopfer, Weltgericht, Dreieinigkeit, den lezten Dingen, wirken nicht mehr auf unsere Köpfe und Gemüther. Aber dort auf jener geistigsten Seite sprüht Alles von Feuer und Leben, und die Herzen wallen dem Herrn ent= gegen. In kommenden Jahrhunderten wird man neue Be= ziehungen entdecken, welche unter veränderten Umständen eben so kräftig wirken als die hier hervorgehobenen, auf Uns be= sonders bezüglichen: Ohne den Vorwurf der Vermessenheit dürfen wir daher sagen, daß der Herr jene Worte zu uns insbesondere gesprochen habe.

Der Verfasser dieses Werks ist sich bewußt, mit sorgsamer Entfernung aller Gefühle, die aus der christlichen Erziehung stammen, nur dem kühlen Verstande, der nicht täuscht, gefolgt zu seyn. Von sturmfestem Boden ausgehend, hat er, mit den Urkunden in der Hand, einen historischen Schluß an den andern gekettet, und sich wohl gehütet, Etwas zu behaupten, was nicht geschichtlich bewiesen schien. Aber nun ist er auf einen Punkt gekommen, wo er schwindelnd vor der Höhe des Lebens steht, das er zu betrachten gewürdigt ward. Dieser Tod des Propheten Gottes hat eine überirdische Kraft! Die Geschicke der Welt waren vor Seinem Blicke ausgebreitet wie ein Buch. So handelt, so weit sieht kein Mensch, wie andere Menschen mehr.

Unendlich hoch stand der Prophet über seiner Zeit. Aber so zu stehen ist eine Pein, heißt in einer Wüste weilen. Ein dringendes Bedürfniß unserer Natur verlangt Mittheilung an Gleichdenkende, Austausch der Gedanken mit Anderen. Dieser Trost war dem Herrn versagt, denn wo hätte Er Den gefunden, gegen den Er sich ganz aussprechen konnte. Desto heißer drängte es Ihn nach Mitgefühl der Liebe; die Sympathie des Herzens sollte Ihm die Sympathie des Gedankens ersetzen. Die deutlichsten Spuren dieser Stimmung, die wir voraussetzen müßten, wenn wir auch kein Zeugniß für sie hätten, finden sich abermals in den Kapiteln des Abschieds bei Johannes. Welches Herz wird nicht von der Scene der Fußwaschung hingerissen, Joh. XIII, 1—20, dazu noch die Worte Vers 34: „Ein neu Gebot gebe ich Euch, daß Ihr einander liebet, wie ich Euch geliebt habe, so sollt Ihr einander lieben. Daran wird alle Welt erkennen, daß Ihr meine Jünger seyd, wenn Ihr einander lieb habt." Ich erkläre hieraus noch eine andere Erscheinung aus den lezten Tagen Jesu, eine Erscheinung, die, wenn ich mich nicht täusche, Göthe'n veranlaßt hat, vom ewig Weiblichen des Christenthums zu reden. Wir finden, daß

außer den Jüngern Ihn ein Kreis von Frauen überall beglei-
tete. Sie sind um Ihn auf den Wanderungen durch Galiläa,
Lucä VIII, 2. 3, und auch das Kreuz umgeben sie, und wenden der Leiche ihre Sorge zu, Joh. XIX, 25, XX, 1, und
deßgleichen bei den Synoptikern. Der Vater Joseph erscheint
nie in seiner Nähe, selten die Brüder, aber immer die Mutter
und die Ihr verwandten Frauen, sammt anderen. Das weibliche Herz ist weicher als das männliche. Sein Drang nach
Mitgefühl zog sie an. Schön ward dieses Verhältniß in der
ältesten christlichen Sage nach vielen Seiten ausgeschmückt, bis
zu den erschütternden Worten Simons an die Mutter: (Lucä
II, 35): „Ein Schwert wird durch deine Seele gehen." Auch in
der späteren katholischen Ueberlieferung finden wir die gleiche
Richtung ausgeprägt.

Der Gang meiner Untersuchung führt mich jezt auf einen
Punkt, von dem ich befürchte, daß er bei gewissen Leuten eben-
soviel Anstoß erregen wird, als vielleicht einige meiner seithe-
rigen Behauptungen ihrem Geschmacke zusagten. Der historische
Trieb zwingt mich, der Wahrheit nachzuspüren, obgleich das
Ergebniß allen bisher geltenden Ansichten widersprechen sollte.
Wenn Christus selbst Seinem Tode die hier entwickelte Bedeutung gab, und wenn derselbe so aufgefaßt werden muß: dann
folgt, daß der Herr völlig zu sterben erwartete, und keineswegs
nach drei Tage wieder aufzuleben hoffte. Ganz gewiß hat
seine Auferstehung die Apostel außerordentlich in jenen jüdischen
Ansichten bestärkt, die durch seinen Tod allmälig niedergeschlagen
werden sollten. Ueberhaupt kann man von Niemand mit
Wahrheit sagen, daß Er sich sterbend für das Menschengeschlecht, oder für andere Absichten aufopfere, wenn der Sterbende
gewiß ist, nach etlichen Tagen wieder aufzuleben, wenn also
sein Abscheiden nur einer kleinen Reise zu vergleichen ist. Die
Krone nimmt man aus der Geschichte Jesu weg, sein Tod
sinkt zu etwas Alltäglichem herab, sobald man vorausfezt, Er
habe gewußt, daß Er am dritten Tage triumphirend aus dem

Grabe emporsteigen werde. Folglich ist entweder unsere bisher entwickelte Schlußfolge falsch, oder muß die Auferstehung als ein Zwischenereigniß betrachtet werden, das Jesus nicht voraus sah, nicht beabsichtigte. Es kommt jezt darauf an, ob die heiligen Urkunden unserem Satze beistimmen. Ja gewiß legen sie ein lautes Zeugniß dafür ab, doch nur mittelst des vierten Evangeliums! Nachdem Maria Magdalena die Engel in der Grabhöhle gesehen, heißt es Joh. XX, 14: „wandte sie sich um und sieht Jesum vor ihr stehen, aber sie wußte nicht, daß es Jesus war. Spricht zu ihr Jesus: Weib, was weinest du, wen suchst du? Jene wähnend, es sey der Gärtner, der mit ihr rede, entgegnete: Herr, wenn du es bist, der ihn aus dem Grabe weggenommen, so sag mir, wo du ihn hingelegt hast, damit ich (die Leiche) holen kann. Jezt rief Jesus: Maria! Da richtete sich Jene nach Ihm empor, und schrie: Rabbuni, das ist Meister. Spricht zu ihr Jesus: rühre mich nicht an, denn ich bin noch nicht zum Vater aufgestiegen, gehe aber zu meinen Brüdern und sage ihnen, daß ich zu meinem und zu Eurem Vater, zu meinem und zu Eurem Gott gehe." Λέγει αὐτῇ ὁ Ἰησοῦς· μή με ἅπτε, οὔπω γὰρ ἀναβέβηκα πρὸς τὸν πατέρα με, πορεύε δὲ πρὸς τοὺς ἀδελφούς με καὶ εἰπὲ αὐτοῖς· ἀναβαίνω πρὸς τὸν πατέρα με καὶ πατέρα ὑμῶν, καὶ Θεόν με καὶ Θεόν ὑμῶν. Die Ausleger machen ein großes Wesen aus den Schwierigkeiten, welche die Worte μή με ἅπτε darbieten sollen, und vermessen sich gar, allen Handschriften zu Trotz, die Leseart abändern zu wollen. *) Ich finde Alles plan und deutlich. Als Maria den Herrn zu erkennen glaubt, geht sie — wie soll ich sagen — im erster Schreck oder in der ersten Freude, mit ausgestreckten Armen auf Ihn zu, um Ihn anzurühren, und sich durch den Tastsinn zu überzeugen, ob sie Fleisch und Blut vor sich habe, oder eine himmlische Erscheinung, einen Engel, ein Gespenst. Diese

---

*) Man sehe Lücke zu der Stelle.

Bewegung ist so durch und durch natürlich, daß man sich die Sache kaum anders denken kann, und daß Johannes sicherlich Recht hatte, Dinge, die sich von selbst verstanden, nicht weitläuftig zu erzählen. Denn nur die Worte Christi lagen ihm augenblicklich am Herzen, deßhalb ist er ganz mit ihnen beschäftigt. Weil nun Jesus den Zweck, wozu Maria Ihn betasten will, gleich erkennt, antwortet Er: rühre mich nicht an, wisse, ich bin noch Fleisch und Blut; denn, sezt Er hinzu, ich bin noch nicht zum Vater aufgestiegen, aber eile zu den Brüdern, ihnen anzuzeigen, daß ich zum Vater aufsteigen werde. Ueber den Sinn des Ausdrucks ἀναβαίνειν πρὸς τὸν πατέρα kann kein Zweifel seyn, wenn man anders den Sprachgebrauch des Johannes und den gesunden Menschenverstand mehr gelten läßt, als theologische Grillen. In den Abschiedsreden des vierten Evangeliums sagt Christus mehrfach zu den Jüngern, daß Er zum Vater gehe, nämlich durch den Tod, ein Bild, das in die allgemeine christliche Ausdrucksweise übergegangen ist, denn statt „sterben“ brauchen wir den Ausdruck „in Himmel gehen“. Οὔπω ἀναβέβηκα πρὸς τὸν πατέρα heißt also: ich bin noch nicht gestorben; die Wiederholung im zweiten Satze ἀναβαίνω πρὸς τὸν πατέρα könnte denselben Sinn haben, aber sie muß nicht; denn es läßt sich denken, daß der Auferstandene vielleicht einen andern Weg von der Erde in den Himmel kannte, als durch das Absterben des Leibes. Daran liegt hier in vorliegender Frage Nichts, alles Gewicht ruht auf dem Satze: οὔπω ἀναβέβηκα πρὸς τὸν πατέρα: Ich bin noch nicht aufgefahren, oder gestorben. Drehet diese Worte wie ihr wollet, ihr werdet die Thatsache nicht heraus deuten, daß Jesus spricht, wie Einer, dem es unerwartet ist, nicht gestorben zu seyn, und der sich selbst darüber wundert. Das, was ich Euch vorausverkündigte, daß ich durch den Tod zum Vater gehe, ist noch nicht geschehen; aber es soll doch geschehen, und wäre es nach meinem Sinne gegangen, so wäre es schon geschehen: — Dieß liegt darin, wenn die Sprache nicht eine

Lügnerin seyn soll. Allein ist es erlaubt, aus einem oder zwei Worten eine so unendlich wichtige Behauptung abzuleiten? Zwar glaube ich, daß Johannes sich, wenn je etwas Anderes, so gewiß die ersten Worte des Auferstandenen, wie Er sie aus dem Munde Maria's vernahm, gewiß genau gemerkt habe. Dennoch will ich gerne zugestehen, daß es um meine Ansicht von der Sache schlecht stünde, wenn ich mich nur auf jenen Vers berufen könnte. Allein ich stelle andere, tüchtigere Zeugen. Wenn die Auferstehung ein wesentlicher Bestandtheil des Erlösungswerkes ist, so folgt, daß Christus sie voraus wissen mußte. Hat Er sie gewußt, so muß man annehmen, daß Er seine Jünger davon zum Voraus unterrichtete. Denn warum sollte Er ihnen den bittern Schmerz, den sein Tod am Kreuze ihnen verursachen mußte, nicht durch den Trost versüßen, daß die schwere Prüfung nur bis in den dritten Tag dauern werde? Das wäre ja eine nutzlose Grausamkeit gewesen. So einleuchtend ist die Wahrheit dieser Behauptung, daß die alte evangelische Sage sich ihr nicht entziehen konnte. Sie läßt Christum die Auferstehung am dritten Tage aufs Bestimmteste vorausverkünden, aber schon aus der Darstellung des dritten Synoptikers ersieht man, daß die ältesten Gewährsmänner aus historischen Gründen widersprachen. Johannes dagegen berichtet uns mit dürren Worten: die Jünger hätten Nichts von einer Auferstehung am dritten Tage gewußt, woraus kraft obiger Sätze folgt: Erstens, daß der Herr ihnen Nichts davon gesagt, Zweitens, daß Er selbst es nicht ahnete. Gewiß konnte nur treue Erinnerung den vierten Evangelisten dazu bestimmen, daß er den 9ten Vers des 20sten Kapitels niederschrieb. Denn derselbe läuft schnurstraks wider alle christlichen Vorurtheile, die auch dem vierten Evangelium sonst nicht fremd sind. Zwar meinen viele Erklärer, Johannes lasse den Herrn Kap. XVI, 16: „Ueber ein Kleines, und Ihr sehet mich nicht, und abermals über ein Kleines, und Ihr sehet mich, denn ich gehe zum Vater," auf sein Wiedererstehen aus dem Grabe anspielen, was dann beweisen würde, daß Er den Jüngern die Auferstehung, obwohl sehr dunkel, angedeutet hätte. Allein wenn man jene Stelle im Ganzen genau überrechnet, so muß man sich am Ende für die Ansicht entscheiden, daß Jesus seine geistige Wieder-kunft, vermittelst des verheißenen Trösters, verkünde. *) Nichts desto weniger scheint es mir, daß Johannes einen Wink auf die Auferstehung in die Worte des Herrn hineingelegt oder darin gefunden habe. Wie in sehr vielen Reden des vierten Evangeliums ist ein Schwanken zwischen geistiger und gemeiner Deutung sichtbar. Aber was hinderte ihn nun, sich ganz der zweiten hinzugeben, die ihm theuer und natürlich war? Gewiß ein mächtiger Damm muß es gewesen seyn, der das völlige Einbrechen der späteren Ansicht, des christlichen Vorurtheils, verhinderte. Die Thatsache, die Erinnerung, daß Jesus sein Wiederaufleben aus dem Grabe nicht vorhergesagt, rief dem aufgeregten Geiste, der schon jene Richtung nehmen wollte, ihr gebieterisches Halt zu. Für dasselbe Ergebniß zeugt endlich ein dritter Punkt, den wir ebenfalls nur aus dem vierten Evan-gelium kennen, nämlich Jesu räthselhaftes Verschwinden nach der Auferstehung. Johannes sagt Kapitel XX, 30: „Viele andere Zeichen that Jesus noch vor seinen Jüngern, Zeichen, welche nicht geschrieben sind in diesem Buche. Diese aber sind geschrieben, auf daß ihr an Ihn glaubet" u. s. w. Johannes wußte also mehr, als er zu sagen für gut fand. Zwei, dreimal zeigt sich der Erstandene, aber nur in abgerissener Weise, sein Kom-men, sein Gehen, sein völliges Verschwinden läßt keinen festen Plan errathen. Wir wissen nicht einmal, wie Er der Welt ent-rückt ward, wenn wir nicht den fabelhaften Angaben der Sy-noptiker einen völlig unbegründeten, ja widerlegten, Glauben schenken wollen. Wäre aber Dieß der Fall, wenn sein Wieder-erstehen in jenen erhabenen Gedanken verflochten war, den der Göttliche ausgeführt hat? Für mich hat dieser letzte Grund

---

*) Lücke hat dieß schön entwickelt, man muß ihm Beifall schenken.

allein überzeugende Kraft. Wer sie nicht fühlt, dem kann ich nicht helfen.

Christus dachte also nicht daran, nach wenigen Tagen aus dem Grabe zu erstehen, sondern Er glaubte, als Er zum Kreuz ging, für Immer dieses Leben zu verlassen. Die Auferstehung ist also ein Beiwerk, das seinen Geschicken zugefügt ward, ohne seinen Willen, ohne seine Berechnung. Sollte nun dieselbe nicht ins Gebiet der dichtenden Sage gehören? Nimmermehr! eine Thatsache ist sie, so gut, als daß die Sonne bei hellem Tage am Himmel stehen muß. Denn wer die Wirklichkeit der Auferstehung läugnet, der muß die Apostel Johannes, muß Paulus, ja die ganze alte Kirche, welcher die Auferstehung das theuerste Lehrstück war, entweder für Lügner, oder für die heillosesten Träumer erklären. Man höre, was Paulus sagt, 1. Kor. XV, 3 u. flg.: „Jesus ist gestorben für unsere Sünden, begraben worden, am dritten Tage wieder auferstanden, ist erschienen zuerst Kepha, dann den Zwölfen, dann über fünfhundert Brüdern auf Einmal, von denen Etliche noch leben, Andere aber sind schon entschlafen. Hernach erschien Er Jakobus und dann sämmtlichen Aposteln.“ Aufs Unbegreiflichste würde Paulus lügen, wenn Jesus nicht auferstanden wäre. Denn er beruft sich ja nicht aufs Hörensagen, sondern auf Leute, die seine Amtsgenossen waren, die er genau kannte, und gewiß über diesen hochwichtigen Punkt mit großem Fleiße befragt hat. Hiezu kommt noch ein anderer Umstand. Aufs Tiefste waren, so berichten uns sämmtliche Evangelien, die Apostel durch den Tod ihres Meisters niedergeschlagen, und Nichts ist natürlicher und wahrscheinlicher als diese Angabe. Plötzlich aber durchströmt sie eine früher nie geahnete Freudigkeit; über die bekannte Erde ziehen sie aus, den Triumph des Gekreuzigten zu verkünden, trotzen allen Gefahren, stürzen sich für den Namen des Herrn freudig in den Tod. Wahrlich, zwischen jener Niedergeschlagenheit und diesem Aufblitzen des Muthes muß ein bedeutendes Ereigniß liegen, das im Stande war, die fast

erloschenen Lebensgeister mächtig zu erfrischen, nämlich nichts Anderes, als die Auferstehung des Herrn. Die Läugner derselben
erkennen — so wenig gesunden Menschenverstand sie auch sonst
zeigen — die Stärke dieses Einwurfes an, und gestehen zu,
daß die Apostel ehrlich an die Auferstehung des Herrn glaubten,
und dieselbe für eine äußere Thatsache hielten, aber sie hätten
sich eben getäuscht, und der Himmel weiß welche innerliche
Phantasie als eine Erscheinung des Auferstandenen angesehen.
Dabei berufen sie sich noch auf die ansteckenden Verzückungen
der Kamisarden und dergleichen magnetische Hellsehercien.
Was Phantasie? Was Verzückungen? Lest doch die eben angeführte Stelle 1. Korinth. XV, lest den Bericht des vierten
Evangelisten, wie reimt sich Das zusammen! Offen- sey es heraus gesagt, wenn ich solche Einfälle höre, kommt es mir vor
als sey ich in einem Narrenhause. Ich will glauben, daß etwa
griechische Metaphysiker oder sonstige Schwätzer für eine An-
stellung bei Hofe als Staatssophisten, und für einen Gehalt
von 3000 Thalern, die Auferstehung eines Todten aus bloßer
Phantasterei behaupten könnten, aber von den Aposteln glaube
ich Dieß nimmermehr. Denn welch' irgend denkbaren Vortheil
mochten sie haben, Das Wiedererwachen des Gekreuzigten zu
verkünden; gaben sie ja doch ihr Herzblut für diese ihre Ueberzeugung hin. Kurz ohne auf die luftigsten Hirngespinnste zu
gerathen, kann man die Auferstehung des Herrn nicht in Ab-
rede ziehen.

Nun hat aber dieselbe einen unberechenbaren Einfluß auf
das Aufblühen und die Ausbreitung der christlichen Kirche gehabt, welche ohne sie, allem Anschein nach, keine so freudige und
begeisterte Herolde gefunden hätte. Man könnte daher sagen:
nur einem Ereignisse, das der Herr nicht beabsichtigte, und das
auch nicht in Seiner Macht lag, sondern wie ein Zufall hintendrein kam, verdanke Sein Werk das Gedeihen, und wenn Er
auch den Sieg der von ihm gegründeten Kirche vorausgesehen,
so habe Er doch das große Mittel nicht geschaut, durch welches

der Triumph errungen ward; Dieß zeuge gegen die volle Klarheit Seines prophetischen Blicks. Die Gegner sind hier im Vortheil, weil sie sich auf das wirklich Geschehene berufen können, ich dagegen nur auf Möglichkeiten. Dennoch scheue ich mich nicht zu behaupten, daß die Kirche ohne Zweifel auch dann ihren Fortgang gehabt hätte, wenn der Herr nicht auferstanden wäre, nur vielleicht, in den ersten Jahren und unter den Juden, weniger schnell. Der Tod des Gerechten für das Wohl der Menschheit ist ein Same, aus dem gewiß zu seiner Zeit Heil empor keimt: ein Gedanke, welcher der wichtigsten Prophezeihung des alten Testaments, die nach meiner Ueberzeugung sich auf Jesum bezieht, dem 53sten Kapitel des Jesaias, zu Grunde liegt. Wenn Sein hohes Werk auch nicht in den ersten Jahren nach Seinem Hingang Anerkennung fand, so würde es sicherlich nach der Zerstörung Jerusalems, welche den Menschen die Augen öffnen mußte, in seinem Werthe geschäzt worden seyn, und ich glaube, daß die Apostel, nachdem der erste lähmende Eindruck des Todes Jesu verschwunden war, und eine ruhige Betrachtung der Dinge in ihrem Gemüthe Raum gefaßt hatte, allmälig auch in dem gestorbenen, nicht wieder erstandenen Jesu den Welterlöser erkannt, und daß sie Ihn als Solchen der Welt verkündigt haben würden. Die Auferstehung hat allerdings ihren Muth sehr schnell angefacht, aber auch, weil sie den jüdischen Begriffen ganz entsprach, und somit die jüdischen Erwartungen vom Messias zu bestätigen schien, eine Menge Zeitvorstellungen in die christliche Lehre hereingebracht und dadurch die Reinheit derselben getrübt. Ohne die Auferstehung wäre gewiß die geistige Auffassung des Christenthums, die im Evangelium Johannis hervorbricht, aber auch dort von jüdischen Vorurtheilen einigermaßen umwölkt ist, viel allgemeiner geworden, und die Synoptiker würden dann eine ganz andere Gestalt haben. Wir wissen aus alten Zeugnissen, daß die Heiden an keiner neutestamentlichen Lehre mehr Anstoß nahmen, als an der Auferstehung des Fleisches, ja wir finden

fogar schon in Pauli Tagen in der korinthischen Christenge=
meinde eine Partei, welche die Auferstehung geradezu verwarf,
und daher auch die des Herrn, wenigstens in dem Sinne,
welchen die anderen Judenchristen unterlegten, sicherlich nicht
anerkannt hat. Wäre sie in unsere Kirchenlehre nicht überge=
gangen, würde letztere folglich geistiger aufgefaßt worden seyn,
so hätte die Kirche ohne Zweifel unter den Nationen des rö=
mischen Reichs noch schneller Wurzel gefaßt, wenn sie auch bei
den Juden langsamere Fortschritte machte. Ueberdieß ist der
große Uebertritt der Heiden erst in den Tagen Trajans und
Hadrians, hauptsächlich in Folge des fürchterlichen Stoßes, den
das Judenthum durch die Zerstörung des Tempels erlitten
hatte, vor sich gegangen, demnach zu einer Zeit, wo der stärkste
Eindruck der Auferstehung des Herrn — die doch bloß eine äußere
Thatsache ist, nichts Innerliches, Geistiges, das fortdauert —
bereits verwischt war. Ich glaube nimmermehr, daß der Sieg
der Kirche Jesu allein durch die Auferstehung bedingt ist, sie
hat ganz andere und tiefere Wurzeln des Lebens, und würde
auch ohne dieses Ereigniß, obwohl in anderer Form der Ent=
wicklung, durchgedrungen seyn. Damit will ich aber durchaus
nicht sagen, daß die Auferstehung den Plan Jesu verrückt, den
wahren Charakter seines Werks verändert habe. Ohne Zweifel
war sie geeignet, die Stammgenossen Jesu zu gewinnen und
dadurch einen Kern von Bekennern zu bilden, folglich auch dem
Wohle der Kirche förderlich. Ueberhaupt ist in den Anfängen
der Kirche Nichts ohne Gott, ohne Vorsehung.

Ich habe oben die Weissagung Jesaias Kap. 53 berührt,
ich muß noch Einiges über diesen wichtigen Punkt beifügen.
Die Seher des alten Testaments haben größtentheils durch
einen trüben Spiegel geschaut, einen politischen Befreier ver=
kündigten sie, welcher nicht erschienen ist, noch erscheinen wird. Der
Wortsinn ihrer Prophezeihungen hat, weil er von den Juden
mit höchster Leidenschaft aufgefaßt wurde, nicht nur den Feuer=
brand in den Tempel zu Jerusalem geschleudert, sondern auch

das Meiste dazu beigetragen, daß der wahre, der geistige Messias am Kreuze endigte. Anders verhält es sich mit zwei Hauptstellen des alten Testaments: 1. König. XIX, 11 und Jes. 53, denen man etwa auch Deuter. XVIII, 15 beifügen mag. Die Erstere kann in strengem Sinne nicht Prophezeihung genannt werden, weil sie nur im Allgemeinen eine Ahnung ausspricht, die in Christo verwirklicht ward, ohne bestimmte Beziehung auf unsern Herrn. Die andere dagegen ist im höchsten Sinne des Worts eine Weissagung. Die alten Rabbinen Israels behaupten von ihr, sie sey einem Schuhe vergleichbar, der an keinen Fuß passen will. Gewiß ist, daß keine Deutung ausreicht, als die auf Jesum Christum, welche aber die Juden nicht anerkennen, und ebenso auch viele neuere christliche Gelehrte. Man will uns jezt einreden: der bessere Theil des israelitischen Volks, oder auch der Prophetenorden sey mit dem Knechte Gottes gemeint, also ein allgemeiner Schulbegriff stecke in dem Ganzen als Seele. Unglücklicher kann man den Geist des Morgenlandes nicht verkennen, kläglicher kann man die phantasielose Vernünftelei der deutschen theologischen Schulen des neunzehnten Jahrhunderts einem alten Propheten Israels nicht in die Seele hineinschwatzen. Aber, entgegnen die Metaphysiker, es ist eben unmöglich, daß ein Mensch die höchst eigenthümliche Geschichte eines Andern 600 Jahre vor der That voraus verkündige. So sprechen sie! Den ganzen Kreis des Unmöglichen und Möglichen, die verborgenen Wege des Höchsten behaupten diese Menschen zu kennen, wie ihre Rocktasche. Ehe ich mich überreden lasse, daß Etwas, das den Gesetzen der Logik und Mathematik nicht widerspricht, unmöglich sey, verlange ich vorher den Beweis, daß es nie wirklich geschehen sey, noch geschehen werde. Die einzige vollgültige Probe der Möglichkeit oder Unmöglichkeit ist für mich, so ferne jene Gesetze nicht ins Spiel kommen, die Erfahrung, die Mutter alles Wissens; auf gelehrte Theorien halte ich keinen Deut. Und auf die Erfahrung berufen sich jene Helden nicht, weil sie keine haben, die Geschichte nicht verstehen, auch einen ihnen selbst fühlbaren Zirkel im Beweise begehen würden, wenn sie sich darauf beriefen. Geschärfter historischer Blick hat schon die Schicksale von Staaten, wie von Einzelnen, klar vorausgeschaut, freilich durch eine Art von Berechnung; manchmal war's mehr, war fast Instinkt, wie das edle Roß des Arabers in der Sandwüste meilenweit die verborgene Quelle wittert. Aber auch Voraussicht der Zukunft durch prophetische Anschauung gibt es, Beweis dafür das 53ste Kapitel des Jesaias, welches anders, als auf Jesum Christum, zu deuten, mir der gesunde Menschenverstand zu verbieten scheint. Es gibt noch sonstige Beweise, freilich nicht aus der alltäglichen, dem großen Haufen bekannten, sondern aus der geheimen Geschichte gewisser Häuser und Reiche. Tiefe, verborgene Kräfte ruhen im Hintergrunde der menschlichen Seele, welche selten hervorbrechen, aber doch dort wohnen. Ich glaube sogar eine Spur zu entdecken, welche den Seher des 53sten Kapitels bestimmen mochte, gerade so zu prophezeihen. Jesus sagt öfters bei Johannes zu den Juden: ich suche die Ehre Gottes (und euer wahres Heil), darum nimmt Ihr mich nicht an, wenn ich aber meine eigene Ehre suchte, würdet Ihr mir glauben. Das ist eine tiefe Wahrheit! Wer das wahre Wohl des Volkes will, wird sehr oft verhaßt, weil er die Vorurtheile, oft auch die Interessen desselben antasten muß; wer aber dem großen Haufen nach dem Maule redet und erlogene goldene Berge verheißt, der kann die Massen prächtig hinters Licht führen und ausbeuten; man gebe nur Acht, wie es bei Revolutionen hergeht. Hingegen triumphirt der Redliche nicht selten nach langer Verkennung erst im Tode. Diese Erfahrung haben die Propheten Israels, und zwar die reinsten und besten voran, gewiß häufig gemacht. Von ihr mag auch der Seher des 53sten Kapitels ausgegangen seyn! Ich will damit jene Prophezeihung nicht in den Kreis des historischen Scharfsinns herabziehen, denn dazu ist sie viel zu bestimmt, zu klar ins Einzelne gehend, ahnungsvoll. Eine höhere

Kraft muß daher ihr zuerkannt werden; aber doch glaub ich, sie durch jene Andeutungen unserem Bereiche näher gerückt zu haben.

Die Bahn, die ich in vorliegendem Kapitel zu durchlaufen gedachte, ist zu Ende. Blicken wir zurück: Schluß hängt an Schluß festgenietet, immer gehen die Urkunden zur Seite und stimmen fröhlich ein. Ist Dieß nicht ein unumstößlicher Beweis, daß wir die Wahrheit gefunden? Bis zum göttlichen Bilde im Chore sind wir vorgedrungen, und haben den Schleier, so weit es vergönnt war, gelüftet; Ihn, den Herrn, ganz zu erforschen, ist Menschen nicht gegeben. Welcher Natur, welchen Ursprunges mag die erhabene Seele seyn, die solche Spuren irdischer Thätigkeit zurück ließ? Solche Fragen zu beantworten, vermag ich nicht, ein höherer Geist gehörte dazu. Der Geschichtschreiber legt hier die Feder nieder, denn er hat es bloß mit erfahrungsmäßigen, meßbaren Größen zu thun. Nur so viel steht fest: Der, welcher so lebte, so starb, behauptete ein himmlischer Gesandter zu seyn, in enger und außerordentlicher Verbindung zu stehen mit der Gottheit. Wer will Ihm den Glauben versagen?

Indem ich die großen Umrisse des Lebens Jesu darstellte, habe ich zugleich die Wahrhaftigkeit des vierten Evangeliums bewiesen. Auf solche Ergebnisse gelangt man auch in neutestamentlichen Forschungen, auf dem allein sichern Wege, auf dem der Geschichte. Und wie hat man gerade auf diesem Gebiete die treffliche Lehrerin verhöhnt, mißhandelt, mit Füßen getreten! Jede elende Philosophie des Tages wird in die Glaubenslehre, in die Auslegung der heiligen Schrift hereingezogen. Von Mystik, sogenanntem Tiefsinn, Somnambulismus und Magnetismus, und wie diese barbarischen Worte klingen mögen, von Allegorie, Redensarten aus Jakob Böhme und anderen Schustern, fließt Alles über in den beliebtesten neueren Kommentaren. *) Aber wer

---

*) Oft ist mir, wenn ich in diesen Machwerken blätterte, der

sich auf klare Geschichte beruft, der wird, wie ein ungeweihter Eindringling behandelt. Ist es ein Wunder, wenn endlich bei diesem Stand der Dinge ein guter Kopf aufstand, und zu beweisen suchte, an der ganzen Geschichte des neuen Testaments sey kein wahres Wort. Wenn je ein Frevel in den Behauptungen liegt, die Dr. Strauß aufstellte, so lastet die Schuld keineswegs auf ihm — denn er ist zu loben, weil er eine wahrhafte Blöße, nicht des göttlichen Worts, sondern der heutigen Theologie aufdeckte — sondern auf der erbärmlichen, unhistorischen Art und Weise, in der man lange her das neue Testament erklärte.

Das Leben Jesu gehört ins heilige Gebiet der Geschichte, folglich sind Historiker Kinder vom Hause. Dennoch will man uns verdrängen, wie Bastarde. Aber furchtbar hat sich, wie gesagt, diese Verkehrtheit gerächt, durch das Erscheinen der Schrift von Strauß, welche die Anhänger jener falschen philosophischen Theologie nicht einmal zu widerlegen vermochten. Ein offener historischer Sinn, ein scharfer, sorgsam ausgebildeter Verstand und ein Reichthum von geschichtlichen Kenntnissen führen auch hier, wie in allen anderen Zweigen der Historie, auf den Weg zur Wahrheit. Freilich sind diese Eigenschaften nicht sehr häufig. Hiezu kommt noch, daß man lange, sehr lange säen muß, ehe man auf diesem Boden erndten kann, was gar Wenigen gefällt.

Zweites Kapitel.

Des Menschen Sohn.

Wir haben im vorhergehenden Kapitel die höchsten Spitzen des Lebens Jesu betrachtet, und in dieser Untersuchung zugleich

Spruch aus Faust eingefallen: Laßt Phantasie mit allen ihren Chören, Vernunft, Verstand, Empfindung, Leidenschaft, doch merkt Euch wohl! nicht ohne Narrheit hören.

kräftige Beweise für die Aechtheit und Glaubwürdigkeit des
vierten Evangeliums gefunden. Noch stärkere wird uns das
jetzige Kapitel an die Hand geben, in welchem wir die mensch=
liche Entwicklung Jesu prüfen wollen. Ich bemerke zum Vor=
aus, daß ich die Wunder für Jetzt übergehe, sofern sie nicht
besonders wichtige historische Züge enthalten. Denn ich werde
ihnen ein eigenes Kapitel widmen.

Johannes beginnt das Evangelium mit Darstellung seiner
Ansicht vom Logos, welcher in Gestalt Jesu auf Erden erschienen
sey. Das gehört Alles der Schule an. Aber man wird mir,
hoffe ich, jezt zugestehen, daß es sich wohl begreifen läßt,
wie ein Anhänger Jesu gerade diese Lehre der Schule, die da=
mals sehr verbreitet war, auf ein so heiliges Leben anwenden
mochte. Von Jesu menschlichem Erscheinen erfahren wir erst
dann Etwas, nachdem der Täufer sein Zeugniß abgelegt, daß
Jesus der Messias sey, was nach unseres Evangelisten Mei=
nung zugleich so viel heißt, als der Logos wohne in Ihm. Jo=
hannes schweigt also von der Geburt, der Kindheit, der Jugend
Jesu, kurz von Allem, was dem Herrn früher zugestoßen seyn
mag, ehe Er von dem Täufer für den Kommenden erklärt
ward. Dieses Stillschweigen hat für mich ein bedeutendes histo=
risches Gewicht, ich sehe darin die Andeutung, daß Jesus sich,
ehe Er dem Täufer nahte, noch durch Nichts als den Logos
oder den Messias bethätigt hatte, d. h. daß sein vorangegan=
genes Leben von dem anderer Menschen nicht verschieden war.
Das vierte Evangelium widerstreitet also den ersten Kapiteln
des ersten und dritten. Eben so wenig gewinnen wir Raum
für Christi Versuchung und Seinen 40tägigen Aufenthalt in der
Wüste, gleich nach der Taufe durch Johannes. Denn hier ist
Alles nach Tagen gezählt, und jedem sein Werk genau zuge=
messen, nicht drei können eingeschoben werden, geschweige denn
vierzig. Es ist mir nicht unbekannt, daß mehrere Ausleger
des neuen Testaments die Worte Joh. I, 29: τῇ ἐπαύριον
βλέπει ὁ Ἰωάννης τὸν Ἰησοῦν ἐρχόμενον πρὸς αὐτὸν so

drehen: am andern Morgen nach der Versuchung, welche Lukas und Matthäus weitläufig erzähle, d. h. wenigstens 40 Tage nach erfolgter Taufe Jesu. Aber das mögen sie dem Juden Apella weiß machen, nicht mir. Wenn nicht aller gesunde Menschenverstand täuscht, so ward Jesus von dem Vorläufer entweder am andern Tage nach der Botschaft des Synedriums an Johannes getauft — bei welcher Voraussetzung die Weihe zu der Frist stattgefunden hätte, welche unser Evangelist I, 29, mit dem Worte: τῇ ἐπαύριον näher bezeichnet — oder muß man die Taufe vor I, 19 verlegen. Entscheidet man für erstern Fall, so kann die Versuchung nimmermehr eingeschoben werden, weil von I, 29 an Tag für Tag seine bestimmte Geschichte hat; nimmt man den zweiten an, so paßt sie noch weniger, weil Christus dann 40 Tage nach der Taufe, oder, was mit dieser Rechnung zusammenfällt, nach der Versuchung durch den Teufel, sich wieder zu Johannes an den Jordan begeben haben müßte, was dem klaren Wortsinn der Synoptiker widerstreitet; denn Beide lassen ja den Herrn unmittelbar auf die Versuchung nach Galiläa zurückkehren, Matth. IV, 12 und Lukas IV, 14. Gewiß erweckt es ein sehr günstiges Vorurtheil für Johannes, daß er eine ganze Sagenreihe, welche nach unserer bisherigen Untersuchung keinen historischen Grund hat, kurzweg abschneidet. Indeß müssen wir andererseits bekennen, daß die Art, in welcher das vierte Evangelium das Zeugniß des Täufers darstellt ihre großen Schwierigkeiten hat. Alles ist in ein mystisches Dunkel gehüllt, und von dem Vorurtheile beherrscht, daß der Täufer sich zu Jesu ganz so verhalte, wie Elias, nach damaliger Lehre der Juden, zu dem erwarteten Gesalbten. Gewisse Umstände, die wir, von dem historischen Standpunkte des neuern Europa ausgehend, gar gerne wissen möchten, und die sogar höchst nothwendig wären, um ein sicheres Urtheil über Beide, Johannes den Täufer und Jesus, zu bilden — wie z. B. etwaige frühere Verhältnisse des Einen zum Andern, sind ganz übergangen. Denn es scheint mir sehr zweifelhaft, ob die Worte I, 33: καὶ ἐγὼ οὐκ ᾔδειν αὐτόν den Sinn haben: ich habe ihn überhaupt vorher gar nie gesehen, oder: ich habe ihn früher nicht als den Messias gekannt, sondern bin erst durch seine Erscheinung bei der Taufe auf seine höhere Würde aufmerksam geworden; welcher Satz dann eine frühere Bekanntschaft im alltäglichen Sinne nicht ausschließen würde. Noch auffallender ist eine andere Eigenthümlichkeit, daß Das, was Christo und dem Täufer bei der Taufe begegnet, nicht auf einfache Weise in dritter Person, als eine Thatsache, erzählt, sondern nach Art eines Drama, einem Andern — dem Täufer in Mund gelegt wird. Längst hat man hieraus den Schluß gezogen, daß Das, was der Täufer gewahrte, und woraus er die Messiaswürde Jesu schloß, nur ihm, nicht auch Anderen, sichtbar gewesen seyn müsse. Ich glaube, daß man diesem Schlusse sein Recht lassen muß; gewiß ist er begründet. Andere mögen wohl ebenfalls mit angesehen haben, wie bei der Taufe über Jesu Haupt eine Taube hinschwebte, nur der Täufer bemerkte mehr, er erkannte in Dem, was er sah, Jesu himmlische Befähigung. Das wäre denn eine sehr feine, den Augenzeugen verrathende Unterscheidung zwischen äußerer Erscheinung und den verschiedenartigen Eindrücken, die sie auf die Gemüther der Anwesenden hervorbrachte. Allein in dieser geistigen Ansicht wird man wieder irre durch die sonstigen Reden, welche unser Bericht dem Täufer in Mund legt. I, 29 sagt derselbe von Christus: ἴδε ὁ ἀμνὸς τοῦ Θεοῦ, ὁ αἴρων τὴν ἁμαρτίαν τοῦ κόσμs. Derselbe Satz wird halb wiederholt V. 36: ἴδε ὁ ἀμνὸς τοῦ Θεοῦ. Wie viel Mühe haben diese Worte schon den Auslegern gekostet! Ich will es kurz sagen: die alte rechtgläubige Erklärung scheint mir die allein wahre, laut welcher Johannes der Täufer hier auf die Prophetenstelle Jes. 53. 7, vielleicht auch auf die christliche Lehre von Jesu dem Osterlamm (wovon später) anspielen soll. Der Täufer hätte demnach das tiefste Geheimniß der Sendung unsers Herrn erkannt, er hätte geahnt, daß Jesus ein geistiger

Messias sey und mit seinem Tode, nicht als Herrscher, die Juden erlösen werde. Aber wie stimmt Dieß mit der Thatsache, daß der Täufer für sich blieb, eine eigene Partei bildete und hinterließ? Wie mit den historischen Spuren, die wir Matth. XI, 2 flg. bereits gefunden haben, und den weiteren, die wir Joh. III, 23 u. flg., IV, 1. 2. Apostelgeschichte XVIII, 25. XIX, 2. 4 noch finden werden? Unmöglich läßt sich Beides vereinigen. Da nun leztere Zeugnisse weit mehr Glauben verdienen, weil sie dem judenchristlichen Vorurtheil geradezu entgegen sind, so bleibt Nichts übrig, als ehrlich zu bekennen, daß der Täufer nicht so — in diesen Worten — von dem Herrn gesprochen haben könne, wie ihn der vierte Evangelist sprechen läßt. Vielleicht hatte er sich auf eine Weise geäußert, in welcher unser Berichterstatter später mit redlicher Ueberzeugung den angezeigten Sinn fand, indem er die wirklichen Reden des Täufers in obige Worte umdeutete. Der Evangelist erinnerte sich wohl der eigensten Ausdrücke des Täufers nicht mehr, weil nur ein Gesammteindruck davon in seiner Seele geblieben war, noch mehr, weil eine spätere Ansicht ihn beherrschte, kraft welcher, Wer wahrhaft von Christo zeugte, auch Seinen Tod anerkennen mußte. So stelle ich mir die Sache vor. Der Täufer mag Dinge über Jesus gesagt haben, in welchen der Evangelist später, mit gutem Gewissen, den Satz finden konnte: ὁ ἀμνὸς τοῦ Θεοῦ. Die weiteren Worte: ὁ αἴρων τὴν ἁμαρτίαν τοῦ κόσμου betrachte ich als eine erläuternde Bemerkung, durch welche der Berichterstatter näher bestimmen will, wie das Bild „Lamm Gottes“ zu verstehen sey. Indem er sie in der Wiederholung V. 36 wegläßt, deutet, nach meinem Gefühle, Johannes selbst an, daß sie ihm, nicht dem Täufer angehören, und daß er folglich nicht die eigensten Ausdrücke desselben wiederhole, sondern nur den Sinn seiner Worte — nämlich den, welchen er selbst darin fand, als er sein Evangelium schrieb — uns mittheilen will. Diese Ansicht von der Sache wird, Das weiß ich wohl, von mehr als einer Seite her,

Widerspruch genug finden. Da man bei der Voraussetzung, das vierte Evangelium sey von einem Augenzeugen geschrieben, nothwendig auch zugeben muß, daß unter Einem der beiden Jünger, welche der 37ste Vers nennt, der Evangelist selbst zu verstehen sey, da weiter hieraus folgt, daß er bei der Scene, welche vorangeht, selbst zugegen war, und also die Worte des Täufers, deren buchstäbliche Aechtheit wir in Anspruch nehmen, mit eigenen Ohren gehört habe: so schließen die Gegner, entweder sey die Behauptung, unser Evangelist wiederhole nicht die eigensten Worte des Täufers, gleich dem Geständniß: Johannes habe wissentlich und absichtlich gefärbt, oder müsse man darauf verzichten, daß er zugegen war, und den Täufer selbst sprechen hörte, d. h. seine Augenzeugenschaft aufgeben. Aber ich läugne diese Schlußfolgerung mit größter Zuversicht. Wohl sechszig Jahre mögen zwischen der Stunde, wo der Täufer jenes Zeugniß von Christo ablegte, und dem Tage liegen, wo Johannes sein Evangelium schloß, gewiß Raum genug, um die eigenste Form einiger flüchtigen Reden zu vergessen. Macht an Euch selbst die Probe: erzählt nach 15 — 20 Jahren die ipsissima verba wieder, welche bei einer Unterredung, die sonst den tiefsten Eindruck auf Euch machte, etwa mit einem Fürsten, mit einem Könige, der Euch rufen ließ, zu Euch gesprochen wurden: ich wette, nur der Gesammteindruck ist Euch geblieben, die einzelnen Ausdrücke haben sich allmälig aus Eurem Gedächtnisse verwischt. Untersuchungsrichter wissen viel von solchen Fällen zu erzählen. Fast zu den Unmöglichkeiten gehört es, Ausdrücke, welche bei dieser oder jener Gelegenheit gefallen, etliche Jahre später, nach der strengen Form des gerichtlichen Beweises zu erheben. Wie viel ist zwischen Ohrenzeugen über die eigensten Worte, die Alexander, Cäsar, August, Wallenstein, Friedrich II von Preußen, Napoleon gebraucht haben sollen, gleich nach dem Tode dieser Helden gestritten worden. Auch die Worte Christi hatten dasselbe Schicksal. Zwei Beispiele der Art führt unser Evangelium auf. Nach Joh. II, 19 soll der Herr mit Bezug auf seinen Tod und die Auferstehung gesagt haben: „zerstört denn

Tempel und in drei Tagen will ich ihn wieder aufbauen;" eine Ansicht, welche aus Gründe.., die wir später entwickeln werden, unmöglich wahr seyn kann. Ferner nach Joh. XXI, 22 herrschte unter den ältesten Christen Streit darüber, ob Jesus zu Johannes gesagt: ἐὰν αὐτὸν θέλω μένειν ἕως ἔρχομαι, oder ὁ μαθητὴς ἐκεῖνος οὐκ ἀποθνήσκει. Und wir sollten uns wundern, daß ein Ausspruch einer untergeordneten Person, des Täufers, 50 — 60 Jahre nach der That, auf andere Weise erzählt wird, als er ursprünglich gelautet haben kann? So wie der wahre Zuschnitt irgend einer Rede allmälig dem Gedächtnisse entschwindet, nimmt ihr Gesammteindruck, der sich erhält, die Farbe der Ansichten und Gefühle an, die uns in dem Augenblicke beherrschen, wo wir den Ausspruch mündlich oder schriftlich wiederholen. Der Täufer war der Erste gewesen, welcher Jesum für den Messias erklärte, und seinem Zeugniß schrieb die älteste Kirche außerordentliches Gewicht zu; denn mit demselben beginnen sämmtliche Evangelien, außerdem noch das zweite, von einem Augenzeugen herrührende Stück der Apostelgeschichte, den Bericht von Jesu messianischer Thätigkeit. Bei der Uebereinstimmung so Vieler kann man unmöglich zweifeln, daß diese Angabe historisch sey. Sicherlich hat aber der Täufer, wenn er einmal für Jesus zeugte, nicht bloß in zwei, drei Worten Seine Messiaswürde anerkannt, sondern in längeren Reden. Allein nur der Eindruck der stärksten unter denselben erhielt sich. Für Johannes hieß nun zu der Zeit, als er sein Evangelium schrieb, der Satz: Jesus sey der wahre, den Vätern verheißene Gesalbte, so viel, als Er sey das die Sünden tilgende Opfer. Also klangen auch unwillkürlich nur die Reden des Täufers, denen dieser Sinn unterlegt werden mochte, in seiner Erinnerung an, und er gab ihnen werden ohne selbst zu ahnen, wie viel er Eigenes einmische, die Form: ἴδε ὁ ἀμνὸς τοῦ Θεοῦ, ὁ αἴρων τὴν ἁμαρτίαν τοῦ κόσμε. Fast mit allen Aussprüchen großer Männer, die nach sehr langer Zeit aus dem bloßen Gedächtnisse wiederholt werden, geht es eben so. Ich kann nicht einmal glauben, daß der Evangelist öfters Anlaß hatte, die richtige Erinnerung Dessen, was er von dem Täufer gehört, in sich aufzufrischen, dem. so unausgesezt Johannes auch die Reden und Thaten des Herrn seinem innern Auge vorgehalten haben mag — eine Annahme, ohne welche es unbegreiflich bleibt, wie er die wahren Aussprüche Jesu, bei nicht völligem Verständnisse derselben, im Ganzen so richtig aufbewahren konnte — : dachte er gewiß unendlich weniger an den Täufer, der bald nach dem Beginn der öffentlichen Wirksamkeit Jesu vom Schauplatze abgetreten zu seyn scheint, und so wenig auf die Geschicke des Herrn einwirkte, daß die Synoptiker so gut als Johannes seiner, nach der Taufe Jesu, nur noch ein einzigesmal gedenken, und zwar Beide, indem sie eine Meinungsverschiedenheit zwischen ihm und Jesus anzeigen. Kurz die Frage, ob die Aussprüche Vers 29 und 36: ἴδε ὁ ἀμνὸς τοῦ Θεοῦ, ὁ αἴρων τὴν ἁμαρτίαν τοῦ κόσμε, und dann auch der 27ste und 30ste Vers: ὀπίσω με ἔρχεται ἀνήρ, ὃς ἔμπροσθέν με γέγονε, ὅτι πρῶτός με ἦν, — welcher Satz ein Nachhall ist von der zu Anfang des Kapitels vorgetragenen Logoslehre des Evangelisten — wirklich dem Täufer angehören, oder nicht bloß von dem Evangelisten ihm untergeschoben wurden — : diese Frage, behaupte ich, entscheidet, ob man sie nun bejahe oder verneine, durchaus nicht, über die andere, ob das vierte Evangelium von einem Augenzeugen herrühre, oder nicht, so wenig als man genöthigt ist, die Aechtheit desselben aufzugeben, wenn man gleich offenherzig zugesteht, daß Johannes auch sonst viele Reden Christo und Anderen in den Mund legt, welche von Diesen entweder gar nicht, oder nicht in der vorausgesezten Form gehalten worden seyn können. Denn wie wir früher aus vielen Beispielen zeigten: sobald einmal ein bedeutender Zeitraum zwischen der Abfassung der Denkschrift und der That selbst liegt, wird buchstäbliche Erinnerung von Reden immer schwieriger, ja beinahe unmöglich, und der treuste Berichterstatter pflegt in solchen Fällen Eigenes einzumischen. Die Gegenstände des Gesichts haften dagegen weit länger, als die des Ohres, und wenn der vierte Evangelist wirklich Augenzeuge war, so läßt sich erwarten, daß sich seine Anschauung vielleicht durch Etwas, was er von dem Verhältniß Christi zu dem Täufer gesehen, kund geben werde. Der Täufer wird im ersten Kapitel unseres Evangeliums durchaus wie der von den Propheten verheißene Vorläufer des Gesalbten hingestellt, er wendet selbst die Weissagung Jes. 40, 3 auf sich an. Das ist ganz den jüdischen Vorurtheilen gemäß, und wir wissen aus früheren Beispielen, daß man einer Erzählung um so mehr mißtrauen muß, je näher sie an dieses Gebiet streift. Aber berichtet Johannes sonst Nichts mehr von Jesu Stellung zu dem Täufer? O ja! Joh. III, 22 lesen wir: „Hierauf zogen Jesus und seine Jünger in das jüdische Land, und Er weilte daselbst mit ihnen und taufte. Auch Johannes (der Täufer) taufte damals in Ainon, nahe bei Salem, weil viel Wasser daselbst war, und das Volk lief herbei, sich von ihm taufen zu lassen.“ Hiemit muß verglichen werden eine andere Stelle Kap. IV, 1 u. flg., wo es heißt: „Da nun der Herr inne ward, daß die Pharisäer erfahren hatten, wie Er — Jesus — mehr Jünger gewinne und taufe, als Johannes — wiewohl Christus selbst nicht taufte, sondern bloß seine Jünger — verließ Er das jüdische Land, und begab sich wieder nach Galiläa.“ Aus diesen beiden Stellen ersehen wir: Erstens, daß der Täufer und Jesus neben einander tauften; Zweitens, daß Jeder von ihnen einen besondern Schülerkreis zu gewinnen, d. h. eine eigene Partei zu ziehen suchte. Das stimmt nun außerordentlich schlecht zu der Angabe im dritten Kapitel der Synoptiker, wie zu dem ersten Kapitel des vierten Evangeliums, wo der Täufer als der Vorläufer Christi erscheint, der Ihm, dem Höhern, die Wege bahnt, und die Taufe nur zu Seiner Ehre vornimmt. Dieser leztern Darstellung des Verhältnisses zwischen Beiden zufolge müßte man schließen, daß, wenn der Täufer fortfuhr zu taufen, Jesus Dieß unterlassen haben werde, weil Jener dieses ihm eigenthümliche Geschäft nur auf Christi Namen

beforgte, so wie andererseits, daß, sobald Jesus einen Schülerkreis um sich zu schaaren begann, der Täufer nicht nur keine
neuen Jünger gesammelt, sondern in eigener Person sammt den
Schülern, die er schon von Früher her besaß, unter die Fittige
des Höhern, des Messias, den er anerkannt, hingeeilt seyn
werde. Aber das zweite Zeugniß lautet ganz anders: hier erscheinen Beide als Männer, von denen Jeder für Jezt seinen eigenen Weg geht, und seine Meinung für sich hat, und die
vielleicht in Zukunft als Gegner sich bekämpfen mochten. Die
zweite Darstellung ist schon an sich wahrscheinlicher, weil sie
dem jüdischen Volksglauben vom Vorläufer des Messias, in
welchen die alte christliche Ueberlieferung den Täufer umgewan=
delt hatte, stracks widerspricht, und weil man ·nicht begreifen
kann, wie die urchristliche Sage, ohne durch den Zwang der
Thatsache, auf ein ihr selbst so widerwärtiges Zugeständniß
verfallen seyn möchte. Hiezu kommt noch eine völlig unver=
dächtige Angabe in der Apostelgeschichte XVIII, 25, wo es
heißt: „Ein Jude, Namens Apollos, gebürtig von Alexandrien,
war unterrichtet im Wege des Herrn (des Messias), und bren=
nend im Geiste redete und trug er genau die Lehre des
Messias vor; allein er kannte nur die Taufe des Johannes.“
Zu besserm Verständniß dieser Worte dient eine Stelle im
folgenden Kapitel XIX, 1 u. flg.: „Paulus fand in Ephesus
etliche Jünger, zu denen er sprach: habt ihr den heiligen Geist
im Glauben empfangen? Sie antworteten ihm: wir haben
nicht einmal gehört, ob es einen heiligen Geist gebe. Paulus
fragte nun weiter: auf was seyd ihr denn getauft? Sie ent=
gegneten: auf die Taufe Johannis. Nun sprach Paulus: Johannes taufte eine Taufe der Buße, indem er das Volk auf=
forderte an Den zu glauben, der nach ihm kommen würde,
nämlich an Jesum Christum.“ Diese Worte sind nicht ohne
Schwierigkeit, welche jedoch größer wäre, wenn die erste Stelle
vereinzelt stünde; so aber ist klar, daß sie aus der zweiten
erklärt werden muß, was uns aus der Verlegenheit hilft. Von

Apollos wird der zweifache Ausdruck gebraucht: κατηχημένος
τὴν ὁδὸν τοῦ Κυρίε, und ἐδίδασκεν ἀκριβῶς τὰ περὶ του
Κυρίε. Was bedeutet nun das Wort Κύριος? An Christus
zu denken, verbietet die Bemerkung am Ende des 25sten
Verses, daß Apollos nur die Taufe und Lehre Johannis ge=
kannt, so wie die Nachricht im 26sten Verse, daß die Christen
Priscilla und Aquila ihn genauer unterrichtet hätten — näm=
lich eben in der christlichen Lehre. Κύριος ist daher als eine
Uebersetzung des hebräischen Jehovah zu betrachten, wofür schon
allein der Satz im 26sten Vers spricht: ἀκριβέσερον αὐτῷ
ἐξέθεντο τὴν τοῦ Θεοῦ ὁδόν. Denn hier wechselt Θεὸς ab
mit dem Satze des 25sten Verses: ἦν κατηχημένος τὴν ὁδὸν
τοῦ Κυρίε. Beide Worte Κύριος und Θεὸς sind also ver=
schieden lautende Bezeichnungen Eines Begriffs. Allein man
würde irren, wenn man deßhalb glaubte, daß' ἡ ὁδὸς τοῦ
Κυρίε oder Θεοῦ, die Wege Gottes, oder die Lehre vom Höch=
sten im Allgemeinen bedeute, sondern es heißt: die geheimen
Absichten der Gottheit in Bezug auf das Erlösungswerk, auf
den verheißenen Gesalbten. Das Wort hat also einen starken
messianischen Nebenbegriff, weßhalb ich oben ὁδὸς geradezu
dem Sinne nach durch die Lehre vom Messias übersezte. Weiter
fragt sich, was von dem Satze μόνον ἐπισάμενος τὸ βάπτισμα
Ἰωάννε zu halten sey? Die Taufe ver ste h t man nicht, sondern
man e m p fä n g t sie. Der Gebrauch des Ausdrucks ἐπίσαμαι
beweist also, daß hier Etwas mehr als die bloße Taufe ange=
deutet werde. Der Sinn ist: A p o l l o s wußte bloß von der
Taufe Johannis und der damit zusammenhängenden Gottes=
und Erlösungslehre. Wie unterschied sich aber leztere von der
christlichen? Auf diese Frage gibt der nächste Abschnitt die
gewünschte Antwort. Die Johannisjünger wußten Nichts von
dem heiligen Geist (XIX, 2), sie waren zweitens nur auf
einen unbestimmten Messias, der kommen sollte, also nicht auf
Jesum getauft (XIX, 4). Paulus sagt zwar in dem vierten
Verse εἰς τὸν ἐρχόμενον μετ' αὐτὸν ἵνα πισεύσωσι, τετέςιν

εἰς τὸν χριστὸν Ἰησοῦν, allein lezterer Satz ist eine Deutung, welche er (Paulus) unterlegt, und welche den Johannisjüngern, ehe sie mit dem Apostel oder mit anderen Christen zusammen trafen, unbekannt war. Folglich gab es ums Jahr 50 unserer Zeitrechnung, also kaum 20 Jahre nach dem Tode des Täufers, Jünger desselben, welche die Bußtaufe von ihm oder seinen nächsten Anhängern empfangen hatten, aber Nichts davon wußten, daß Jesus der verheißene, von dem Täufer anerkannte, Messias sey. Dieß folgt nothwendig aus den angeführten Stellen. Wir wollen nicht zuviel daraus schließen; aus dem leichten Uebertritte des Apollos und der anderen zwölf Johannis= jünger muß man, glaube ich, abnehmen, daß zwischen der Lehre des Täufers und der christlichen, in der Gestalt, wie sie damals vorgetragen ward, sonst kein bedeutender Unterschied stattfand. Nichts desto weniger bleibt die Thatsache stehen, daß die Johannisjünger nicht an die messianische Würde Jesu glaubten. Das stimmt nun gar schlecht zu dem dritten Kapitel der Synoptiker und zu dem ersten des Johannisevangeliums. Man könnte versucht seyn, die Vermuthung zu wagen, daß die Lehre des Täufers bald nach seinem Tode, unter den Händen der hin= terlassenen Anhänger verunreinigt worden sey, indem einige der Lezteren den Täufer selbst für den Verheißenen erklärt, und darüber Jesum, für den sich doch Jener ausgesprochen, vergessen hätten. Allein obgleich es später unter dem Namen Zabier eine Partei von Johannischristen gab, welche den Täufer als den Messias verehrten, so ist doch aus dem Stillschweigen aller alten Quellen zu schließen, daß diese Sekte im zweiten, dritten Jahr= hundert nicht bestand. Auch im ersten nicht. Zeuge dafür unsere Stelle in der Apostelgeschichte, denn Paulus sagt ja, die Johannisjünger seyen auf den Kommenden getauft. Auch halte ich es an sich für sehr unwahrscheinlich, daß wider den Willen und die Lehre des Täufers, so kurz nach seinem Tode, der Glaube an Jesum als den Messias unter dem Anhange des alttestamentlichen Mannes gänzlich aufgehört haben sollte.

Ich würde Dieß auch dann nicht glauben, wenn die Stellen Joh. III, 22. 23 und IV, 1. 2 nicht auf uns gekommen wären. Nun tönt aber lezteres Zeugniß des vierten Evangelisten aufs Schönste mit obiger Angabe in den Akten zusammen. Denn aus diesen müssen wir schließen, daß der Täufer bei seinen Lebzeiten eine Partei für sich bildete, welche mit der christlichen Gemeinde Nichts zu schaffen hatte; jenes berichtet uns mit dürren Worten, daß Dem wirklich so gewesen sey. Beide ergänzen einander, und auch der leiseste Zweifel gegen ihre Wahrhaftigkeit wäre ungerecht. Aber wie soll man nun damit die Behauptung sämmtlicher Evangelien vereinigen, daß der Täufer Jesum wirklich für den Verheißenen ausgegeben habe? Beim ersten oberflächlichen Anblicke scheint es das Natürlichste, jene Angaben unter den Plunder der bloßen Sage zu werfen und für eine erdichtete Ueberlieferung zu erklären, für welche es leicht sey, allerlei Gründe aufzusuchen. Denn wenn man Jesum einmal für den Messias hielt, der von den Propheten verheißen worden, so bedurfte man für Ihn einen Elias oder Vorläufer, und zu dieser Rolle paßte Niemand besser, als der bekannte Bußprediger und Täufer Johannes, der ganz gewiß das Nahen des himmlischen Reichs verkündigt hat, denn dafür bürgt, richtig verstanden, auch das Zeugniß des jüdischen Geschichtschreibers Josephus. *) Solches und Anderes mehr kann man, ohne viel Aufwand von Scharfsinn, sagen, allein der historische Sinn findet dabei keine Befriedigung, wenn der Knoten so zerhauen wird. Schwer begreiflich bleibt es dann erstlich, warum die Synoptiker und der vierte Evangelist, die doch sonst ganz verschiedene Wege einschlagen, die aus ganz anders lautenden Quellen schöpfen, in der Erklärung des Täufers über Jesus fast bis aufs Wort übereinstimmen. Für mich ist dieser Einklang immer ein Beweis, daß Thatsachen berührt werden. Zweitens kann man nicht bezweifeln, daß Jesus zu der Zeit, wo

*) Alterth. XVIII, 5. 2.

der Täufer noch wirkte, öffentlich auftrat, und sich in gewissem Sinne für den Erwarteten ausgab. War Dieß aber der Fall, so mußte Er nothwendig zu dem Bußprediger, der das Nahen des himmlischen Reiches verkündigte, in ein feindliches oder freundliches, oder aus beiden Gesinnungen gemischtes Verhältniß gerathen. Wer wird glauben, daß Beide gar keine Rücksicht auf einander genommen! Für ein feindseliges Verhältniß fehlen alle Spuren, die doch gewiß nicht ganz untergegangen wären, wenn sich der Täufer mißbilligend gegen Jesu Plane ausgesprochen und diese Abneigung in die Herzen seiner Schüler verpflanzt hatte. Von einem bloß freundlichen sprechen einige Stellen, die aber von anderen widerrufen werden; für ein gemischtes endlich bürgen, richtig verstanden, alle Zeugnisse zusammen. Drittens haben wir oben dargethan, daß der Bericht von der Gesandtschaft des Täufers an Jesus den judenchristlichen Vorurtheilen straks zuwiderlaufe und darum für ein wahres Ereigniß gehalten werden müsse. Nun kann ich in dieser Gesandtschaft nichts Anderes finden, als ein durch seine furchtbare Lage erpreßtes Geständniß des Täufers, daß er an seiner frühern hohen Meinung von Jesus irre geworden sey, d. h. er hatte Ihn zwar früher für den Messias gehalten, zweifelte aber jezt unter anderen Umständen daran. Dieser Eine Grund spricht mit großer Gewalt für die Wahrheit der von den Synoptikern, wie von Johannes, dem Täufer in Mund gelegten Erklärung über Jesus. Wäre derselbe aber auch nicht, so würde ich für leztere Angabe schon wegen einer kleinen Andeutung bei Johannes Partei nehmen. Ich meine die Verse I, 35 u. flg., aus welchen hervorgeht, daß zwei der späteren Apostel unsers Herrn, Andreas und der berühmte Ungenannte, früher Jünger des Täufer gewesen und von ihm zu Jesus übergegangen sind. Die alte Sage weiß Dieß ganz anders; wenn man sie hört, hat Christus seine Jünger vom Fischernachen weggerufen und aus eigener Machtvollkommenheit erwählt, statt daß sie ihm auf das Wort eines Dritten, des Täufers, selbst zulaufen. Ich erkenne hierin einen Zug, der an sich eben so wahrscheinlich ist, als er den Vorurtheilen der ältesten Kirche widerstreitet. Sind aber etliche der Apostel aus des Täufers Jüngerkreise in den Christi, und zwar auf des Täufers günstige Aussage hin, übergetreten, so folgt, daß Lezterer Jesum für den Verheißenen erklärt haben muß. Kurz wir mögen die Sache betrachten, von welcher Seite wir wollen, immer zeigt sich eine unendlich überwiegende Wahrscheinlichkeit zu Gunsten des Zeugnisses der Synoptiker und des vierten Evangeliums. Der Täufer hat also Jesum als den Gesalbten anerkannt, und doch später fortgefahren, eine eigene Partei zu bilden. Es fragt sich nun, wie diese anscheinenden Widersprüche zu verei- nigen sind? Ein Geheimniß ist hier verborgen, das ich mir so löse: Johannes, ein jüdischer Eiferer, der allem Anschein nach dem Orden der Essener verwandt war, trat unter dem Kaiser Tiberius, zu einer Zeit, wo der Glücksstern des Herodi- schen Hauses sich zum Untergang neigte, die Einverleibung des jüdischen Landes in den römischen Koloß bevorstand, und wo deßhalb, bei so schwer bedrohter Nationalität, das Erscheinen des Verheißenen allgemein mit größter Sehnsucht von den Juden erwartet wurde, als Prophet in Israel auf und verkün- digte die Nähe des himmlischen Reichs, zu dessen Genusse er seine Landsleute durch den sinnbildlichen Gebrauch der Wassertaufe einweihte. Er erhielt daher beim jüdischen Volke den Beina- men Täufer. Durch die Taufe beabsichtigte er die Ankunft des Ersehnten vorzubereiten. Uebersezt man Dieß in die damaligen jüdischen Begriffe, so heißt es so viel als: er benahm sich, wie nach der Weissagung Malcachi's Elias, der Vorläufer des Ge- salbten, sich benehmen sollte. Ein solcher Mann hatte nichts Nöthigeres zu thun, als den Messias, den er verhieß, wirklich in irgend einem seiner Landsleute zu finden. Denkbar wäre, daß er Mehrere dafür gehalten und erklärt, aber nachher seine Ansicht wieder geändert hätte. Für gewiß halte ich, daß er Je- sum, den Stifter unserer Kirche, für den Ersehnten ausgab. An welchen Zeichen er Seine hohe Würde zu erkennen glaubte, welches Verhältniß vorher zwischen Beiden stattgefunden: darüber sind wir ganz im Dunkeln. Denn die Sagenevangelien malen diese Vorfälle, ihrer Gewohnheit gemäß, mit den Farben der jüdischen Denkweise aus, und der Augenzeuge, der im vierten Evangelium zu uns spricht, hatte nicht den pragmatischen Geist, den die republikanische Erziehung des Alterthums römischen und griechischen Geschichtschreibern einhauchte, und der vermittelst des lateinischen Lebenskeims, welcher mit dem jüdischen in Gestalt der christlichen Kirche sich vermählte, und dann gemeinsam den germanischen befruchtet hat, auch auf uns Neuere übergegangen ist. Nachdem der Täufer Jesum anerkannt, trat er, wie natürlich, von seinen Jüngern an Ihn ab. Der vierte Evangelist nennt ausdrücklich nur zwei, wahrscheinlich aber meint er noch mehrere. Denn nach I, 41 war Simon Petrus ganz in der Nähe seines Bruders Andreas, und zwar außerhalb seiner Heimath Galiläa, nämlich am Jordan, um die Person des Täufers. Also war auch Petrus allem Anschein nach Schüler des Täufers; Dasselbe gilt, wie es scheint, auch von Philippus I, 44. Indem der Täufer mehrere seiner Schüler aufforderte, Christo zu folgen, mochte ihm die Absicht nicht ferne liegen, durch sie auf den Stifter unseres Glaubens zu wirken und Ihn unter seinem steten Einflusse zu behalten. Allein in dem Verhältnisse beider Propheten, des Vorläufers und des Anerkannten, lag der Samen zu allerlei späteren Mißhelligkeiten. Wir haben aus den ältesten Urkunden jener Zeiten nachgewiesen, daß damals Wesen und Amt des Gesalbten auf sehr verschiedene Weise aufgefaßt worden ist; wir haben zweitens in dem vorhergehenden Kapitel mit mathematischer Sicherheit ersehen, daß Jesus nur in einem geistigen, von Keinem seiner Zeitgenossen geahneten Sinne Messias seyn wollte. Wenn sich nun ergeben sollte, daß der Täufer bloß dem politischen Begriffe des Gesalbten anhing, so läßt sich erwarten, derselbe werde bald irre an Jesus geworden seyn.

Vielleicht fielen Erörterungen zwischen Beiden vor, welche, ob=
wohl den Jüngern verborgen, die Enttäuschung des Täufers be=
schleunigten; geschah Dieß aber auch nicht, so mußte der Täufer
doch bald aus der Handlungsweise Jesu merken, daß unser
Herr nicht der Mann sey, für welchen der Täufer Ihn ge=
halten. Merkte er Dieß, so war Mißbehagen, Zweifel, Un=
muth, vielleicht offene Feindschaft auf Seiten des Täufers, die
nothwendige Folge davon.

Jezt kommt es darauf an, ob in den Evangelien Spuren
sich finden, welche diesen Voraussetzungen entsprechen. Ist Dieß
der Fall, so muß man, denke ich, die hier entwickelte Ansicht
nicht mehr als bloße Muthmaßung betrachten, sondern ihr
einen hohen Grad historischer Wahrscheinlichkeit beilegen. Der
erste Zeuge, welchen ich stelle, ist Josephus, der Alterthümer
XVIII, 5, 2 Folgendes berichtet: „Herodes (Antipas) tödtete
den sogenannten Täufer Johannes, einen rechtschaffenen Mann,
der die Juden aufforderte, sich der Tugend zu befleißigen, Ge=
rechtigkeit gegen einander und Liebe gegen Gott zu üben, und
auf diese Tugenden hin sich seiner Taufe zu unterwerfen.
Denn so werde die Taufe Gott wohlgefällig seyn, wenn sie
nicht bloß zur Sühnung einiger früher verübten Verbrechen
gebraucht werde, sondern zur Reinigung des Leibes, als Sinn=
bild einer vorangegangenen Reinigung der Seele. Das Volk
strömte ihm zu, denn seine Reden machten den größten Ein=
druck auf die Gemüther. Darüber gerieth Herodes in Furcht,
sein großes Ansehen bei der Menge möchte irgend einen Auf=
stand nach sich ziehen. Denn er ahnete, das Volk werde Alles
nach seinem Rathe thun, darum hielt er es für besser, zuvor=
zukommen, ehe der Täufer irgend Etwas angerichtet, als hinten=
drein zu sorgen, wenn die Bewegung ihm bereits über den
Kopf gewachsen wäre. Dieser Argwohn des Herodes war
Schuld, daß der Täufer verhaftet und nach der Veste Machä=
rus geschleppt ward, wo man ihn auch umbrachte.“ Ich muß
bemerken, daß Josephus unmittelbar vor dieser Stelle der

verbrecherischen Heirath des Herodes mit seiner Schwägerin Herodias gedenkt, und somit durch die Zusammenstellung derselben mit den Schicksalen des Täufers nicht undeutlich zu verstehen gibt, daß beide Ereignisse auf einander eingewirkt haben dürften, d. h. daß der Täufer mitunter auch wegen ungünstiger Urtheile über jene Heirath gestürzt worden sey, welche einen Krieg mit Aretas und die Vernichtung eines jüdischen Heeres nach sich zog: lauter Dinge, die gewiß den lautesten Tadel der Juden und auch des Täufers hervorriefen. Der Bericht des jüdischen Geschichtschreibers ist daher mit der Erzählung Matth. **XIV**, in gutem Erstererg. Nur hebt Lezterer eine besondere Ursache der Hinrichtung des Täufers hervor, während Ersterer mit mehr Weltkenntniß die allgemeinen entwickelt, denn Johannes wäre sicherlich auch dann umgebracht worden, wenn er die Heirath nicht mißbilligt hätte. Sonst stellt unser Jude, nach seiner mehrfach beobachteten Gewohnheit, wieder Alles auf Schrauben: von Frommigkeit, Gerechtigkeit, Liebe zu Gott, Reinheit des Körpers und der Seele schwazt er ein Weites und Breites, während er doch zugestehen muß, daß es sich am Ende um einen Aufstand handelte. Ja, er gibt sogar dem scharfsichtigen Argwohne des Herodes nicht undeutlich Recht, durch die Wendung: καὶ τῶν ἄλλων συϱεφομένων - καὶ γὰϱ ἤϱϑησαν ἐπὶ πλεῖσον τῇ ἀκϱοάσει τῶν λόγων, δείσας Ἡϱώδης τὸ ἐπὶ τοσόνδε πιϑανὸν αὐτοῦ τοῖς ἀνϑϱώποις μὴ ἐπὶ ἀποσάσει τινὶ φέϱοι — πάντα γὰϱ ἐῴχεσαν συμβαλῇ τῇ ἐκείνᾳ πϱάξοντες - πολὺ κϱεῖττον ἡγεῖται, πϱίν τι νεώτεϱον ἐξ αὐτοῦ γενέσϑαι, πϱολαβὼν ἀναιϱεῖν, ἢ μεταβολῆς γενομένης εἰς τὰ πϱάγματα ἐμπεσὼν μετανοεῖν. Diese Redensarten machen mich lachen, sie erinnern an neuere Beispiele! So machen es empfindsame Empörer und ihre Helfershelfer; wenn man sie an Ausführung ihrer Plane gehindert und am Kopfe genommen, predigen sie bei der peinlichen Untersuchung, die hintendrein angestellt wird, von dem Wohle der Menschheit und der Sache Gottes, welche sie zu fördern gedacht hätten. Der jüdische Geschichtschreiber bedient sich dieser wohlbekannten Heuchelei, weil es zu seiner Rolle gehörte, die gehässigen Leidenschaften, welche unter seinem — da er schrieb, vernichteten Volke getobt, vor römischen Lesern künstlich zu verhüllen. Uebersezt man aber seine gesalbten Worte in die Sprache, wie sie vor dem Aufstande in der Trunkenheit messianischer Befreiungsträume von den Juden gesprochen ward, so lauten sie folgendermaßen: Johannes predigte eine Taufe der Buße, welche er als Einweihung zum himmlischen Reiche darstellte. Unter diesem Reiche verstand er selbst Befreiung vom römischen, vom herodischen Joche, und Errichtung jener Weltmonarchie, welche die Propheten verheißen. Seine Hoffnungen waren also umwälzender Natur, und weil sie Dieß waren, ließ ihn Herodes aufgreifen und insgeheim umbringen, damit es keinen weitern Lärm gebe. Folglich verstand der Täufer die Messiaswürde im politischen Sinne, d. h. in einem ganz andern, als Jesus. Wenn er Diesen nun dennoch einmal für den Gesalbten erklärt hatte, so läßt sich erwarten, daß er bald von seiner guten Meinung zurückgekommen und an Jesus irre geworden seyn werde. Nun eben hiefür zeugt erstens die Stelle Joh. III, 22, IV, 1. 2, aus der wir ersehen, daß er sich von Jesu später ferne hielt und eigene Partei machte; Zweitens die Stelle Matth. XI, sammt den Parallelen. Auch noch andere Punkte stimmen überein. Jesus hat ohne Zweifel manche von seinen Jüngern selbst gesammelt, mehrere aber von dem Täufer übernommen. Der vierte Evangelist nennt zwar ausdrücklich nur zwei, aber wie oben gezeigt wurde, dürfen wir den Zweien getrost noch Andere beifügen. Es läßt sich nun erwarten, daß Die, welche Er selbst erkor, sich willig seiner Lehre hingaben, dem weichen Wachse vergleichbar, das die Form annimmt, welche der Künstler ihm einprägt. Dagegen einen schwerern Stand mochte der Herr mit den vom Täufer herübergekommenen Schülern haben, weil sie von Diesem schon eine bestimmte messianische Ansicht empfangen hatten: und zwar eine Ansicht, welche der des Herrn erweislich zuwider war. Man hat das Recht zu vermuthen, die Jünger lezterer Klasse werden, sobald sie inne wurden, daß Jesus nicht nach politischer Größe strebte, sich gegen Ihn erhoben, oder wenigstens Ihn verlassen haben. Und wenn sich in der evangelischen Geschichte wirklich Spuren einer solchen Auflehnung finden sollten, so müssen wir rückwärts schließen, daß unter Etliche seiner Jünger zum Voraus ein Samen ausgestreut war, der in Christi Werke nicht Wurzel treiben konnte, d. h. mit anderen Worten, daß der Herr, durch unabweisliche Verhältnisse bestimmt, Schüler aufgenommen hatte, die von einem frühern Lehrer entgegengesezte Grundsätze eingesogen. Nun das vierte Evangelium weist wirklich die vorausgesezten Spuren auf. Nach Joh. **VI**, 66 u. flg. fand ein großer Abfall vieler Jünger Statt, welcher dem Herrn so wehe that, daß Er im Unmuth zu den treugebliebenen Zwölfen sprach: wollt nicht auch Ihr mich verlassen? Und was war der Anlaß dieser Bewegung? Der nächste allerdings, zufolge dem 60sten Verse, gewisse Reden des Herrn, welche die wankenden Jünger nicht verstanden, weil sie zu geistig waren; Dieß wird ihnen früher schon begegnet seyn, ohne daß sie deßhalb von Jesu wegliefen. Wir müssen uns also noch nach einem stärker wirkenden und derbern Anlaß umsehen. Nun wir brauchen nicht lange zu suchen. In demselben Kapitel Vers 15 heißt es: die Volkshaufen hätten Jesum zum Könige ausrufen wollen, worauf Er davon gegangen sey. Diese ihnen unbegreifliche Handlungsweise des Herrn, gegen die sich alle ihre Vorurtheile stießen, war gewiß die wahre und erste Ursache des Abfalls jener Jünger; jene ihnen hart scheinenden Reden des Meisters (Joh. **VI**, 60) brachten die glimmende Unzufriedenheit, wie es in solchen Fällen zu geschehen pflegt, nur vollends zum Ausbruche. Beweist nun diese von keinem andern als dem vierten Evangelisten beschriebene Auflehnung vieler Jünger nicht sonnenklar, daß fremdes Unkraut, das Jesus nicht mehr bemeistern konnte, in seiner Schöpfung aufgeschossen war, oder ohne Bild zu reden, daß jene Ungetreuen in einer andern Schule, als der Seinigen, Begriffe eingesogen haben müssen, die sich mit den Seinigen nicht vertrugen? Wenn je anders wo, so ist hier des Täufers Einfluß sichtbar. Kurz von den verschiedensten Seiten schlingen sich Fäden zu einem Gewebe zusammen, so daß man bekennen muß: wir stehen hier auf historischem Boden! Nach meinem Gefühl durfte auch Judas der Verräther einer von den übergetretenen Johannis=jüngern gewesen seyn. Ich denke mir, er habe sich in der Schule des Täufers so ganz in ehrgeizige Hoffnungen vertieft, daß er zulezt den Meister aus Aerger seinen Feinden in die Hände spielte, weil keiner seiner eitlen Träume in Wirklichkeit übergehen wollte. Ich habe noch einen vierten Grund für meine Ansicht anzuführen. Wenn der Täufer sein so wichtiges Zeugniß, daß Jesus der Erwartete sey, später mißmuthig zu=rückgenommen hat, so ist es im höchsten Grade wahrscheinlich, daß seine Anhänger nachher jene günstige Aussage abläugneten, weil sie gegen die prophetische Einsicht ihres Meisters sprach, daß sie behaupteten, er habe sich entweder selbst oder einen Andern für den Messias erklärt. Auch dieser nothwendigen Folgerung entspricht eine klare Spur. Joh. I, 20 heißt es: „die Priester und Le=viten zu Jerusalem schickten Gesandte ab an den Täufer, und fragten ihn: wer bist du? Der Täufer bekannte offen und läugnete nicht, er bekannte, ich bin nicht Christus." Warum braucht der Evangelist die äußerst starken Ausdrücke: καὶ ὡμολόγησε καὶ οὐκ ἠρνήσατο, καὶ ὡμολόγησεν ὅτι οὐκ εἰμὶ ἐγὼ ὁ χρισός. Ein Blinder muß sehen, daß hier eine verdeckte Gedankenreihe ihn beherrscht. Er hat ge=heime Gegner im Auge, welche abläugneten, daß der Täufer je Jesum für den Ersehnten ausgegeben, welche ihn ohne Zweifel selbst zum Messias stempeln wollten. Diese Gegner können aber nicht wohl andere Leute als Johannisjünger ge=wesen seyn. Also was uns Anfangs ein Widerspruch schien, das Zeugniß des Täufers von Christo und seine eigene und feiner Partei fpätere halbfeindfelige Stellung gegen unfern Herrn, verträgt fich trefflich; zu einem wahren, menfchlichen Verhältniffen vollkommen angemeffenen Bilde vereinigen fich zulezt alle einzelnen Züge. Doch Dieß gilt nicht von der Stelle Joh. III, 25—36. Zwar die Johannisjünger handeln hier ganz den Verhältniffen gemäß, welche vorauszufetzen eine Reihe hiftorifcher Zeugniffe uns zwang. Voll Eiferfucht über die Fortfchritte der Partei Chrifti, wenden fie fich klagend an ihren Meifter; fo geht es in der Welt zu. Aber die Antwort des Täufers! Entweder lügen alle Stellen, die wir bisher entwik= felt, oder kann kein Wort von der Erwiderung wahr feyn. Nun wir haben ja oben aus ganz anderen Gründen darge= than, daß der Evangelift hier feine eigene Ausdrucksweife, feine Gefühle, feinen religiöfen Glauben dem Täufer in Mund legt. Auch wenn das vierte Evangelium von Johannes, dem Apoftel des Herrn, gefchrieben ift, war derfelbe keineswegs Ohrenzeuge der Rede, welche der Täufer (Joh. III, 27—36) gehalten haben foll. Denn während Lezterer auf die Klage feiner Anhänger — in irgend einer Weife — antwortete, befand fich der Apoftel Johannes mit den Andern bei Chriftus, vielleicht meilenweit von dem Täufer entfernt. Gefteht man daher auch zu, daß er hier ganz falfch berichte, fo beweift Dieß nichts gegen feine Augenzeugenfchaft, weil er unmöglich bei der Rede des Täufers zugegen gewefen feyn kann. Ohne feiner fonfti= gen Glaubwürdigkeit zu nahe zu treten, kann man alfo recht gut fagen, er fey vielleicht von Anderen falfch berichtet worden, vielleicht habe er auch feine eigene Hingebung für den Herrn dem Täufer, feinem erften Lehrer, irrthümlich unterfchoben. Es drängt fich mir jedoch aus anderen Gründen eine befondere An= ficht von der Stelle auf, welche den vierten Evangeliften noch kräftiger entfchuldigt. Ich finde nämlich die Vermuthung höchft wahrfcheinlich, daß Joh. III, 27 u. flg. am Ende Daffelbe erzählt werde, was die Synoptiker Lukas V, 33, Matthäus IX, 14 berichten. Wie hier, haben wir dort einen Streit der

Johannisjünger gegen Christus. Der vierte Evangelist sagt
III, 25: ἐγένετο ζήτησις ἐκ τῶν μαθητῶν Ἰωάννε μετὰ Ἰεδαιε. Die gemeine Lesart ist: μετὰ Ἰεδαίων, bessere Bürgschaften sprechen jedoch für die Form μετὰ Ἰεδαιε. Immer
bleibt etwas Unbestimmtes in dem Verse zurück, indem man
nicht genau weiß, ob die Johannisjünger gegen die Juden, oder
mit den Juden gemeinsam gegen die Lehre des abwesenden
Jesu gestritten. Dasselbe Schwanken kehrt merkwürdigerweise
wieder, wenn man die Berichte der beiden Synoptiker mit einander vergleicht. Lukas erzählt V, 33, die Juden hätten
Christum gefragt: warum fasten die Jünger des Täufers so
viel, du aber nicht? Nach Matthäus dagegen (IX, 14) sind es
die Johannisjünger selbst, welche dem Herrn diese Frage vor-
legen. Daraus ersieht man, daß die alte Sage nicht recht
im Klaren darüber war, wer gestritten. Nun die gleiche Un-
entschiedenheit findet sich auch in der Darstellung des vierten
Evangelisten. Ferner nach Johannes drehte sich der Streit
um die Reinigung: περὶ καθαρισμοῦ. Man sagt, lezteres
Wort sey hier soviel als βαπτισμὸς. Aber warum hat der Evangelist statt des bestimmten, ihm so geläufigen Begriffes „Taufe“
den allgemeinen „Reinigung“ gebraucht? Auch hierin offenbart
sich ein Schwanken. Die Synoptiker machen das Fasten zum
Gegenstand des Kampfes, ein Begriff, der offenbar auch unter
die allgemeine Klasse der Reinigung fällt. Das ist eine zweite
auffallende Uebereinstimmung. Endlich drittens, der Haupt-
gedanke, welcher in der Antwort des Herrn bei den Synoptikern hervortritt, ist das Bild des Bräutigams, mit dem Er
verglichen wird (Matth. IX, 15): καὶ εἶπεν ὁ Ἰησοῦς· μὴ
δύνανται οἱ υἱοὶ τοῦ νυμφῶνος πενθεῖν, ἐφ᾽ ὅσον μετ᾽ αὐτῶν
ἐστιν ὁ νυμφίος. Nicht anders verhält es sich mit der Erwiderung des Täufers beim vierten Evangelisten (Joh. III, 29):
ὁ ἔχων τὴν νύμφην νυμφίος ἐστὶν, ὁ δὲ φίλος τοῦ νυμφίε,
ὁ ἑστηκὼς καὶ ἀκούων αὐτοῦ, χαρᾷ χαίρει διὰ τὴν φωνὴν τοῦ
νυμφίε. Sehen wir von Allem ab, was zum Beiwerk, zur

bloßen Ausschmückung gehört, so besteht der Hauptunterschied
beider Berichte, bei sonstiger auffallender Aehnlichkeit, darin,
daß der vierte Evangelist den Streit von dem Täufer geführt,
und durch ihn niedergeschlagen werden läßt, während die Sy=
noptiker die Entscheidung dem Herrn selbst in Mund legen
und hierin glaube ich die Lösung des Räthsels zu erkennen.
Die alte christliche Sage wußte von einem Streite zwischen
dem Herrn und den Johannisjüngern über jüdische Reinigung
zu erzählen, in welchem Christus auf mystische Weise im Sinne
des hohen Liedes mit einem Bräutigam verglichen wurde. Die
streitenden Personen mögen sehr frühe verschieden geschildert
worden seyn, indem die Einen Christum, die Anderen den Täufer
dabei auftreten ließen. Diese Ueberlieferung, denke ich mir,
sey auch dem vierten Evangelisten zu Ohren gekommen. Da er
als Augenzeuge wußte, daß der Herr nie auf die angegebene
Weise mit den Johannisjüngern gestritten, wählte er die zweite
Fassung, und unterstellte also jene Antwort dem Täufer. Wenn
er nun hierin auch geirrt hat, so beging er doch keinen andern
Fehler, als einen solchen, dem jeder Geschichtschreiber ausgesezt
ist, so ferne er sich auf das Hörensagen verlassen muß. Denn
Dieß war hier der Fall, da Johannes später nicht mehr in der
Gesellschaft des Täufers sich befand, folglich nicht aus eigener
Anschauung wissen konnte, was in seinem Kreise vorging, und
demnach sich auf die irrigen oder richtigen Angaben Anderer
beschränken mußte.

Fassen wir die Hauptpunkte unserer bisherigen Untersu=
chung zusammen. Das Verhältniß Christi zu dem Täufer er=
scheint bei keinem der Evangelisten ganz klar, was uns billiger=
weise nicht befremden darf, weil dasselbe von geringerem Be=
lange war für die spätere Entwicklung des Erlösers, weil
zweitens hiebei ein ganzer Knoten jüdischer Nationalvorurtheile
mit ins Spiel kam. Nichts desto weniger brechen Lichtfunken
der vollen Wahrheit nur bei Johannes durch, und dieselben
sind so bedeutend, daß wir auf die Beobachtung eines

Augenzengen schließen dürfen, obgleich auch hier einzelne Miß
töne nicht fehlen, welche jedoch jene günstige Meinung nicht
zu vernichten vermögen, weil es am Tage ist, daß der vierte
Evangelist Das, was im Kreise des Täufers vorging, nicht
aus eigener Anschauung, sondern nur vermittelst der Berichte
dritter Personen, oder durch die Sage wissen konnte. Die
wirkliche Stellung Christi zum Täufer denke ich mir so: Johannes, ein essenischer Eiferer, der sich durch seine Bußreden
kein geringeres Ansehen beim jüdischen Volke verschafft hat,
als 1400 Jahre später Savonarola bei den Florentinern,
verkündigte, gemäß damaligen Erwartungen, das Nahen des
himmlischen Reiches, und wollte dasselbe durch den essenischen
Gebrauch der Taufe vorbereiten. Die Sendung, mit welcher
er auftrat, nöthigte ihn, die Person des Gesalbten, dessen
nahes Erscheinen er verhieß, in dem oder jenem Volksgenossen
zu suchen. Er erklärte zulezt Jesum für den Ersehnten, wahrscheinlich eben so gut aus allgemeinen, als aus besonderen
Gründen: aus einem allgemeinen, weil Jesus sich unter den
Essenern, mit deren Orden unser Herr, wie wir zeigen werden,
ebenfalls in Verbindung stand, bereits hohen Ruf als ein Heiliger erworben hatte. Außerdem aber ward der Täufer, gemäß
dem mystischen Geiste jener Zeiten und der essenischen Sekte, noch
durch besondere sinnbildliche Erscheinungen bewogen, Jesum mit
großer Zuversicht für den Gesalbten auszugeben. Das wahre
Wesen dieser Erscheinung anzugeben, ist schwer. Allem Anschein nach bestand sie darin, daß über Jesus in dem Augenblicke, als Er von Johannes getauft ward, eine Taube, das
alte jüdische Symbol des heiligen Geistes, hinflog. Das vierte
Evangelium läßt den Täufer bloß sprechen (I, 32): „ich sah den
Geist, wie eine Taube auf Ihn herabkommen.“ Wie lange
aber vor diesem Ausspruche des Täufers die Taufe selbst stattfand, darüber berichtet es uns kein Wort. Nichts hindert uns,
einen längern Zeitraum zwischen beide Punkte — die Taufe
und den Ausspruch — zu setzen. Deßgleichen schweigt unsere

Quelle darüber, ob und was Christus dem Täufer antwortete, als Dieser Ihm kund that, daß er den Messias in Ihm er= kannt. Es ist gewiß nicht zu kühn, wenn wir annehmen, auf diesen Ausspruch des Täufers hin hätten gewisse Erörterungen zwischen Beiden stattgefunden, *) deren der vierte Evangelist nicht erwähnt, weil er sich Kap. I, 20 u. flg. auf Das be= schränkt, was er selbst gesehen u. gehört hatte. Der ganze Geist der evangelischen Geschichte berechtigt uns zu glauben, daß Jesus auf die ehrende Aussage des Täufers erwiderte: Er nehme zwar sein Zeugniß an und halte sich selbst für den erwarteten Propheten, werde aber seinen hohen Beruf nicht durch Gewalt noch als Herrscher, sondern durch Dulden, Be= kehren, Sühnen, als Lehrer zu erfüllen streben. Dieß mag der Grund seyn, warum der Täufer auf Jesu eigene, von unserm Evangelisten nicht berichtete Aeußerungen hin, sich in einer Weise über den Herrn aussprach, in welcher unser Berichterstatter den Satz fand: ὁ ἀμνὸς Θεοῦ, ὁ αἴρων τὴν ἁμαρτίαν τοῦ κόσμε. Zwar könnten wir, sobald eine vorläufige, an sich höchst natürliche Erörterung zwischen dem Täufer und Jesu angenommen wird, geradezu eingestehen, daß Jener die Worte: ὁ ἀμνὸς τοῦ Θεοῦ, die sonst unbegreiflich wären, ausgesprochen haben dürfte; denn so gedeutet, stammen sie ja nicht aus des Täufers Munde, sondern aus Jesu pro= phetischem Geiste. Indessen bekenne ich offen: obgleich sie auf diese Weise ihre ärgste Härte verlieren, kann ich sie doch nicht für den buchstäblichen Inhalt Dessen halten, was der Täufer

---

*) Die besten Ausleger, namentlich Lücke, sind darüber einverstan= den, daß zwischen dem Täufer und Jesu wiederholte gegenfei= tige Erklärungen stattgefunden haben müssen, und zwar nicht bloß nach der Taufe, sondern auch bei den Annäherungen, welche I, 29 und 35 berichtet werden. Wer wird glauben, daß Jesus auf diese Weise den Täufer umkreist habe, ohne mit ihm sich zu unterreden. Aber diese nothwendig vorauszusetzenden Zwie= gespräche waren für den Evangelisten hinter dem Vorhang erfolgt, darum berichtet er Nichts davon.

immerhin gemäß vorausgegangenen eigenen Erklärungen Jesu, Kap. I, 29 und 36 aussprach. Denn zu scharf tragen jene Verse das Gepräge der Lehre von der versöhnenden Kraft des Blutes Christi: einer Lehre, welche erst lange nach dem Hingange des Herrn unter den Aposteln in Umlauf kam. Es liegt in der Natur des menschlichen Herzens, daß der Täufer Anfangs mit den Ansichten Jesu einverstanden war. Denn auch er dachte sich den Messias vorzugsweise als Propheten und Lehrer, was auch David und Moses gewesen waren; die politische Macht des Erkornen, hoffte er wohl, werde sich allmälig von selbst geben. Darum gingen manche der Schüler, die er früher um sich gesammelt, mit seiner Zustimmung zu Jesus über. Als aber der Stifter unserer Religion eigene Wege einschlug, als Er sein Werk immermehr von den Planen des Täufers trennte und selbst taufte, als Er endlich die Macht, die Ihm vom Volke angeboten wurde, ausschlug, ward der Täufer unzufrieden mit Ihm, und zog sich so ganz von Ihm zurück, daß seine Schüler später Nichts mehr von Jesus wissen wollten. Johannes der Täufer gehört durchaus dem alten Testament an, er hat mit unserm Erlöser Nichts gemein! Wäre es nach seinem Willen gegangen, so hätte Jesus ein weltliches Reich stiften, auf seine geistigen Ansichten verzichten müssen, aber Jesus überwand die Versuchung, die Ihm in der Person des Täufers nahte.

So löse ich mir das an sich höchst dunkle Verhältniß zwischen Christus und dem Täufer. Ich will damit nicht sagen, daß eine andere Ansicht von der Sache nicht eben so möglich sey; man könnte die Zweifel gegen die Angabe des vierten Evangelisten noch viel weiter treiben, aber das Recht hat man erst dazu, wenn es sich ergeben sollte, daß er auch in anderen Dingen falsch berichtet. Warten wir daher weitere Proben ab, geht er aus diesen siegreich hervor, so fordert der gesunde Menschenverstand, daß man auch seinen Bericht von Jesu Stellung zu dem Täufer möglichst günstig deute.

Wir müssen noch einen andern Punkt im erſten Kapite des vierten Evangeliums ins Auge faſſen. Vers 37 iſt von den zwei Jüngern die Rede, welche ſofort aus dem Lehrkreiſe des Täufers zu Jeſus übergehen. Der eine derſelben wird Vers 41 näher bezeichnet als Andreas, Simons Bruder; nicht ſo der andere. Weiter ſpringt in die Augen, daß der Berichterſtatter ſich ſelbſt durch die Worte Vers 40: „es war die zehnte Stunde" als Augenzeugen bezeichnen will. Man hat daher längſt angenommen, daß unter dem ungenannten Jünger der Verfaſſer des vierten Evangeliums, Johannes der Apoſtel, verſteckt ſey. Dieſe Vermuthung wird durch eine Reihe ähnlicher Stellen beſtätigt, wo die Formel: „der andere Jünger, der Jünger, den der Herr lieb hatte" u. ſ. w. wiederkehrt, ohne daß er namentlich bezeichnet wäre. Ja der Name des Apoſtels Johannes, der doch ſonſt von den Synoptikern immer neben Petrus aufgeführt wird, kommt im vierten Evangelium gar nicht vor. Ganz und gar tritt der Verfaſſer des Buchs in den Hintergrund zurück. Dieß iſt eine Erſcheinung, die an ſich möglicherweiſe zwei verſchiedene Gründe haben kann. Sind der Held eines Buchs und ſein Verfaſſer Eine Perſon ſo mag der Leztere ſich aus guter Abſicht nicht nennen, weil er voraus weiß, daß der Stoff, den er erzählt, keiner Anpreiſung bedarf, und daß die Größe der Thaten durch die ſcheinbare Beſcheidenheit und Parteiloſigkeit des Berichterſtatters, welcher der Held ſelbſt iſt, noch glänzenderes Licht erhält. So erzählen Cäſar, ſo Friedrich und Napoleon ihre eigene Geſchichte immer in der dritten Perſon, mit einem wohlſtudirten Schein von Unparteilichkeit, welcher manche Verhüllungen der Wahrheit bedecken muß. Sind aber der Held und der Verfaſſer verſchiedene Perſonen, und unterläßt es Lezterer durchaus ſich zu nennen, ob er gleich überall zugegen war, und ſelbſt eine kleine Rolle mitſpielte: ſo iſt anzunehmen, daß er von der ehrlichen Vorausſetzung ausgegangen ſey, ſeine eigene Wirkſamkeit, ſeine Theilnahme an den beſchriebenen Vorgängen verdiene neben

den Thaten des Helden gar nicht genannt zu werden. Mit
Einem Worte, ein solches Verfahren erweckt das günstige Vorurtheil, daß der Verfasser sich ganz an Den, dessen Geschichte
er beschreibt, hingegeben habe. Man bemerke, wie sehr das
erste Kapitel unsers Evangeliums für diese Ansicht stimmt.
Während von dem einen der übergetretenen Johannisjünger,
Andreas, mehrere Züge erzählt werden, läßt der Verfasser nur
errathen, daß der andere ungenannte Jünger auch dabei war.
Nun steht fest, daß der Evangelist durch die Bemerkung V. 40:
ὥρα δὲ ἦν ὡς δεκάτη sich als Augenzeugen bezeichnen will.
War er Dieß nicht, und ist das Evangelium erst Lange nach
dem Erfolge geschmiedet, wie Viele glauben, so ist klar, daß
er uns zu täuschen beabsichtigt. Aber wie läßt sich diese Voraussetzung des Betrugs mit der Thatsache vereinigen, daß die
Persönlichkeit des Verfassers sonst überall zurücktritt? Wenn
irgend ein Späterer unter der Maske eines Apostels und Augenzeugen ein falsches Evangelium zusammenschrieb, so ließe sich
erwarten, daß der Fälscher den Apostel, unter dessen Namen
er seine eigenen Meinungen in der Kirche verbreiten wollte,
auf alle Weise hervorhebe. Dieß ist ein Räthsel, das meiner
Ansicht nach bei der fraglichen Voraussetzung kaum gelöst
werden kann.

Der Bericht von den Vorgängen zwischen Philippus, Nathanael und Jesus (Joh. I, 42—52) liefert keinen Beweis
für die Aechtheit oder Unächtheit des vierten Evangeliums.
Einige Mittelglieder scheinen mir zu fehlen, und ich glaube,
daß Johannes hier nach seiner Gewohnheit nur die Spitzen
des Lebens Jesu erzählt, wie sie sich, von den rosigen Strahlen
des messianischen Glaubens erleuchtet, in seinem Gedächtniß
erhalten hatten. Von dem Wunder zu Kana werden wir im
nächsten Kapitel besonders handeln, und ich gehe daher über
zu der Austreibung der Käufer aus dem Heiligthum und den
Anhängseln dieses Vorfalls. Vier Fragen sind hier zu beantworten: Erstens, wie mochte Jesus eine so gewaltsame That

begehen? Zweitens, warum ward sie von den Priestern und Pharisäern nicht gerügt? Drittens, wenn sie wirklich stattfand, haben dann die Synoptiker Recht, welche sie auf die lezte An= wesenheit Jesu in Jerusalem verlegen, oder hat Johannes Recht, der sie schon zu Anfang der öffentlichen Wirksamkeit des Herrn erfolgen läßt? Viertens, was ist von Jesu Aussprüchen über die Abbrechung des Tempels zu halten, die von Johannes mit jenem Vorfall in Zusammenhang gesezt werden?

Die erste und die zweite Frage wird auf die befriedigendste Weise erledigt durch eine Prophetenstelle, die bis Jezt — proh pudor! — allen Auslegern entgangen, aber freilich auch ohne den Targum nicht recht verstanden werden kann. Zu Ende des Propheten Zacharias (**XIV** 20 u. flg.) heißt es von der seligen Zeit, da einst der Gesalbte des Herrn über die Na= tionen der Erde herrschen wird: „Zu jener Zeit sollen die Rüstungen der Pferde dem Herrn geheiligt, und die Kessel im Hause Gottes (so rein) seyn, wie die Opferschalen vor dem Altare, und jeglicher Fleischkessel zu Jerusalem und im Lande Juda soll dem Herrn der Heerschaaren geweiht seyn, und alle Opfernden werden kommen, von denselben einige nehmen und in ihnen kochen, und es wird kein Kananiter mehr seyn (וְלֹא יִהְיֶה כְנַעֲנִי עוֹד) im Hause des Herrn der Heer= schaaren zu jener Zeit." Unter den Kananitern, die nicht mehr im Tempel seyn sollen, versteht man gewöhnlich gottlose Menschen; wenn Dieß wirklich die Meinung des Propheten selbst war, so sagt er Dasselbe, was Ezechiel **XLIV,** 9 mit dürren Worten verkündigt. Aber der Targum Jonathan, der, weil kurz vor Jesu Tagen abgefaßt, die Meinung der Zeit= genossen unseres Erlösers ausspricht, unterlegt einen andern Sinn; er übersezt folgendermaßen: „Jeglicher Kessel zu Jeru= salem und im Lande Juda wird dem Herrn der Heerschaaren geweiht seyn, und alle Opfernden werden kommen, von densel= ben nehmen, und in ihnen kochen, und es wird kein Krämer mehr seyn (וְלָא יְהֵי עָבֵד תַּגָּרָא) im Hause des

Herrn der Heerschaaren zu jener Zeit." Auch Hieronymus übersezt so, dem Targumisten Aquila folgend. In mehreren Stellen des alten Testaments hat das Wort כִּנְעָן bestimmt die Bedeutung Handelsmann, wie z. B. Hiob XL, 25, Sprüchw. 31, 24, Jes. 23, 8. Ob der Prophet Zacharias selbst den Ausdruck so verstanden, kümmert uns hier nicht! Soviel ist aber gewiß, daß Jonathan Ben Ufiel den angegebenen Sinn nicht unterlegt haben würde, wenn das Schachern der Verkäufer im Tempel zu seiner Zeit nicht für unheilig gegolten hätte. Seine Uebertragung des Worts ist ein unumstößlicher Beweis dafür, daß die öffentliche Meinung der frömmsten und eifrigsten Israeliten damals gegen die Krämerei im Heiligthum gestimmt war. Verhielt sich aber die Sache so: dann begreift man auch, warum ein Mann, der im Namen Gottes aufzutreten behauptete, damit anfing, die Käufer und Verkäufer aus dem Tempel zu verjagen; man sieht zweitens, warum Er Dieß ungestraft thun konnte, denn Er hatte ja die Weissagung eines Propheten, und überdieß noch die öffentliche Stimme für sich. Es sind von Einzelnen schon viel gefährlichere und schwierigere Schläge geführt worden, sobald die Meinung des Volks entschieden sich für sie aussprach. Weiter dürfen wir nicht vergessen, daß jener giftige Haß der Gegner Jesu, der die kühne That troz aller prophetischen Begründung zu Seinem Verderben benüzt haben würde, damals bei Beginn Seiner öffentlichen Thätigkeit noch nicht vorhanden war. Ich schließe: Jesus wollte ohne Zweifel schon bei Seiner ersten Anwesenheit in Jerusalem als göttlicher Gesandter, als der Sohn des Höchsten angesehen werden. Der Begriff des ersehnten göttlichen Gesandten war aber, wie wir wissen, damals vieldeutig. Unser Herr bezog namentlich die Stelle Deuter. XVIII, 15 auf sich, Er behauptete, der Prophete zu seyn, den Moses verheißen, Er beabsichtigte demgemäß das mosaische Gesetz zu veredeln, zu vergeistigen, und vor Allem die großen Mißbräuche abschaffen, die sich im Tempeldienste und durch denselben eingeschlichen. Wollte

Er nun in diesem Sinne vom Volke anerkannt seyn, so mußte
Er sich als einen solchen Propheten durch eine sinnbildliche,
dem Geist jener Zeiten angemessene That, zu erkennen geben.
Hiezu taugte Nichts besser, als eine Handlung, welche den Pro-
phetenspruch Zacharias XIV, 21 buchstäblich verwirklichte; denn
Reinigung des Gottesdienstes vom Schmutze des Eigennutzes
war darin verheißen, d. h. ein Werk, das eben so sehr den
eigensten Planen des Herrn entsprach, als es geeignet war,
das Volk auf Ihn aufmerksam zu machen, und Ihm die fromme
Gunst der Menge zu gewinnen. Ich bekenne ungescheut, daß
bei meiner Ansicht von dem Vorgange ein sehr großes Gewicht auf jene Prophetenstelle gelegt wird, ohne welche derselbe
unerklärlich bleibt. Man wird mir nun einwenden: keiner der
Evangelisten berufe sich auf den Spruch des Zacharias; Johannes deute an, Jesus habe darum so gehandelt, damit
Psalm 69, 10 erfüllet werde, die Synoptiker dagegen erkennen
in Seiner That eine Verwirklichung des Spruches Jes. 56, 7.
Da somit die Berichterstatter auch nicht die geringste Ahnung
davon hätten, daß die Weissagung des Zacharias hier im Spiele
sey, so könne auch Christus kaum an sie gedacht haben. Dieser
Schluß ist grundfalsch. Oben bei Erklärung der Stelle Lucä
XXIV, 45 flg. habe ich gezeigt, daß die Jünger, lange nach
dem Erfolg, allmälig jede That des Herrn als eine erfüllte
Prophezeihung des alten Testaments zu erklären sich gewöhnten,
und die deutlichsten Spuren dieses Gebrauches werden wir gleich
nachher in unserm Evangelium finden. Was der Herr that,
sollte und mußte den Jüngern wie eine Eingebung des Himmels erscheinen; in Seine innersten Beweggründe konnte Er sie
nicht einweihen, denn sie waren, wie Er selbst sagt, noch nicht
fähig, die volle Wahrheit zu ertragen. Zweitens, die Stelle
Zachar. XIV, 21 entspricht der Handlung Jesu so genau, daß
man einen geheimen Zusammenhang zwischen beiden annehmen
muß, der auch gewiß schon längst anerkannt wäre, wenn unsere Theologen bessere Kenntniß von der Schriftauslegung jener

Zeiten besäßen, welche hauptsächlich aus den beiden Targumim
des Onkelos und Jonathan Ben Usiel geschöpft werden muß.
Allein die Jünger besaßen diese Kenntniß, und dachten doch
nicht an Zachar. XIV, 21. Vortrefflich! doch geschah Dieß
ohne Zweifel darum, weil sie auf ihrem Standpunkte den Wald
vor Bäumen nicht sahen. Im ganzen alten Testament erblick=
ten sie Nichts als Prophezeihungen auf den Gesalbten, die
sämmtlich in Christo erfüllt worden seyen. Indem sie des Ei=
fers gedachten, mit welchem Jesus die Krämer und Wechsler
vertrieben, fiel ihnen die Psalmstelle 69, 10 bei; indem sie sich
Seines Rufes: „ihr sollt das Haus meines Vaters nicht zum
Kaufhause machen“ erinnerten, fanden sie darin eine Erfüllung
von Jes. 56, 7. So entschwand die Beziehung des Ganzen
auf die Stelle des Zacharias ihren Blicken, die mit Einzelnheiten
zuviel beschäftigt waren. Uebrigens ist dieselbe doch nicht ganz
verloren gegangen. Ich berufe mich auf den Beisatz des
Markus (XI, 16): καὶ οὐκ ἤφιεν, ἵνα τὶς διενέγκη σκεῦος
διὰ τοῦ ἱεροῦ. Nach meinem Gefühl verdankt dieser Zug den
Worten Zach. XIV, 21 seine Entstehung. Dort heißt es:
„ieglicher Kessel zu Jerusalem und im Lande Juda wird dem
Herrn heilig seyn und die Opfernden werden kommen, diesel=
bigen nehmen und in ihnen kochen.“ Wenn alle Töpfe dem
Herrn heilig sind, so kann man überall opfern, man braucht
die Opfergefäße nicht erst in den Tempel hineinzutragen, um
sie dort zu weihen, und nach dem Gebrauche wieder fortzu=
nehmen. Lezterer Gedanke scheint mir nämlich dem sonder=
baren Beisatze des Markus, obwohl nicht recht klar, zu Grunde
zu liegen.

Wir gehen zur Beantwortung der dritten Frage über.
Die Synoptiker verlegen den Vorfall in die lezten Tage des
Herrn, der vierte Evangelist dagegen auf Seine erste Anwesen=
heit in Jerusalem. Das ist ein Widerspruch, der uns nöthigt,
zu Gunsten des Einen oder der Andern zu entscheiden. Denn
der Ausweg, welchen auch heut zu Tage noch etliche Ausleger

einschlagen, indem sie sagen, die That habe sich wiederholt, und Johannes erzähle den ersten, die Synoptiker dagegen den zweiten Fall, scheint mir gar zu unglaublich, und zwar nicht bloß deßhalb, weil es an sich auffallen müßte, daß Jesus zweimal Dasselbe gethan, sondern hauptsächlich, weil man Dieß nur auf Kosten des vierten Evangelisten behaupten könnte. Wenn nämlich Christus auch beim lezten Einzuge in die Hauptstadt die Verkäufer aus dem Tempel trieb, so mußte Johannes uns davon Nachricht geben. Denn ein solcher Akt gehört nicht zu den Kleinigkeiten, die ein gewissenhafter Erzähler nach Gutdünken weglassen oder berühren darf. Also muß man für Johannes oder die Synoptiker entscheiden; ich wähle zu Gunsten des Erstern, aus folgenden Gründen: Erstens der Bericht von der Tempelreinigung in den synoptischen Evangelien ist höchst mangelhaft. Sie trennen die Aeußerung der Juden τί σημεῖον δεικνύεις ἡμῖν, ὅτι ταῦτα ποιεῖς; Joh. II, 18, oder was damit gleichbedeutend: ἐν ποίᾳ ἐξουσίᾳ ταῦτα ποιεῖς; (Matth. XXI, 23. Luc. XX, 2) auf eine höchst ungeschickte Weise von der That, welche die Juden zu der Frage bestimmte, gänzlich ab, und machen daraus einen besondern Vorfall, wie ich oben dargethan habe. Das Gleiche thun sie mit der Antwort des Herrn: λύσατε τὸν ναὸν τοῦτον, καὶ ἐν τρισὶν ἡμέραις ἐγερῶ αὐτόν, welcher sie gar keine Stelle in ihrem Berichte von den Thaten und Reden des Herrn anweisen, und zwar deßhalb, weil sie dieselbe deutlich genug als eine lügenhafte Erfindung fälscher Zeugen bezeichnen. Die Darstellung der Synoptiker ist also ebenso mangelhaft und verworren, als die des vierten Evangeliums genau. Folglich verdient lezteres auch in Bezug auf die Zeit mehr Glauben. Zweitens, die Synoptiker kennen nur einen einzigen Aufenthalt Christi in Jerusalem, und wenn sie daher irgend einen Vorfall auf Seine Anwesenheit daselbst verlegen, so beweist Dieß nur, daß ihnen im Allgemeinen die Kunde zugekommen war, dem Herrn sey Dieß und Jenes in Jerusalem begegnet, keineswegs ergibt sich daraus ein begründeter Schluß auf die wahre Zeit, dieweil sie, wie gesagt, Alles, was in der Hauptstadt geschah, auf Einen Klumpen zusammen werfen. Dagegen unterscheidet Johannes verschiedene Besuche daselbst, er verdient also schon deßhalb mehr Glauben. Zu diesen Gründen kommt nun noch ein besonderer. Als Jesus zum Leztenmale Jerusalem betrat, hatte die Erbitterung der Leviten und Pharisäer gegen Ihn die höchste Stufe erreicht, und lechzte nach jeder Gelegenheit, Ihn zu verderben. Wie erwünscht wäre ihnen, bei dieser unläugbaren Stimmung, der Akt der Tempelreinigung gewesen! Denn sage man was man wolle, das Gepräge der Gewaltthat, der Verletzung von Gewohnheitsrechten trug derselbe, und eine Anklage auf Hochverrath am Heiligthume kunnte man darauf gründen. Wenn Er sich auch auf seine Messiaswürde berief, so half Ihn Dieß Nichts, denn sie hätten Ihm geantwortet: beweise erst, daß Du der Gesalbte Gottes bist, oder hätten sie gar gesagt: eben weil Du Dich für den Sohn Gottes ausgibst, bist Du ein Empörer gegen den Kaiser in Rom und mußt sterben. All' diese schlimmen Folgen fielen weg, wenn der Herr die That bei Seinem ersten Auftreten verübte. Denn damals war jener Haß noch nicht entbrannt, und leicht mochten sie Ihn als einen Eiferer gewähren, und wenn auch gewaltsam, einen Mißbrauch abstellen lassen, gegen welchen die öffentliche Meinung sich aussprach, und den sie ohne die dringendsten Gründe nicht wohl schützen konnten, ohne selbst einzugestehen, daß ihr Eigennuß bei seiner Aufrechthaltung betheiligt sey. Aber anders verhielt es sich, als der Haß gegen Ihn in vollen Flammen stand, als die Gegner auf jede Gelegenheit lauerten, Ihn aufs Blutgerüste zu bringen. In solchen Fällen läßt man alle kleineren Bedenklichkeiten fahren, und benüzt jede Gesetzesverletzung, die sich der Verhaßte, wenn auch in reinster Absicht erlaubte, zu seinem Verderben. Ich will ein Beispiel geben. Wie unerhört frei wurde vom fünfzehnten bis zu Anfang des sechszehnten Jahrhunderts in Italien, in Rom selbst, gegen die katholische Kirche geschrieben! Fast jede Erzählung des Dekamerone enthält Geißelhiebe auf die Verderbnisse der Klerisei. Wie ist erst Pietro Aretino und auch Macchiavelli mit derselben umgesprungen! Die hohe Geistlichkeit, ja die Päpste selbst, lachten zu solchen Angriffen, weil einestheils die öffentliche Meinung und der gesunde Menschenverstand für sie sprach, besonders aber weil die Betroffenen keine Verringerung ihrer Macht und Reichthümer davon fürchteten. Da die ersten Klagen gegen Luthers Ketzereien nach Rom kamen, soll Papst Leo X den kühnen Mann in Schutz genommen und mönchische Eifersüchteleien in den Beschuldigungen seiner Gegner gesehen haben. Eine ganz andere Wendung nahm die Sache, als man wirklich die Axt an die Wurzel der katholischen Mißbräuche legte, als die Päpste ihre Schatzkammer schwer bedroht sahen. Von Nun an erdrückte die Censur jede freie Aeußerung; wer dennoch seine Zunge, oder seine Feder nicht bewachte, wurde auf die Finger geschlagen, und Galiläi mußte sogar Folgerungen der reinen Mathematik, weil sie gegen die Kirchenlehre lauteten, mit langem Gefängniß büßen. Ebenso verhält es sich nun mit unserm Falle. Hätte Christus jene That gewagt, als der Haß seiner Feinde bereits in Blutgier übergegangen war, so würden sie Ihn am Kopfe genommen, und wegen dieses Schrittes, den man leicht zum höchsten Verbrechen stempeln konnte, auf Tod und Leben verfolgt haben. Nun findet sich in der peinlichen Untersuchung, die vor dem Sanhedrin, wie vor dem römischen Landvogt geführt worden ist, auch keine Spur einer Anklage wegen der That im Tempel. Hieraus folgt denn, daß Johannes der Wahrheit gemäß berichtet, und daß also die Synoptiker Unrecht haben. Der vierte Evangelist berichtet weiter: „Nachdem der Herr die Kaufleute aus dem Tempel vertrieben, sprachen die Juden zu Ihm: (II, 18) was weisest Du für ein Zeichen auf, daran wir erkennen mögen, daß Du Solches zu thun berechtigt seyest? Jesus antwortete: brechet diesen Tempel ab, und am dritten Tage will ich ihn wieder aufrichten!

Da riefen die Juden: wie? dieser Tempel ist in 46 Jahren erbaut worden, und Du willst ihn in drei Tagen wieder herstellen!" Weiter fügt nun Johannes bei: „Jesus aber redete von dem Tempel seines Leibes. Da er aufgestanden war, gedachten seine Jünger daran, daß Er Dieß gesagt hatte, und glaubten der Schrift und dem Worte, das Er gesprochen." Ὅτε οὖν ἠγέρθη ἐκ νεκρῶν, ἐμνήσθησαν οἱ μαθηταὶ αὐτοῦ, ὅτι τοῦτο ἔλεγεν αὐτοῖς, καὶ ἐπίστευσαν τῇ γραφῇ καὶ τῷ λόγῳ, ᾧ εἶπεν ὁ Ἰησοῦς. Durch den lezten Satz deutet Johannes an, daß die Jünger den angegebenen Sinn nicht sogleich in den Reden Christi gefunden — Dieß war geradezu unmöglich — sondern erst nach seinem Tode und der Auferstehung hineingelegt hätten; er unterscheidet folglich zwischen einem anfänglichen und einem spätern Sinn, der in Christi Aussprüchen gefunden wurde. Das ist merkwürdig. Indeß enthält unser Evangelium noch mehr Fälle der Art. Schon der 17te Vers des zweiten Kapitels gehört in dieselbe Klasse: ἐμνήσθησαν δὲ οἱ μαθηταὶ αὐτοῦ, ὅτι γεγραμμένον ἐστίν· ὁ ζῆλος τοῦ οἴκου σου κατέφαγέ με. Der Ausdruck ἐμνήσθησαν weist darauf hin daß die Jünger den angezogenen Vers nicht sogleich, sondern erst später in Jesu Verfahren erfüllt sahen. Klarer ist eine andere Stelle, Kap. XII, 14 u. flg., wo es heißt: „Jesus fand einen Esel, und sezte sich darauf, wodurch der Spruch erfüllet ward: Fürchte dich nicht, Tochter Zion, siehe dein König kommt reitend auf einem jungen Esel. Dieß erkannten jedoch die Jünger Anfangs (bei der That) noch nicht, sondern erst als Er verherrlicht war, gedachten sie daran, daß es auf Ihn in der Schrift geweissagt ist." Gleicher Art sind noch zwei Stellen, Joh. VII, 38. Der Herr spricht: „Wer an mich glaubt, aus dessen Leibe sollen Ströme lebendigen Wassers fließen, wie die Schrift sagt. Diese Worte" fügt Johannes bei, „sprach der Herr mit Bezug auf den Geist, welchen die Gläubigen erlangen sollten; denn damals bestand noch kein heiliger Geift, weil Jesus noch nicht verherrlicht war." Ferner Joh. XII, 32, wo Jesus spricht: „Wenn ich erhöhet bin von der Erde, werde ich Euch alle nach mir ziehen," wozu der Evangelift abermal beifügt: „Dieses sagte Er, um anzuzeigen, welchen Tod Er sterben sollte." Da die Jünger den Sinn, welchen Johannes unterlegt, bei der That selbst noch nicht in Jesu Worten finden konnten, indem derselbe dem spätern Erfolge seine Entstehung verdankt: so ift hier, so gut wie oben, eine doppelte Deutung der Aussprüche Jesu unterschieden: diejenige, welche die Jünger gleich bei der That annahmen, und die nicht angegeben ift, und die andere, welche sie erst später unterlegten. Diese Unterscheidung beweist nun erstens ein treues Gedächtniß — denn wer zwei verschiedene Auffassungen derselben Sache, desselben Ausspruches — eine ältere und eine neuere — anführt, der muß sich gut an den fraglichen Gegenstand erinnern; sie beweist zweitens, daß wir allem Anschein nach einen Augenzeugen vor uns haben, denn die spätere Ansicht, welche von der frühern unterschieden wird, gehörte der ganzen christlichen Gesellschaft an, die frühere dagegen Denen, welche vor dem Tode Christi und namentlich vor seiner Verherrlichung sich um ihn befanden. Nur ein Augenzeuge selbst wird beide auf die beschriebene Weise einander entgegensetzen. Zwar kann man hiegegen einwenden: es sey wohl denkbar, daß ein Dritter oder Vierter aus dem Munde eines Apostels und Augenzeugen berichte, die Jünger hätten gewisse Reden und Thaten des Herrn Anfangs nicht recht begriffen, erst später sey ihnen das rechte Verständniß gekommen. Aber obwohl Dieß möglich, ist es keineswegs wahrscheinlich! Denn welchen Anlaß mochte ein Späterer haben, ursprüngliche, aber nach seiner jetzigen Ansicht falsche, Auffassungen gewisser Züge aus der Geschichte des Herrn von den hintendrein aufgekommenen, allgemein für wahr gehaltenen, zu unterscheiden! Solch ein Trieb ergreift nur den Augenzeugen, der, im Geiste sich in die Zeit der That zurückversetzend, nothwendig sich erinnert, mit welchen Augen er und seine Genossen damals Dieß und Das angesehen. Sonst liegt eine Kritik der Art dem schriftstellerischen Geiste der ältesten Kirche völlig fern. Indeß wollen wir durchaus nicht zu viel aus vorliegender Spur folgern, sie gelte vorerst nur als ein günstiges Anzeichen, keineswegs für einen Beweis der Augenzeugenschaft. Wie kamen nun aber die Jünger des Herrn dazu, eine frühere Ansicht von irgend welcher Erscheinung aus dem Leben des Herrn mit einer spätern zu vertauschen? Hierüber gibt uns das vierte Evangelium genauen Aufschluß. So lange der Herr im Kreise der Jünger lebte, betrachteten Leztere Seine Thaten und Reden in gewöhnlichem (nicht übernatürlichem) Lichte. Anders erging es ihnen, als durch Seine Auferstehung ihre Einbildungskraft in höchsten Schwung gesezt und alle Fibern der überlieferten jüdischen Hoffnungen angeregt worden waren. Der Auferstandene erschien ihnen nun in jeder Beziehung als der den Vätern verheißene Erretter, d. h. sie geriethen auf die bei damaliger Erziehung sehr natürliche Ansicht, daß durch jeden Zug Seines Lebens eine alttestamentliche Weissagung erfüllt worden sey. Von Neuem wurde die Schrift geprüft, von Neuem alle Reden und Thaten des Herrn überschlagen, um beide Größen untereinander in Verbindung zu setzen. Hieraus bildete sich sogar ein eigener Sprachgebrauch; weil nach ihrer Ansicht jede That des Herrn einer Weissagung entsprach, so nahmen sie That und Weissagung, oder Schriftstellen, nach und nach als Wechselbegriffe, als gleichbedeutende Dinge. Ein merkwürdiges Beispiel bietet unser Abschnitt dar, Joh. II, 22: ἐπίσευσαν τῇ γραφῇ καὶ τῷ λόγῳ, ᾧ εἶπεν ὁ Ἰησοῦς. Der wahre Sinn dieser Worte ist: jezt erst verstanden die Jünger das Wort des Herrn recht, sie merkten, daß Er so habe sprechen müssen, weil in der heiligen Schrift so von Ihm geweissagt war. In dieselbe Klasse fällt auch die mehrfach von uns angeführte Stelle Joh. XX, 9: οὐδέπω γὰρ ᾔδεισαν τὴν γραφήν, ὅτι δεῖ αὐτὸν ἐκ νεκρῶν ἀναστῆναι. Das heißt, sie wußten nicht zum Voraus, daß Er von den Todten auferstehen würde, noch — was hiemit gleich bedeutend — daß die Auferstehung am dritten Tage auf Ihn in der Schrift geweissagt sey. Der nämliche Grundgedanke tritt oft unter anderen Formen hervor. So XIX, 28: μετὰ τοῦτο εἰδὼς ὁ Ἰησοῦς, ὅτι πάντα ἤδη τετέλεσαι, ἵνα τελειωθῇ ἡ γραφὴ, λέγει· διψῶ. D. h. abermals: Jesus rief am Kreuze, ich dürste, und Er mußte so rufen, weil die Schrift Dieß auf Ihn prophezeiht hatte. Wer die religiöse Denkweise der damaligen Juden kennt, wer weiß, daß der Grundsatz: alle Propheten haben nur von dem Messias geweissagt, die tiefsten Wurzeln in ihren Gemüthern getrieben hatte, der wird auch das Verfahren der Jünger ganz natürlich finden. Wundern müßte man sich, hätte sich die Sache nicht so entwickelt. Spuren dieser Entwicklung haben wir auch bei den Synoptikern nachgewiesen, besonders zu der Stelle Luc. XXIV, 44, 45. Aber während Leztere dem Herrn selbst in Mund legen, was nur im Gemüthe und Kopfe der Apostel vorgegangen, gestattet uns Johannes einen klaren Blick in die geheime Werkstätte jener erläuternden, umdeutenden Darstellung der Thaten und Reden des Herrn; er stellt die Sache so dar, wie sie an sich war, was ein neuer Beweis ist, daß wir einen Augenzeugen in ihm besitzen.

Andererseits ist aber klar, daß eine Auffassung der Geschichte des Herrn, welche an die Stelle des ersten ursprünglichen Eindrucks einen spätern Sinn, die Frucht theologischer Schlußfolgerungen, unterlegt, leicht auf mißliche Abwege gerathen kann. In der Regel gibt nur der frische Anhauch des Augenblicks der That die wahre Sachlage wieder, er verhält sich zur Darstellung der Sage, wie die Urkunden der Archive zum Machwerke eines historischen Lobredners. Noch größer ward in vorliegendem Falle die Gefahr fremdartiger Beimischungen wegen der Natur des Stoffes, durch welchen der erste Eindruck wandern und sich umschmelzen lassen mußte. Der Buchstabe der Schrift, oder der Weissagungen, konnte als eine gegebene starre Masse weniger umgeformt werden, als die mit jedem Jahre mehr erbleichende Erinnerung, von welcher später die Jünger nur einige minder schmiegsame Züge in ihren Gesprächen und Unterhaltungen vom Herrn allmälig übersehen, die günstigeren dagegen hervorheben durften, um ein vollständiges Zusammentönen gewisser Thaten des Herrn mit Stellen der Propheten an Tag zu fördern. Dieß Verfahren hatte zweitens noch den andern Nachtheil, daß die Jünger, beherrscht von der Voraussetzung eines geheimen und stetigen Verbandes zwischen den Weissagungen der Seher Israels und allen Erscheinungen des Lebens Jesu, leicht auch die Thaten und besonders die Reden des Herrn unter sich selbst in ein prophetisches Verhältniß setzen mochten. Wenn Alles, was Er sprach und that, mit den Vorherverkündigungen der Seher überein stimmte, so war es noch natürlicher, daß Seine eigenen früheren Worte und Handlungen mit späteren in prophetischer Verwandtschaft standen, daß also jedes Wort, das Er einst geäußert, auf nachmalige Ereignisse sich bezog. Unter den angegebenen Voraussetzungen mußten sie Dieß von Ihm, als dem höchsten Propheten Israels, erwarten. In der That sind die Apostel auf beide Abwege gerathen. Bürge dafür die Stelle Joh. XII, 32: κἀγώ, ἐὰν ὑψωθῶ ἐκ τῆς γῆς, πάντας ἑλκύσω πρὸς ἐμαυτόν· (τοῦτο δὲ ἔλεγε, σημαίνων ποίῳ θανάτῳ ἔμελλεν ἀποθνήσκειν). Der versteckte Sinn, welchen Johannes den Worten unterlegt, weist auf eine treue Erinnerung hin, denn sonst hätte er sicherlich den Herrn geradezu nach der beliebten Deutung sprechen lassen, ohne diesen Umweg zu nehmen. Es wäre daher offenbare Ungerechtigkeit, wollten wir die Angabe des Evangelisten bezweifeln. Ich denke mir, daß Christus sich ungefähr so äußerte: wenn ich von der Erde mich empor geschwungen, und zum Vater gegangen bin, werde ich Alle nach mir ziehen. Hierin findet nun Johannes eine Andeutung auf den Kreuzestod, den Christus nicht sterben konnte, ohne von der Erde an das Holz hinaufgehoben zu werden.

Allein wer sieht nicht, daß Dieß eine sehr unnatürliche Deutung ist, die bloß durch den Trieb der Apostel, in jedem Worte des Herrn eine prophetische Beziehung auf spätere Ereignisse zu ahnen, entschuldigt wird. Sicherlich hat Christus das Aufschwingen von der Erde, ein jenen Zeiten nicht unbekanntes Bild, dazu gebraucht, um Seinen im Dienste Gottes und zum Wohle der Menschen erlittenen Tod zu bezeichnen. Durch dieses Aufschwingen verheißt Er Alle nach sich zu ziehen; d. h. Er spricht die Hoffnung aus, daß seine Sache über seinem Grabe triumphiren werde. Nach diesen Grundsätzen hat Er gehandelt, und ist so gestorben, wie seine Geschichte bezeugt; warum sollte Er nicht in gleichem Sinne gesprochen haben! Der Evangelist unterlegt also hier den Worten des Herrn einen Sinn, den ich nicht als den ächten anerkennen kann. Noch entschiedener gilt Dieß von der Stelle II, 18 u. flg. Mit dem Ausspruche: „brechet diesen Tempel ab, und in drei Tagen will ich ihn wiederherstellen“ soll Jesus, wenn man unsern Evangelisten hört, angedeutet haben: meine Befähigung, Das zu thun, was ich that, sey die Weissagung, daß ich drei Tage, nachdem Ihr mich gemordet, wieder aus dem Grabe erstehen werde. Nimmermehr kann Dieß der Sinn jener Worte seyn. Zwar ich begreife recht gut, wie Johannes, wie die anderen Apostel bei jenem Streben, prophetische Beziehungen in allen Reden Christi zu entdecken, nach längerer Zeit so Etwas darin finden konnten. Der Ausdruck „Tempel“ hatte im Sprachgebrauch jener Zeiten, wie ich später beweisen werde, mystische Nebenbedeutungen erhalten, folglich konnte er auch in gleicher Weise auf den Leib des Herrn bezogen werden. Niederreißen, Aufbauen sind ferner Bilder, die an sich recht gut auf den Tod und die Auferstehung passen; der Zeitraum von drei Tagen gab dieser Deutung einen überraschenden Schein der Wahrheit. Endlich Das, was von ihr bei kalter historischer Ueberlegung abbringen muß, die äußere Bewegung Christi mit seinen Händen gegen die Tempelwände, war in der Erinnerung erbleicht. Der

Gedanke, daß Jesus damals unmöglich zu den Juden Etwas sagen durfte, was diese nimmermehr verstehen konnten, ward durch einen natürlichen Irrthum, ich möchte sagen, eine Art von optischer Täuschung, zurückgedrängt. Als die Jünger sich die Rede des Herrn so auslegten, als Johannes jene Worte niederschrieb, war Jesus Christus längst gestorben und wieder auferstanden; es schien ihnen unmöglich, denselben anders als in der Glorie des Auferstandenen zu denken, darum trugen sie·diese Ansicht auch auf jene Zeit über, wo sie nicht paßte. Ohnedieß gingen sie von dem Grundsatze aus, daß der Herr Alles, was Er, sey es zu den Juden, sey es zu Anderen gesagt, für sie und für uns gesagt habe. Kurz, nachdem einmal jener Trieb unter den Jüngern erwacht war, alle Thaten und Reden des Herrn in einem prophetischen und magischen Lichte zu sehen — und dieser Trieb mußte bald nach der Auferstehung, oder wie Johannes sich ausdrückt: μετὰ τὸ δοξασθῆναι τὸν Κύριον erwachen — finde ich es ganz natürlich, daß die Jünger jenen Worten die angezeigte Deutung unterlegten. Aber mit gleicher Zuversicht behaupte ich: in diesem Sinne hat sie Christus nicht gesprochen, noch verstanden wissen wollen. Ich stütze meine Behauptung auf folgende Gründe: Erstens: hätte Er auf seine Auferstehung hingewiesen, so müßten wir Ihm nothwendig die Absicht unterlegen, die Juden für den Augenblick wenigstens, wo sie die Frage II, 18 an Ihn gerichtet, zu verhöhnen und an der Nase herumzuführen; denn daß sie Ihn nicht verstehen würden, das mußte Er doch selbst am Besten wissen. Was nuzte es, wenn zwei, drei Jahre später, nach seiner wirklich erfolgten Auferstehung, der wahre Sinn jener räthselhaften Worte den Fragenden klar ward? Jezt wollten sie eine genügende Antwort haben, und diese zu fordern, waren sie sogar berechtigt. Denn die gewaltsame Austreibung· der Verkäufer aus dem Tempel verstand sich keineswegs von selbst, sondern mit bestem Fuge durften die Leviten und andere Juden fragen: warum thust' Du Dieß? Und einer solchen, gewiß nichts weniger als vorwitzigen, sondern sehr begründeten Frage wird schon ein gemein verständiger Sterblicher, den nicht etwa Händel auf Tod und Leben zu suchen gelüstet, nicht Hohn, nicht dunkle Redensarten entgegensetzen. Diejenige Deutung, welche Johannes unterlegt, würde demnach ein unerträglich nachtheiliges Licht auf den Verstand, wie auf den Charakter Jesu werfen. Zweitens: mag der Sinn der Worte ὁ ναὸς οὗτος seyn, welcher er will, so muß Christus jedenfalls seinen Ausspruch mit einer Bewegung der Hand, oder mit einem Winke der Augen begleitet haben. Kein Mensch wird sagen, dieses Haus, diese Mauer da, ohne mit den Augen hinzuwinken, oder mit den Fingern zu weisen. Meinte nun Christus Seinen eigenen Leib, so mußte Er Dieß mit einer Bewegung der Hand gegen die Brust oder sonst ein Glied anzeigen. Hätte Er Dieß gethan, so würden auch die Anwesenden nicht ermangelt haben, zu fragen: was verstehst Du unter diesem Tempel deines Leibes? Wenn aber alle Umstehenden, die Jünger so gut als die Juden, das Wort Christi auf den steinernen Tempel bezogen, in dessen Vorhof sich der Herr befand, so ist klar, daß Jesus, als Er den Satz aussprach: λύσατε τὸν ναὸν τοῦτον auf die Mauern hingedeutet haben muß. Nun verstanden nicht nur die Juden den Satz so, wie aus ihrer Antwort erhellt, sondern auch die Jünger, denn Johannes läßt uns ja deutlich genug merken, daß die Apostel erst nach der Auferstehung jenen prophetischen Sinn unterlegt hätten. Das heißt: zuvor nahmen sie den Ausspruch in seinem natürlichen Sinne, den auch die Juden darin fanden. Folglich bleibt uns keine andere Wahl übrig, als einzugestehen, daß Jesus damals Seine Rede auf den wirklichen Tempel bezogen wissen wollte, wie sie denn auch von den Juden und lange Zeit von den Jüngern aufgefaßt worden ist. Aber auch so bleibt der Satz: brechet diesen Tempel ab, und nach drei Tagen will ich ihn wieder herstellen, noch immer ein Räthsel, das genauerer Erklärung bedarf. Welchen Sinn verband Er mit den an sich dunkeln, oder auch vielleicht nur von

Johannes etwas dunkel berichteten Worten? Nach meiner Meinung diesen: Ihr fragt mich, welche Vollmacht ich aufzuweisen habe, die Käufer und Verkäufer, so wie ich gethan, aus diesen Hallen zu vertreiben? Nun vernehmet: ich bin der Mann, der nicht nur solche untergeordnete Verbesserungen auszurichten vermag, sondern der Euch statt der todten Gebräuche, statt des blutigen Opferdienstes, wozu dieser Tempel erbaut ward, etwas Reineres, Geistigeres zu geben berufen ist. Brechet diese Mauern ab, in kürzester Zeit, in zwei, drei Tagen, will ich, statt Eures todten, blutigen, einen Gottesdienst im Geiste und in der Wahrheit aufrichten. Sobald man die Worte τὸν ναὸν τοῦτον vom wirklichen Tempel versteht, muß man nothwendig diesen oder einen andern ähnlichen Sinn hineinlegen, folglich rechtfertigt sich unsere Erklärung selbst. Ich füge noch bei: nur auf die angegebene Weise findet ein richtiges Verhältniß statt zwischen der Frage der Juden und Christi Erwiderung; Er konnte ihnen nicht angemessener antworten. Noch mehr: die That der Tempelreinigung selbst erhält jezt ein neues überraschendes Licht. Ich habe oben dargethan, daß Jesus ohne Zweifel auf die Weissagung des Zacharias hin die Krämer deßhalb aus dem Heiligthum vertrieb, damit Er schon bei Seinem ersten Auftreten vor allem Volke als der erwartete Prophet dastünde, der gekommen sey, die ärgsten Mißbräuche, die im Gottesdienste eingerissen, abzustellen. Hatte Er diese Absicht, so mußte Er sich bald darüber erklären, was Er von den Ceremonien, den Opfern, und weil diese alle sich auf das Heiligthum stüzten, was Er vom Tempel halte. Nun eben diese Erklärung gibt Er ja aufs Bündigste durch die Worte: λύσατε τὸν ναὸν τοῦτον καὶ ἐν τρισὶν ἡμέραις ἐγερῶ αὐτόν. Eins stüzt das Andere. Doch Dieß ist noch nicht Alles. Ich finde in unserer Stelle einen jener unnachahmlichen historischen Züge, welche es unbezweifelbar machen, daß wir den Bericht eines Augenzeugen vor uns haben. Schon die edelsten Seher des alten Bundes eifern laut gegen den versteinerten Dienst des Tempels. Wer sich als den Messias ankündigte, mußte nothwendig klar sich ausspre=chen über diese wichtige Frage, die, wie gesagt, bereits von den Propheten angeregt war. Noch mehr! zur Zeit Jesu hatte dieselbe Anlaß zu den heftigsten Streitigkeiten gegeben. Die Sekte der Essener nahm keinen Theil am Tempeldienste, aus Abscheu vor den blutigen Opfern. Selbst nach dem Untergang des Heiligthums und der Hauptstadt erhielt sich diese Abnei=gung gegen den Opferdienst unter den Trümmern jener Sekte, so wie unter den Parteien, die aus ihr hervorgegangen sind, den Elcesaiten, Schamseern, Nazarenern. *) Wer sieht nun nicht, daß ein solcher Widerspruch gegen ein Gebäude und eine Einrichtung, auf welchen alle Macht der Leviten und auch der Pharisäer fußte, die wildeste Bewegung hervorrufen mußte. Sicherlich nahm jeder angesehene Mann, besonders jeder Lehrer für die eine oder die andere Meinung Partei. Der Messias war sogar gezwungen, Dieß zu thun, Er konnte unmöglich entschlüpfen. Endlich geht aus unbezweifelbaren Spuren her=vor, daß Christus in der That sich über die wichtige Frage ausgesprochen hat, und zwar in einem dem essenischen ähnli=chen Sinne. In sämmtlichen Evangelien, besonders im vierten, erscheinen neben den Pharisäern die Leviten und ihre Häupter, die Hohenpriester, als Jesu erbittertste Feinde. Ich habe oben gezeigt, **) daß die Leviten und Pharisäer als zwei Neben=buhler, die sich um den Besitz der Macht stritten, sehr eifer=süchtig auf einander waren. Hätte nun Jesus bloß die Pharisäer angegriffen, so würden sich die Leviten sicherlich nicht in den Streit gemengt, sondern ins Fäustchen gelacht haben. Denn im rauhen, eigennützigen Getriebe der Parteikämpfe wird Der als Freund angesehen, der den Gegner anfällt. Weil die Leviten dennoch den größten Groll gegen Jesum bewiesen, müssen

---

*) Siehe den ersten Band dieses Werks I. Abth. S. 165, ferner meine Schrift über Philo II. S. 302 flg. 375 u flg.

**) Siehe den ersten Band dieses Werks, I. Abth. S. 138 u. flg.

wir nothwendig den Schluß ziehen, daß Jesus das Interesse der ganzen Körperschaft schwer beleidigt habe. Worin anders kann man aber eine solche Beleidigung suchen, als darin, daß Er sich gegen den Ceremonien = und Opferdienst, und folglich gegen den Tempel ausgesprochen? Diese Voraussetzung ist un= abweislich, und sie wird auch durch die besten Quellen bestättigt, vornenan durch die älteste christliche Urkunde, die Rede des Stephanus, welche vorzugsweise gegen den Tempeldienst ge= richtet ist; durch die Briefe Pauli, *) durch den Hebräerbrief, die Offenbarung Johannis, namentlich auch durch zwei Stellen des vierten Evangeliums: erstens durch vorliegenden Ausspruch Jesu Joh. II, 19: λύσατε τὸν ναὸν τοῦτον καὶ ἐν τρισὶν ἡμέραις ἐγερῶ αὐτόν, zweitens noch schöner und klarer durch die Worte, welche der Herr an die Samaritanerin richtet, Joh. IV, 20 u. flg., wo es heißt: „Die samaritanische Frau sprach zu Christus: Herr, ich sehe, daß Du ein Prophet bist. Unsere Väter haben auf diesem Berge (Garizim) angebetet, aber ihr Juden sagt, daß in Jerusalem der Ort sey, wo man anbeten müsse. Jesus erwiderte: Weib, glaube mir, es kommt die Stunde, wo ihr weder auf diesem Berge noch in Jeru= salem den Vater anbeten werdet. Ihr betet an, mit irriger Einsicht, wir (Juden) mit besserer, denn das Heil erscheint von den Juden. Aber es kommt die Zeit, ja sie ist schon da, wo die wahren Beter im Geist und der Wahrheit anbeten werden, denn solche Anbeter will der Vater haben.“ Hier wird zwar den Juden eine richtigere religiöse Einsicht zugeschrieben, als den Samaritern, insofern Leztere einen Messias erwarteten, der nicht kommen sollte, während der Gesalbte, auf den Juda hoffte, wirklich in Jesu erschienen ist. Aber dieses günstige Urtheil bezieht sich nicht auf den Tempeldienst zu Jerusalem, vielmehr stellt Jesus denselben in Eine Klasse mit dem von

---

*) Theils in offenen Aussprüchen, theils durch die auffallende Weise, in welcher Paulus das Wort οἰκοδομεῖν gebraucht, wovon später.

Garizim, und unverholen verwirft er beide als steinere Kulte, die durch einen geistigen, höhern verdrängt werden sollen. Nun stehen die angeführten Verse zwar in einer jener längeren Reden, in welche der Berichterstatter, weil das Gedächtniß sich nicht bis aufs einzelne Wort erstrecken kann, nothwendig manches Eigene einmischt. Allein wenn je etwas Christo eigenthümlich angehört, so sind es gewiß diese gegen den Tempeldienst gerichteten Sprüche. Denn die Umstände machen sie höchst natürlich. Ein religiöses Gespräch bei Sichem, am Fuße des Berges Garizim, zwischen einem Juden und einem Mitgliede des samaritanischen Volkes, welche sich hauptsächlich durch ihre Ansicht von dem Orte, wo Jehova verehrt werden sollte, unterschieden, mußte auf jenen Punkt führen. Aber auch selbst dann, wenn Johannes die Worte gegen den Tempel aus seinem Eigenen beigefügt, würde Dieß immerhin beweisen, daß er wahre historische Verhältnisse berührt, und es bliebe uns Nichts übrig, als einzugestehen, daß er eine richtige Erinnerung, die ihm aus dem Leben Christi geblieben, hier an einem selbstgewählten Orte angebracht habe. Die Synoptiker berichten Nichts von Christi Ansichten über den Tempel- und den Ceremoniendienst; wir ersehen aus ihnen, wie auch aus dem vierten Evangelium nur, daß Christus während Seines Aufenthalts zu Jerusalem im Tempel lehrte, was auch einzelne Essener laut Josephus thaten. *) Daß Er an den dortigen Opfern oder sonstigen Gebräuchen Theil genommen, davon findet sich bei ihnen keine Spur, was freilich nicht viel besagen will. Man könnte sich nun wundern, wie jene Gesinnung gegen den Tempel, welche der Herr gewiß oft und stark aussprach, ganz in der spätern Ueberlieferung untergehen mochte. Allein ich finde Dieß begreiflich. Die mündliche Sage klammert sich überall an lebende Verhältnisse, an Empfindungen an; das heißt, auf vorliegenden Fall, angewendet: der Widerstand Christi

---

*) Siehe das oben zu Lucä XX, 1 angeführte Beispiel.

gegen einzelne Menschenklassen oder Einrichtungen erhielt sich um so leichter im Gedächtnisse der Christen, als jene Klassen, jene Einrichtungen mit der Sage fortbestanden. Nun war aber der Tempel bereits zerstört, als die Ueberlieferung zusammengestellt und in Schriften niedergelegt wurde. Die Abneigung gegen den Opferdienst hörte mit dem Sturze des Heiligthums unter den späteren Geschlechtern auf, und somit erbleichte allmälig auch die Erinnerung an Christi Aussprüche gegen den Tempel. Selbst bei Johannes erscheinen dieselben nur beiläufig, obwohl Christus, wie ich glaube, sich öfter und vielleicht noch stärker gegen den Dienst im Heiligthum geäußert hat. Hätte es noch gestanden, als Johannes schrieb, so würden wir in seinem Evangelium viel heftigere Stellen finden, weil sein Andenken an Christi Kampf gegen den Opferdienst durch die eigene Abneigung seiner Seele wider diese fortbestehende Anstalt lebendig erhalten worden wäre. Jeder Kenner der menschlichen Seele weiß, daß Erinnerungen, die nicht in lebendigen Gefühlen wurzeln, schnell erbleichen. Um so mehr müssen wir jene beiden Stellen als einen Beweis eines sehr treuen Gedächtnisses ansehen. Damit meine hier entwickelte Ansicht klarer vor die Seele der Lehrer trete, will ich ein Beispiel geben. Das jezt in Frankreich herrschende Geschlecht, das die Kammern, die Behörden in Städten, die Aemter besezt, ist mit geringer Ausnahme in die Schule Voltaire's gegangen. Nun weiß Jedermann, daß Voltaire's Pfeile hauptsächlich gegen die katholische Geistlichkeit und Kirche gerichtet sind. Spöttereien über diese Gegner kehren überall in seinen Schriften wieder. Man sollte daher glauben, daß die heutigen Franzosen, als Schüler Voltaire's, noch immer von demselben Grolle gegen die Priester und das Christenthum erfüllt seyen! Aber weit gefehlt, es gilt jezt für das Zeichen einer schlechten Erziehung, wenn Jemand in Gesellschaften über die Religion oder den Klerus spottet. Jener Voltaire'sche Groll ist allmälig erlahmt, weil ihm der Gegenstand fehlt, weil die Geistlichkeit, gegen deren Uebergriffe eigentlich Voltaire, in der Form des Hasses gegen die christliche Kirche, loszieht, längst in Folge der Revolution in die gebührenden Schranken zurückgetrieben worden ist. Ganz so verhält es sich mit dem Stillschweigen der Synoptiker von Jesu Angriffen auf den Tempeldienst. Weil das Heiligthum in Schutt versunken war, weil folglich der Widerwille gegen dasselbe unter dem lebenden Geschlechte aufhörte, verloren sich allmälig Christi von gleichem Geiste eingehauchte Aussprüche aus der Ueberlieferung. Bei etlichen jüdischen Sekten, selbst bei den Ebioniten, ist allerdings der Kampf gegen den Opferdienst länger geblieben, er hat sich noch über ein Jahrhundert fort erhalten, nachdem Tempel und Hauptstadt zerstört waren. Ich glaube, Dieß kommt daher, weil diese Leute der allegorischen Auslegung des Pentateuchs anhingen, und deßhalb täglichen Anlaß fanden, die Opfergesetze Mosis geistig zu deuten, d. h. zugleich gegen die wörtliche Anwendung derselben, die einst in Jerusalem stattgefunden, und die zufolge dem Glauben vieler Juden wieder eingeführt werden sollte, lärmend zu eifern.

Nach jenem Kampfe mit den Leviten, der uns Gelegenheit gab, die Augenzeugenschaft des vierten Evangelisten von Neuem zu erhärten, berichtet Johannes Christi Gespräch mit dem Pharisäerobersten Nikodemus. Die neueste Kritik nimmt an diesem Stücke schweren Anstoß. Sich stützend auf das Stillschweigen der Synoptiker, so wie auf einige abgerissene Aussprüche derselben — die für sich allein nie Etwas beweisen — wie die Stellen Matth. XI, 25. Luc. X, 21, argwöhnt sie, daß die alte christliche Sage, daß vielleicht der Verfasser des vierten Evangeliums selbst, das Gespräch mit Nikodemus, sammt etlichen anderen Zügen der Art, wie Joh. XII, 42, XIX, 39 erdichtete, um den Schein zu erkünsteln, als habe Christus, der in Wahrheit nur beim gemeinsten Volk Anhang fand, auch bei den Vornehmen Beifall eingeärndtet, obgleich dieselben aus Furcht, sich lächerlich zu machen, oder verhaßt zu werden, ihre Gesinnungen vor der Welt verhüllt hätten. Wenn man die Gründe, welche in diesem Sinne angeführt werden, alles Wortgeklingels entkleidet, so laufen sie auf folgende — freilich in solcher Nacktheit kaum zugestandene — Sätze hinaus: Erstens die sogenannten höheren, oder wie man im Deutschen sagt, die gebildeten Stände sind weit gescheidter, als der große Haufe (Joh. VII, 49: ὁ ὄχλος οὗτος ὁ μὴ γινώσκων τὸν νόμον ἐπικατάρατοί εἰσιν). Zweitens, alles Reden von übernatürlichen Dingen ist Schwärmerei, daher dumm, folglich war auch Christi ganzes Unternehmen dumm; *) deßhalb muß man schließen, daß er nur unter der Menge, keineswegs aber unter den Vornehmen, welche, wie gesagt, zu den gescheidten Leuten gehören, Anklang gefunden habe. Ich bin weit entfernt, diese Ansicht als unsittlich oder gräuelhaft anzugreifen, dagegen für falsch halte ich sie: erstlich, weil sie eine Erfahrung des achtzehnten Jahrhunderts zu einem allgemeinen Gesetze stempelt, und irrthümlich auf frühere Zeiten überträgt. Allerdings haben die Ansichten Voltaire's, in denen — nach meinem Dafürhalten wenigstens — eine Masse Weisheit und gesunden Menschenverstandes enthalten ist, hauptsächlich sich unter den höheren Ständen verbreitet, und sind durch sie bis ins Frakenhafte verzerrt worden; allein so war es nicht immer. Zweitens scheint mir der allgemeine Satz: die Vornehmen und Gebildeten seyen gescheidter als die Gemeinen, ganz unrichtig. Wenigstens glaubt der Verfasser dieses Buchs, der ein besonderes Vergnügen daran findet, die Menschen zu beobachten, unter sogenannten Leuten vom Volke, als Schiffern, Soldaten, Handwerkern, Bauern verhältnißmäßig mehr gesunden Menschenverstand gefunden zu haben, als unter Stubengelehrten. Drittens: eben so unbegründet ist es, daß die Vornehmen den allgemein menschlichen Trieb fürs Uebernatürliche, Wunderbare, Außerordentliche, weniger theilen als der große Haufe. Dafür,

---

*) Wohlverstanden, Dieß denkt man bloß, sagt es aber nicht.

daß Dem nicht so sey, berufe ich mich auf die Erfahrung meines werthen Landsmannes, Justinus Kerner in Weinsberg, welcher Etwas davon erzählen kann, welche Stände die meisten Abgeordnete an ihn gesandt, um Aufschlüsse aus der Geisterwelt von seinen Kranken zu vernehmen. Doch Scherz bei Seite, ich finde weder in der Angabe Joh. III, 1, Nikodemus sey bei Nacht zu Jesu gekommen, noch in der andern Joh. XII, 42, etwas Unwahrscheinliches. Ob aber Beide, Nikodemus und Jesus, genau die Worte gewechselt, welche Johannes ihnen unterlegt, Das ist eine andere Frage, über die ich mich oben ausgesprochen. Gewiß hat der Evangelist hier — was gar nicht zu vermeiden war — viel Eigenes eingemischt. Dasselbe gilt von dem Zwiegespräch des Herrn mit der Samaritanerin. Jüdische Vorurtheile konnten unmöglich die Sage darauf führen, den Messias auf diese Weise mit der Tochter eines Volkes sich unterhalten zu lassen, das den Juden noch verhaßter war, als die Heiden; sondern eine Thatsache liegt hier zu Grund, für welche, richtig verstanden, auch die Synoptiker zeugen, sofern sie Jesu mehr als einmal günstige Aussprüche über die Samariter in Mund legen. Als den rein historischen Inhalt des Gesprächs denke ich mir jenes Urtheil über den Tempeldienst auf Garizim und zu Jerusalem, dann Christi prophetische, das Gemüth des Weibes mächtig ergreifende Aeußerungen über die Schicksale der Frau. Denn Etwas der Art muß man annehmen, weil nur unter solcher Voraussetzung die günstige Aufnahme, die Jesus bei den Einwohnern von Sichem fand, begreiflich wird. Denn an lezterer zu zweifeln, halte ich für ungerecht. Sonst mag von den einzelnen Sätzen des Gesprächs Manches Johannis eigene Farbe tragen, was man um so ruhiger annehmen kann, da die Jünger bei der That nicht zugegen waren. Ueber die Heilung des Knaben von Kapernaum will ich besonders handeln. Noch werde im Vorbeigehen bemerkt, daß die Mäßigung, mit welcher Joh. IV, 54 die bisher erfolgten Wunder Christi auf zwei beschränkt, sehr zu Seinen Gunsten spricht. Die Sage liebt es, wie wir aus den Synoptikern wissen, solche Ereignisse ins Massenhafte zu vermehren, der Augenzeuge zählt sie an den Fingern her. Die Heilung des Kranken von Bethesda behalte ich dem nächsten Abschnitte vor.

Mit dem sechsten Kapitel tritt Johannes in den Kreis der Synoptiker ein, welcher Umstand die Prüfung ungemein erleichtert, weil man jezt seine Erzählung mit der Sage vergleichen kann. Stände uns derselbe Vortheil auch für die früheren Kapitel zu Gebot, so wäre uns das Urtheil sehr erleichtert. Und wie geht Johannes aus der Vergleichung mit den anderen hervor? Triumphirend, siegreich; wenn je sonst, zeigt es sich hier, daß ein treuer Berichterstatter, ein Augenzeuge zu uns spricht. Der Evangelist nennt die Speisung ein Zeichen (VI, 14: οἱ οὖν ἄνθρωποι ἰδόντες ὃ ἐποίησε σημεῖον ὁ Ἰησοῦς); ob er ein Wunder im strengen Sinne des Wortes darunter verstehe, darüber läßt sich noch streiten. Als ein ungewöhnliches, bedeutsames Ereigniß stellt er den Vorfall allerdings hin. Und Das scheint mir sehr natürlich: ein großer hungeriger Volkshaufe soll in der Wuste gespeist werden; man sieht aber nicht wie? nur fünf Brode, zwei Fische zeigen sich vor den Augen der Jünger; dennoch wird zulezt Alles satt, ja Brocken genug blieben übrig. Das erscheint wunderbar, auch wenn die natürlichen Mittel, durch welche Solches bewirkt ward, nachher offenbar werden. Man denke an eine Erfahrung, die fast täglich in großen Haushaltungen gemacht wird. Die hungrigen Kinder, das Gesinde, schauen ängstlich auf die hergetragenen Schüsseln, und denken: Das reicht nicht aus für unser Bedürfniß, zulezt wundern sie sich, daß doch Alle satt vom Tische weggegangen. Diese Empfindung ist selbst in die Tischgebete übergegangen, wenigstens in die, welche in Schwaben üblich sind, denn wir beten: der Herr oder Jesus möchte die Speise segnen, und bewirken, daß sie mehr Kraft habe, als der Hungerige, nicht Gesättigte, dem äußern Anschein nach darin findet. Solche und ähnliche Erscheinungen bietet nun schon unser heutiges tägliches Leben bar. Bei den Juden von Damals kam aber noch ein mächtiger Hebel hinzu, welcher die Gemüther so bearbeitete, daß ein Vorfall der Art, wie der hier erzählte, einen großen messianischen Eindruck hervorbrachte. Das ganze Volk erwartete um jene Zeit den Gesalbten des Herrn, Tausende waren der Ansicht, jener Ersehnte werde in Gestalt des Propheten von Deuter. XVIII, 15, d. h. eines vergeistigten Moses erscheinen. Endlich sehr Viele der Gespeisten hatten bereits ein günstiges Vorurtheil für Jesus, es brauchte wenig mehr, daß sie Ihn für den Moses-Messias hielten. Nun werden sie wider ihr Erwarten mitten in der Wüste gespeist, während doch die Meisten kein Brod bei sich gehabt. Der erste Eindruck des Unverhofften reißt sie hin, freudig rufen sie aus: ja Er ist der zweite Moses! Das Wunder, das der Gesetzgeber an unsern Vätern bewirkte, hat sich hier wiederholt! — und straks wollen sie den Propheten zu ihrem Könige machen.

Betrachten wir jezt auch die natürliche Seite. Joh. VI, 9, spricht Andreas: Es ist ein Knabe da, der hat fünf Brode, zwei Fische. Hier sind zwei Fälle denkbar: entweder gehörte der Knabe zur Dienerschaft des Herrn und seines Jüngerkreises, und war folglich von Ihm oder den Jüngern beauftragt, Lebensmittel mitzunehmen, oder handelte derselbe auf eigene Rechnung und hatte die Brode mitgenommen, weil er voraussah, daß er Käufer finden werde, und daß es hier Etwas zu gewinnen gebe. Im ersten wie im zweiten Falle müssen wir demnach annehmen, daß der Herr, die Jünger oder gar Krämer schon bei der Abfahrt über den See an die Möglichkeit dachten, drüben Lebensmittel zu bedürfen, und daß sie hiezu Vorkehrungen trafen. Nun, und diese so natürliche, unter damaligen Umständen sogar nothwendige Vorsicht sollte den Fünftausenden, die mitzogen, gänzlich entgangen seyn? Wer wird Dieß glauben? Wir wollen uns für einen Augenblick in die Verhältnisse des Morgenlandes versetzen. In Europa gibt es der Zeit (mit Ausnahme Spaniens, Siciliens und einiger

anderen Inseln des Mittelmeeres, so wie der Türkei) überall
Wirthshäuser, in welchen der Reisende für Geld Kost und
Obdach findet. Im Oriente ist und war Dieß nie der Fall.
Wie daher jezt dem Reisenden Nichts nöthiger ist, als Geld in
die Tasche zu stecken, so mußte dort bei jeder Veränderung des
Orts der Brodsack die Stelle des getreuen Begleiters über=
nehmen. Also nöthigt uns der gesunde Menschenverstand die
Voraussetzung auf, daß Manche von den Fünftausenden es
ebenso gemacht, wie der Knabe, Andere freilich mögen, vielleicht
aus Armuth, gar Nichts mitgenommen haben. Ich denke nun,
der Herr habe in der Hoffnung, daß Sein Beispiel die Uebri=
gen, mit Lebensmitteln Ausgerüsteten, zu gleicher Freigebigkeit
aufmuntern werde, zu den Jüngern gesagt: laßt das Volk zum
Essen sich lagern, es wird uns nicht an Speise fehlen — und
siehe, der Erfolg entsprach der Erwartung. Diese Annahme
ist so natürlich, daß man mit Zuversicht sagen kann, unter
gleichen Umständen werde sich heute noch Dasselbe wiederholen;
denn welcher Landmann bricht dem andern nicht gerne ein
Stück Brod? Allein würde heute der gleiche Erfolg auch die
nämliche Wirkung auf die Gemüther hervorbringen? Bei dem
jetzigen Stande der öffentlichen Erziehung und der Ansichten,
welche unsern geistigen Dunstkreis bilden, gewiß nicht. Aber
wären wir so erzogen, wie die Juden, im Wunderglauben be=
fangen wie sie, würden wir mit gleicher Gluth und Schwär=
merei einen Messias erwarten, wie sie, so zweifle ich keinen
Augenblick, daß eine solche Speisung in der Wüste für ein un=
trügliches Zeichen des Kommenden angesehen würde. Viele
würden auch jezt noch rufen: ja Er ist es! Auf, laßt uns Ihn
zu unserm Könige machen! Joh. VI, 14. 15. Ich möchte
meine Ansicht noch nicht für richtig ausgeben, ständen mir
nicht noch andere Beweise zu Gebot. Es ist nämlich kaum
denkbar, daß es unter einer Masse von etlichen tausend Men=
schen nicht etliche kühlere Köpfe gab, die das fragliche Ereigniß
zwar unerwartet, aber darum keineswegs wunderbar fanden,

da sie gesehen haben müssen, wie Alles zuging. Nun eben Solche waren ja, laut dem Zeugnisse des vierten Evangelisten, unter den Gespeisten. Denn erzählt er uns nicht VI, 30, daß Dieselben, welche Tags zuvor mitgegessen, zu dem Herrn sprachen: „Was für ein Zeichen thust Du, damit wir es sehen und Dir glauben, was wirkest Du? Unsere Väter haben Manna gegessen in der Wüste, wie geschrieben steht (Exod. XVI, 13. 14): Er gab ihnen Brod vom Himmel zu essen." Sichtbar liegt in den lezteren Worten der Sinn: wie Moses unseren Vätern in der Wüste Manna vom Himmel gab, so thue auch Du das Gleiche, damit wir erkennen, daß Du der im Gesetze (Deuter. XVIII, 15) verheißene Prophet bist. Dieses Zeugniß ist doppelt wichtig: erstlich weil wir daraus ersehen, daß der Eindruck, den der Vorfall auf dem Berge hervorbrachte, von einem mosaischen Vorbilde beherrscht ist. Ein Wunder, wie Moses gethan, erwartete die Menge von Jesus. Weil die Speisung dem mosaischen Manna ähnlich schien, ward Er von einem Theil des Haufens für den Ersehnten erklärt; weil Seine That dem Vorbilde nicht zu entsprechen schien, verlangten die Anderen erst noch ein wahres mosaisches Wunder von Ihm. Mitten unter lauter historische Verhältnisse sind wir versezt, handgreiflich ist es, daß der Berichterstatter selbst zugegen gewesen seyn muß. Zweitens geht aus Kap. VI, 30. 31 aufs Klarste hervor, daß viele Anwesende die Speisung für etwas Natürliches hielten, folglich war sie auch kein Wunder,*) folglich wird unsere oben entwickelte Ansicht durch Johannes selbst bestättigt.

Wir haben früher die Entdeckung gemacht, daß die Jünger nach dem Hingange des Herrn die Ereignisse seines Lebens, wie seine Aussprüche, allmälig in allerlei prophetische Beziehungen sezten, in einen alttestamentlichen Zusammenhang brachten. Wir

---

*) Ich mag die Gründe nicht wiederholen, die ich im ersten Band dieses Werkes, zweite Abth. S. 364 u. flg., auseinander gesezt habe.

wollen uns jezt diese Erfahrung ins Gedächtniß zurückrufen, denn sie wird uns gleich für das nächste Stück des sechsten Kapitels sehr nützlich seyn. Johannes berichtet weiter: „Nach der Speisung zog sich der Herr, um dem Neuerungstrieb der Menge zu entgehen, allein in das Gebirge zurück. Als es nun Abend wurde, kehrten die Jünger zum See hinab, bestiegen das Schiff (ἐμβάντες εἰς τὸ πλοῖον, das heißt, ihr Schiff, auf dem sie herübergekommen) und fuhren jenseits nach Kapernaum." Hier müssen wir gleich eine Frage aufwerfen: wie kommt es, daß die Jünger den Herrn allein zurückließen? wie kommt es ferner, daß sie durch die Entfernung des Botes dem Herrn das Mittel entzogen, das Ihn in Stand setzen konnte, zur See nach Kapernaum zu gelangen, wo wir Ihn am folgenden Tage in der Gesellschaft Seiner Jünger finden? Nothwendig müssen wir annehmen, daß Johannes einige historische Zwischenglieder überging und zwar folgende: weil Jesus vor dem Volke gesichert seyn wollte, gebot Er den Jüngern allein, d. h. ohne Ihn nach Kapernaum zurückzukehren, und das Schiff mitzunehmen. Hiemit deutete Er zugleich an, oder sprach Er es vielleicht auch geradezu aus, daß Er zu Land auf das jenseitige Ufer sich zu begeben gedenke. Dieß war leicht möglich, denn unfern dem Orte, wo die Speisung erfolgte, endigte der See mit dem Ausflusse des Jordan, und Jesus brauchte, um auf die andere Seite zu gelangen, nur dieses Flüßchen zu durchwaten, das viele Furthen hatte. Johannes fährt nun weiter fort: „Es dunkelte schon, und Jesus war ihnen noch nicht nachgekommen, und der See gerieth, weil ein mächtiger Wind ging, in starke Bewegung. Als sie nun 25 bis 30 Stadien gefahren waren, sahen sie Jesum über das Wasser wandeln, und in die Nähe des Schiffs herankommen; sie fürchteten sich. Der Herr aber sprach zu ihnen; ich bin's, fürchtet Euch nicht. Sie wollten Ihn hierauf in den Nachen nehmen, und sogleich war der Nachen am Lande, auf welches sie zufuhren." Vorerst frage ich: haben die Worte: Jesus war ihnen noch nicht

nachgekommen, καὶ οὔπω *) ἐληλύθει πρὸς αὐτοὺς ὁ Ἰησοῦς
irgend einen Sinn, wenn man nicht voraussezt, daß Jesus den
Jüngern vor der Abfahrt gesagt hatte, Er werde ihnen nachfolgen;
hatte Er ihnen Dieß gesagt, so mußten sie sich nahe ans Land
halten, um Ihn aufzunehmen; denn da nach **VI,** 22 kein an=
deres Schiff jenseits war, als das der Jünger, so konnte Jesus
nur zu Lande aufs dießseitige Ufer gelangen. Zweitens berichtet
Johannes: der See ward unruhig oder hohl, weil ein starker
Wind ging. Sobald Dieß geschieht, hält man mit kleinen Schiffen
auf allen Landseen, die nicht steile abschüssige Felsenufer, sondern
einen kiesigen, allmälig sich hebenden Saum haben, **) ans
Ufer; ich weiß Dieß aus Erfahrung, und man frage alle
Schiffer, sie werden es bestättigen. Wie große Schiffe bei Stür=
men die hohe See suchen, so kleine Nachen, das kiesige oder
sandige Ufer, weil die Wellen dort nicht schlagen können. Also
schon aus diesem Grunde müßten wir annehmen, daß die
Jünger sich möglichst dem Lande genähert. Nun eben Dieß
gibt Johannes fast mit dürren Worten zu verstehen: sie woll=
ten Jesum ins Schiff nehmen, und das Schiff war sogleich
am Lande, auf welches sie lossteuerten: ἤθελον οὖν λαβεῖν
αὐτὸν εἰς τὸ πλοῖον, καὶ εὐθέως τὸ πλοῖον ἐγένετο ἐπὶ τῆς
γῆς, εἰς ἣν ὑπῆγον. Natürlich wollten sie Ihn alsbald ins
Schiff nehmen, nachdem sie Ihn erkannt; war nun das Schiff
sogleich am Orte seiner Bestimmung, als sie Ihn aufnehmen
wollten, so folgt mit mathematischer Schärfe, daß der Herr
selbst am Lande war. Dennoch müssen wir jedenfalls anneh=
men, daß eine optische Täuschung mit unterlief. Dieß geht
hervor aus den Worten: „die Jünger fürchteten sich," so wie
aus dem Zurufe Jesu: „ich bin es, fürchtet Euch nicht." Warum

---

*) Dieß ist die wahre Lesart statt οὐκ; man sehe Lücke zu der
  Stelle.

**) Zu diesen gehört der Genesareth. Seicht und sandig sind seine
  Ufer, besonders auf der galiläischen Seite: täuschend sollen sie
  dem Genfersee gleichen.

fühlten sie sich unheimlich? Weil sie ein Wesen unfern von sich einherschreiten sahen, das sie nicht kannten, das ihnen ohne Zweifel eine übermenschliche Gestalt und Größe zu haben schien. Denn man muß wissen, daß alle Körper durch die dampfenden Nebel, die früh Morgens aus den Seen aufsteigen, eine zwei- und dreifache Größe annehmen. Diesen ersten Eindruck frischte Johannes in seiner Darstellung wieder auf. Warum? weil er, von dem Grundsatze beherrscht „einen Propheten wie Du," voraussezt, daß Christus eben so gut auf dem Wasser wandeln mußte, wie Moses. Als Jude schrieb er Dieß nieder, aber der Jude wird sogleich wieder durch den ehrlichen, redlichen Berichterstatter, vermöge treuer Erinnerung überstimmt; der Satz: ἤθελον *) οὖν λαβεῖν αὐτόν κ. τ. λ. zerstört den lezten Schein des Wunders. Wenn nun Jemand einwenden sollte: aber wie es doch denkbar sey, daß Johannes nicht selbst den natürlichen Hergang der Sache merkte, da doch sein treues Gedächtniß uns alle Elemente richtiger Beurtheilung aufbewahrt? ob diese unangenehme Erfahrung uns nicht nöthige, dem Evangelisten einen sehr beschränkten Verstand beizulegen? — so entgegne ich: gebt nur Acht, wie sonst talentvolle Menschen, die an Magie, Geistererscheinungen, an alle Wunder des thierischen Magnetismus glauben, Dinge erzählen, die ihnen ins Gebiet des Uebernatürlichen hinüber zu reichen scheinen. Sind sie anders ehrlich und nicht von gar zu viel Dichterluft angebläht, so wird man in ihren Berichten tausend Züge finden, aus welchen ein kühler Beobachter schließt, daß Das, was jene Gläubigen für übernatürlich ausgeben, auf gewohntem irdischem Wege zugegangen sey. Kommt aber ein großer Geist her, besonders einer von der Hegel'schen Sippe, und sagt: es gibt überhaupt nichts Uebernatürliches, folglich ist es dumm an Magie, Wunder, Geister und Dergleichen zu glauben: so lache

---

*) Ich mag nämlich kein Wort über die Künsteleien Derer verlieren, welche dem Ausdruck eine andere als die alltägliche, Allen verständliche Bedeutung geben.

ich dem Männchen ins Gesicht, und laß ihn als einen Narren
stehen. Kein verständiger Mensch wird darüber streiten, ob
allein das Einmaleins, der Zirkel, die Schwere sammt dem
Gänsekiel, das Maß des Möglichen umfasse, denn mit Shakes=
speare erkennt er an, daß es zwischen Himmel und Erde manche
Dinge gibt, von denen unsere Philosophie sich Nichts träumen
läßt; sondern darüber streitet man, ob in einem bestimmten
Falle der und der Zug natürlich oder magisch gewesen. Im
Uebrigen gibt es nichts Armseligeres, als Söhne des Alter=
thums nach Voltair'schen Begriffen oder gar mit dem Hegel=
schen Strohseil zu messen. Ich habe nur noch Eines auf dem
Herzen: kann man sich einen handgreiflichern Beweis der
Augenzeugenschaft denken, als der, welchen uns die Erzählung
Joh. VI, 17—21 an die Hand gibt? Das Herz, der Kopf
des Berichterstatters ist im Glauben an ein Wunder befangen,
aber das Gedächtniß zerstört das Uebernatürliche mit der Wur=
zel. Wahrlich Johannes muß dabei gewesen seyn!

Eben so laut bürgt für den Augenzeugen Vers 30: τί
οὖν ποιεῖς σὺ σημεῖον, ἵνα ἴδωμεν καὶ πιστεύσωμέν σοι. Es
ist als fiele ein Blitz herunter, der die Nacht des Sagenberichts
in den drei ersten Evangelien erhellt. Nun begreifen wir auf
Einmal, warum die Forderung des Zeichens bei den Synopti=
kern jene Stelle erhalten. *) Auch die folgende Rede des
Herrn, in welcher Er sich bildlich das wahre Himmelsbrod
nennt, und lehrt, man müsse Sein Fleisch essen, Sein Blut trin=
ken, hat eine tiefe historische Bedeutung, die ich jedoch erst
später enthüllen kann. Vers 60—66 gibt Johannes uns Kunde
vom Abfalle eines großen Theils der Jünger. Die dunkelsten
Schlagschatten des Lebens Christi werden uns hier vorgeführt,
die Wahrheit selbst spricht zu uns! Denn wo würde Sage oder
Phantasie auf solche Bekenntnisse führen, welche nur treues
Gedächtniß abnöthigt? Ich mache noch besonders auf den

---

*) Siehe oben II. B. 1te Abth. S. 225 u. flg.

63ſten Vers aufmerkſam: τὸ πνεῦμά ἐϛι τὸ ζωοποιοῦν, ἡ σὰρξ οὐκ ὠφελεῖ οὐδὲν, τὰ ῥήματα, ἃ ἐγὼ λαλῶ ὑμῖν, πνεῦμά ἐϛι καὶ ζωή ἐϛι. Johannes läßt hier Chriſtum Daſſelbe ſagen, was Paulus 2. Kor. III, 6 mit den Worten ausſpricht: τὸ γράμμα ἀποκτείνει, τὸ δὲ πνεῦμα ζωοποιεῖ. Die geiſtige, oder wenn man lieber will, die allegoriſche Erklärung der Schrift, und ſomit auch der Worte des Herrn, wird hier ſieg= reich der buchſtäblichen entgegengeſezt. Dieß iſt in doppelter Hinſicht ein ächt hiſtoriſcher Zug: erſtlich weil wir wiſſen, daß die Frage, in welcher Weiſe, ob wörtlich oder allegoriſch? die Schrift ausgelegt werden müſſe, in jener Zeit zu den beſtritten= ſten gehörte, weßhalb Chriſtus ſich über ſie ausſprechen mußte; Zweitens, weil aus den deutlichſten Spuren hervorgeht, daß der Herr wirklich die meſſianiſchen Begriffe ſeiner Stammge= noſſen vergeiſtigte, und folglich in dem von Johannes hier angedeuteten Sinne gelehrt hat. Endlich die Aeußerung Chriſti an die Jünger Vers 67, die Antwort des Petrus, dann die ſchwermüthige Ahnung Seines bevorſtehenden Schickſals, welche im 70ſten Verſe verhüllt liegt, gibt den Schlüſſel zum richtigen Verſtändniß Deſſen, was Lukas Kap. IX, 18 — 24 und Mat= thäus in der Parallele berichten. Wenn man die Sagenerzäh= lung der Synoptiker, nach den Regeln der erleuchteten hiſtori= ſchen Kunſt, auf geſchichtliche Größen zurückführt, kommt als reines Ergebniß Das heraus, was uns Johannes einfach und klar vorhält. *) Iſt ein triftigerer Beweis für ſeine Treue und Glaubwürdigkeit denkbar?

Leider verlaſſen uns vom 7ten bis zu Ende des 11ten Kapitels die Synoptiker wieder, ſonſt könnten wir ſicherlich reichere Erzgänge muthen, gehäuftere Merkmale der Augen= zeugenſchaft des vierten Evangeliſten zu Tage fördern. Ich bin daher wieder auf die Aufdeckung einzelner hiſtoriſcher Spuren

---

*) Ich will früher Bewieſenes nicht wiederholen. Man leſe nach, was ich oben II. Bd. 1te Abth. S. 214 zu Lukas IX entwickelt.

beschränkt. Zu diesen gehört unbestreitbar die Nachricht Kap. VII, 5: „nicht einmal seine Brüder glaubten an ihn," οὐδὲ γὰρ οἱ ἀδελφοὶ αὐτοῦ ἐπίσευον εἰς αὐτόν. Ich glaube, der gesunde Menschenverstand verbietet, den Ausdruck ἀδελφοί in einem andern als dem gewöhnlichen Sinne zu nehmen, folglich sind dieselben leiblichen Brüder gemeint, welche Matth. XIII, 55 unter den Namen Jakobus, Joses, Simon, Judas aufgeführt werden. Also eben diese Brüder glauben schlecht= weg, d. h. ohne Ausnahme zu jener Zeit nicht an Ihn, und doch findet sich in ihrer Mitte Einer, der in der apostolischen Epoche ausgezeichnete Achtung genoß, der den Ehrentitel führte „Bruder des Herrn," und einen Brief hinterließ, Jakobus nämlich. Hat Johannes Recht, so müssen wir voraussetzen, daß Jakobus erst nach dem Hingange des Herrn zu den Gläubigen übertrat, und nun wegen seiner Geburt, als der Bruder des Erlösers, außerordentliches Ansehen erhielt. Hiemit stimmen die Synop= tiker fröhlich überein, denn in keinem der verschiedenen Apostel= verzeichnisse, welche sie uns mittheilen, steht Jakobus, Bruder des Herrn oder Sohn Josephs. Also wird die Angabe des vierten Evangeliums von Einer Seite beglaubigt, doch noch viel stärker von einer andern. Nur genaue Sachkenntniß mochte unserm Berichterstatter eine Nachricht eingeben, die so ganz gegen das judenchristliche Vorurtheil und gegen die alte Ueberlieferung stritt. Derselbe Jakobus, den Paulus (Galat. I, 19) als den angesehensten Apostel mit der Formel Ἰάκωβον τὸν ἀδελφὸν τοῦ Κυρίε aufführt, den christliche Geschichtschreiber aus der ersten Hälfte des zweiten Jahrhunderts, wie H e g e s i p p u s,[*] auf alle Weise feiern, soll also, so lange der Herr auf Erden wandelte, nicht an Ihn geglaubt haben! Welcher Christ hätte es gewagt, diese Behauptung zu erdichten, oder sie auch nur nachzusprechen, wenn dieselbe nicht vollkommen beglaubigt war?

---

[*] Siehe E u s e b i u s Kirchengeschichte II. 23, wo ein Bruchstück aus H e g e s i p p angeführt ist, von dem ich später handeln werde.

Nur die unerbittliche Geschichte legt solche Zeugnisse ab. Auch den achten Vers des siebenten Kapitels dürfen wir nicht übersehen. Christus sagt hier zu seinen Brüdern: ἐγὼ οὐκ *) ἀναβαίνω εἰς τὴν ἑορτὴν ταύτην, ὅτι ὁ καιρὸς ὁ ἐμὸς οὔπω πεπλήρωται, geht aber hintendrein doch nach Jerusalem. Nie würde die Sage, diesen ob scheinbaren, ob wirklichen? Widerspruch zwischen den Worten Christi und der That geschaffen, oder auch nur geduldet haben. Bürge dafür die Aengstlichkeit der Abschreiber, die offenbar aus dogmatischen Gründen, oder weil sie es für unmöglich hielten, daß Christus anders rede, anders handle, das böse Wörtchen οὐκ in das mildere οὔπω umwandelten. Abermals sehen wir also, daß die nackte Geschichte zu uns spricht. Sonst bietet das siebente Kapitel nach meinem Dafürhalten keinen weitern Zug dar, aus welchem wir, bei dem Stillschweigen anderer Quellen, auf Augenzeugenschaft des Verfassers, oder auch auf das Gegentheil schließen könnten.

Daß der Abschnitt VII, 53 — VIII, 11 nicht von Johannes herrührt, haben tüchtige Ausleger, wie Lücke, längst bewiesen; innere und äußere Gründe stimmen gleich sto k für dieses Ergebniß. Nichts destoweniger möchte ich das Stück für kein sehr spätes Einschiebsel erklären, sondern ich bin geneigt, es derselben Hand zuzuschreiben, die auch das 21ste Kapitel dem vierten Evangelium anfügte. Zu den historischen Tönen rechne ich im vorliegenden Kapitel den 32sten Vers: ἡ ἀλήθεια ἐλευθερώσει ὑμᾶς. Warum? wurde oben gezeigt. **) Auch die Antwort der Juden B. 57 verdient Beachtung: εἶπον οὖν οἱ Ἰσδαῖοι πρὸς αὐτόν· πεντήκοντα ἔτη οὔπω ἔχεις, καὶ Ἀβραὰμ ἑώρακας. Zwei Fälle sind hier denkbar, entweder gibt unser Evangelist buchstäblich die Aeußerung der Juden wieder, dann folgt, daß Jene Ihn nicht für 30 sondern für mehr als 40jährig hielten; oder stammen die Worte mehr aus der Feder

---

*) Dieß ist, allem Anschein nach, die wahre Lesart; siehe Lücke zu der Stelle.
**) Seite 68 u. flg. dieses Bandes.

des Berichterstatters als aus, dem Munde der Juden, dann müssen wir nicht minder annehmen, daß Johannes den Herrn für einen Vierziger ansah, denn sonst könnte er die Juden, denen laut des Zusammenhangs mehr daran lag, Jesum jünger als älter zu machen, nicht so sprechen lassen. Ich setze hiebei voraus, man werde mir zugeben, daß kein vernünftiger Schriftsteller von einem Dritten, dem er ein Alter von 30 Jahren zutraut, besonders dann, wenn (was hier der Fall) das Interesse des Streites gebietet, denselben jünger zu machen, als er wirklich ist, selbst sagen wird, noch auch Anderen diese Worte in Mund legen wird: Du zählst noch nicht 50 Jahre. Es wäre doch gar zu widersinnig, Dieß anzunehmen. Schon ein alter Vater hat den eben entwickelten richtigen Schluß aus der Stelle Joh. VIII, 57 gezogen. Irenäus sagt nämlich im zweiten Buch der Ketzereien, 22sten Kapitel: *) hoc autem (scilic. πεντήκοντα ἔτη οὔπω ἔχειν) consequenter dicitur ei, qui jam quadraginta annos excessit, quinquagesimum annum nondum attigit, non tamen multum a quinquagesimo anno absistit. Ei autem, qui sit triginta annorum, diceretur utique, quadraginta annorum nondum es. Von dieser Ansicht ausgehend sucht Irenäus das Zeugniß bei Lukas (III, 23: αὐτὸς ἦν ὁ Ἰησοῦς ὡσεὶ ἐτῶν τριάκοντα ἀρχόμενος) mit unserer Stelle in der Weise zu vereinigen, daß er annimmt, Christus habe zwar mit den dreißiger Jahren öffentlich zu lehren angefangen, aber seinen Beruf lange Zeit fortgesezt, so daß Er wirklich schon in den Vierzigern stand, als die Juden die Worte an Ihn richteten, welche Johannes VIII, 57 uns aufbewahrt hat. Andere versuchten es gar, die Angabe bei Johannes durch Veränderung des Textes mit Lukas in Einklang zu bringen, indem sie gewaltsam zehn Jahre von den fünfzig abzogen, d. h. τεσσαράκοντα statt πεντήκοντα lasen. Chrysostomus folgt dieser Lesart, und zwar allem Anschein

---

*) Benediktiner Ausgabe I, 148, b.

nach, nicht als der Erste. Beide Wagnisse haben theils den Zusammenhang, theils die Handschriften gegen sich, und müssen daher höchlich verdammt werden. Allein für uns sind sie belehrend, indem wir daraus ersehen, wie sehr das ganze christliche Alterthum von der Wahrheit der Angabe des Lukas eingenommen war, und einstimmig den Anfang der öffentlichen Thätigkeit des Herrn in Sein dreißigstes Jahr verlegte. Dieß wundert mich nicht, denn leztere Annahme ist Nichts als ein nothwendiger Schluß aus den Sagen über die Kindheit Jesu. War Jesu messianischer Beruf schon vor Seiner Geburt und gleich nach derselben nicht nur Seinen Aeltern, sondern auch einem guten Theile des jüdischen Volks verkündigt worden, hatten Wunder aller Art Sein Erscheinen in der Welt begleitet: so mußte man erwarten, daß Er sobald in Seinem himmlischen Beruf auftreten werde, als Dieß Seine menschliche Entwicklung, das zur Reife nöthige Alter, gestattete. Wie viel Jahre hiezu erforderlich seyen, darüber spricht sich ein mosaisches Gesetz klar aus. Nach Numer. IV, 3. 47 war der Levite mit dem dreißigsten Lebensjahre zum heiligen Dienste befähigt, mit demselben Jahre übernimmt Joseph das Scepter Aegyptens (Genes. 41, 46), übernahm David das Reich Juda (II. Sam. 5, 4). Wozu hätte der fertige Messias länger zaudern sollen? Nutzlose Verschwendung der Zeit wäre es gewesen, wenn Er sich über dieses gesetzliche Jahr hinaus Seinem Amte entzog. Ohne Zweifel liegt hierin der wahre Grund, warum nicht nur Lukas, sondern auch das ganze christliche Alterthum den Herrn als Dreißiger beginnen läßt. Anders Johannes. Ich lasse es mir nicht ausreden, daß er in unserer Stelle Jesu ein ziemlich höheres Alter zuschreibt, als dreißig Jahre. Hält man nun jene wunderbaren Vorausverkündigungen Seines messianischen Berufs, von welchen die Synoptiker reden, für baare Wahrheit, so muß es allerdings seltsam erscheinen, daß Er erst so spät auftrat: nimmt man sie aber für Das, was sie sind, für judenchristliche Sagen, ohne historischen Grund, so neigt

ſich die Schale der Zuſtimmung bedeutend auf die Seite des
Johannes. Denn gewiß iſt es weit glaublicher, daß Jeſus in
der vollen Reife des Mannesalters, und erſt nachdem Er ſich
ſchon als Lehrer und Menſch bewährt, zur Verwirklichung
Seines erhabenen Planes ſchritt, als das Gegentheil. Würde
Er überhaupt Anklang gefunden haben, wenn Er ſchon mit dem
erſten Jahre, in welchem überhaupt ein Rabbi ſelbſtſtändig
wirken durfte, ſich die höchſte Stufe menſchlichen Anſehens zu=
ſchrieb, indem Er ſich ſelbſt für den Meſſias ausgab? Ich
zweifle ſehr hieran, und denke vielmehr, daß nicht nur der
Neid, ſondern auch geſunder Verſtand viel gegen ein ſo frühes
Auftreten einzuwenden gehabt hätte. Dieß wäre der Eine Grund
zu Gunſten unſerer Stelle, der zweite iſt noch ſchlagender.
Iſt es irgend wahrſcheinlich, daß Johannes gegen die Sage,
und folglich gegen die allgemeine Vorausſetzung ſeiner Glau=
bens= und Zeitgenoſſen, Chriſto ein höheres Alter beimaß,
wenn ihn nicht die Erfahrung, die überwiegende Gewalt der
Thatſache dazu nöthigte? Immer iſt das Abweichen von der
gemeinen Ueberlieferung ein günſtiges Zeichen.

Die folgende Geſchichte von der Heilung des Blindgebor=
nen gehört zu den Wundern, für die ein eigener Abſchnitt
meines Werkes beſtimmt iſt. Die Rede vom guten Hirten
Kap. X, 1 — 18 bietet für vorliegende Unterſuchung keinen
Stoff dar. Daß in den Verſen X, 23 — 25 ein wichtiger
Fingerzeig der Augenzeugenſchaft liege, wurde bereits oben
entwickelt. Eine andere Spur derſelben Art findet ſich Kap.
X, 40: καὶ ἀπῆλθεν Ἰησοῦς πάλιν πέραν τοῦ Ἰορδάνs,
womit man vergleichen muß Matth. XIX, 1, wo es heißt:
„Nachdem Jeſus dieſe Reden beendigt hatte, brach er auf von
Galiläa, und begab ſich in die Gränzen Judäa's, jenſeits des
Jordan!“ Der erſte Synoptiker will vom 19ten Kapitel an
die lezte Reiſe nach Jeruſalem beſchreiben, Dieß erſieht man
aufs Klarſte aus den nächſten Abſchnitten; ferner gehen wir
gewiß nicht zu weit, wenn wir ihm ſoviel Ortskenntniß

zutrauen, als nöthig ist, um zu wissen, daß für Den, der aus Galiläa nach Judäa und Jerusalem zu reisen gedenkt, der kürzeste Weg nicht über das jenseitige Jordan=Gebiet führt; denn wer so reist, durchläuft zwei Schenkel eines Dreiecks statt der Grundlinie. Unmöglich kann endlich die bloße Sage, oder ein jüdisches Vorurtheil daran Schuld seyn, daß jener Bericht Christum vor der Reise nach Jerusalem erst noch das Land jenseits des Jordans berühren läßt. Folglich werden wir genöthigt, auf irgend eine historische Erinnerung zu schließen, welche den ersten Synoptiker bestimmte, diesen Umweg anzunehmen. Nun das Räthsel wird gelöst durch Johannes. Er erzählt uns ja, daß Jesus kurz zuvor, ehe Er zum Leztenmale Jerusalem besuchte, eine Reise in das Gebiet jenseits des Jordans gemacht hat. Eine dunkle Ueberlieferung erhielt sich hievon in der urchristlichen Sage, dunkel insofern, als sie die Wanderung nach Peräa unmittelbar an Seine Abreise aus Galiläa knüpft, während der Herr Sein Heimathland ja viel früher verlassen hatte, um nach der Hauptstadt zu gehen. Aber da die Synoptiker überhaupt nur von Einem Aufenthalte Jesu in Jerusalem wissen, so erklärt sich diese Unklarheit von selbst, und ungeschmälert bleibt der Triumph des vierten Evangelisten.

Von der Auferweckung des Lazarus Kap. **XI**, 1 — 44, werde ich besonders handeln. Nach ihr beschreibt Johannes die Rathsversammlung der Leviten und Pharisäer; ich habe bereits früher gesagt, daß ich schon wegen dieses einzigen Stückes unserm Evangelium die Palme zuerkennen würde; denn hier ist jedes Wort lautere Geschichte, nie wäre Sage oder jüdische Phantasie auf Etwas der Art verfallen. Mit dem 12ten Kapitel wird Johannes wieder von dem Synoptikern eingeholt, alsbald häufen sich auch, weil eine Vergleichung möglich, die handgreiflichen Beweise der Aechtheit und Augenzeugenschaft. Das Mahl beschreibt, außer Johannes, nur Matthäus, und zwar auch er lückenhaft, mit Einmischung unrichtiger Züge, mit Auslassung wesentlicher Bestandtheile. Doch genügt auch dieses verstümmelte Bild, um den Bericht des vierten Evangeliums glänzend zu rechtfertigen. Mit den Urkunden der ältesten Sage in der Hand haben wir dargethan, daß unter der Person Simons des Aussätzigen, der bei Matthäus das Mahl gibt, der Verräther Judas Ischarioth verborgen sey, den Johannes ganz richtig und zwar als Gast, wie sich von selbst versteht, anwesend seyn läßt. Ueber Ort und Zeit stimmen Johannes und Matthäus überein, beide nennen Bethania und die lezten Tage vor der Kreuzigung. Der erste Evangelist zeugt also zu Gunsten des vierten, theils offen, theils unfreiwillig, in zwei sehr wichtigen Punkten. Als Bürge für die That der Salbung Christi durch eine Frau tritt außer Matthäus auch noch Lukas auf. Denn daß seiner Erzählung von den Vorgängen im Hause des Pharisäers Simon Kap. VII, 36—50 am Ende eine sehr verunstaltete Sage von dem Mahle zu Bethanien unterliege, habe ich oben gezeigt. Somit bleibt nur noch die Person Dessen, der das Mahl veranstaltete, so wie der Name des salbenden Weibes zu bestimmen übrig. Da Johannes in allen anderen Zügen als der treue Berichterstatter bewährt ward, so fordert der gesunde Menschenverstand, daß man ihm auch in den zwei allein noch übrigen Recht gebe. Hiezu ermächtigen uns, richtig verstanden, auch die Stimmen der beiden Synoptiker. Denn aus den bereits entwickelten Gründen ergibt sich, daß Simon der Aussätzige das Mahl nicht veranstaltet haben kann, also müssen wir, durch Matthäus selbst genöthigt, einen andern Wirth suchen. Weiter aus dem Abschnitte Luc. X, 38—42 ersehen wir, daß Jesus von einer Familie, bestehend aus zwei namentlich aufgeführten Schwestern, die in einem Dorfe lebten, Maria und Martha, sehr freundlich aufgenommen ward. Außer den Aposteln und den Frauen, die den Herrn überall begleiteten, werden sonst sehr wenige Namen von Solchen, mit denen Christus verkehrte, mitgetheilt. Daß die Sage dennoch jene Namen Martha und

Maria aufbewahrt hat, scheint darauf hinzudeuten, Er sey zu ihrer Familie in einem besonders traulichen Verhältnisse gestanden. Und es wäre wohl nicht gar zu kühn, wenn man aus dieser Spur schließen wollte, ob nicht das Mahl, dessen Wirth Matthäus nicht recht zu nennen weiß, in ihrem Hause vorgegangen! Nun gerade Dieß behauptet ja Johannes: er verlegt die Begebenheit ins Haus des Lazarus, des Bruders der beiden Schwestern, und Maria war es, welche dem Herrn die Füße salbte. Auch ein genügender Grund dieser verschwenderischen Ehrfurchtsbezeigung wird durch ihn enthüllt: sie that es aus überströmender Dankbarkeit für die Erweckung ihres Bruders Lazarus. So reiht sich Lorbeerreis an Lorbeerreis, um die Krone des vierten Evangelisten auszuflechten. Auch ersieht man recht schön, wie der wahre Hergang stufenweise sich in der Sage, deren Ausdruck uns die Synoptiker vorhalten, verdunkelte. Die Quelle, welche Matthäus benüzte, kannte den ächten Namen des Wirths und der salbenden Frau nicht mehr; nur davon war eine dunkle Erinnerung übrig geblieben, daß Simons Sohn, der Elende, der Mann des Aussatzes, eine bedeutende Rolle dabei spielte. Doch schon verstand man seine Krankheit nicht mehr geistig, sondern leiblich, und da vor allen Dingen ein Wirth nöthig war, wurde er in den Veranstalter des Mahles umgewandelt. Der Ort, die Zeit, die That der Salbung dagegen erhielt sich. Einer um vieles trüberen Quelle folgt Lukas. Daß es in Bethanien und kurz vor der Kreuzigung geschah, ist vergessen; der Verräther Jesu, Judas, Simons Sohn, wird in einen Pharisäer Simon umgeschaffen, woraus ersichtlich, daß die Sage, wie wir andeuteten, und wie sich auch von selbst versteht, den Namen des Wirths am wenigsten entbehren konnte; nur die That der Salbung blieb, aber sie steht in falschem Zusammenhange, denn sie wird einer Ehebrecherin zugeschrieben. Woher diese Verunstaltung gekommen, ist nicht schwer zu enträthseln; offenbar floß die Sage, welche eine fremde Hand Kap. VIII, 1 — 11 dem vierten Evangelium beifügte, mit einem ungetreuen Bericht von dem Mahle zu Bethanien in Eins zusammen, und daraus entstand dann die Erzählung Luc. VII, 36 — 50. Dieß ist zugleich der Hauptgrund, warum ich oben das Anhängsel Joh. VIII für sehr alt erklärte; es war in den Tagen des dritten Synoptikers nicht nur vorhanden, sondern auch mehrfach bearbeitet.

Ueber den Einzug Christi in Jerusalem stimmen die Synoptiker mit Johannes überein. Mit Palmzweigen in der Hand strömen Ihm Volkshaufen entgegen, und rufen: Hosianna, gesegnet sey, der im Namen des Höchsten kommt! Jesus reitet auf einem Esel, die Pharisäer sind in Verzweiflung darüber, daß die Massen, trotz aller Abmahnungen, dem Einziehenden wie einem Herrscher huldigen. All' Dieß findet sich, wie gesagt, oft fast mit denselben Worten, bei den Synoptikern. Aber über die höchst wichtige Frage, warum das Volk, über dessen Gleichgültigkeit sonst genug geklagt wird, jetzt den Herrn auf Einmal so festlich empfängt, lassen sie uns völlig im Dunkeln. Bloß Johannes gibt hier Aufschluß. Das Wunder der Auferweckung des Lazarus war es, was die Massen so hinriß, und ich denke, man müsse jedenfalls zugestehen, daß nur ein seltenes, außerordentliches Ereigniß einen solchen Eindruck hervorbringen mochte. Die von Beiden, von den Synoptikern, wie von Johannes, beglaubigte Wirkung auf die Gemüther nöthigt uns auf eine vorangegangene That zu schließen, welche der von Johannes geschilderten wenigstens ähnlich war. Eine dunkle Ahnung hievon hat sich, wie ich schon früher anzudeuten Gelegenheit hatte, *) bei Lukas erhalten. Der dritte Synoptiker berichtet nämlich Kap. XIX, 37: „Als Jesus schon nahe an dem Orte war, wo der Oelberg sich absenkt, begann der ganze Haufen seiner Jünger freudig Gott zu loben, mit lauter Stimme, wegen aller Wunder, welche sie gesehen hatten, und sie riefen: Gesegnet sey der König, der da kommt im Namen des

---

*) Siehe I. Abtheilung dieses Bandes, S. 300, zu Luc. XIX, 37.

Herrn" u. f. w. Also Wunder, die vorher geschaut worden waren, sollen die Ursache des Jubels und des festlichen Empfangs seyn. Aber unmittelbar zuvor berichtet Lukas kein Wunder, und etliche Tage früher nur das einzige an dem Blinden von Jericho verrichtete. Der Satz: αἰνοῦντες θεὸν περὶ πασῶν, ὧν εἶδον, δυνάμεων bleibt also unerklärt, und es ist am Tage, daß sich in der Ueberlieferung, welcher Lukas folgt, nur ein leiser Nachhall gewisser Thaten erhalten hat, die ganz und unversehrt bei Johannes sich finden. Aus einer kleinen Andeutung des Textes schließe ich, daß Lukas oder sein Vorgänger selbst die Lücke fühlte. Er sagt: die ganze Schaar der Jünger hätte jenen Jubelruf ausgestoßen: ἤρξαντο ἅπαν τὸ πλῆθος τῶν μαθητῶν αἰνεῖν τὸν Θεὸν, λέγοντες. Erst im 39sten Verse spricht er von anwesenden Volkshaufen: καί τινες τῶν Φαρισαίων ἀπὸ τοῦ ὄχλϑ εἶπον πρὸς Ἰησοῦν, während Johannes und Matthäus, sicherlich der Wahrheit gemäß, Volkshaufen, die aus Jerusalem dem Herrn entgegeneilen, in jenen Jubel ausbrechen lassen. Von einem ἅπαν πλῆθος τῶν μαθητῶν, oder einer großen Menge der Jünger weiß Lukas sonst so wenig als die Andern. Woher rührt nun diese Sonderbarkeit? Ohne Zweifel daher, weil er den Satz: περὶ πασῶν, ὧν εἶδε, δυνάμεων, dessen wahrer Sinn verloren war so gut es ging, begreiflich machen wollte. Da er Nichts von einem Wunder weiß, das kurz zuvor in der Nähe von Jerusalem geschehen, und die Einwohner der Hauptstadt — aus welchen die Jubelnden bestanden — hinreißen mochte, schafft er Leztere in Jünger, d. h. in Leute um, die den Herrn stets begleiteten und also Seine früheren Wunderthaten gesehen haben mußten. So verbessert er scheinbar den einen Fehler, geräth aber darüber von der Scylla in die Charybdis.

Ein tiefes Geheimniß, eine mystische Erfüllung prophetischer Sprüche, finden die Synoptiker in der Art und Weise, wie sich Jesus den Esel zum Einritt verschaffte, und auf demselben daherzog. Johannes sagt ganz einfach: der Herr fand einen Esel, er berichtet weiter, daß die Jünger damals gar nichts Besonderes in diesem Umstande gesehen, und erst später die Stelle des Zacharias darauf angewandt hätten. Wie sehr Dieß für ihn als Augenzeugen spreche, habe ich oben dargethan. Auch in der Neugierde der Hellenisten und der Abgemessenheit, mit der Philippus ihre Bitte vor den Herrn bringt, finde ich einen Zug, der für die Glaubwürdigkeit des vierten Evange= listen zeugt. Man lese nur Kap. XII, 20 u. flg.: „Es waren aber etliche Griechen unter der Masse Derer, welche nach Jeru= salem gewallfahrtet hatten, um anzubeten am Feste. Diese traten zu Philippus, dem Apostel aus Bethsaida in Galiläa, baten ihn und sprachen: Herr! wir möchten gerne Jesum sehen. Philippus ging hin und sagte es dem Andreas, darauf sagten es Philippus und Andreas gemeinschaftlich dem Herrn." Getroffen, Er ist's, muß man ausrufen. Wie natürlich steht die Neugierde der griechischen Juden vor uns da, und dann noch das Verfahren des Philippus! Er hat nicht das Herz, sich unmittelbar an Jesus zu wenden, sondern ruft die Ver= mittlung des Andreas an, der wahrscheinlich dafür galt, die besondere Gunst des Herrn zu genießen dann tragen sie es Beide Christo vor. Wer wird so Etwas erfinden! Ohne Zweifel hätte sich Johannes selbst nicht mehr an den kleinen Zug erin= nert, wäre derselbe nicht mit Dingen, die sich mächtiger in sein Gedächtniß eingruben, mit der Vers 25—27 erzählten Rede des Herrn, namentlich aber mit der Bathkol Vers 28 in Ver= bindung gestanden. Ich rechne diesen Ruf aus der Höhe zu den merkwürdigsten Stellen des Evangeliums. „Als Jesus so sprach," heißt es Vers 28: „erscholl eine Stimme vom Himmel herab (welche rief): ich habe Dich verkläret, und will Dich noch einmal verklären. Das Volk nun, das dabei stund und zuhörete, meinte, es sey ein Donner. Andere sagten: ein En= gel hat mit Ihm geredet. Christus aber sprach: diese Stimme ist nicht um meinet=, sondern um euretwillen erschollen." Drei Abstufungen des Hörens werden hier unterschieden, auf welche

wir nsere Aufmerksamkeit richten müssen. Diejenigen, für
deren inneres Gehör der himmlische Laut die Worte
enthielt: καὶ ἐδόξασα καὶ πάλιν δοξάσω, waren ohne Zweifel
die Jünger, namentlich Johannes selbst. Aber warum fanden
sie den angezeigten Sinn in dem Laute? Das ist nicht gesagt,
ich vermuthe sogar, es sey erst lange nach der Auferstehung
geschehen, und es walte hier dasselbe Gesetz, das ich früher zu
Joh. XII, 16 entwickelte. „Andere," heißt es B. 29, „sagten:
ein Engel habe mit Ihm gesprochen." Wer sind diese Anderen?
Wahrscheinlich Solche, die in die himmlische Würde Jesu tiefer
eingeweiht und die namentlich auch durch das Zusammentreffen
des Lauts von Oben mit Jesu eben ausgesprochenen Worten:
πάτερ δόξασόν σε τὸ ὄνομα in Erstaunen gesezt waren.
Endlich sagt Johannes: der Haufe, der dabei stand und hörte,
vermeinte, es sey ein Donner. Unter dem Namen „Haufe" be=
greift er ohne Zweifel die große Masse Derer, welche keine
höhere Begriffe von Jesu Wesen, zugleich aber auch keine Vor=
urtheile hegten, und sich an die äußere Erscheinung hielten,
welche den Eingeweihteren nur Oberfläche, nur Hülle und
Sinnbild geheimer Kräfte war. Als Historiker, der es mit
dem Reiche der Thatsachen zu schaffen hat, bleibe ich ebenfalls
bei der äußeren Erscheinung stehen, erkläre den Laut für einen
Donner, und gehe also mit dem Haufen, den tiefern, verborge=
nen Sinn den Mystikern und brütenden Theologen überlassend.
Ich würde Dieß auch dann thun, wenn es nicht aus tausend
Beispielen bekannt wäre, daß die damaligen Juden, ganz auf
die hier beschriebene Weise, in zufälligen Erscheinungen göttliche
Stimmen, sogenannte Bathkol zu vernehmen pflegten. Das
aber behaupte ich mit großer Zuversicht, daß vorliegende Stelle
eine höchst günstige Bürgschaft leistet für den von mir ange=
nommenen Ursprung des vierten Evangeliums. Nur ein Au=
genzeuge unterscheidet so zwischen der äußern Erscheinung und
dem tiefern Sinn eines Lauts, nur ein Augenzeuge beschreibt
so die verschiedenen Eindrücke, welche ein Vorfall der Art auf

verschiedene Menschen hervorgebracht. Wäre unser Evangelium aus der Sage geschöpft und von einem Träumer geschrieben, wie jezt Viele wähnen, so würden wir bloß lesen: die und die Stimme sey vom Himmel herab erschollen. Zugleich ersieht man aus vorliegendem Beispiel, was der historische Gehalt der Himmelsstimmen ist, die sonst im Evangelium vorkommen, wie bei der Taufe Christi und bei der Bekehrung des Heiden= apostels. Ich muß noch auf zwei Einwürfe Rücksicht nehmen. Man könnte sagen: es sey immer bedenklich, und spreche gegen den historischen Charakter des vierten Evangeliums, daß in ihm so viele außerordentliche Dinge zusammentreffen, was sonst in der täglichen Erfahrung nicht vorkomme. Kaum zuvor schildere Johannes die Auferstehung des Lazarus, dann das Mahl in Bethanien, sammt dem Einzuge Christi in Jerusalem, welche beide Vorfälle auch ihren wunderbaren Anstrich haben, und nun, zu Guterlezt, bringe er gar noch eine Stimme aus der Höhe. Wenn man in dieser auch Nichts weiter als einen Donner sehe, so behalte die Sache doch etwas sehr Auffallen= des, denn auch Donner seyen nicht immer· so, wie ein **Deus ex machina** bei der Hand. Ich entgegne: wer das Evangelium Johannes so liest, daß er dem Verfasser die Ansicht unterlegt, als wolle er sagen: alles Dieß sey eben so unmittelbar hinter= einander geschehen, als es auf dem Papier hintereinander steht, der mag immerhin über den wunderbaren Charakter des Evan= geliums klagen, doch thäte er sicherlich noch besser, wenn er seine eigene Ungeschicklichkeit beweinte. Hätte Johannes ein Tagebuch geschrieben, in welchem, was irgend zu jeder Stunde Jesus that und litt, verzeichnet war, so würden wir sehr viel Gewöhnliches darin lesen, und die wunderbaren Züge wären durch große Zwischenräume getrennt. Nun verfaßt er aber ein Evangelium, d. h. ein Buch, in welchem nur solche Gegen= stände, die geeignet sind, Jesu messianische Würde darzuthun, geschildert werden; folglich ist es ganz in der Ordnung, daß hier auffallende Züge dicht auf einander folgen; denn Johannes läßt alles Gewöhnliche, auf den Zweck, für welchen er schrieb, (Kap. XX, 31) nicht Bezügliche zur Seite, wie man klar aus unserer Stelle ersehen kann. Das Mahl zu Bethanien erfolgte sechs Tage vor dem Passah. Der Einzug und die weiteren, Kap. XII, 12 bis zu Ende berichteten Vorfälle am fünften, die Fußwaschung dagegen, welche nun an die Reihe kommt (Kap. XIII, 1 u. flg.), am lezten: es ist also klar, daß er die Geschichte von vollen vier Tagen ohne Zweifel weil sie nichts besonders Denkwürdiges enthielten, ganz übergangen hat. Ich denke, so wäre jener Einwurf gehörig widerlegt. Zweitens behaupten Metaphysiker: die Reden Jesu XII, 23—27 stehen in durchaus keinem irgend denkbaren Zusammenhange, weder mit Dem, was vorher erzählt ist, noch was nachfolgt. Statt wie es sich gebührte, auf den Antrag des Philippus und der griechischen Juden zu antworten, breche Christus in eine Reihe jener Redensarten aus, die zwar dem vierten Evangelisten sehr geläufig seyen, aber an den Ort, wo er sie anbringe, nimmermehr passen. Kurz das ganze Stück sey am Ende nichts Anderes, als ein schlechter, verwaschener Abdruck der Sage, welche bei den Synoptikern zu dem Berichte von den Leiden Christi im Garten Gethsemane anschoß. *) Wahrlich, sehr schlecht stünde es um das vierte Evangelium, wenn dieser Einwurf gegründet wäre; allein derselbe beruht auf lauter falschen Voraussetzungen. Ich will zuerst sagen, was ich den Gegnern zugebe. Immerhin möchte es seyn, daß Johannes einige unbedeutende Mittelglieder, namentlich eine bestimmte Antwort auf die Bitte der Griechen, übergangen hätte, vielleicht aber auch nicht, denn selbst ohne diese Annahme hängt Alles wohl zusammen. Zweitens, daß Jesus gerade dieselben Ausdrücke gebraucht, die Ihm Johannes in Mund legt, möchte ich nicht vertheidigen; wohl aber getraue ich mir, für den Sinn Dessen, was Er sagt, nach seinem vollen Umfange einzustehen,

---

*) Siehe Strauß, Leben Jesu, II. 467.

und ich finde denselben nach Dem, was vorangeht, und was folgt, sehr natürlich. Oben wurde bewiesen, daß Jesus, ehe Er Jerusalem zum Leztenmal betrat, voraussehen konnte, und wirklich voraussah, was Ihn dort erwartete; mit klarem Bewußtseyn ging Er einem höchst wahrscheinlichen Tode entgegen. Bei dieser Stimmung ist ganz begreiflich, daß kurz nachdem Er die Stadt betreten und sich von einer unermeßlichen, gegen Ihn gleichgültigen Volksmenge umringt sah, Gedanken in Ihm aufstiegen, wie die XII, 23 — 27 beschriebenen, daß Seine Seele betrübt war, daß Er wünschte, die bittere Stunde möchte vorüber seyn. Es sind übrigens in der Erzählung des Johannes noch besondere Gründe angedeutet, welche solche Gefühle voll Schwermuth, aber auch voll Ergebung hervorrufen mußten. Vers 36 heißt es: „nachdem Jesus Dieß gesprochen, ging Er weg und verbarg sich vor den Juden.“ Dieser kurze Satz nöthigt uns anzunehmen, daß Jesus nichts als Gleichgültigkeit, wo nicht offenen Haß bei den zahllosen Volksmassen fand, die zum Feste in der heiligen Stadt versammelt waren; denn ohne Zweifel hat Er sich, um Sein Leben zu sichern, verborgen. Auf dasselbe Ergebniß führt uns der folgende Vers (37), wo das gereizte Gefühl des Berichterstatters sich Luft macht, indem er schmerzlich ausruft: „Obgleich Jesus so viele Zeichen vor ihnen that, glaubten sie doch nicht an Ihn, auf daß erfüllet würde der Spruch der Propheten Esaias (53, 1): Herr, wer glaubt unserer Predigt, und wem ward der Arm des Herrn offenbar.“ Wahrlich, Johannes würde an diesem Orte nicht so sprechen, wäre nicht eine Erinnerung in seiner Seele aufgetaucht, daß die große Mehrheit des versammelten Volks damals Christo nur Unglaube und Abneigung bewiesen hat. Seine Worte ergänzen die Lücke der Erzählung. Wir haben uns den Hergang so zu denken: bei seinem Einzuge in die Hauptstadt kamen Jesu zwar Volkshaufen entgegen, die Ihm freudig huldigten; wir wollen dieselben freigebig auf etliche Tausende anschlagen. Aber was waren sie gegen die Hundert=

tausende, die damals in Jerusalem sich befanden! Denn die Stadt wimmelte besonders am Osterfeste von Menschen, etwa wie es in London war bei der jüngst vergangenen Krönung der Königin Viktoria, wie es in Mailand der Fall war, bei der jüngsten Krönung des Enkels und Erben unserer deutschen Kaiser. Während Sein Herz sich nach Mitgefühl, nach Empfänglichkeit der Massen für seine Plane sehnte, erblickte der Herr nur gleichgültige, vielleicht abgeneigte Gesichter, und der einzige Beweis von einiger Aufmerksamkeit für Seine Person war die neugierige Bitte jener griechischen Juden. Sie wünschten Ihn zu sehen, sicherlich in derselben Absicht, in der heut zu Tage gedankenlose Reisende sich bei irgend einem berühmten deutschen Gelehrten anmelden lassen, nämlich um nachher sagen zu können, sie hätten ihn vorne und hinten besehen. Der Unglaube der Vielen, die zweideutige Neugier der Wenigen, that dem Herrn gleich wehe; stärker als sonst stieg die Ahnung in Ihm auf, daß Er nur im Tode triumphiren werde. Da Er aber fühlte, wie ein Mensch, so ward Er zugleich erschüttert durch den Gedanken an das nahende Geschick, und Er sprach den Wunsch aus, desselben enthoben zu seyn, doch mit überwiegender Ergebung in den höheren Willen. Es liegt am Tage, daß Jesus, indem Er so sprach, zugleich die Bitte der Griechen, als zu Nichts führend, verdeckt abschlug. Ich habe hier Nichts vorausgesezt, zu was mich nicht der klare Buchstabe des Textes berechtigte, und jeder Unbefangene wird mir, hoffe ich, zugestehen, daß, so betrachtet, Alles trefflich zusammenhange. Eine trübe Erinnerung dieser Reden Jesu, welche Johannes richtig erzählt, scheint sich in der Sage erhalten und im Bunde mit den anderen Hebeln, die ich oben enthüllte, Anlaß zu der Scene von Gethsemane gegeben zu haben.

Schon viele Fingerzeige der Aechtheit des vierten Evangeliums boten sich uns seither dar, aber noch kein so deutlicher und glänzender, als der ist, zu dem wir jezt übergehen. Ich meine das Mahl im dreizehnten Kapitel unseres Buches. Die

Synoptiker gehen auch hier dem vierten Evangelisten zur Seite, zwar nicht vollkommen, aber doch gerade genug, um Jenem einen vollendeten Triumph zu bereiten. Ich beginne mit den einfacheren Fragen, und gehe dann zu den verwickelteren über. In seinem Berichte vom lezten Mahle sagt Lukas (XXII, 24 u. flg.): „Es erhob sich auch ein Zank unter den Jüngern darüber, wer der größte sey. Da sprach Jesus zu ihnen: Die weltlichen Könige herrschen über ihre Völker, und die Gewalthaber nennt man gnädige Herren. Ihr aber nicht also, sondern der Größte unter Euch soll seyn, wie der Jüngste, und der Vornehmste wie der Diener; denn wer ist größer, Der, welcher zu Tische liegt, oder Der, welcher ihm aufwartet? Nicht wahr, der zu Tische liegende! Ich aber bin in Eurer Mitte wie ein Aufwartender." Von Stein müßte das Herz der Apostel gewesen seyn, wenn sie in jenem erschütternden Augenblicke Rangstreitigkeiten angefangen hätten. Nun ich habe oben *) den wahren Ursprung dieser falschen Wendung einer sonst treuen Sage aufgedeckt. Weiter, wenn Christus mit Recht sagen soll: ἐγώ εἰμι ἐν μέσῳ ὑμῶν ὡς ὁ διακονῶν, so muß man nothwendig annehmen, daß Er kurz zuvor bei Tische aufgewartet, oder sonst das Werk eines Dieners verrichtet habe. Nun, das vierte Evangelium gibt den Schlüssel zu diesem Räthsel. Jesus wascht hier den Jüngern die Füße, und spricht zu Ende der rührenden Handlung (Joh. XIII, 12 flg.) Worte, welche die Darstellung des dritten Synoptikers vollkommen erklären: „Als nun der Herr den Jüngern die Füße gewaschen und Seine Kleider wieder angezogen hatte, legte Er sich nieder zu Tische, und sprach zu ihnen: versteht ihr, was ich Euch gesaget habe? Ihr nennt mich Meister und Herrn, und thut Recht daran, denn ich bin's auch. So nun ich, der Herr und Meister, Euch die Füße gewaschen habe, so sollet Ihr Euch unter einander ebenfalls die Füße waschen. Ein Vorbild habe

---

*) Zu Luc. XXII, 24, siehe die I. Abth. dieses Bandes S. 332.

ich Euch gegeben, damit Ihr thut, wie ich Euch gethan. Wahrlich, wahrlich, ich sage Euch, der Knecht ist nicht größer als sein Herr, noch der Apostel größer, denn Der, so ihn gesandt hat." Nur aus der Darstellung des Johannes wird es begreiflich, wie die alte Sage jene Wendung nehmen konnte, die wir bei Lukas finden, und Lezterer leistet die glänzendste Gewährschaft für die Wahrheit des vierten Evangeliums. Da dieses in einem so wichtigen Punkte treu erfunden ist, so liegt uns die unläugbare Verpflichtung ob, ihm zuzutrauen, daß es auch in anderen Stücken die Wahrheit berichte. Nun nach Johannes war das lezte Mahl, das der Herr mit Seinen Jüngern feierte, nicht das Passahmahl, denn erst am Abende des folgenden Tages, da Christus schon am Kreuze geendet, aßen die Juden das Osterlamm, Joh. XVIII, 28. Unmöglich kann also der Herr das Passah gefeiert haben, man müßte denn sagen, Er hätte eigenmächtig die gesetzliche Frist, welche unabänderlich auf den 15ten Nisan lautete, um einen Tag verrückt, was eine ganz willkürliche Voraussetzung wäre, und überdieß das klare Wort des vierten Evangelisten gegen sich hat, der von einem einfachen Mahle spricht, Joh. XIII, 2: καὶ δείπνυ γενομένυ. Eben so gewiß ist nun aber, daß die Synoptiker das lezte Mahl zu einem Passahmahle machen, und Jesum das Osterlamm auf die vom Gesetz vorgeschriebene Weise essen lassen. Ein vollkommener Widerspruch ist vorhanden, künstliche Vereinigung Beider unmöglich, denn Das führt, wie der Erfolg bewiesen, auf lauter abgeschmackte und elende Deuteleien. Demnach kann nur ein Theil Recht, der andere muß Unrecht haben. Zu wessen Gunsten zu entscheiden sey? darüber kann kein Zweifel obwalten, denn Johannes hat sich uns viel zu sehr als ein treuer Berichterstatter, als Augenzeuge bewährt, während die Synoptiker als der Widerhall einer oft sehr unzuverlässigen Sage erscheinen; ihm müssen wir, schon um allgemeiner Gründe willen, die Palme zu erkennen. Aber wie nun? wenn sich aus beglaubigten Zeugnissen der Synoptiker

ſelbſt unwiderleglich darthun läßt, daß Jeſus das Oſter=
lamm nicht gegeſſen haben kann, daß folglich jenes lezte Mahl
kein Paſſahmahl war? Dieſen Beweis getraue ich mir zu
führen. Eine leichte Waffe, einen Plänklerſchuß, liefert mir die
Stelle Matth. **XXVI**, 4: „Die Prieſter und Schriftgelehrten
hielten einen Rath, wie ſie Chriſtum verderben möchten: ſie
ſprachen aber, nicht auf das Feſt wollen wir Dieß thun, damit
kein Auflauf des Volkes entſtehe." Nimmermehr würde Mat=
thäus ſo erzählen, hätte ſich nicht in der Sage, welcher er
folgt, eine trübe Erinnerung erhalten, daß Chriſtus nicht am
Feſt, ſondern vorher (oder auch nachher) hingerichtet worden
ſey. Dieß iſt, wie ich bemerkte, nur eine leichte Waffe, aber
das grobe Geſchütz, die Beweiſe, welche kein Zweifel anzugreifen
vermag, rücken hintendrein. Ich ziehe ſie aus vier genau
übereinſtimmenden Stellen aller Evangeliſten, Matth. **XXVII**,
62 nennt der erſte Synoptiker den Todestag Jeſu $\pi\alpha\rho\alpha\sigma\varkappa\varepsilon\upsilon\dot{\eta}$,
deßgleichen Lukas **XXIII**, 54: $\varkappa\alpha\grave{\iota}\ \dot{\eta}\mu\acute{\varepsilon}\rho\alpha\ \ddot{\eta}\nu\ \pi\alpha\rho\alpha\sigma\varkappa\varepsilon\upsilon\dot{\eta}$.
Markus **XV**, 42: $\ddot{\eta}\nu\ \pi\alpha\rho\alpha\sigma\varkappa\varepsilon\upsilon\dot{\eta}$, $\ddot{o}\ \dot{\varepsilon}\sigma\iota\ \pi\rho o\sigma\acute{\alpha}\beta\beta\alpha\tau o\nu$, end=
lich auch Johannes **XIX**, 31: $\pi\alpha\rho\alpha\sigma\varkappa\varepsilon\upsilon\dot{\eta}\ \ddot{\eta}\nu$. Ueber den
Sinn dieſes Wortes herrſcht, ſo viel ich weiß, unter unſern
Schriftgelehrten kein Streit. Da das Geſetz am Sabbat ſei=
nen Bekennern die tiefſte Ruhe vorſchrieb, ſo mußten alle Be=
dürfniſſe, die man für den Sabbat nöthig hatte, ſo wie jegli=
ches andere dringende Geſchäft am Tage zuvor beſorgt
werden; man nannte daher den Tag vor dem Sabbat $\pi\alpha\rho\alpha$-
$\sigma\varkappa\varepsilon\upsilon\dot{\eta}$, oder, wie Luther überſezt, Rüſttag. Ich behaupte nun:
war der Tag, an welchem Chriſtus verſchied, Rüſttag, ſo kann
er nicht der 15te Niſan geweſen, folglich kann auch am Abend,
der ihm voranging, nicht das Oſterlamm gegeſſen worden ſeyn,
denn der erſte und zweite, wie die zwei lezten Tage der Oſter=
woche wurden — eine einzige Ausnahme, die gleich beſchrieben
werden ſoll, abgerechnet — wie Sabbate begangen, demnach
konnte auch kein Geſchäft an ihnen vorgenommen, und ſie auch
nicht Rüſttag genannt, noch als ſolcher behandelt werden. Den

Beweis führe ich aus allen Glaubensurkunden der Juden, der Mischnah, der Gemara, dem mosaischen Texte selbst. Mischnah Megillah I, 5 heißt es: „Zwischen jedem Festtag und dem Sabbat ist kein Unterschied, als daß man an jenem verrichten darf, was zur Nothdurft des Essens gehört." Hiermit ist zu verbinden Mischnah Bezah V, 2. „Alles, was die Weisen am Sabbat zu thun verboten haben, es betreffe nun die strengen Regeln der Beobachtung desselben, welche man Schefut nennt, oder es beziehe sich auf Etwas, was in des Menschen freiem Willen steht, oder gar auf Etwas, was auch sonst als Gebot gilt — ist auch am Festtage zu thun verboten. Deß-halb haben die Schriftgelehrten als Schefut Folgendes am Festtage zu thun verboten: auf einen Baum zu steigen, auf einem Thier zu reiten, im Wasser zu schwimmen, mit den Händen zu klatschen, mit den Händen auf die Hüfte zu schla-gen, oder zu hüpfen und zu tanzen. Folgende Dinge, die vom freien Willen abhängen, sind ferner am Sabbat und Festtage verboten: man hält kein Gericht, man hält kein Ver-löbniß, man nimmt das Schuhausziehen und die Heirath mit der Schwägerin nicht vor (aus Besorgniß es möchte Etwas dabei geschrieben werden). Endlich sind folgende Gebote an diesen Tagen (Festen) zu beobachten verboten: man heiligt, schäzt und verbannet nicht, man erhebet keine Hebe und kei-nen Zehnten. Sind alle diese Dinge am Festtage verboten, wie viel mehr am Sabbat! Zwischen einem Feste und Sabbat-tage ist folglich kein weiterer Unterschied, als nur, was Essen und Futter anbelangt." So die Mischnah. Ich bemerke noch, daß die Schulen Hillel und Schammai auch über diesen Punkt, wie fast über alle anderen Fragen der rabbinischen Vielwisserei, stritten; die Anhänger Hillels waren für eine mildere Deutung, indem sie an einem Festtage auch Das, was nicht zur Noth-durft des Essens gehört, auszutragen erlaubten; aber die Halacha ging nach dem Ausspruche Schammai.

Diese strengen Vorschriften galten nun für die Festtage

im Allgemeinen. Unter lezteren befinden sich jedoch zwei, welche noch insbesondere als Sabbat vom Gesetz angesehen werden, und als solche gefeiert werden müssen: erstlich der Versöhnungstag, welchen das Gesetz selbst den heiligsten Sabbat. oder den Sabbat aller Sabbate nennt. Zweitens, das Passah. Exod. XII, 16 heißt es: „Der erste Tag der Passahwoche soll heilig seyn, daß ihr zusammen kommt, keine Arbeit sollet ihr daran verrichten, außer was zur Speise gehört für allerlei Seelen (Menschen und Vieh). Dasselbe allein möget ihr für Euch thun." Numer. XXVIII, 18 : „Der erste Tag der Passahwoche soll heilig heißen, daß ihr zusammen kommt, keine Arbeit sollt ihr verrichten." Endlich im 23sten Kapitel des Levitikus wird der erste Passahtag geradezu Sabbat genannt, wenigstens laut der Erklärung aller Pharisäer. Im 16ten Verse jenes Kapitels heißt es nämlich in Bezug auf das Passahfest: „Ihr sollet zählen vom zweiten Tage des Sabbats, da ihr die Webegarbe brachtet, sieben ganze Sabbate."

וּסְפַרְתֶּם לָכֶם מִמָּחֳרַת הַשַּׁבָּת מִיּוֹם הֲבִיאֲכֶם אֶת עֹמֶר.

Eben so im 11ten Verse desselben Kapitels: „Solches soll der Priester thun, am andern Tage des Sabbats" (nämlich am zweiten Tage der Osterwoche). Wer diese Worte unbefangen ansieht, wird zugestehen, daß unter dem Worte Sabbat hier nicht wohl etwas Anderes verstanden werden könne, als der erste Ostertag, derselbe, an dem das Lamm gegessen wurde. Indessen läßt sich hierüber streiten, und in der That wurde schon im Alterthume darüber gestritten. Nun kommt es aber glücklicherweise für unsere vorliegende Frage keineswegs darauf an, was der Sinn des Verses an sich sey, sondern wie er von den Juden, den Zeitgenossen Jesu, angesehen und gedeutet wurde; ich behaupte, hievon handelt es sich allein, eben so gut als es den Sachwalter wenig kümmert, was ein Abschnitt des Justinianischen Gesetzbuches an sich besage, sondern darum handelt es sich für ihn, wie derselbe von den Gerichten angesehen werde. Ueber diesen wesentlichen Punkt nun sind wir im Klaren! Menachoth bab. S. 65, b steht mit Bezug auf die Stelle Levit. XXIII, 15 Folgendes zu lesen: „Vom andern Tage des Sabbats heißt am andern Tage des Festes," also ist Sabbat und erster Tag der Osterwoche gleich, also wurde dieser erste Tag wie ein Sabbat angesehen und gefeiert. Die nämliche Ansicht spricht Raschi aus in seiner Auslegung des Gesetzes zu Levit. XXIII, 11 u. 16: postridie sabbati, h. e. postridie festi, qui est primus Paschatis dies. Nam si tu dicere velis, quod iste sit dies sabbati a creatione mundi instituti, quomodo tu scire poteris, quisnam sit ille dies? Die bekämpfte Meinung, es sey hier ein gemeiner, wirklicher Sabbat gemeint, wird den Sadduzäern zugeschrieben, d. h. für ketzerisch erklärt. Die Pharisäer dagegen waren von Jeher für die erstere, und nach ihr ging die Halacha.

Dürfen wir nun mit voller Sicherheit annehmen, daß der Todestag Jesu wirklich παρασκευή, ein Rüsttag war? genauer gesprochen, könnte diese Angabe nicht eine bloße leere Sage seyn? Gewiß nicht! Denn erstens stimmen hierüber sämmtliche Evangelisten überein, was sich seither immer als ein Beweis der Wahrheit erprobte; zweitens kann man gar nicht denken, daß die Sage auf den Einfall gerathen sollte, Jesum nur sehr kurze Zeit am Kreuze hangen zu lassen. Hing Er aber wirklich so kurze Zeit am Kreuze, so mußte die frühe Abnahme einen gesetzlichen Grund — vielleicht auch einen gesetzlichen Vorwand — für sich haben; ein solcher ist der nahende Sabbat, oder das Recht des Rüsttags. Mit Einem Worte, jene Angabe hat nicht nur eine vollkommene urkundliche Beglaubigung, sondern auch die höchste innere Wahrscheinlichkeit für sich aufzuweisen, und es ist somit über allen Zweifel erhaben, daß Jesus Christus an einem Rüsttage starb. War nun der Tag seines Todes ein Rüsttag, so kann er unmöglich der erste Tag der Osterwoche oder der 15te Nisan gewesen seyn. Denn der 15te Nisan wurde mit der alleinigen Ausnahme, daß die Juden an ihm das Osterlamm schlachten durften, ganz als Sabbat behandelt und gefeiert; folglich wäre es große Sünde gewesen, wenn Joseph von Arimathia an ihm Jesu Leiche vom Kreuze abnahm und begrub. Das Begräbniß ist eine vom Gesetze verpönte Sabbatlast, und kein Jude wird bis auf den heutigen Tag je an einem Sabbate begraben. Ja um dieses Gebrauches willen macht man sogar eine Ausnahme von dem Gesetze, welches bestimmt, daß eine Leiche, ehe sie beerdigt wird, wenigstens 12 Stunden zu Hause liegen soll, damit die Einscharrung Scheintodter verhindert werde. Für alle Tage der Woche gilt lezteres Gesetz, nur nicht für den Freitag, an welchem Todte ausnahmsweise schon 6 Stunden nach dem Verscheiden beerdigt werden dürfen, und zwar darum, weil kein Begräbniß am Sabbat stattfinden kann. Kurz es ist geradezu undenkbar, daß der 15te Nisan ein Rüsttag genannt und als solcher behandelt werde, und wir sind auf folgenden Schluß getrieben: entweder war Christi Todestag wirklich ein Rüsttag, dann kann Er nicht Abends zuvor auf gesetzliche Weise das Osterlamm gegessen haben, weil das Passah erst mit Sonnenuntergang desselben Tages begann, an welchem Er verschied; oder ist Er wirklich am 15ten Nisan hingerichtet worden, dann war der Tag seines Verscheidens kein Rüsttag. Nun ist es aber, wie wir dargethan, wirklich über allen Zweifel erhaben, daß Er an einem Rüsttage starb; folglich stehen die Synoptiker mit sich selber im Widerspruch, und versetzen fälschlich das Passah auf den lezten Abend vor Seinem Tode, folglich hat nur Johannes Recht, und Christus ist nicht am 15ten, sondern am 14ten Nisan hingerichtet worden.

Es bleibt uns jezt zu erklären übrig, wie es gekommen ist, daß der Tod Jesu schon so frühe und mit so großer Uebereinstimmung gegen die Wahrheit auf den ersten Tag der Passahwoche hinübergespielt ward. Diese Frage, welche beim ersten Anblick ganz dunkel scheint, läßt sich mit höchster Klarheit beantworten. Aus dem ersten Briefe Pauli an die Korinther Kap. XI, 17 u. flg., so wie aus anderen Nachrichten wiſſen wir, daß die älteſten Chriſten gottesdienſtliche Mahle unter dem Namen „Agapen“ feierten, bei welchen ſie der Leiden und der Aufopferung des Herrn gedachten. Mahle zu gottes=dienſtlichem Zwecke ſind keineswegs eine Anſtalt, die ſich von ſelbſt verſteht, ſondern etwas höchſt Eigenthümliches, das be=ſondere Gründe haben muß, und durch die Einſetzungsworte beim Nachtmahle, 'wie ſie bei den Synoptikern und auch in der angeführten Stelle des erſten Korintherbriefes ſtehen, nicht hinreichend erklärt wird. Unbefangene Leute ſind daher längſt auf die Vermuthung gerathen, daß hier eſſeniſche Vorbilder eingewirkt haben dürften. Und ſo verhält ſich die Sache wirk=lich. Die Eſſener hatten heilige Mahle, welche die glänzendſte Einrichtung ihrer Geſellſchaft bildeten: eine Einrichtung, die von ihnen ſelbſt mit dem Schleier des Geheimniſſes bedeckt ward, und welche allen alten Geſchichtſchreibern, die überhaupt von den Eſſenern handeln, zu begeiſterten Anpreiſungen Gele=genheit gibt; man ſieht hieraus, daß jene Mahle damaliger Zeit als die duftigſte Blüthe des Judenthums betrachtet wurden. Ich habe nun in meiner Schrift über Philo dargethan, daß die ägyptiſchen,[*] wie die paläſtiniſchen Eſſener in dieſen ihren heiligen Mahlen das Paſſah nachbildeten, oder genauer geſpro=chen, daß ſie denſelben die tiefe myſtiſche Bedeutung unterleg=ten, welche ſie, kraft der allegoriſchen Auslegungsweiſe des Geſetzes, in dem moſaiſchen Berichte vom Paſſah verhüllt glaub=ten. [**] Wenn nun die älteſten Judenchriſten den gottesdienſt=lichen Gebrauch der Agapen von den Eſſenern empfingen, ſo iſt es ganz in der Ordnung, daß ſie auch die myſtiſche Bezie=hung derſelben auf das Paſſah mit in Kauf nahmen. Ich denke, Entwicklung und Gang der urchriſtlichen Sage ſind nun hinreichend aus vorliegendem Werke bekannt, und gewiß iſt es

[*] Therapeuten genannt.
[**] Den genauen Beweis dieſer Sätze findet der geneigte Leſer in der angezeigten Schrift II. Band, S. 286 u. flg. dann S. 314 u. flg.

nicht übertrieben kühn, zu behaupten, daß jenes Verhältniß die frühe Verlegung des lezten Mahles Christi auf den Osterabend auch dann genügend erklären würde, wenn selbst in der Wirklichkeit ein längerer Zwischenraum, als der eines einzigen Tages, beide historische Größen trennte. Denn wenn die Agapen, in denen man jedenfalls als neue Zugabe den Abschied des Herrn feierte, eine altüberlieferte mystische Beziehung auf das Passahfest besaßen, so konnte es kaum fehlen, daß ihr neues Vorbild, das lezte Mahl des Herrn, bald auf das Passah verlegt ward, damit so das Mysterium nach allen Seiten vollendet würde.

Nun kam aber noch eine Reihe besonderer Anlässe hinzu, welche schon für sich bewirkten, daß aus dem lezten Abendmahle des Herrn ein ganzer Knoten der tiefsten mystischen Beziehungen im Geiste jener Zeiten entstand. Die drei Synoptiker erzählen einstimmig, daß Jesus beim lezten Abendmahle das Brod brach und Seinen Jüngern mit den Worten gab: Dieß ist mein Leib (der für Euch dahin gegeben wird), deßgleichen daß Er auch den Kelch (voll rothen Weins) nahm, und Seinen Jüngern reichte, dabei sprechend: Dieß ist der neue Bund in meinem Blute, das für Viele vergossen wird. Der Apostel Paulus fügt in einem ziemlich gleichlautenden Zeugnisse (1. Kor. XI, 23) bei, der Herr habe weiter gesagt: Thut Solches zu meinem Gedächtniß; so oft ihr dieß Brod esset und diesen Kelch trinket, sollt ihr den Tod des Herrn verkündigen. Und in der That wurden sehr frühe, der eben beschriebenen Einsetzung gemäß, unter den ältesten Christen Mahle, nicht nur zum Gedächtniß, sondern auch als sündentilgendes Mysterium gefeiert.

Von all diesen Dingen weiß jedoch Johannes in seinem Berichte Kap. XIII kein Wort, und sein Stillschweigen hierüber ist wohl die geheimnißvollste Seite des neuen Testaments, die ich mir jedoch aufzuklären getraue. Ich schließe so: der alte Ausweg, zu behaupten, Johannes habe die Einsetzung des Nachtmahles darum übergangen, weil er den Bericht der

Synoptiker, welche er vor sich hatte, in jeder Hinsicht genügend fand, d. h. Nichts daran zu ergänzen oder zu verbessern wußte, ist längst in seiner Blöße dargestellt, und kaum gut genug, um Kinder zu beruhigen. Zweitens, die Thatsache der Einsetzung geradehin auf Kosten der anderen Quellen, und zu Gunsten des vierten Evangeliums, wegzuläugnen, scheint mir eine höchst unbesonnene Vermessenheit. Denn dieselbe hat nicht nur die Gewährschaft des Apostels Paulus, eines gewiß nicht zu verachtenden Zeugen, für sich, sondern auch den noch älteren Gebrauch der Agapen, in welchen der Tod des Herrn auf die beschriebene Weise gefeiert wurde, und die also allem Anschein nach auf die Einsetzung gegründet waren. Drittens, wenn aber die Einsetzung die tief mystische Bedeutung hatte, wenn sie die überschwänglichen Geheimnisse enthielt, welche nicht nur die Synoptiker, sondern auch Paulus ihr unterlegten, so bleibt es rein unbegreiflich, daß Johannes einen so überaus wichtigen Akt ganz übergehen konnte, und beharrt man auf ersterm Satze, so zwängt uns nach meinem Gefühl der gesunde Menschenverstand das Bekenntniß auf, daß Johannes nicht bloß kein Augenzeuge, sondern nicht einmal ein Schriftsteller des ersten Jahrhunderts, ja auch kein Judenchrist gewesen seyn könne. Denn da die Agapen überall unter den ältesten Christen verbreitet waren, und da sie ferner Bezug auf die Einsetzung nahmen, so müßte man sagen, der Verfasser des vierten Evangeliums habe nie eine Agape mitgefeiert, weil er schon aus diesen, wenn er auch keine anderen Quellen besaß, Kunde von der Einsetzung des Abendmahls empfangen hätte. Folglich könnte man ihn kaum für einen Christen, jedenfalls nur für einen Christen der spätern Zeit, etwa aus der Mitte des zweiten Jahrhunderts erklären, wo die Sitte der Liebesmahle vielleicht schon aufgehört hatte. Nun fanden wir aber bereits in unserm Evangelium solche überzeugende Spuren der Aechtheit, daß wir unmöglich leztern Schluß anzuerkennen vermögen. Ist aber der Schluß falsch, so sind es auch die Vordersätze, d. h. der

Einsetzung kann ursprünglich jener tief mystische Sinn nicht
zukommen. Und nun gerathen wir, nach meinem Dafürhalten,
auf den rechten Weg. Angenommen, Jesus Christus habe bei
dem lezten Mahle, unter vielen anderen Reden, beiläufig auch
Dieß zu den Jüngern, oder auch nur zu einigen derselben gesagt: So oft ihr in Zukunft Brod esset und aus dem Kelche
trinket, so gedenket dieses unseres lezten Zusammenseyns; das
gebrochene Brod, der rothe Wein im Kelch sey Euch ein Erinnerungszeichen meines Leibes, der nun gebrochen, meines
Blutes, das nun vergossen wird: — Dieß angenommen, wird es
ganz erklärlich, wie der Augenzeuge Johannes in seinem Berichte einen solchen kleinen Zug übergehen mochte, der von
Jesus nur zufällig ohne besondere Betonung ausgesprochen, auch
auf die Anwesenden damals keinen besondern Eindruck machte.
Denn es stimmt ganz mit der Erfahrung überein, daß unter
solchen Umständen das Gedächtniß unseres Berichterstatters,
als von den hervorstechendsten Zügen jener Scene, von dem
herzerschütternden Akt des Fußwaschens, von den Ermahnungen
zur Demuth und Bruderliebe beherrscht, anderes unbedeutendes
Beiwerk zur Seite ließ. Wer erinnert sich auch schon zwei,
drei Tage nach einem Mahle, wäre es auch sonst ein sehr
feierliches, aller einzelnen Reden, die dabei gefallen! Ich denke
jeder Unbefangene soll mir zugestehen, daß sich so das Stillschweigen des Augenzeugen Johannes ganz ungezwungen mit
der Voraussetzung; jene Worte seyen wirklich von Christo gesprochen worden, vereinigen lasse. Allein soll diese Ansicht
von der Sache in ihr vollkommenes Recht eintreten, so liegt
uns andererseits die Verpflichtung ob, zu erklären, wie es gekommen sey, daß den wirklich beim lezten Mahle ausgesprochenen, zufälligen Reden des Herrn, wider Seine Absicht, so
frühe ein tief mystischer Sinn unterstellt ward. Denn nur
wenn lezteres Räthsel vollends gelöst ist, kann man sagen,
alle Schwierigkeiten vorliegender Frage seyen überwunden.

Bei Weitem das Eigenthümlichste am christlichen Abend=
mahle ist die Lehre, daß der Gläubige in einem Bissen Brod
und in einem Trunke Weins den Leib und das Blut eines
menschgewordenen Gottes genieße. Zu den bittersten Spott=
reden Andersdenkender hat dieselbe schon Anlaß gegeben. *)
Es fragt sich nun, wie konnte sie aus der Denkweise jener
Zeiten entstehen, auch wenn sie nicht unmittelbar von Christo
herrührt? Das Judenthum kennt ebenfalls eine göttliche
Speise, die von den Menschen verzehrt ward, eine Speise,
die zu den auffallendsten Allegorien von den Mystikern ausge=
sponnen worden ist. Ich meine das Manna. Philo deutet
dieses Himmelsbrod in vielen Stellen auf den Logos, d. h.
auf das nämliche Wesen, in welchem Johannes zu Anfang
seines Evangeliums Jesum erkennt. **) Bis zum höchsten
Grade der Wahrscheinlichkeit läßt sich die Vermuthung er=
heben, daß Christus selbst das Manna auf sich angewandt
haben müsse. Wir wissen, Er wollte für den Propheten von
Deuter. XVIII, 15 gehalten seyn. Als das erhabenste Werk
des Gesetzgebers betrachtete nun das ganze jüdische Alter=
thum das Verleihen der himmlischen Speise, oder des Manna.
Gab sich daher der Herr für den Moses=Messias aus, so läßt
sich mit großer Sicherheit erwarten, daß die Juden zu Ihm
gesagt haben werden: Bist du Der, welcher du seyn willst,
so gib uns Manna vom Himmel herab, wie Moses. Tha=
ten die Juden aber Dieß, so darf man mit gleicher Gewißheit
annehmen, daß Christus nach Seiner oben erwiesenen, überall

---

*) Statt vieler boshaften, will ich den Angriff eines tugend=
h a f t e n Mannes hersetzen. S p i n o z a schreibt an Albert
B u r g h (s meine Ausgabe S. 662): „haec absurda toleranda
adhuc essent, si Deum adorares infinitum et aeternum, non
illum, quem *Chastillon* in oppido *Tienen*, sic a Belgis nuncu-
pato, equis comedendum impune dedit! — O mente destitute
juvenis! quis te fascinavit, ut summum illud et aeternum te
devorare et in intestinis habere credas?
**) Siehe meine Schrift über Philo I, 202 u. flg.

befolgten Sitte die grobsinnlichen Begriffe des Volkes ver=
geistigt haben werde. Endlich, wenn Er wirklich so verfuhr,
so mußte Er etwa sagen: Ich bin das Manna, Mich müsset
ihr genießen, nur wer Mein Fleisch isset, der hat das ewige
Leben, während jenes Manna, das eure Väter in der Wüste
aßen, bloß ihr leibliches Daseyn kümmerlich fristete. Man wird
mir, hoffe ich, zugestehen, daß diese Schlüsse ganz dem Geiste
jener Zeit, und den Umständen entsprechen, daß sie folglich
schon an sich ein bedeutendes Gewicht besitzen. Wie aber,
wenn sie auch durch ein klares, urkundliches Zeugniß unter=
stützt werden? Gibt es ein solches, so muß der Zweifel gegen
jene Annahme verstummen. Nun, es ist wirklich vorhanden,
so glänzend, so eindringlich, als man es nur verlangen mag.
Ganz im Einklange mit unseren Voraussetzungen, zu denen
uns eine genaue Kenntniß der damaligen Zustände berechtigt,
sprechen die Juden Joh. **VI, 30** zu Christus: „Welches
Zeichen thust du, damit wir es sehen und dir glauben.
Unsere Väter haben das Manna gegessen in der Wüste, wie
geschrieben steht“ u. s. w. Darauf antwortet Christus
(B. 32): „Wahrlich, wahrlich Ich sage euch: nicht Mo=
ses hat euch Brod vom Himmel gegeben, sondern Mein
Vater gab euch das wahre Brod vom Himmel. Denn
das wahre Brod vom Himmel ist Der, welcher herabsteigt
vom Himmel und der Welt Leben gibt. — B. 34: Ich bin
das Brod des Lebens, wer zu Mir kommt, wird nimmer=
mehr hungern, und wer an Mich glaubt, wird nimmermehr
dürsten.“ Die boshaften oder einfältigen Mißverständnisse
der Juden bekämpfend, fährt Jesus B. 49 fort: „Eure Vä=
ter haben Manna gegessen in der Wüste und sind gestorben.
Aber vor euch steht das wahre Himmelsbrod, wer davon
isset, der stirbt nicht mehr. Ich bin das lebendige Brod,
das vom Himmel herabkommt; wer von diesem Brode isset,
der lebt in Ewigkeit, und das Brod, das Ich geben werde,
ist Mein Fleisch, das ich opfern werde für das Leben der

Welt." V. 53: „Wahrlich, wahrlich ich sage euch: wenn ihr nicht esset das Fleisch des Menschensohns und trinket Sein Blut, so habt ihr das Leben nicht in euch. Nur wer Mein Fleisch isset und trinket Mein Blut, der hat das ewige Leben." Höchst merkwürdig ist noch, daß Johannes den Herrn tiefer unten sagen läßt, Seine Worte seyen geistig, d. h. allegorisch zu verstehen. Dieser Wink gibt der ganzen Stelle eine hohe Beglaubigung. Freilich fehlt es auch an anderen Bürgschaften nicht: Johannes bringt mit vorliegender Rede den Abfall der Jünger (VI, 60. 66) in Zusammenhang. Lezteres ist durch und durch ein historischer Zug, also fordert die Gerechtigkeit, daß man zum Voraus annehme, Der, welcher ein Ereigniß, das ihm höchst schmerzlich war, so treu berichtet, werde sich auch die Ursachen desselben, d. h. jene Reden genau gemerkt haben. Noch eine höhere Gewährschaft für den historischen Gehalt vorliegender Allegorien über das Manna finde ich jedoch in den oben entwickelten allgemeinen Verhältnissen, welche bewirkten, daß Jesus so oder auf ähnliche Weise sich aussprechen mußte. Indessen darf man sich nicht verhehlen, daß hieraus nur die Aechtheit des Inhalts der Rede im Großen und Ganzen folgt; einzelne Wendungen sind nicht vor gerechten Angriffen sicher. Aus dem Satze: Ich bin das wahre Manna, folgt nur, daß Christus gesagt hat: Ich bin das wahre Himmelsbrod, das ihr essen sollet. Aber im Texte wird auch eines geistigen Getränkes erwähnt, welches mit dem Himmelsbrod nicht zusammenhängt. Man könnte daher vermuthen, lezteres sey eine spätere Ausschmückung. Ich glaube jedoch Dieß aus historischen Gründen nicht. Die alte israelitische Sage berichtet uns nicht bloß, daß die Juden in der Wüste mit himmlischem Brode gespeist, sondern daß sie auch mit wunderbarem Wasser, das Moses aus dem Felsen schlug, getränkt worden seyen. Beide, der Wasserfelsen und das Manna, werden von Philo zu den kühnsten Allegorien auf den Logos benüzt, ja dieser Alexandriner

erklärt sogar Manna und Felsen für dasselbe. *) Ich will hieraus nur so viel beweisen, daß es in der jüdischen Denkweise
lag, diese Blüthen der Sagen immer nebeneinander zu stellen. Zieht nicht auch Paulus (1. Kor. X, 3 flg.) beide, das
Manna und den Felsen, in Ein Bild zusammen, und deutet
sie auf Christus? Nichts ist daher natürlicher, als die Annahme, daß der Herr, wenn Er einmal über das Manna
allegorisch sprach, auch den Wasserfelsen auf Sich deutete,
oder daß Er sich nicht nur für das Himmelsbrod, sondern
auch für das ächte Himmelsgetränk erklärte. Allein Johannes geht in unsrer Stelle noch weiter, er läßt Christum nicht
bloß einfach sagen: Ich bin das wahre Brod und das wahre
Getränk, das ihr genießen sollet; sondern der Herr drückt sich
so aus: das wahre Brod ist Mein Fleisch, das wahre Getränk ist Mein Blut, das Ich hingeben werde für die
Welt. Mitten in einer mystischen Rede über das Manna
überrascht uns hier eine historische Andeutung über das bevorstehende Schicksal des Herrn. Das ist verdächtig. Zwar
will ich nicht leugnen, Christus habe schon damals Seinen
Tod für die Menschheit vorausgesehen, folglich konnte Er
möglicher Weise im angegebenen Sinne sprechen. Dennoch
tritt hier ein Wechsel des Tones ein, der auffallen muß.
Anfangs spricht nämlich Christus: Ich bin das Manna,
d. h. Ich der Mann, der hier vor euch steht, bin schon jezt
in diesem Augenblicke das wahre geistige Manna, dessen über-
sinnlicher Genuß euch himmlisches Leben und ächte Erkenntniß gibt. Wenn Er nun aber weiter fortfährt: das wahre
Manna ist Mein Fleisch, der wahre Trank mein Blut, das
Ich hingeben werde für die Welt, entsteht auf Einmal ein
verschiedener Sinn, sofern leztere Worte nicht mehr die Bedeutung haben: Ich bin das Manna, sondern die andere:
Ich werde erst noch, und zwar in einer jezt unbestimmbaren

---

*) Siehe meine Schrift über Philo I, 220, besonders 225 unten.

Zukunft das wahre Manna und der ächte Himmelstrank seyn. Ich will nun keineswegs behaupten, daß beide Sätze einander ausschließen, aber Das sage ich: wenn Christus sich auf diese Weise aussprach, so hat Er keine Rücksicht auf die Fassungskraft Seiner Zuhörer genommen, Er hat nicht bedacht, daß sie Ihn unmöglich verstehen konnten, Er hat ihnen Räthsel vorgehalten, die nur dazu dienen mochten, ihren Verstand noch mehr zu verwirren, ihren leidenschaft= lichen Widerspruch noch mehr zu erhitzen: lauter Uebelstände, vor denen sich schon ein Mensch von alltäglicher Einsicht sorgfältig hütet, und die wir deßhalb Christo ohne die hand= greiflichsten Beweise nie zuschreiben werden. Noch verdächti= ger erscheinen leztere Sätze, wenn wir die vielfach erhobene Erfahrung uns ins Gedächtniß rufen, daß Johannes seinen eigenen Standpunkt mit dem des Redenden verwechselt, und in Das hinausgreift, was für Christus damals, als Er sprach, noch ferne Zukunft, für ihn den Bericht Erstattenden aber frei= lich bereits Vergangenheit war. Als der vierte Evangelist schrieb, hatte Jesus längst am Kreuze geendigt; darum hieß der Ausspruch Christi: „Ich bin das wahre Brod und der wahre Trank vom Himmel, wer Mich genießt, hat das ewige Leben," für unsern Verfasser in der Zeit, wo er schrieb, aller= dings: Christi Fleisch, das Er für die Welt geopfert, Sein Blut, das Er für uns vergossen, sey der wahre Felsen Mosis, das ächte Manna: doch damals, als Jesus so sprach, hatten jene Worte noch nicht diese bestimmte Bedeutung. Hingegen ersieht man zugleich, daß dem Evangelisten die Versuchung sehr nahe lag, denjenigen Sinn, welchen die Worte des Herrn erst später gewannen, schon in die ursprüngliche Rede hinüber= zuspielen. Kurz, er hat am Ende Nichts weiter gethan, als die Aussprüche Jesu in die spätere Sprache der urchristlichen Kirche übersezt, was, wenn man es je einen Fehler nennen will, jedenfalls ein unvermeidlicher Fehler ist. Ich komme auf eine frühere Bemerkung zurück: wer wird sich nach 50,

60 Jahren an die eigensten Ausdrucke erinnern? Unmerklich trägt Jeder Begriffe, die allmälig im Ich des Gedenkenden entstanden, in die fremden Worte über, wenn er sie nach so langen Zwischenräumen niederschreiben soll. Das Ergebniß unsrer Untersuchung wäre demnach: Christus hat wirklich von sich ausgesagt: Ich bin das wahre Manna und der wahre Trank vom Himmel, wer dieses Brod und dieses Wasser genießt, besizt das ewige Leben. Es springt in die Augen, daß durch eine geringe und überdieß sehr nahe liegende Abänderung diese Säze in die Worte der Einsetzung umgewandelt werden konnten. Ja, genauer gesprochen, enthalten sie schon in ihrer ersten Gestalt nur implicite oder im Keime den zweiten Sinn.

Zweitens, außer der auffallenden Lehre, daß Fleisch und Blut des Gottmenschen von den Gläubigen genossen werde, kommt der christlichen Abendmahlfeier, wie sie in den Worten der Einsetzung angeordnet ist, auch noch eine sehr eigenthümliche Opferbedeutung zu. Es heißt Matth. XXVI, 28: τοῦτο γάρ ἐςι τὸ αἷμά μϵ, τὸ τῆς καινῆς διαϑήκης, τὸ περὶ πολλῶν ἐκχυνόμενον εἰς ἄφεσιν ἁμαρτιῶν, und ferner vom Brode Luc. XXII, 19: τοῦτό ἐςι τὸ σῶμά μϵ, τὸ ὑπὲρ ὑμῶν διδόμενον; ebenso 1. Kor. XI, 24; überall tritt der Gedanke eines sündentilgenden Versöhnungsopfers hervor. Wir kommen nun auf die früher aufgeworfene Frage zurück: wenn Christus selbst diese höchst bedeutsamen Begriffe nicht bei dem wirklichen Akte der Einsetzung hineingelegt hat, woher stammen sie dann? Noch leichter als die frühere, ist vorliegende Frage zu beantworten, aber nur unter der Voraussetzung, daß der vierte Evangelist in Betreff des Todestages Jesu Recht habe. Nach Johannes ist Christus im Laufe des 14ten Nisan gestorben, d. h. am nämlichen Tage, auf dessen Abend ganz Israel das Passah feierte. Das Osterlamm hat der Herr selbst nicht gegessen, weil Er schon todt war, als es gespeist werden mußte; aber auch die Jünger wohl schwerlich, weil

Verzweiflung und Betrübniß sie davon abhielt. Was ist unter solchen Umständen natürlicher, als die Annahme: die Jünger werden nachher von jenem Passah, an welchem der Welterlöser starb, gesagt haben: Ein eigenes Osterlamm wurde uns an selbigem Ostertage zu Theil, der Herr ist als unser Lamm geopfert worden. Auch diese Voraussetzung entspricht vollkommen dem Geiste damaliger Zeit, welche mystische Bilder und Betrachtungen vorzugsweise liebte. Für begründet soll sie aber ebenfalls erst dann gelten, wenn ein tüchtiges Zeugniß zu ihren Gunsten angeführt werden kann. Haben die alten Christen den Herrn als das Osterlamm dargestellt, das für die Welt geopfert ward? Ja! nicht bloß dunkle Ueberlieferungen, sondern das klare Wort eines Apostels bürgt uns dafür. Paulus sagt 1. Kor. V, 7: „Stoßet den alten Sauerteig aus, auf daß ihr ein ganz frischer Teig werdet, wie ihr denn in der That einem Osterfladen zu vergleichen seyd, denn auch unser Passahlamm ist für uns geschlachtet, nämlich Jesus Christus.“ Ἐκκαθάρατε οὖν τὴν παλαιὰν ζύμην, ἵνα ἦτε νέον φύραμα, καθώς ἐστε ἄζυμοι, καὶ γὰρ τὸ πάσχα ἡμῶν ὑπὲρ ἡμῶν ἐτύθη, Ἰησοῦς Χριστός. Eine ganze Allegorie über den österlichen Tod Jesu und seine Bedeutung tritt uns in dem angeführten und in dem folgenden Verse entgegen, eine Allegorie, die, obgleich an sich dunkel, als etwas Bekanntes, Gemeinverständliches hingestellt wird, zum deutlichen Beweise, daß sie in der ältesten Kirche sehr im Schwange ging. Beiläufig will ich bemerken, daß sie ihre Schärfe und Kraft verliert, sobald man nicht mit Johannes annimmt, Christus sey am 14ten Nisan, dem Tage des Osterlamms, verschieden; man konnte Ihn nicht wohl als das mystische Passahlamm hinstellen, wenn Er das wirkliche vor seinem Tode genossen, wenn Er zweitens nicht am Tage des Lamms verschieden war. Auch von dieser Seite erhält also das Zeugniß des vierten Evangelisten neue Bürgschaft. Die Auffassung Jesu als Osterlamm zog noch eine Reihe weiterer Sätze nach sich. Das

Paſſah, das die Kinder Israel einst beim Auszug in die Wüſte genoßen, bezeichnete den Anfang der ägyptiſchen Erlöſung, welche man auch als den erſten Bund Gottes mit dem auserkornen Volke darſtellte. Nun ſollte nach dem Volksglauben der Prophete von Deuter. XVIII, 15 ein zweiter Erlöſer ſeyn, wie Moſes der erſte geweſen. Ferner dieſe zweite Erlöſung hatten die alten Seher Israels unter dem Bilde eines neuen Bundes der Gottheit mit dem erwählten Volke verkündigt. Bei ſolchen Vorausſetzungen war daher der Schluß ganz begründet und auch folgerichtig: Jeſus, das Paſſahlamm, iſt das Opfer des neuen Bundes, wie das wirkliche Lamm einſt Opfer und Zeichen des alten geweſen. Daher der Satz 1. Kor. XI, 26: τοῦτο τὸ ποτήριον ἡ καινὴ διαθήκη ἐσὶν ἐν τῷ ἐμῷ αἵματι, deßgleichen Matth. XXVI, 28: τοῦτο γάρ ἐσι τὸ αἷμά μȣ, τὸ τῆς καινῆς διαθή-κης. Die erſte Erlöſung unter Moſes ſchenkte den Juden bürgerliche Freiheit, eine ſelbſtſtändige Verfaſſung; was aber der neue Bund, oder die zweite Erlöſung? Schon darum, weil durch Chriſti Tod äußerliche Verhältniſſe nicht geändert wurden, noch mehr, weil ſein ganzes Werk geiſtigen Zwecken gewidmet war, am Meiſten weil die jüdiſche Denkweiſe den unverſchuldeten Tod eines Gerechten als eine Sühne betrachtete, welche die Sünden der Volksgenoſſen des Verſtorbenen tilge, mußte die zweite Erlöſung geiſtig verſtanden, d. h. als ein Sühnopfer für die Schuld der Welt aufgefaßt werden. Tiefe und ſehr kräftige Wurzeln muß letztere Anſicht ſchon frühe getrieben haben. Ich ſchließe Dieß aus folgendem Umſtande: Wir finden, daß die Apoſtel auch nach dem Hingange des Herrn mehrere jüdiſche Feſte begingen, namentlich Oſtern und Pfingſten, beide Feſte ſind daher in unſere Kirche übergegangen. Aber vom Sabbat der Sabbate, vom höchſten jüdiſchen Feſte, dem Verſöhnungstage, findet ſich keine Spur, er iſt verſchlungen worden durch die Abendmahlfeier, durch die Lehre vom Oſterlamme, das ſich für die Sünden

der Welt hingeopfert. Dieß würde sicherlich nicht der Fall
seyn, wäre nicht jene Lehre höchst energisch gewesen. Gerne
will ich glauben, daß Jesus selbst bei irgend welcher Gele=
genheit seinen Tod als ein Opfer für die Menschheit hinge=
stellt, obgleich die ächte Quelle Johannes davon gänzlich
schweigt; allein hat Er sich auch nie bestimmt so geäußert,
so konnten doch die Apostel den heiligen Tod des Herrn un=
möglich in einem andern Lichte betrachten. Müssen doch auch
wir, denen in Folge christlicher Erziehung Opfergebräuche
ferne liegen, bekennen, Er habe sich aus Liebe für die Mensch=
heit — das heißt als ein Opfer für Andere — hingegeben.
Zugleich ist hier der Ort, auf die urchristliche Auslegung der
Stelle Jes. 53, 7 zurückzukommen, wo ebenfalls von einem
sündentragenden Lamme gehandelt wird. Ich bin überzeugt,
daß die älteste Kirche nur auf langen Umwegen, namentlich
vermittelst der Lehre von Christo, dem Passahlamme, zur
Erkenntniß kam, daß jene Weissagung von Christo handle.
Bürge dafür folgende Thatsache: als das große Passahlamm
wird Jesus sehr häufig im neuen Testamente gefeiert. In
der Offenbarung Johannis, einer Schrift, welche wegen ihres
verhältnißmäßig sehr hohen Alters — sie ist vor dem Jahr
70 geschrieben — als Quelle urchristlicher Ansichten höheren
Werth hat, denn die synoptischen Evangelien, spielt die
Lehre vom Passahlamme eine sehr bedeutende Rolle. Auch
Petrus kennt sie 1. Petr. I, 17: ἐλυτρώθητε τιμίῳ αἵματι,
ὡς ἀμνοῦ ἀμώμε καὶ ἀσπίλε. Die Beiwörter: αμωμος, ἄσπι-
λος weisen offenbar auf Exod. XII, 5 hin, wo es nach den
LXX vom Passahlamm heißt: πρόβατον τέλειον ἔσαι ὑμῖν.
Paulus zeugt ferner für dieselbe Ansicht in der bereits ange=
führten Stelle 1. Kor. V, 7, endlich auch Johannes ganz
bestimmt durch den Wink XIX, 36: ἐγένετο γὰρ ταῦτα, ἵνα
ἡ γραφὴ πληρωθῇ · ὁσοῦν οὐ συντριβήσεται αὐτοῦ. Das
geht auf die Vorschrift Exod. XII, 46, welche befiehlt, daß
dem Passahlamme kein Bein zerbrochen werden dürfe. Folglich

war Jesus, nach Johannis Ansicht, das wahre Passahlamm. Ich glaube, daß auch in den Worten I, 29: ἴδε ὁ ἀμνὸς τοῦ θεοῦ, ὁ αἴρων τὴν ἁμαρτίαν τοῦ κόσμου eine geheime Beziehung auf das Osterlamm liegt, welcher freilich bereits Elemente von Jes. 53, 7 beigemischt sind. Eine Masse von Stellen der ältesten neutestamentlichen Schriften bürgt also für die frühe und allgemeine Verbreitung der Lehre von Christo, als dem Passahlamme des neuen Bundes. Dieß gilt keineswegs von der Weissagung Jes. 53, nur sehr wenige sichere Spuren finden sich, wie früher gezeigt ward, im neuen Testament dafür, daß jenes Kapitel auf den Versöhnungstod Christi gedeutet worden ist. Also war der Glaube an das Passahlamm ursprünglicher und hatte das Uebergewicht, und erst von ihm aus ist die alte Kirche, so scheint es, darauf gerathen, auch die Weissagung des Jesaias auf Christus zu deuten.

Das alttestamentliche Passah hatte nun seine eigene Einsetzung, sammt einer für alle Zeiten wiederkehrenden Feier. Sollte Christus als das Osterlamm des neuen Bundes an die Stelle des früheren treten, so verlangte die Gleichheit ebenfalls eine Einsetzung und eine eigene Feier. Zum Behufe lezterer war vor Allem ein Sinnbild, ein äußeres Zeichen der heiligen Handlung nöthig. Hier zeigt sich nun ein großer Unterschied zwischen den Kirchen des alten und des neuen Bundes. Während die Juden ihr Passah durch das Abschlachten und Verspeisen eines Lammes begingen, zu welchem sie noch bittere Kräuter und Osterfladen verzehrten, findet sich bei uns, als äußerlich sichtbarer Gegenstand der heiligen Handlung, nur der Kelch des gesegneten Weins sammt der Brode, und Dieß ist die dritte Eigenthümlichkeit unsers christlichen Abendmahls. Woher stammt dieselbe? Aus jüdischen Begriffen kann sie nicht erklärt werden, denn das alte Testament kennt kein heiliges Brechen eines Brods, oder Trinken des Kelchs, am wenigsten als Auskunftmittel für das Passah, welches laut Schrift und Gewohnheit durch das Schlachten des Lammes begangen werden mußte. Folglich bleibt nichts Anderes übrig, als auf eine besondere Anordnung Christi zu schließen. Wir sind gezwungen, anzunehmen, daß Er beim lezten Mahle in irgend welchen Ausdrücken zu den Jüngern gesagt: bei dem Weine gedenkt meines Bluts, bei dem Brode meines Leibs, zur Erinnerung an meinen Tod. Diese Voraussetzung hat den höchsten Grad innerer Wahrscheinlichkeit für sich; Jeder, der in den Tod gehen soll, wird, wenn er seine Lieben zum lezten Male um sich versammelt sieht, so sprechen, besonders aber ein Mann, der für die Menschheit zu sterben bereit ist. Auch mögen jene Worte noch so zufällig, ohne tiefere Hintergedanken, und nur der rasche Ausdruck eines augenblicklichen Gefühls gewesen seyn, das schnell von anderen Regungen und Reden verdrängt ward — ja wir müssen Dieß sogar annehmen, weil sonst das Stillschweigen des vierten Evangelisten unerklärlich bleibt: — die tiefe, geheimnißvolle Bedeutung, welche wir bald nach dem Hingange des Herrn ihnen beigelegt finden, bringt uns darum nicht in Verlegenheit; denn wir wissen ja aus vielen anderen Beispielen, daß die Jünger Reden und Handlungen des Herrn, die ihnen Anfangs (im Augenblicke der That) ganz natürlich schienen, später große Geheimnisse unterbreiteten. Und wenn je irgend wo anders, wird Dieß mit dem lezten Mahle der Fall gewesen seyn, das ihnen nach der Verklärung des Herrn, d. h. nach der Auferstehung, in einem ganz neuen Lichte erscheinen mußte.

Zugleich haben wir jezt einen neuen Beweis für die Wahrheit der Zeitangabe des Johannes errungen. Wäre es der Passahabend gewesen, an dem Jesus von seinen Jüngern Abschied nahm, und jene Worte sprach, so hätte Er als Erinnerungszeichen seines Todes gewiß nicht das Brod und den Wein benüzt, von welch' lezterm es noch gar nicht ausgemacht ist, ob derselbe beim Passah zum Brode, und nicht vielmehr zum Fleische des Lammes genossen wurde, sondern Er würde sicherlich das Lamm selbst zu diesem Zwecke gewählt haben, welches an sich das allertauglichste Sinnbild war. Sollte man hiegegen einwenden, es lasse sich denken, daß Christus auf das Lamm darum keine Rücksicht nahm, weil es bereits verzehrt gewesen, als jener Gedanke in seiner Seele aufstieg, so entgegne ich: selbst diesen ganz unwahrscheinlichen Fall vorausgesezt, ist es unbegreiflich, daß weder in der Einsetzung, noch in der spätern Feier unsers Abendmahls die geringste Spur von dem wirklichen Lamme vorkommt, während doch die Mystik Christum zu einem geistigen Lamme machte. Die betreffenden Abschnitte der Synoptiker, wie des vierten Evangeliums, enthalten keinen Laut von dem Lamme, das doch gesetzlich am 15ten Nisan Abends verzehrt werden mußte. Auch aus der Abendmahlfeier der ältesten wie der späteren Zeiten ist das Lamm völlig verschwunden. Beweist Dieß nicht sonnenklar, daß bei jenem lezten Mahl, an welchem die Einsetzung stattfand, kein Osterlamm gegessen wurde, folglich, daß es nicht am Abend des 15ten Nisam gefeiert ward? denn sonst würde sicherlich auch die Kirche des neuen Bundes, wie die des alten, entweder neben dem Wein und Brod, oder statt beider, das Osterlamm genießen. Also Brod und Wein rührt von Christi Einsetzung her, aber keineswegs die Zeit der Feier und ihre Wiederholung. 1. Kor. XI, 24 heißt es bloß: „Dieß thut zu meinem Gedächtniß," aber wann und wie oft die Gläubigen Dieß thun sollen, ist nicht gesagt. Ebenso verhält es sich mit den Worten (V. 25): τοῦτο ποιεῖτε, ὁσάκις ἄν πίνητε, εἰς τὴν ἐμὴν ἀνάμνησιν. Nichts steht davon da, wann der Akt zu wiederholen sey. Auch im Berichte des Lukas findet sich keine Zeitbestimmung für die Feier; wie bei Paulus, sagt Christus beim dritten Synoptiker (XXII, 19): τοῦτο ποιεῖτε εἰς τὴν ἐμὴν ἀνάμνησιν. Sollte je eine Frist für die Feier aus den angeführten Worten abgeleitet werden, so könnte man nur

auf eine Wiederholung an demselben Tage, also auf eine jährliche
Feier an jedem folgenden Paſſahfeſt ſchließen. Bei Matthäus
endlich erſcheint das Darreichen des Kelchs, das Brechen des
Brods als eine Handlung Jeſu, die ſich nur auf das lezte
Mahl bezieht, Nichts läßt auf den Wunſch des Herrn ſchließen,
daß die Jünger auch in Zukunft ein Erinnerungsmahl mit
gleichen Ceremonien feiern möchten. — Fragen wir nun nach
der Anwendung, oder wie ſich der Gebrauch in den älteſten
chriſtlichen Gemeinden ausgebildet hat, ſo tritt uns eine
merkwürdige Erſcheinung unerwartet entgegen. Die Agapen
wurden ſehr oft wiederholt, ja allem Anſchein nach täglich
begangen, ſie ſind die einzige religiöſe Ceremonie, für welche
keine Zeit beſtimmt iſt, und die nach Willkür vorgenommen
werden kann; noch mehr, dieſe Liebesmahle waren gottesdienſt=
licher Natur, und machten höchſt wahrſcheinlich den Kultus
aus, der die älteſten Chriſten allein von den Juden unter=
ſchied. So erſcheinen ſie ſchon Apoſtelgeſch. II, 46, XX, 7
und 1. Kor. XI, 24. Dieß iſt die vierte Eigenthümlichkeit
der chriſtlichen Abendmahlfeier. Woraus iſt ſie zu erklären?
Nicht einmal aus den Worten der Einſetzung, wie wir ſahen,
nicht aus irgend einem andern Ausſpruche Chriſti, denn man
hat noch keinen ſolchen aufgewieſen, wohl aber aus den eſſeni=
ſchen Mahlen, welche ebenfalls eine gottesdienſtliche Bedeu=
tung hatten, ebenfalls in einem myſtiſchen Zuſammenhang
mit dem Paſſah ſtanden, ebenfalls täglich oder nach Willkür
wiederholt wurden. *)

Das chriſtliche Abendmahl fußt alſo auf jüdiſchen Zeit=
begriffen auf Ausſprüchen, die Jeſus bei anderen Gelegen=
heiten, als das lezte Mahl, gethan, auf einem wirklichen
Ereigniſſe, nämlich ſeinem wenige Stunden vor der Feier
des Paſſahlamms erfolgten Tode endlich, nur dem geringſten

---

*) Ich verweiſe auf die oben angeführten Stellen aus meiner
Schrift über Philo.

Theile nach, auf etlichen zufälligen Worten, welche der Herr beim lezten Mahle gesprochen. Daß jene tief mystische Ceremonie eine viel breitere Unterlage haben müße, als die von den Synoptikern und Paulus berichtete Einsetzung, geht, wenn ich es auch nicht durch den Augenschein bewiesen hätte, schon aus allgemeinen Gründen hervor. Kein Mensch wird mich bereden, daß ein Gebrauch, wie das Abendmahl, der zu den eigenthümlichsten Erscheinungen gehört, welche die Religionsgeschichte aufweist, der einen ganzen Knäuel mystischer Gefühle und Forschungen umfaßt, allein auf die zehn, fünfzehn Worte zurückgeführt werden könne, welche die Synoptiker Christo in Mund legen. Wäre den Jüngern die Einsetzung des Abendmahls etwas ganz Neues gewesen — wie sie in der That bei Jenen erscheint — so würden sie sicherlich die Vorschrift des Herrn, von der man nicht läugnen kann, daß sie des Auffallenden genug in sich schließe, wie so vieles Andere mißverstanden haben. Kurzum, viele und längst vorbereitete Fäden müssen zusammentreffen, um ein Gewebe zu bilden, wie das christliche Abendmahl. Ferner, die meisten der nachgewiesenen Elemente des Nachtmahls haben eine österliche Bedeutung, besonders die essenischen Mahle. Indem Christus für uns aufgeopfert ist, tritt an die Stelle des thierischen Lammes ein himmlisches, geistiges; das alte Passah ist verdrängt von einem neuen; nun fordert schon die Gleichheit, daß unser Abendmahl ebenfalls, wie das alte, am Osterabend selbst eing sezt sey. Bei diesen gehäuften Beziehungen auf das Passahfest müßte man sich höchlich wundern, wenn die urchristliche Sage, welche vorzugsweise von solchen mystischen Hebeln beherrscht wird, die Einsetzung nicht auf den Passahabend verlegt hätte, daher der höchst natürliche Irrthum der Synoptiker. Nur Johannes hat die mystische Versuchung überwunden, kehren wir jezt zu ihm zurück, um zu sehen, welch treuen Berichterstatter wir an ihm haben. Der erste und hauptsächlichste Same des Abendmahls liegt in der Allegorie,

kraft welcher sich Christus für das wahre Manna erklärte,
das man essen, für den wahren Felsen, aus dem man trinken
müsse. Nun eben bei der Gelegenheit, wo Christus in diesen
Bildern von sich spricht, gedenkt Johannes des Abendmahls.
Die besonnensten Erklärer des neuen Testaments haben, manchmal widerstrebend, *) anerkannt, daß die Rede Johannis VI,
47 — 58 die bestimmteste Anspielung auf das Abendmahl
enthalte. Und so ist es auch, nur ein Mann, der die Agapen
mitgefeiert hat, kann so sprechen. Indem Johannes den
ursprünglichen Worten Christi vom geistigen Himmelsmanna
und Tranke den späteren Sinn unterlegt, den die älteste Kirche
nach dem Hingang des Herrn Seinen damaligen Aussprüchen
gab, indem er vom Fleische und Blute Jesu spricht, das der
Gläubige essen und trinken müsse; indem er endlich das
Manna vollends in Brod umwandelt: gibt er aufs Klarste
zu verstehen, daß er und seine Genossen, die anderen Apostel,
hauptsächlich aus diesen Worten des Herrn die Agape und
ihre mystischen Gebräuche abgeleitet haben. Und hierin berichtet er uns die lautere Wahrheit. Der zweite Same des
Abendmahls liegt darin, daß unser Herr als Osterlamm geschlachtet wurde, d. h. in der Thatsache, daß Sein Tod am
nämlichen Tage erfolgte, auf dessen Abend die Juden das
Passah verzehrten. Nun auch diesen zweiten Zug hat nur
Johannes richtig überliefert, und uns dadurch in Stand gesezt, den wahren Ursprung des christlichen Abendmahls zu
erforschen. Wenn er nun die paar Worte überging, die
Jesus beim lezten Mahle zufällig gesprochen, und die
unserm heiligen Gebrauche seine äußere Gestalt — das Werkzeug des Brodes und des Weines — verliehen, so können
wir ihm Dieß schon darum nicht übel nehmen, weil sein
Gedächtniß von den hervorstechenden Eindrücken jener Nacht

---

*) Es that ihnen leid, das Abendmahl dort, als an einem, wie
es ihnen schien, ungeschickten Orte zu finden. Denn sie durch-
schauten den wahren Zusammenhang nicht.

beherrscht, einen an sich unbedeutenden Zug leicht übergehen mochte. Der lezte Laut von Tadel muß verstummen, weil er Joh. **VI, 47—58** den wahren Ursprung der Ceremonie schon enthüllt hatte, und also später nicht mehr darauf zurückzukommen brauchte. Ehre, dem Ehre gebührt! Wer jezt noch nicht einsieht, daß im vierten Evangelium ein Augenzeuge zu uns spricht, der hat, fürchte ich, den unheilbaren schwarzen Staar. Vortrefflich erklärt es sich nun, wie Paulus, der Genosse der Apostel, der Augenzeugen, das Abendmahl auf eine Weise beschreibt, die den wirklichen Hergang überbietet, d. h. zu viel hinein legt. Jesus hat wirklich Etwas der Art gesprochen; aber unwillkürlich unterschoben, wie es in solchen Fällen immer zu geschehen pflegt, die Augenzeugen später den Worten des Herrn einen aus früheren und späteren Erfahrungen gemischten Sinn, den sie w a h r h a f t darin fanden, und in solcher Gestalt empfing Paulus die Ueberlieferung. Da der Historiker es nur mit der geschichtlichen Wahrheit zu thun hat, so kann man nicht von ihm verlangen, daß seine Forschungen dem Herkommen entsprechen. Doch ist es a u c h f ü r i h n immer erfreulich, wenn durch dieselben nichts Bestehendes verlezt wird. Dieser Vortheil findet in unserm Falle Statt, in sofern der Gebrauch und die Feier des Abendmahls durch das Ergebniß unsrer Untersuchung nicht leidet. Zum Bestande einer jeden, besonders einer religiösen Gesellschaft, sind unter Anderm auch Feste sehr zweckdienlich. Sicherlich würden wir Christen auch dann den Tod unsers Herrn feierlich begehen, wenn Er keine Vorschrift hierüber gegeben hätte. Nun stellte sich durch unsre Untersuchung heraus, daß Christus wirklich Etwas der Art gesagt haben muß. Wenn nun an diesen wahren Kern auch noch andere, auf Seinen sonstigen Aussprüchen fußende Gefühle und Betrachtungen anschossen, so ist hier Nichts zu bedauern. Das Abendmahl ist und bleibt eine der schönsten Früchte des

christlichen Geistes; rührender kann man den Tod unsers
Herrn nicht feiern.

In dem 13ten Kapitel des vierten Evangelisten finden
sich noch etliche andere Stücke, auf die wir unsre Aufmerksamkeit richten müssen. Man hat es sehr unwahrscheinlich
gefunden, daß Jesus die That des Judas (B. 19) so bestimmt
vorausverkündigt, daß Er den Verräther durch das Darreichen
des Bissens den anderen Jüngern kenntlich gemacht, und daß
Er zu ihm sagt: was du thun willst, das thue bald (B. 26.
27). Ich habe bereits oben gezeigt, daß allem Anschein nach
B. 19 nicht Jesus, sondern Johannes zu uns redet, indem
der Evangelist hier, wie an mehreren anderen Orten, seine
eigene Meinung einmischt. Aber von den anderen Zügen
lasse ich mir keinen abdingen, ich finde sie ganz historisch.
Es ist eine bekannte Erfahrung, daß der Gedanke einer
schwarzen That sich in den Gesichtszügen des Schuldigen
ausdrückt, und es gibt Leute genug, welche durch den Spiegel
des Gesichtes hindurch in der Seele des Menschen zu lesen
verstehen. Selbst Kinder von zwei, drei Jahren treiben diese
Kunst, warum sollte sie Christo verborgen gewesen seyn? Doch
wir bedürfen einer solchen Vermuthung nicht einmal. Im
ganzen christlichen Alterthum war die Sage verbreitet, daß
Judas den Herrn um Geld verrathen habe, und in der That
ist Nichts wahrscheinlicher, als daß er mit seinem verruchten
Vorhaben Etwas zu verdienen suchte. Hat er aber sich Geld
ausbedungen, so gingen sicherlich längere Unterhandlungen
zwischen ihm und den Priestern voran. Hiefür bürgen auch
die Synoptiker. Also irrt Johannes mit der Angabe, daß
erst beim lezten Mahle der Gedanke des Verraths in der
Seele des Judas aufgestiegen sey; er wußte eben nicht, daß
Judas früher mit den Priestern über ein Blutgeld überein-
gekommen war, und ich finde in dieser seiner Unwissenheit gar
nichts Bedenkliches. Doch liegt Dieß streng genommen nicht
einmal in den Worten (B. 27): καὶ με ἁ τὸ ψωμίον, τότε

εἰσῆλθεν εἰς ἐκεῖνον ὁ Σατανᾶς. Der Sinn hievon kann bloß der seyn: vom selbigen Augenblicke war Judas ganz umstrickt von seinem bösen Vorhaben, und nicht mehr frei, welcher Satz den andern nicht ausschließt, daß Judas schon früher mit Gedanken des Verraths umgegangen, und deßhalb unterhandelt haben könne, sofern er nur noch nicht ganz ent= schlossen war; denn nur den vollendeten Entschluß verweist Johannes B. 27 auf den bezeichneten Augenblick des lezten Mahles, und sucht durch diese Bemerkung in die tiefsten Falten des Herzens eines Elenden einzudringen. Ein gleicher Trieb, so im Verborgenen zu lesen, ist allen Menschen ange= boren; allein es bleibt immer ein mißliches Unterfangen und großen Irrthümern unterworfen; ich möchte daher nicht darauf schwören, daß Johannes ganz Recht habe, und will die Frage lieber auf sich beruhen lassen. Wenn nun, wie es fast gewiß ist, Judas schon früher mit den Gegnern Christi unterhan= delte, so scheint es mir im höchsten Grade glaublich, daß einzelne aus der Mitte der Pharisäer oder Priester unsern Herrn gewarnt haben; man müßte denn annehmen, in jener ganzen Genossenschaft, die wohl mehr als hundert Mitglieder zählte, habe es lauter hartherzige Schelme gegeben. Dieß ist sehr unwahrscheinlich, denn die Erfahrung beweist, daß, wenn irgend eine aus Vielen bestehende Behörde eine hand= greifliche Ungerechtigkeit blutiger Art, einen Justizmord, be= schlossen hat, immer unter jenen Mitgliedern sich einige finden, welche gerne ihre Seele von der Blutschuld entlasten möchten, ob sie gleich den Muth nicht haben, offen für die gerechte Sache aufzutreten, was manchmal auch gar nicht möglich ist. Wirklich bezeugt Johannes, daß Jesus im Schoße der Synedristen geheime Gönner zählte. Ich denke mir, daß Nikodemus, daß Joseph von Arimathia, oder auch andere Männer der Art (Joh. XII, 42) Ihm die Botschaft zukommen ließen: Entfliehe, Unglücklicher, aus der Hauptstadt! Verbirg dich in der Wüste! Einer aus dem Kreise deiner

Jünger unterhandelt um deinen Kopf. Aber Jesus blieb! Welche Hebel Ihn festhielten auf der Bahn zum Kreuze, habe ich oben gezeigt. Gehorsam dem himmlischen Rufe, will Er, da Er für seine Sache nicht mehr leben kann, für sie sterben. Es ist etwas Furchtbares um die lezten Stunden, die dem nahenden Geschicke voranschleichen. Denn nicht der Tod selbst schmerzt, sondern der leise nahende Tritt des Knochen= manns, jene Augenblicke, wo man allmälig Abschied nimmt von des Daseyns süßer Gewohnheit, wo der Blick auf den bevorstehenden Martern haftet. Auch der Entschlossenste wünscht diesen Zwischenraum der Pein abgekürzt; ist Einer zugegen, in dessen Gewalt es liegt, das Unvermeidliche zu beschleunigen, so wird er zu ihm sprechen: was seyn muß, das geschehe lieber schnell. Mach' dem Ding ein Ende! Nun gerade so äußert sich ja Christus gegen den Elenden, der sein Haupt in der Gewalt hatte; denn sagt Er nicht zu Judas: ὃ ποιεῖς, ποίησον τάχιον, „was du thun willst, das thue bald." Aufs Schönste und Bündigste hängt Alles zusammen und entspricht den Gesetzen der menschlichen Seele, und ich behaupte, daß die angeführten Worte Jesu einen genügenden Beweis ent= halten für die Richtigkeit meiner Darstellung. Freilich müssen wir zugestehen, daß Johannes einen Zug, der zur Aufhellung dient, die Warnung Christi durch Mitglieder des Synedriums, übergangen hat. Es sind hiebei drei Fälle möglich: er mag ihn übergangen haben, weil er es vergessen, oder aus irgend welchen uns unbekannten Gründen Nichts davon sagen wollte, oder weil er nie Etwas davon wußte. Ich halte Lezteres bei Weitem für das Wahrscheinlichste, nicht bloß wegen B. 18 und 19, sondern noch mehr, weil das Ausharren Christi in der gefährlichsten Lage zu den erhabensten Geheimnissen seines Lebens, folglich zu den Dingen gehörte, von welchen der Satz gilt XVI, 12: ἔτι πολλὰ ἔχω λέγειν ὑμῖν, ἀλλ' οὐ δύνασθε βασάζειν ἄρτι. Sicherlich wären die Jünger irre am Herrn geworden, wenn Er ihnen enthüllt hätte, daß Er vor Verrath gewarnt worden sey, aber dennoch muthig dem Tode entgegengehen wolle. Also behielt Er die traurige Kunde für sich.

Sofort folgen von **XIII,** 31 bis **XVII,** 26 jene langen Abschiedsreden, welche sicherlich, weil es nicht anders möglich, manche eigene Zuthat des Johannes, aber auch eine ganze Harmonie der edelsten historischen Töne enthalten, wie bereits gezeigt worden ist. Mit Kap. **XVIII** beginnt die Leidens= geschichte, auf deren Schwelle angekommen, wir gleich einen ungerechten Angriff zurückweisen müssen. Vers 3 u. flg. heißt es: „Judas nahm die Schaar und die Knechte der Hohenpriester und Pharisäer, zog nach dem Garten, wo Jesus war, mit Fackeln, Laternen und Waffen. Da trat Jesus, Alles vorauswissend, was Ihm widerfahren sollte, den Heran= ziehenden (vor den Garten hinaus) entgegen und sprach: wen suchet ihr? Sie antworteten: Jesum von Nazareth Spricht Jesus zu ihnen: Ich bin's. Judas aber, der den Herrn verrieth, stund auch bei ihnen. Als nun Jesus ihnen zugerufen hatte: ich bin's, wichen sie zurück und fielen zu Boden" u. s. w. Erst zum zweiten Male wird Er ergriffen. Es fragt sich zuerst, was unter der Schaar (σπεῖρα) zu ver= stehen sey, die Judas mitnahm. Viele Erklärer dachten an die römische Cohorte, welche in der Antoniaburg lag, und an Festtagen Schildwachen an die Zugänge des Tempels auszustellen hatte. Es will mich aber bedünken, daß es den Hohenpriestern gewiß eben so sauer angekommen wäre, Sol= daten von dem Landvogt zu erbitten, als Diesem, sie zu ge= währen; wenn Pilatus sie jedoch auch gewährte, so mußten sie nach vollführtem Auftrage ihm, dem römischen Befehls= haber, Bericht abstatten und den Gefangenen übergeben, und nicht dem Judenvolke. Da nun die σπεῖρα Jesum in die Hände der Priester überliefert hat, so schließe ich, daß sie in den Pflichten der Judenobersten und nicht in denen des Land= vogts stand. Folglich bezeichnet das Wort σπεῖρα allem

Anschein nach die bewaffnete, aus Leviten und anderen Juden bestehende Mannschaft, welche geordnet unter einen Hauptmann (σρατηγὸς oder χιλίαρχος, Joh. XVIII, 12) den Wachdienst im Tempel versah. Josephus erwähnt derselben im sechsten Buche des Kriegs 5, 3 bei Gelegenheit des Vorzeichens vom Auffahren der Tempelthore: δραμόντες οἱ τοῦ ἱεροῦ φύλακες ἤγγειλαν τῷ σρατηγῷ. Da aus dieser Stelle klar hervorgeht, daß die Juden eine eigene bewaffnete Macht im Tempel besaßen, so läßt sich hieraus abnehmen, wie unwahrscheinlich die Meinung Derer ist, welche wähnen, unter der σπεῖρα seyen römische Soldaten zu verstehen. Gewiß hüteten sich die Priester wohl, von dem verhaßten Römer Etwas bittweise zu entlehnen, was sie selbst besaßen. Warum werden aber neben der σπεῖρα noch Aufwärter des Synedriums ὑπηρέται ἐκ τῶν Φαρισαίων καὶ ἀρχιερέων aufgezählt? Ohne Zweifel darum, weil es bei den Juden so gut als bei uns Sitte war, bei Verhaftung eines bürgerlichen Verbrechers der bewaffneten Macht auch Gerichtspersonen und Aufwärter beizugeben. Die Verhaftung geschieht durch Leztere, die Soldaten dienen nur zum Schutze der Vollstrecker des Gerichtsbeschlusses. Jezt zur Hauptsache. Gewisse Kritiker halten es für unmöglich, daß die Wache auf den Ausruf Christi: ich bin's! zurückgewichen, und auf den Boden niedergesunken seyn soll. Vorerst ist es gewiß, daß ähnliche Fälle schon oft vorgekommen sind. Man führt aus dem Alterthum zwei an: Valerius Maximus berichtet VIII, 9, 2: Verbis facundis ira, consternatio, arma cesserunt. Quae etiam Marianos Cinnanosque mucrones, civilis profundendi sanguinis cupiditate furentes, inhibuerunt. Missi enim a saevissimis ducibus milites ad Marcum Antonium obtruncandum, sermone ejus obstupefacti, districtos jam et vibrantes gladios cruore vacuos vaginis reddiderunt. Hier ist es Beredsamkeit, welche das Mordschwert, und zwar gegen Mannszucht und Befehl, wieder in die Scheide zurückwirft.

Ein anderer Beweggrund beherrscht den Vorgang, welchen
Vellejus Paterkulus II, 19, 3 erzählt: Marius hatte
sich vor den nachsetzenden Reitern Sulla's in dem Sumpfe
Marika verborgen, ward aber nachher von den Einwohnern
Minturnä's entdeckt, und auf Befehl der Ortsobrigkeit einge-
thürmt. Nun fährt Vellejus fort: ad quem (Marium) inter-
ficiendum missus cum gladio servus publicus, natione
Germanus, qui forte ab imperatore eo, bello cimbrico,
captus erat, ut agnovit Marium, magno ejulatu expro-
mente indignationem casus tanti viri, abjecto gladio pro-
fugit e carcere. Der alte benarbte Konsular mag freilich
den Sklaven mit furchtbaren Blicken angesehen haben, aber
der wackere Bursche hatte auch das Herz auf dem rechten
Fleck; Ehrfurcht vor der geweihten Person des Feldherrn
lähmte seine Hand, und lieber sezt er den eigenen Kopf auf
das Spiel, als daß er sich an dem Feldherrn vergriffe. *)
Aehnliche Beispiele kommen täglich vor. Ich erinnere an
Das, was zu Ende des Jahres 1825 zu Petersburg geschah,
wo der jetzige Kaiser furchtlos unter die aufrührerischen, von

---

*) Schiller hat (Wallensteins Tod, fünfter Aufzug, zweiter Auf-
tritt) die Gefühle, welche in solchen Fällen selbst das Herz des
rohesten Soldaten beherrschen, sehr wahr geschildert. Die
Hauptleute Deveroux und Macdonald, zwei ausgelernte
Mörder, sprechen zu Buttler, als er ihnen den Vorschlag
gemacht, den Herzog von Friedland zu ermorden:
    Wähl' einen Andern —
Hand an den Feldherrn legen — das bedenk! —
Dem wir das Jurament geleistet haben —
Hör' General! das dünkt mir doch zu gräßlich —
Wenn's nur der Chef nicht wär', der uns so lang
Gekommandirt hat und Respekt gefordert. —
    Ja! hör! Wen du sonst willst!
Dem eig'nen Sohn, wenn's Kaisers Dienst verlangt,
Will ich das Schwert ins Eingeweide bohren —
Doch sieh', wir sind Soldaten, und den Feldherrn
Ermorden, das ist eine Sünd und Frevel,
Davon kein Beichtmönch absolviren kann!

Branntwein berauschten Regimenter trat, und durch den Eindruck seiner Persönlichkeit mehr wirkte, als durch Kanonen. Kurz es ist am Tage, daß Achtung vor außerordentlichem Muthe, Ehrfurcht für geistige Kraft, besonders aber jene Magie, welche geweihte Personen umgibt, sehr oft, ja man kann sagen regelmäßig, die rohe Gewalt, selbst wenn sie sonst in ihrem Rechte ist, entwaffnet und auch niederschmettert. Sehen wir, ob kein Hebel der Art in vorliegendem Ereignisse waltet. Die Häscher kommen, um Jesum zu verhaften, Er wartet nicht einmal ihr Nahen, sondern tritt ihnen entgegen und spricht furchtlos: Der, den ihr suchet, steht vor Euch, ich selbst bin es. Kann man sich wundern, wenn dieser unerwartete Muth einen lähmenden Eindruck auf die Häscher übte. Noch mehr, für wen hielten sie den Mann, welchen zu verhaften sie hergeschickt waren? Aus einer klaren Urkunde wissen wir Dieß nicht, wohl aber können wir es auf Umwegen errathen. Die Mitglieder des hohen Raths von Jerusalem, auf deren Gebot die Wache heranzog, betrachteten Jesum als einen sehr gefährlichen Neuerer; Zeuge dafür der Verhaftbefehl! Warum hatten sie diese Meinung von Ihm? Weil Er durch Thaten und Lehre einen bedenklichen Einfluß auf das jüdische Volk ausübte, einen Einfluß, von dem die Pharisäer fürchteten, daß derselbe zulezt eine Staatsveränderung herbeiführen könnte. Also beweist ihr Verfahren, daß Jesus damals von einem großen Theil des jüdischen Volkes als ein Gesandter Gottes, als ein Prophet — aus welchen Gründen, das ist hier gleich — angesehen ward. Wie? und diese Ansicht des Volks, die selbst unter den Häuptern, wenn auch unwillkürlich, Eingang fand, soll nur nicht in der Seele jener Häscher und Bewaffneten nachgeklungen haben, die doch, wie wir oben zeigten, geborne Juden waren! Sicherlich haben auch sie Ihn für einen Propheten und Wunderthäter gehalten, sicherlich sind sie Ihm in der stillen Nacht nur mit Grausen genaht, und als der Gesuchte nun ihnen furchtlos entgegentrat und rief: Ich bin's! ist es ganz in der Ordnung, daß sie zurückwichen, und daß Einige von ihnen oder auch Alle niederstürzten. Wahrlich, nur wer die Hegel'sche Meinung von Christus hegt, wer ihn für einen mißrathenen Schwärmer hält, und sich vorstellt, auch die Häscher seyen von der Hegel'schen Schule angesteckt gewesen, kann den Bericht des vierten Evangelisten unglaublich finden. Es ist hier der Ort, noch eine andere Angabe unsrer Quelle zu berühren. Johannes erzählt schon in den früheren Kapiteln mehrmal: Häscher seyen ausgeschickt worden, um Jesum gefangen zu nehmen, aber unverrichteter Dinge wieder abgezogen. Ich glaube, man hat das Recht, anzunehmen, daß bei diesen früheren Anlässen die ausgesendeten Gerichtsboten nur einen bedingten Verhaftsbefehl hatten, d. h. daß sie angewiesen waren, sich Seiner Person nur dann zu versichern, wenn Er so und so weit gehe, oder wenn die Verhaftung ohne zu großes Aufsehen, oder ohne lebhafte Volksbewegungen bewerkstelligt werden könne. Weil diese Bedingung nicht eintrat, denke ich mir, legten sie die Hände nicht an Ihn. Es beweist gar Nichts gegen die Glaubwürdigkeit des vierten Evangelisten, daß er Nichts von diesen genaueren Sachverhältnissen angibt, vielleicht auch Nichts davon wußte. Weil er sich erinnerte, Jesum von Aufpassern und Gerichtsdienern beobachtet gesehen zu haben, schloß er, daß sie den Befehl gehabt, Ihn geradezu festzunehmen, wie man auch jezt noch unter gleichen Umständen die gleiche Folgerung ziehen wird.

Der nächstfolgende Bericht von Christi Gefangennehmung und Verhör gibt uns ein abgeschlossenes, wohlzusammenhängendes Bild und übertrifft die Darstellung der Synoptiker bei Weitem. Eine der wahrsten Stellen der ganzen evangelischen Geschichte findet sich hier, die schon für sich allein genügen würde, um dem Verfasser die Ehre der Augenzeugenschaft zuzuerkennen: ich meine das Bekenntniß Christi vor Pilatus XVIII, 33 u. flg. Hierüber wurde bereits oben das

Nöthige gesagt. *) Noch weit wichtiger ist das 19te Kapitel,
das die Hinrichtung schildert. Wo wird je Sage oder Phan=
tasie so Etwas erfinden, wie die Erzählung XIX, 25 flg.:
„Es stunden aber an dem Kreuze die Mutter (Jesu) und
Seiner Mutter Schwester, Maria des Klopas und Maria
von Magdala. Da nun Jesus Seine Mutter sah und den
Jünger neben ihr, den Er lieb hatte, so spricht Er zu Seiner
Mutter: Weib, siehe das ist dein Sohn. Darnach spricht Er
zu dem Jünger: siehe das ist deine Mutter. Und von der
Stunde an nahm sie der Jünger zu sich.“ Von solchen Zü=
gen, denen der Stempel der Wahrheit auf die Stirne ge=
drückt ist, wissen die Synoptiker Nichts. Gleich hinter
dieser ergreifenden Scene folgt nun dasjenige Geheimniß des
neuen Testaments, das den lezten leisesten Zweifel gegen die
Glaubwürdigkeit und Augenzeugenschaft unseres Evangelisten
zerstören muß. Es heißt V. 31 flg.: „Damit nun die Leich=
name nicht über den Sabbat am Kreuze blieben — denn es
war Rüsttag, und der Sabbat, welcher bevorstand, ein hoch=
gefeierter — baten die Juden Pilatus, daß die Beine der
Gekreuzigten gebrochen und sie dann abgenommen würden.
Da kamen denn die Kriegsknechte und brachen dem Ersten die
Beine, hernach auch dem Andern, der mit Jesu gekreuzigt
worden war. Als sie aber an Jesum kamen, brachen sie Ihm
die Beine nicht, weil sie sahen, daß Er schon gestorben.
Sondern der Kriegsknechte einer öffnete Seine Seite mit
einem Speer, und alsbald floß Blut und Wasser heraus.
**Und der das gesehen, der hat es bezeugt, und sein
Zeugniß ist wahr, und derselbige weiß, daß er die
Wahrheit saget, auf daß auch ihr glaubet. Denn
Solches ist darum geschehen, damit der Spruch er=
füllet würde** (Exod. XII, 46): **Ihr sollt ihm kein Bein
zerbrechen. Weiter sagt eine andere Schriftstelle:**

---

sie werden sehen, welchen sie gestochen ha=
ben." Ein ganzer Knoten von Fragen muß hier beant=
wortet werden. Bekannt ist die Sitte der Juden, Leichen
von Verbrechern nicht bis zu Sonnenuntergang und nament=
lich nicht bis in einen Sabbat oder Festtag hinein hangen
oder liegen zu lassen. Die ersten Worte des 31sten Verses
bedürfen daher keiner Aufklärung. Ueber den wahren Zweck
des Beinbrechens streitet man; gewiß scheint, daß es ge=
wöhnlich zur Kreuzesstrafe gehörte. Einige erklären es für
den lezten Akt der Kreuzigung; *) das heißt aber sehr un=
klar gesprochen. Denn da das Aufhängen am Kreuz an sich,
obwohl sehr langsam tödtete, so war eine zweite Bewirkung
des Todes durch das Brechen der Beine nicht nöthig, man
müßte denn sagen, der Gekreuzigte habe dadurch gleichsam
noch todter gemacht werden sollen. So einfältig waren weder
die Juden noch die Römer. **) Nun die Sache verhält sich
auch anders. Das Hängen am Kreuze tödtete sehr langsam
und sehr schmerzhaft. Um den Greuel schneller zu beendigen,
schlug man daher den Uebelthätern mit eisernen Keulen die

---

*) Ueber dieß und die anderen Züge vergleiche man Lücke zu der
Stelle.
**) Man könnte zwar sagen, das Brechen der Beine sey angewen=
det worden, um die Kreuzigung zu schärfen und noch entehren=
der zu machen, etwa wie man Verbrecher nach dem Rädern
den Kopf abschneidet und auf den Spieß steckt. Allein Jeder=
mann sieht, daß jener Akt nichts Beschimpfendes an sich trägt,
und nur den Zweck der Tödtung haben kann. Wären die Kör=
per zuerst zerschmettert und dann ans Kreuz gehängt worden,
so könnte man leztere Strafe mit Recht eine Verschärfung der
erstern nennen. Das Kreuz tödtete höchst langsam. Winer
führt in seinem Realwörterbuch Beispiele an von Solchen,
welche drei Tage und mehr am Kreuze fortlebten; starke Natu=
ren überstanden sogar die Marter des Kreuzes ganz, und star=
ben zulezt bloß an Hunger. Hingegen das Brechen der Beine
tödtet augenblicklich; sobald daher dieses auf jenes folgt, muß
man annehmen, daß die Marter des Kreuzes durch das Zer=
schmettern der Beine abgekürzt werden sollte.

Beine entzwei, und dieser Gebrauch hatte denselben Zweck, wie der Gnadenstoß auf die Brustkammer beim Rädern. Da die Leichen in vorliegendem Falle wegen des bevorstehenden Sabbats schneller abgenommen wurden, als gewöhnlich, so unterlag hier dem Zerschmettern der Beine allem Anschein nach noch die besondere Absicht, den wirklichen Tod der Gekreuzigten außer Zweifel zu setzen. Deßwegen sagt auch Johannes: Nur den beiden Schächern seyen die Beine zerschmettert worden, weil sie noch lebten, nicht aber Jesu, weil Er schon todt war. Klar ist, daß er voraussezt, das Zerschmettern der Beine habe dazu gedient, den Tod zu bewähren. Indeß scheint es mir, als sey Johannes in anderer Beziehung im Irrthum. Aus dem Umstande, daß die Kriegsknechte Jesu die Beine nicht abschlugen, zieht er offenbar, ohne es selbst zu wissen, den Schluß, daß sie Ihn für vollkommen todt hielten. Denn wenn er V. 33 sagt: „da sie sahen, daß Jesus schon gestorben war, zerschmetterten sie Ihm die Beine nicht," so fragt man mit größtem Recht: woher wußte Johannes, daß die Kriegsknechte sich wirklich überzeugt hatten, Christus sey bereits verschieden? Sicherlich schloß er Dieß daraus, weil sie Ihm die Beine nicht abschlugen. Wäre also der Hergang ganz thatsächlich dargestellt, so müßte es heißen, die Kriegsknechte zerschmetterten bloß den Schächern die Beine, hingegen Jesu zerschlugen sie die Beine nicht, woraus der Verfasser des Berichts abnimmt, daß sie Ihn bereits für todt hielten, denn sonst wurden sie es Jesu eben so gemacht haben, wie den Andern. Johannes war von lezterer Ansicht so überzeugt, daß er sie den Kriegsknechten als Grund ihres Handelns unterlegt, während sie doch in der That eine Folgerung ist, die er aus ihrem Verfahren zog. Hundert und tausendmal machen wir es in ähnlichen Fällen ebenso, und zwar gewöhnlich mit gutem Fug, manchmal aber auch mit Unrecht. Und Lezteres ist, fürchte ich sehr, in vorliegender Geschichte unserm Johannes widerfahren. Er erzählt weiter: „Einer aber der Kriegsknechte öffnete Jesu Seite mit einem Speer.“ Warum, frage ich, that Dieß der Soldat? Bloß aus Rohheit und um die Leiche zu verstümmeln? Das hat noch Niemand angenommen, und gewiß wenn er die Leiche bloß aus Blutgier zerfetzen wollte, so war ja das Zerschmettern der Beine ein viel kräftigeres Mittel. Also muß man auf eine andere Absicht schließen. Unbedingt geben daher auch bei Weitem die meisten Ausleger zu, der Soldat habe nach dem Körper Jesu gestochen, um sich zu überzeugen, daß Er nicht mehr lebe, und im Fall noch der Keim des Lebens in Ihm wäre, Ihm den Garaus zu machen. Aber wenn man den Stich in der Art erklärt, dann ist am Tage, daß der Grund, welchen Johannes für das Nichtzerschlagen der Beine Jesu angibt, ganz wegfällt, oder bedeutend beschränkt wird. Hat der Soldat nach Jesu gestochen, um sich zu vergewissern, daß Er nicht mehr lebe, dann war er von dem wirklich erfolgten Tode nicht überzeugt. Und warum sollte nur der Eine gezweifelt haben, nicht auch die Anderen! Sage man, was man wolle: wir haben hier drei Menschen vor uns, die zu gleicher Strafe verurtheilt, das gleiche Schicksal erleiden sollen, die man alle Drei vor der sonst gewöhnlichen Zeit abnimmt, und gegen die daher ein gewisses Verfahren — das Brechen der Beine — deßhalb gleichmäßig angeordnet wird, weil es allein im Stande ist, den Tod der Gekreuzigten außer allen Zweifel zu setzen. Dennoch wird es nur auf die Zwei angewandt, nicht auch auf den Dritten, Jesum, und der Grund, welchen Johannes für die verschiedene Behandlung angibt, ist durch die That eines der Betheiligten selbst widerlegt. Wer will uns das Recht absprechen, die Unterlassung des Zerbrechens der Beine ganz anders zu erklären, als es Johannes — jedenfalls halb irrthümlich — thut! Doch ich will nicht dem Folgenden vorgreifen. Auffallend ist es ferner, daß Johannes für den Lanzenstich ein Zeitwort νύσσειν gebraucht, das sonst nur leichte Verwundungen bezeichnet. Νύσσειν heißt gewöhnlich Ritzen, Stechen, nicht durchstechen oder durchbohren, darüber sind alle Unbefangene einverstanden, wenn auch das Wort bisweilen ausnahmsweise einen stärkern Sinn hat. Johannes kannte doch stärkere Ausdrücke — wie gleich das im 37sten Verse vorkommende ἐκκεντεῖν beweist — im Falle er eine tödtliche Verwundung anzeigen wollte. Endlich erzählt er noch: auf den Stich sey sogleich Blut und Wasser aus Jesu Seite geflossen. Aeltere gläubige Aerzte, welche über den Tod Jesu schrieben, nahmen die Worte Blut und Wasser buchstäblich und sprachen von einem humor *miraculosus*, sintemalen es außer allem Zweifel ist, daß aus der Seite eines gesunden Menschen kein Wasser fließt, sondern nur aus der eines Wassersüchtigen. Andere übersetzten die Worte als ein ἓν διὰ δυοῖν durch wässeriges Blut, oder blutiges Wasser. Man berief sich dabei auf die bekannte Erfahrung, daß Blut nach kurzem Stehen sich in zwei Bestandtheile, den Blutkuchen und das Serum oder das Blutwasser absondert. Aber außerdem, daß Blut, wenn es einmal geronnen ist, nicht mehr leicht und mit Gewalt fließt — was doch in den Worten εὐθέως ἐξῆλθεν αἷμα καὶ ὕδωρ liegt — hat diese Erklärung auch noch andere Bedenklichkeiten gegen sich. Man weise mir irgend eine Stelle eines alten oder neuen Schriftstellers auf, in welcher zu lesen stände, daß aus dem zerstochenen Oberleibe eines Verwundeten oder Todten Blut und Wasser geflossen sey. Es ist eine ganz ungewöhnliche Anschauung, seröses Blut für Wasser und Blut auszugeben, besonders da das Serum fortwährend eine röthliche Farbe behalt. Hieraus ziehe ich getrost den Schluß, daß die Anschauung unsers Berichterstatters, oder besser seine Erinnerung, durch mystische Gründe beherrscht gewesen ist. Wasser und das Blut Jesu Christi sind die höchsten Kleinodien des ältesten christlichen Glaubens, jenes als Mittel der Taufe, dieses als sündentilgendes Opfer, beide stehen im gleichem Verhaltnisse, wie

Anfang und Ende: was die Taufe als reinigendes, weihen=
des Geheimniß beginnt, vollendet das Blut Jesu: durch
beide wird der Gläubige von den früher begangenen, wie
von den späteren Sünden rein, die er schon Christ gewor=
den auf sich lud. Namentlich war unser Evangelist Johan=
nes dieser mystischen Gedankenverbindung zugethan. Bürge
dafür die Stelle in seinem ersten Briefe V, 5 flg.: „Wer
ist's, der die Welt überwindet? Der, welcher da glaubt, daß
Jesus der Sohn Gottes ist. Dieser Jesus ist es, der da kam
durch Wasser und Blut, Jesus der Christ, nicht im Wasser
allein, sondern im Wasser und Blute, und der Geist ist's,
der Zeugniß für ihn ablegt, denn der Geist ist die Wahr=
heit. *) Denn drei sind die da zeugen: der Geist und das
Wasser und das Blut, und diese drei sind Eins.“ Die besten
Erklärer stimmen überein, daß Blut hier den Opfertod,
Wasser den christlichen Gebrauch der Taufe bezeichne, und
man kann in der That die Stelle ohne offene Gewalt gar
nicht anders erklären. Der Opfertod und die Taufe oder
Wasser und Blut standen also in der mystischen Denkweise
unsers Evangelisten im innigsten Zusammenhang. Vorgefaßte
Ideen der Art beherrschen aber, wie aus tausend Beispielen
erhellt, Anschauung und Erinnerung der Mystiker. Sie sind
auch in unsrer Stelle thätig. Da Johannes den Trieb,
Wasser und Blut im bezeichneten Sinne nebeneinander zu
finden, von anderswoher zur Abfassung seines Evangeliums
brachte, so bedurfte es nur eines geringen Anlasses, um auch
am Leibe des Gekreuzigten Wasser neben das Blut zu reihen.
Ohne diesen Hebel würde er sicherlich bei einer Gelegenheit,
wo nur Blut erwartet werden kann, nicht auch von Wasser
reden. Freilich müssen wir auch eine äußere Erscheinung

---

*) Eine Schmach ist es, daß der 7te Vers, welcher erweislich
einem Truge der Dreieinigkeits = Kämpfer seinen Ursprung ver=
dankt, noch in so vielen griechischen und deutschen Bibelaus=
gaben nachgeschleppt wird.

annehmen, welche dem inneren Antrieb zu Hülfe kam. Ich finde sie entweder in dem Umstande, daß die Blutmasse des Gekreuzigten durch das peinliche Hangen stockiger und darum auch wässeriger aussah als sonst, oder vielleicht besser in dem reichlich strömenden Marterschweiße, der, seit die Wunde geöffnet war, neben dem Blute herabrann und sich mit demselben vermischte. Wenn man mir einwendet: vom Schweiße, der auf der Oberfläche der Haut herablief, könne der Ausdruck ἐξῆλθεν, der an die Wunde zu denken nöthige, nicht mit gutem Fug gebraucht werden, so entgegne ich: jedenfalls, man mag die Sache erklären wie man will, ist die Darstellung unsers Berichterstatters durch mystische Gedankenkreise beherrscht und getrübt, und ich habe daher das Recht, die natürlichste Annahme zu wählen.

Mit V. 34 hat Johannes den äußerlich sichtbaren Hergang beendigt; sofort folgt die stärkste Betheuerung, die überhaupt im ganzen neuen Testament vorkommt. Betrachten wir zuerst die einzelnen Worte: ὁ ἑωρακὼς μεμαρτύρηκε, καὶ ἀληθινὴ αὐτοῦ ἐςιν ἡ μαρτυρία, κἀκεῖνος οἶδεν, ὅτι ἀληθῆ λέγει, ἵνα ὑμεῖς πιςεύσητε. Wer ist der Zeuge? Würde es statt οἶδε, wie zu Ende des Evangeliums οἴδαμεν (XXI, 24) heißen: so könnte man keinen Augenblick zweifeln, daß der Verfasser sich hier auf einen Andern, der dabei war, beruft. Nun es aber heißt οἶδεν, müssen wir annehmen, daß der Verfasser sich selbst meint. Denn wer wird, wenn er zuerst einfach das Zeugniß eines Dritten angeführt hat — wie hier mit den Worten: ὁ ἑωρακὼς μεμαρτύρηκεν geschieht, — hintendrein zur Verstärkung jenes Zeugnisses, noch beifügen: Und jener Andere weiß, daß er die Wahrheit sagt? Das wäre gar zu närrisch; sondern in solchen Fällen sagt man, und wir, oder Der und Jener weiß, daß der Zeuge richtig gezeugt hat, entweder weil wir, oder Der und Jener seinen tadellosen Charakter kennen, oder weil Andere, die auch dabei waren, Dasselbe bezeugen. Hingegen konnte Johannes recht

gut so von sich selbst sprechen. Denn zwar ist es dem alltägli=
chen Gebrauche nicht gemäß, so die Kraft des Zeugnisses durch
Wiederholung des bereits Gesagten zu verstärken, weil bei den
zahllosen falschen Aussagen, welche im bürgerlichen Leben an der
Tagesordnung sind, die bloße Berufung aufs Gewissen unzu=
länglich, oft lächerlich gefunden wird. Aber wohl ist es mensch=
lich, und noch mehr Johanneisch; er wendet die zweite Aussage
an, wie wir vor Gericht den Eid, zuerst bezeugt er einfach,
dann noch einmal auf sein Gewissen. Daß Johannes in der
dritten Person und in der Form vergangener Zeit spricht, hat
gar nichts Auffallendes. Viele Alte machen es eben so, und
wir wissen ja, daß der vierte Evangelist nirgend seine Person
hervortreten läßt.

Jezt zur Betheurung selbst. Was ist ihr Zweck? Unbe=
fangene haben es längst eingesehen, und es kann auch ver=
nünftiger Weise gar kein Zweifel darüber obwalten, daß er
uns überzeugen will, Christi Beine seyen einzig und allein
deßhalb nicht gebrochen worden, damit etliche sehr
dunkle Prophetenstellen erfüllet würden, *) welche er nach den
LXX anführt. Aber wozu die Stärke der Ausdrücke, die
Heftigkeit seiner Bewegung? Offenbar weil er einer andern
Ansicht von der Unterlassung des Beinbruchs vorbeugen, und
sie zu bekämpfen beabsichtigt. Sprechen wir das Wort des

---

*) Dr. Paulus spricht in seinem Kommentare die Ansicht aus,
daß Johannes nur darum in die Betheurung ὁ ἑωρακὼς μεμαρτύρηκε κ. τ. λ. ausbreche, weil er fürchte, man werde seine
Angabe in Betreff des Bluts und Wassers das aus der Wunde
geflossen, ganz unglaublich finden. Allein die folgenden Worte
ἐγένετο γὰρ ταῦτα κ. τ. λ. zeigen ja aufs Deutlichste, daß
er den unterlassenen Beinbruch im Sinne hat. Will man den
35sten Vers nicht als bloße Einleitung des 36sten betrachten,
so möchte ich eher vermuthen, daß sich Johannes in demselben
leise gegen Die rechtfertigt, welche die unumwundene Enthüllung des Geheimnisses der nicht zerbrochenen Beine allzukühn
und dem Interesse der neuen Kirche nachtheilig fanden.

Räthsels offen und unumwunden aus, ohne Rücksicht was Rechtgläubige dazu sagen mögen. Aufs Unzweideutigste geht aus unserer Stelle hervor, daß man bald nach der Kreuzigung Jesu in Jerusalem gesagt haben muß: Ja! wären dem Manne die Beine auch abgeschlagen worden, wie den beiden Schächern, so würde er nimmermehr von den Todten auferstanden seyn! Dieser, dem urchristlichen Gefühl höchst verhaßten Deutung des Nichtzerbrechens Seiner Beine sucht nun Johannes mit aller Kraft vorzubeugen, indem er uns versichert: jene Unterlassung sey zu keinem andern Zwecke erfolgt, als damit zwei Stellen der Propheten erfüllet würden, welche jedoch nur die geheimste Allegorie auf Christum beziehen kann, und welche sicherlich auch Johannes erst lange nach der That auf den Herrn erklärte. Wir haben also hier ein uraltes Zeugniß, daß die Gegner Jesu die Thatsache Seiner Auferstehung äußerlich anerkannten, aber innerlich läugneten, indem sie vorgaben, Jesus sey nur scheintodt gewesen, und habe daher auf natürlichem Wege wieder ins Leben zurückkommen können. Ich gestehe offen, wenn die Menschen damals solche zweibeinige Geschöpfe waren, wie wir, wenn sie so dachten, fühlten, stritten, haßten, wie wir, kurz wenn die menschliche Natur im Ganzen dieselbe war, wie jezt, was zu läugnen mir der Gipfel von Unvernunft scheint, so finde ich es im höchsten Grade natürlich, daß man in Jerusalem so von der Auferstehung des Herrn sprach, sobald man sie einmal als wirkliche Thatsache anerkennen mußte. Uns geht es freilich anders; von Kindesbeinen an in christlichen Voraussetzungen erzogen, begreifen wir kaum, wie man an dem wirklichen Tode Jesu und an Seiner wirklichen Auferstehung zweifeln könne. Aber vergessen wir nicht, daß in der jüdischen Hauptstadt eine Menge Leute sich befanden, deren Gefühle und Vorurtheile aufs Entschiedenste Christo widerstrebten. Gegner und auch Gleichgültige sind weder so gläubig noch so gutmüthig, um gewisse Erscheinungen gleich aufs Vortheilhafteste für den Nebenmenschen, besonders einen gehaßten auszulegen. Im Uebrigen können wir uns an die tägliche Erfahrung halten. Wenn heute unter uns irgend ein Mensch auf eine Weise, die, wie das Kreuz, nur sehr langsam, oder vielleicht für sich allein gar nicht tödtet, hingerichtet würde, wenn weiter derselbe nach sechs bis acht Tagen wieder unter den Leuten herumwandelte, so würde es sicherlich keinem Verständigen beigehen, dieses Räthsel anders zu erklären, als durch die Voraussetzung, daß der Hingerichtete durch List oder Zufall dem Tode entronnen sey. Nun für die Juden von Damals war unser Erlöser nichts mehr, als ein Jemand, den sie überdieß haßten, und nicht im Entferntesten fiel es ihnen ein, an Ihn den Maßstab des Uebernatürlichen zu legen, den wir Christen jetzt als Etwas betrachten, das sich von selbst verstehe.

Eine andere höchst wichtige Frage drängt sich uns auf: hatten die Juden Recht mit ihrem Argwohn? Ich denke, jeder Unbefangene sollte zugestehen, daß sich viele Umstände vereinigen, um demselben einen bedeutenden Schein zu geben. Die Kreuzesstrafe tödtet an sich, wie wir oben gesagt, nur sehr langsam, manchmal erst durch Hunger. Nach wenigen Stunden wird Christus vom Kreuze abgenommen; laut der evangelischen Sage (Matth. XXVII, 45) scheint Er nur drei Stunden lang am Kreuze gehangen zu seyn; auch der Bericht des Johannes läßt auf keine größere Frist schließen. Da es nach Kap. XIX, 14 schon um die sechste Stunde — d. h. Mittag — war, als Christus noch vor Pilatus stand, kann Er nur eine gute Weile später ans Kreuz geschlagen worden seyn. Mit Sonnenuntergang, d. h. sechs Uhr Abends, begann der Sabbat, vor dessen Anbruch Er, gemäß dem Gesetze, abgenommen, zum Grabe geführt, eingehüllt (Joh. XIX, 40) und in das neue Grab beigesezt worden ist; folglich bleiben auch so für das Hangen am Kreuze kaum drei, höchstens vier Stunden übrig. Nur wenn Er schon zuvor im höchsten Grade erschöpft gewesen wäre, oder an anderen Krankheiten litt, könnte Er — das geben die Aerzte zu — ohne das Hinzutreten sonstiger gewaltsamer

Tödtungsmittel, gestorben seyn. Merkwürdig ist es, daß sich selbst in der gläubigen Sage die Ueberlieferung erhielt, Sein Tod sey schneller erfolgt, als es sich erwarten ließ, er habe also etwas Seltsames, Auffallendes an sich. Bürge dafür die Stelle Marc. **XV**, 44: „Pilatus wunderte sich, daß Christus bereits gestorben, Er rief daher den Hauptmann und befragte ihn, ob Jesus längst verschieden. Als er von diesem eine bejahende Antwort erhielt, gab er die Leiche an Joseph von Arimathia ab" u. s. w. Neben dem Zeugnisse über das unerwartet schnelle Verscheiden Jesu liegt in diesen Versen, wie ich oben zeigte, *) auch ein leises Vorbauen gegen die Meinung, als sey Christus nur scheintodt gewesen.

Aber, sagt man, wenn Christus auch nicht dem kurzen Hangen am Kreuze erlag, mußte Ihn doch der Lanzenstich tödten. Wenn nur nicht ein unauflöslicher Knoten uns gerade hier verstrickte! Nach **XIX**, 31 verlangen die Juden, daß die Beine der drei Gekreuzigten gebrochen und die Leichen dann abgenommen werden. Mag dieses Zerbrechen ein gewöhnlicher Akt gewesen seyn, um die Leiden der Gekreuzigten zu verkürzen, oder mag es hier bloß darum stattfinden, damit der Tod, der sonst bei der kurzen Dauer des Hangens nicht erfolgt wäre, außer Zweifel gesezt werde: jedenfalls ist klar, daß die Bitte der Juden, wie der übereinstimmende Befehl des Landvogts, nur den Sinn haben konnte: alle drei, Christus und die beiden Schächer, sollten dieselbe Behandlung erfahren. Förmlichkeiten, die bei Hinrichtungen angeordnet sind, werden bei allen Nationen mit der größten Pünktlichkeit vollzogen, und Dieß muß auch so seyn, weil sonst die gefährlichsten Unterschleife getrieben werden können. In unserm Falle ist überdieß die Hinrichtung Soldaten übertragen. Wer das Kriegswesen, besonders das römische, nur ein wenig kennt, weiß, daß militärische Befehle bestimmt und klar gegeben

*) Siehe oben II. B. 2te Abth. S. 200 u. flg.

werden. Waren die Kriegsknechte angewiesen, die Beine der Ge=
kreuzigten zu zerschmettern, so mußten sie der Ordre buchstäb=
lich nachkommen: denn stumm ist die That, der Gehorsam
blind. Die Einwendung, der Befehl des Zerschlagens sey viel=
leicht nur bedingt und auf den Fall ertheilt worden, daß der
wirklich erfolgte Tod sich nicht aus anderen sicheren Anzeigen
herausstelle, fällt außerdem in sich selbst zusammen, da die
Soldaten, wie wir oben sahen, so handeln, als ob Er möglicher
Weise noch leben könnte, folglich hätten sie, auch den bedingten
Befehl vorausgesezt, Christo so gut als den Anderen, die Beine
abschlagen müssen. Ich glaube aber nimmermehr, daß ein
römischer Offizier in solchen Fällen bloß bedingte Befehle er=
theilte; denn welche vernünftige Absicht läßt sich dafür denken?
War der Gekreuzigte noch am Leben, so forderte ja der Zweck
der Kreuzigung, daß man sich durch das Zerschmettern der
Beine seines Todes versicherte; war er dagegen schon todt,
so lag gar Nichts daran, ob der Leiche auch noch die Beine
zertrümmert wurden. Kurz man betrachte die Sache wie
man wolle, immer bleibt es höchst auffallend, daß Jesus anders
behandelt wird, als die zwei mit Ihm gekreuzigten Verbre=
cher, daß man namentlich das Mittel nicht anwandte, welches allein
in vorliegendem Falle den Tod außer Zweifel setzen konnte.
Mich soll Niemand überreden, daß die Soldaten diesen Unter=
schied unter den Gekreuzigten gemacht hätten, wenn nicht ein
Befehl ihrer Vorgesetzten sie dazu ermächtigte, oder wenn
nicht ein besonderer Zweck hier mit unter der Decke spielte,
ein Zweck, der sie bestimmen mochte, auch auf die Gefahr
schwerer Strafe hin den ihnen gewordenen Auftrag nicht buch=
stäblich zu vollstrecken. Ging jener Befehl von den Vorge=
sezten aus, so bleibt kaum etwas Anderes als die Annahme
übrig, daß sie Jesum retten wollten, weil sie, in dem Augen=
blicke, wo die Soldaten die vorausgesezte Weisung erhielten,
nicht bloß die Möglichkeit, sondern die Wahrscheinlichkeit, daß
Jesus noch lebe, anerkennen mußten. Handelten aber die

Soldaten auf eigene Fauſt, ſo waren ſie durch irgend welche
Verheißung vermocht, ihrem Auftrag nicht wörtlich nachzukom=
men. Und nun bekommt man auch eine andere Anſicht von
dem Lanzenſtich. An einem innern Widerſpruch leidet die
Vorausſetzung, daß er dazu gedient habe, den Herrn ſicher
zu tödten. Denn wenn die Soldaten Urſache hatten zu vermu=
then, daß Jeſus noch lebe, ſo mußten ſie Ihm die Beine ab=
ſchlagen, wie den Schächern. Folglich kann uns Niemand das
Recht abſtreiten, demſelben eine ganz andere Abſicht zu unter=
legen. Wie, wenn er dazu diente, um den Schein hervorzu=
bringen, daß Das, was durch das Zerbrechen der Beine hätte
bewirkt werden ſollen, durch den Lanzenſtich erſezt worden ſey?
Denn das ums Kreuz verſammelte Judenvolk und die Hohen=
prieſter, deren Ränke unſern Herrn ſo weit gebracht, durften
in keinem Falle merken, daß hier ein Geheimniß vorgehe.
Man kann mit einer Lanze ſtark oder ſchwach ſtoßen, leicht
oder tödtlich verwunden, und wenn der ſtoßende Soldat den
Beinbruch nicht in Wahrheit, ſondern nur zum Schein durch
den Stich erſetzen wollte, ſo hat er gewiß nur ſchwach geſtoßen,
gerizt, leicht verwundet, und zu dieſer Annahme reimt ſich,
wohlgemerkt, vortrefflich das von Johannes gebrauchte Zeit=
wort νύσσειν, denn es bezeichnet eine leichte Verwundung.
Auf ſolche Anſichten führt uns unwillkürlich eine unbefan=
gene Erwägung des Johanneiſchen Berichts. Dieſelben werden
mächtig verſtärkt durch die ebenfalls von unſerm Evangeliſten
überlieferte Spur, daß manche der jüdiſchen Zeitgenoſſen Jeſu
gleich nach der That den Verdacht hegten, der hier ausgeſpro=
chen wurde. Ich denke mir die Sache ſo: aus mehreren Stel=
len unſers Evangeliums (beſonders XII, 42 u. XIX, 38. 39)
erhellt, daß Jeſus auch unter den Häuptern der Juden einige
Anhänger zählte, die jedoch aus Furcht vor der Gegenpartei
ihre Geſinnung verbargen. An den Herrn glauben, heißt zu=
gleich im vorliegenden Falle entſchloſſen ſeyn, Alles für die
Rettung des hohen Propheten, des unſchuldigen Opfers zu

wagen. Auf dem gesetzlichen Wege konnten sie Ihn nicht aus dem Drachen des Tigers herausreißen — warum nicht, wurde aber gezeigt — auch Gewalt half Nichts, wohl aber List und Gold. Ist es nicht auffallend, daß die evangelische Sage uns von jenem Joseph aus Arimathia, der dem Gekreuzigten die lezte Ehre erwies und den Körper desselben vom Kreuze herab empfing, die Nachricht aufbewahrt hat, er sey ein reicher Mann gewesen. (Matth. XXVII 57): ἦλθεν ἄνθρωπος πλούσιος ἀπὸ Ἀριμαθαίας, τοὔνομα Ἰωσήφ. Von keiner aller anderen historischen Personen, die im neuen Testament auftreten, wird sonst die Eigenschaft des Reichthums hervorgehoben. *) Im vorausgesezten Falle war Reichthum freilich ein sehr wichtiges Mittel. Es muß jenen gläubigen vornehmen Juden Das, was ganz Jerusalem wußte, auch zu Ohren gekommen seyn, nämlich, daß der römische Landvogt sich nur ungern zu dem Justizmorde verstand, der an Christo verübt werden sollte. Bei dieser Stimmung des Römers durften sie hoffen, ihn selbst, oder, vielleicht wahrscheinlicher, einen der Hauptleute, der die Hinrichtungswache befehligte, durch Geld zu bestimmen, daß Jesus nur zum Schein, nicht in Wahrheit vom Leben zum Tod gebracht ward. Schon viele Fälle der Art sind vorgekommen, von denen zum Theil auch die Geschichte zeugt. Ich glaube, man darf außer den bereits angeführten noch einige andere Umstände nicht übersehen.

---

*) Manche der älteren Erklärer sagen, der Reichthum Josephs werde bloß deßhalb angeführt, um begreiflich zu machen, wie es kam, daß er Jesu Leiche in köstliche Leinwand hüllen konnte (B. 59) und ein eigenes Grab besaß. Allein diese Behauptung ist rein willkürlich, und beweist nur, daß sie selbst in den Worten: ἀνὴρ πλούσιος — wenn auch dunkel — ein Geheimniß ahnten. Denn Matthäus feiert ja den Reichthum des Mannes nicht bei dem Akte der Grablegung, sondern in dem Augenblick, wo er ihn vor Pilatus treten läßt. Außerdem gibt es viele Leute, besonders unter den Vornehmen und Adeligen, die zwar eigene Gräber, aber doch kein Geld besitzen.

Zwei Verbrecher werden mit Christus gekreuzigt! Sonderbar, Das sieht ja aus, als hätten die Römer solche Menschen schockweise bei der Hand, und nicht Zeit gehabt, sie einzeln hinzurichten. Da Dieß wohl nicht der Fall war, möchte ich lieber auf die Absicht schließen, durch die Verdreifachung des Schauspiels die Aufmerksamkeit der gaffenden Menge zu theilen und dadurch ein geheimes Vorhaben zu verhüllen. Weiter heißt es bei Johannes (XIX, 41): „Es befand sich aber an dem Orte, wo Christus gekreuzigt wurde, ein Garten, und in dem Garten ein neues Grab, in welches noch Niemand gelegt worden war; in demselben sezten Joseph und Nikodemus den Gekreuzigten bei, nachdem sie die Leiche mit Tüchern umwickelt und mit Spezereien gesalbt." Die Synoptiker stimmen bei, daß es ein ungebrauchtes Grab war; Matthäus hat noch den weitern Zusatz: es sey das Grab des Josephus, d. h. wohl sein Familiengrab gewesen; ich finde Dieß wenig glaublich, weil mich dünkt, Joseph, der in Arimathia lebte, und von dort stammte, werde in Arimathia auch sein Familiengrab gehabt haben. Und so möchte ich aus den Worten μνημεῖον καινόν lieber den höchst natürlichen Schluß ziehen, daß es wohl erst heute oder gestern zu dem besondern Zweck, Jesum darein zu legen, und deßhalb auch gerade an jenem Orte, nämlich in der Nähe des Kreuzes, erbaut worden sey. Denn unter den vorausgesezten Umständen mußte jenen Männern viel daran liegen, den Körper des Gekreuzigten möglichst schnell allen uneingeweihten Augen zu entziehen. Hatte aber Joseph das Grab eigens für Jesus errichten lassen, so mußte er offenbar zweier Dinge gewiß seyn: erstens, daß die Kreuzigung an jenem Orte vorgenommen, und zweitens, daß ihm die Leiche von Pilatus übergeben werde, was doch von sämmtlichen Evangelisten als eine besondere Vergünstigung des Landvogts dargestellt wird. Angenommen der Ort der Kreuzigung sey der gewöhnliche Richtplatz gewesen — wie die Synoptiker behaupten — und Josephus habe also seine Vorkehrungen ohne

außerordentliche Mittel treffen können: so zwingt uns um so
gewisser der andere Umstand anzunehmen, daß vor der Kreuzigung Unterhandlungen zwischen ihm und Pilatus stattfanden,
und Dieß ist sehr wichtig. Endlich berichtet Johannes zwar,
daß die Mutter Jesu und andere galiläische Frauen bei dem
Kreuze standen und den Geliebten dahinsterben sahen aber
kein Wort lesen wir weder bei ihm noch bei den Synoptikern
davon, daß sie auch bei der Grablegung Theil genommen. Als
Anwesende nennt Johannes nur den Nikodemus und Joseph
von Arimathia, von den Frauen schweigt er ganz. Selbst
bei den Synoptikern ist die Kunde geblieben, daß die Frauen
keinen Theil an jenem Geschäfte genommen. Matthäus berichtet (XXVII, 61) bloß, Maria von Magdala und die andere
Maria seyen gegenüber dem Grabe gesessen, Lukas läßt sie das
Grab ansehen (XXIII, 55). Der Mutter gedenkt keiner,
keiner bemerkt, daß die Frauen die Hand angelegt bei dem
Geschäfte der Beisetzung, das doch sonst für ein weibliches gilt.
Wer wird es glaublich finden, daß dieses ihr Ruhigbleiben freiwillig gewesen! Folglich müssen wir wohl annehmen, jene beiden Männer hätten gute Gründe gehabt, Weiber ferne zu halten, und den Schleier des Geheimnisses über eine Sache zu
decken, deren Enthüllung ihnen — wenn meine Vermuthung
wahr ist — sehr gefährlich werden konnte. Mir scheint, bei
der hier entwickelten Ansicht von der Kreuzigung lasse sich auch
die verhältnißmäßig sehr große Masse von Spezereien — welche
Nikodemus mitbrachte, hundert Pfund, nach Johannis XIX, 39 —
am besten erklären. Vielleicht trug Nikodemus dieses theure
Geschenk absichtlich zur Schau, um unter dem Volke den
Schein zu verbreiten, als sey er mit Nichts beschäftigt, als mit
dem möglichst glänzenden Begräbniß eines Todten. Mit
Einem Worte, Spuren häufen sich auf Spuren, welche alle auf
das Ziel hinweisen, das ich dargelegt. Jedenfalls wußte Jesus
selbst Nichts von geheimen Mitteln, welche seine vornehmen und
weltkundigen Anhänger ersonnen, um Ihn zu retten. Ich habe

oben gezeigt, daß Er freiwillig dem Tode entgegenging, und
wirklich zu sterben glaubte: ein Umstand, der das Opfer des
Blutes, das Er für uns vergossen, um so theurer macht.
Darum hat Er auch den Jüngern laut Joh. XX, 9 Nichts
von der Auferstehung vorausgesagt, welche Diesen um Nichts
weniger unerwartet war, als Ihm selbst, wofür aufs Klarste
die Worte XX, 17 zeugen: μή με ἅπτε, οὔπω γὰρ ἀναβέβηκα πρὸς τὸν πατέρα. Wer wird auch aus Ehrgeiz, oder
aus irgend welchen anderen Gründen, einen Versuch, wie die
Kreuzigung, mit sich vornehmen lassen, von dem selbst, wenn
Alles von den Freunden aufs Beste eingeleitet ward, immer
Zwei gegen Eins gewettet werden konnte, daß er eher den
wirklichen Tod herbeiführen, als glücklich ablaufen werde. Ich
denke, diese zwei Gründe sprechen aufs Bündigste dafür, daß
Er die Auferstehung weder voraussah, noch auch wollte; hiezu
kommt noch, als lezter Beweis, der Erfolg oder Das, was Er
nach der Auferstehung that. Nur einige wenige Male zeigte
Er sich den Jüngern, um sie zu trösten, zu ermuthigen; dann
zieht Er sich ganz in ein undurchdringliches Dunkel zurück.
Sonnenklar sieht man hieraus, daß Er das Ziel Seines Wirkens mit dem am Kreuze überstandenen Tode erreicht glaubte,
und darüber hinaus Nichts mehr beabsichtigte. Ich bin daher
auch fest überzeugt, daß Er die rettende Hand der Freunde
zurückgewiesen haben würde, wenn sie Ihn gefragt hätten, ob
es Ihm genehm wäre, auf diese Weise der Bosheit Seiner
Feinde zu entgehen. Mit Seinem Tode wollte Er die Treue
gegen Sein Werk besiegeln. Auch Johannes wußte Nichts
davon, was hinter dem Vorhang verhandelt worden war,
denn sonst hätte er sich wohl gehütet, so viele kleine Züge, die
jene Vermuthung fast zur Gewißheit erheben, uns getreulich
zu erzählen. Aber wohl war es ihm bekannt, daß die Juden
die Auferstehung so erklärten. Zu laut zeugt dafür Vers 35
und 36. Wie einen grellen Mißton, der den Himmel seiner

chriftlichen Gefühle ftört, wie ein fchreckhaftes Gefpenft, ftößt er jene Anficht von fich weg.

Gleich Johannes denken noch heute Hunderttaufende guter Chriften von der Sache. Ich verhehle mir nicht, daß die hier entwickelte Meinung ihren treuherzigen Glauben fchwer verletze. Aber die hiftorifche Wahrheit, oder auch Wahrfcheinlichkeit zu enthüllen, ift meine Aufgabe, vor der jede andere Rückficht verftummen muß. Die Anhänger der 1800jährigen Kirchenlehre von der Auferftehung unfers Herrn werden fagen: demnach wäre der Herr nicht durch unmittelbare Wirkung der Allmacht, fondern durch einen menfchlichen Zufall vom Tode erftanden! Ich antworte mit Schiller: es kann hier von keinem Zufalle die Rede feyn:

> Des Menfchen Thaten und Gedanken wißt,
> Sind nicht wie Meeres blindbewegte Wellen,
> Die innere Welt, der Mikrokosmus ift
> Der tiefe Schacht, aus dem fie ewig quellen!

So eigenfüchtig und verdorben die Menfchen im alltäglichen Leben feyn mögen, ift es doch ein Zeichen des edleren, und nicht bloß für diefes Leben berechneten Keimes, den der Schöpfer in unfere Bruft gelegt hat, daß wir, fo oft beffere Sterne am Himmel der Menfchheit auffteigen, uns vor diefen Erfcheinungen hingebend zu beugen vermögen, daß es in folchen Fällen nie an einzelnen guten Menfchen fehlt, welche Alles für jene Geifter zu thun bereit find. Bei den Krönungen deutfcher Kaifer rief einft der Herold aus: ift kein Dalberg da? denn die Träger diefes Namens genoffen die hohe Ehre, vor allen Anderen den Ritterfchlag bei der Krönung zu empfangen, und zwar darum, weil einft ein Dalberg den Kaifer Friedrich I. an der Engelsburg zu Rom mitten aus einer Schaar von Feinden heraus gehauen hatte. Immer, fage ich, hat es Dalberge, nur bald im Harnifche des Ritters, bald unter dem rauhen Wamfe des Bauern, bald unter der Kutte des Priefters oder Gelehrten gegeben, fobald mächtiger als sonst jenes geweihte Verhältniß berührt ward, das den Unterthanen an das Stammeshaupt, den Clansmann an den Lord, den Soldaten an den glorreichen Feldherrn, und auch dankbare Schüler an hochverehrte Lehrer, mit magischen Banden fesselt. Und dem Ersten unsers Geschlechts, dem Propheten Gottes, sollte es in höchster Noth an treuen Anhängern gefehlt haben, welche die Hände zu seiner Rettung selbst wider den eigenen Willen des Erhabenen rührten, als jüdischer Starrsinn und auch Bosheit den Unschuldigen ans Kreuz schlug? Kein anderes Mittel half hier aus, als List, folglich bedienten sie sich dieser. Aber, sagt man, das sey unsittlich. Ich gebe gerne zu, daß die vorausgesezte Handlung des Nikodemus, Joseph von Arimathia und Anderer nicht ganz mit den Moralsystemen in Einklang stehen mag, welche Herr J. G. Fichte und andere Metaphysiker von gleicher Kraft schwarz auf weiß zusammengetragen haben. Aber diese Nichtübereinstimmung ist mein geringster Kummer; denn jene Werke handeln nicht von dem zweibeinigen Volke, das hier unten mit dem Namen Menschen herumwandelt und eine sehr ausgeprägte Eigenthümlichkeit besizt, sondern von gewissen Gedankenmännchen, die man nirgends trifft, als in Büchern. Allerdings würde es mir sehr leid thun, wenn Christus selbst List gebraucht hätte, um sich zu retten: denn dem Erhabensten ziemt nur der gerade Weg; allein von Ihm ist ja nicht die Rede, sondern von etlichen Seiner Anhänger. Es ist schön, zum Schutze der Unschuld den Gegnern die Brust entgegenzuhalten; aber wo offenes Auftreten nicht ausreicht, ist es ohne Zweifel erlaubt, durch Schlauheit Unrecht zu hintertreiben. Welcher Vernünftige wird die Gattinnen von Hugo Grotius oder Lavallette tadeln! Mehr Gewicht hat ein zweiter Einwurf. Die Auferstehung Christi, behauptet man mit Recht, sey einer der Grundpfeiler unserer Kirche, ohne sie wäre Paulus wohl nicht Apostel geworden, und von Jeher habe man sich auf sie als den höchsten Beweis der Göttlichkeit unseres Religionsstifters und Seines Werkes berufen. Und nun erscheine sie zwar als eine Thatsache, aber als eine solche, aus der man falsche Schlüsse gezogen, die Christus selbst nicht beabsichtigt, sondern die ohne Seine Zustimmung erfolgt, bloß die entschlossene Anhänglichkeit etlicher Verehrer seiner Person beurkunde. Meiner Ansicht nach wäre es verkehrt, die Kraft dieses Einwurfs zu bestreiten; aber er trifft nur das christliche Gefühl, nicht den Geschichtschreiber, der es mit Wirklichkeiten zu thun hat. Und andererseits fragt es sich noch, ob die Kirche nicht auch dann, obwohl langsamer, aufgeblüht seyn würde, wenn Jesus nicht vom Tode erstanden wäre. Ich für meine Person glaube Lezteres, gebe jedoch zu, daß dann die christliche Glaubenslehre eine ganz andere Richtung genommen hätte. Allein da ich mich für meinen Satz nur auf Vermuthungen, nicht auf die Geschichte berufen kann, die sich anders entwickelte, so halte ich mich lieber an einige Thatsachen. Es ist allerdings außer Zweifel, daß die Auferstehung den ersten Christen einen Alles überwindenden Muth einhauchte; allein eben so wenig läßt es sich läugnen, daß sie es ist, die jene jüdischen Lehren vom herrschenden Messias vom tausendjährigen Reiche, von der zweiten Wiederkunft Jesu, vom Weltgericht u. s. w., lauter Irrthümer, welche die Erfahrung längst wiederlegt hat, auf die Kirche impfte. Das Erstehen Christi aus dem Grabe erschien den Aposteln als die feierlichste Bestätigung des pharisäischen Dogma von der Auferstehung der Todten. Aufs Engste hing aber dasselbe mit einer Masse anderer pharisäischen Lehren zusammen, welche nun, gestützt durch jene in jüdischem Sinne gedeutete Thatsache, in unsere Kirche herüberkamen, während doch aus dem vierten Evangelium aufs Klarste hervorgeht, daß Jesus Christus die Vorurtheile des jüdischen Glaubens nicht nur nicht getheilt oder gar vorgetragen, sondern im Gegentheil vergeistigend bekämpft hat. Ich betrachte sie gern als eine schützende Hülle, die nöthig war, um den reinen Kern des Christenthums durch die Verwesung des römischen Kaiserthums und die Stürme des Mittelalters hindurch dem neuern Europa zu überliefern, das durch tausend Verhältnisse, die nicht in unserer Gewalt liegen, auf eine geistigere Auffassung hingetrieben wird. Jene jüdischen Elemente, welche, vom Alterthum auf uns vererbt, den urchristlichen Keim überwuchert haben, beginnen uns allmälig lästig zu werden. Aufmerksamen Beobachtern kann es nicht entgehen, daß sie hauptsächlich es sind, welche gegenwärtig viele Köpfe — und gewiß nicht die schlechtesten und dunkelsten — der christlichen Kirche entfremden. Es ist daher Zeit, den fremden Auswuchs auszuscheiden, und nur Das festzuhalten, was erweislich von unserm Herrn selbst herrührt. So bedenklich auch dieser Versuch aussehen mag, kann er doch mit Hülfe des vierten Evangelisten, dem schon die Kirche des zweiten Jahrhunderts den ehrenden Beinamen des Geistigen gab, glücklich zu Ende gebracht werden. Auf ihm fußend, mögen wir auch die überlieferte Ansicht von der Auferstehung, die, wie ich sagte, aufs Engste verschwistert ist mit der jüdischen, ins Christenthum von Außen eingedrungenen Lehre des tausendjährigen Reichs und der Wiederkunft ohne Schaden aufgeben. Ja, wir sind hiezu durch klare Beweise berechtigt; denn als ein unwiderlegliches Ergebniß des vierten Evangeliums betrachte ich den Satz, daß Christus sich ganz, nicht halb, für Seine Sache und die Menschheit hinopfern wollte, daß Er keineswegs schon nach wenigen Tagen wieder ins Leben zurückzukehren gedachte. In der That fällt auch die wahre Kraft Seines Todes weg, wenn man ihn nur auf zwei, dreimal vierundzwanzig Stunden beschränkt. Denn so sich hinzugeben, dazu ließen sich auch andere Menschen bereit finden. Unumwunden gestehe ich, daß mir nur Das als wesentlicher Gegenstand des christlichen Glaubens gilt, was erweißlich in Seinen Absichten, Seinem Willen, Seiner Lehre liegt. Im Uebrigen will ich die Voraussetzungen und Gefühle Anderer nicht verletzen. Daß Jesus, nachdem Er die Kreuzesstrafe erlitten, wieder aus dem Grabe erstand, ist eine unbestreitbare Thatsache; nicht mit gleicher Sicherheit kann man beweisen, daß Er wirklich gestorben oder nur scheintodt gewesen. Ich für meine Person halte mich an die historischen Spuren, welche Johannes darbietet. Mögen Andere die Auferstehung anders betrachten und sich auf ihre Weise jene räthselhaften Angaben zu erklären suchen. Kurz, Jeder denke von der Sache, wie er es verantworten zu können glaubt. Jedenfalls ist gewiß, daß unser Bericht, obwohl die historischen Geständnisse, die er ablegt, für das Gefühl Mancher höchst unangenehm sind, andererseits den glänzendsten Beweis für die Augenzeugenschaft des vierten Evangelisten liefert. Die drei Gekreuzigten wurden wegen des bevorstehenden Festes nach kurzem Hangen abgenommen, darüber sind sämmtliche Quellen einverstanden, und man muß es als gewiß betrachten. Dann ist aber auch gewiß, daß dem Einen und Andern die Beine abgeschlagen wurden, weil sonst ihr Tod nicht gewiß war. Christo dagegen können sie nicht zerschmettert worden seyn, weil die Ueberlieferung nur von Wundenmalen an Händen und Füßen und in der Seite weiß. Ein dreifaches Wunder wäre es gewesen, wenn Er troh der zerschmetterten Beine dennoch auflebte, also würde auch die Sage nicht ermangelt haben, diesen unerhörten Zug gehörig hervorzuheben. Dagegen ist es leicht aufzudecken, warum sie von dem Beinbruch der Schächer schwieg; sicherlich sprachen die ältesten Christen nicht gerne von einem Umstande, der zu so bedenklichen Schlüssen Anlaß geben konnte und auch wirklich gab, wie wir nicht nur aus Johannis XIX, 36, sondern im Grund auch aus Marci XV, 44 ersehen. Nur der vierte Evangelist hat uns, ungeachtet der christlichen Vorurtheile, und obwohl sein eigenes Gefühl sich dagegen sträubte, jenes Geheimniß sammt mehreren anderen von gleicher Bedeutung aufbewahrt. Das thut nur ein Augenzeuge, und zwar ein treuer, gewissenhafter.

Das 20ste Kapitel berichtet die verschiedenen Erscheinungen

des Erstandenen. Schon im frühesten Alterthum gab die im 12ten Verse dieses Abschnittes enthaltene Nachricht, daß Maria Magdalena zwei Engel gesehen, Anlaß zu giftigen Angriffen. Es heißt daselbst: „Maria Magdalena sah zwei Engel in weißen Gewändern (in der Grabhöhle) sitzen, den einen an dem Orte, wo die Füße, den andern, wo das Haupt des Leichnams gelegen. Und jene sprachen zu ihr: Weib, was weinst du? Sie antwortete: weil sie den Herrn weggenommen, und ich nicht weiß, wohin sie ihn gebracht. Dieß gesagt, wandte sie sich um und schaute Christum vor sich stehen" u. s. w. Da es nicht Johannes, sondern ein schwaches Weib ist, welches die Erscheinung der Engel geschaut haben soll, so halte ich mich nicht für verpflichtet, zu untersuchen, was sie eigentlich gesehen haben mag. Ich vermuthe, daß Maria selbst den Vorfall verschieden erzählt und immer mehr ins Abenteuerliche ausgemalt hat; denn weibliche Phantasie ist im Allgemeinen ein sehr entzündliches Etwas, insbesondere die einer Jüdin von Damals. Durch die Erzählung des Johannes selbst scheint mir der Schluß begründet, daß Maria im Augenblick der That Diejenigen, welche mit ihr sprachen, nicht für Engel ansah, denn sie zeigt ja nicht den geringsten Schrecken, sondern unterhält sich mit ihnen, wie mit Menschenkindern.

Ungleich wichtiger ist der Schluß des 20sten Kapitels. Nachdem er die Geschichte vom ungläubigen Thomas erzählt, fährt unser Evangelist V. 30 so fort: „Viele andere Zeichen that Christus vor seinen Jüngern, welche nicht geschrieben sind in diesem Buche." Was ist unter dem Ausdrucke: πολλὰ μὲν οὖν καὶ ἄλλα σημεῖα zu verstehen? Solche Zeichen, die Er vor der Auferstehung verrichtete, oder nur diejenige, welche nach diesem Ereignisse statt hatten? Offenbar, wenn auch erstere nicht ganz ausgeschlossen sind, muß man wegen der Worte ἐνώπιον τῶν μαθητῶν ἑαυτοῦ vorzugsweise an leztere denken. Also wäre es außer Zweifel, daß Johannes noch mehrere Erscheinungen des Auferstandenen kannte, von denen er Nichts weiter erzählen wollte, und diese Spur stimmt, wie ich oben gezeigt, *) trefflich zu der Stelle 1. Kor. XV, 5 u. flg. Warum hat er nun weniger gesagt, als er wußte? Ein weites Feld zu Vermuthungen ist uns hier eröffnet. Für das Wahrscheinlichste halte ich, daß er durch weitere Enthüllungen gefährliche Mißverständnisse zu erregen fürchtete. Wie? wenn einige der Jünger Jesum bei den nicht beschriebenen Erscheinungen krank, leidend sahen! Hätte man daraus nicht schließen müssen, daß die den Aposteln so theure Lehre von dem verherrlichten Auferstehungsleibe falsch sey, eine Ansicht, die sie bei ihrer Denkweise nicht aufkommen lassen konnten. Johannes zieht absichtlich den Schleier des Geheimnisses über den lezten Theil der evangelischen Geschichte. Aber welche Versuchung hat er zugleich überwunden? Die Versuchung, dem Leben Jesu einen geeigneten Schluß durch irgend ein Wunder zu geben. Die Sage von der Himmelfahrt war zur Zeit, als er schrieb, längst unter den Christen in Umlauf, Johannes verschmäht sie, und endigt lieber auf die räthselhafteste Weise sein Evangelium. Die Wahrheit war ihm theurer, als die Anforderungen der Theorie, des Herzens. Aufs Glänzendste bewährt sich auch hier der Augenzeuge, der Nichts sagen will, als was er gesehen hat und gewiß weiß. Ich halte es für Pflicht des Historikers, die dunkle Frage zu berühren: wie das Verschwinden Jesu anzusehen sey? Nur so viel scheint mir außer Zweifel, daß der Herr Seine Sendung mit dem Verscheiden am Kreuze für vollendet hielt. Was darüber hinaus lag, war Ihm selbst unerwartet, und gehörte nicht zu seinem Plane. Nur die Liebe zu den Jüngern trieb Ihn noch verschiedene Male in ihren Kreis, Er wollte sie trösten, ermuthigen, welchen Zweck Er auch vollkommen erreichte. Bald zog Er

---

*) Siehe 2ter Band I. Abtheilung Seite 375 u. flg.

sich jedoch auf Immer zurück, und hat vielleicht seine Tage als Einsiedler,*) oder unerkannt in einer Gesellschaft von Essenern beschlossen. Unwillkürlich bringt sich mir ein Gegenbild aus dem grauen Alterthum auf. Nachdem Lykurgus, Sparta's Ordner, seinen Landsleuten ein dem mosaischen ähnliches, wahrscheinlich aus dem Morgenlande stammendes Gesetz gegeben, verließ er die geliebte Vaterstadt auf Immer, und sagte scheidend zu den Mitbürgern: haltet meine Gebote so lange, bis ich wiederkomme. Etwas Aehnliches, nur in höherm Style, mag sich zugetragen haben mit dem Manne, welcher in die Welt ein neues Leben goß. Scheidend, denke ich mir, habe Er zu den Jüngern gesprochen: verbreitet meine Lehre in aller Welt und bleibt ihr treu, bis wir wieder zusammen kommen, d. h. vereinigt werden im Hause des Vaters. **)

Das 20ste Kapitel enthält Vers 30 und 31 einen unverkennbaren Schluß; dennoch folgt ein weiterer Abschnitt von 25 Versen. Daß derselbe von einer fremden Hand

---

*) Josephus spricht von dem jüdischen Einsiedler Banus in seiner Lebensgeschichte. §. 2.

**) Man wird es mir hoffentlich nicht als Entweihung eines heiligen Gegenstandes auslegen, wenn ich den Schluß von Uhlands schönstem Liede, dem ver sacrum, auf Christi letzte Worte an die Jünger anwende:

Ihr habt vernommen, was dem Gott gefällt,
Geht hin, bereitet Euch, gehorchet still!
Ihr seyd das Saatkorn einer neuen Welt,
Das ist der Weihefrühling, den Er will.

Von historischer Begeisterung ist dieß Lied angeweht, dem wohl wenige aus der deutschen Literatur an die Seite gesetzt werden dürfen. Es paßt in gewissem Sinne auch auf das Christenthum, das, wie Rom, von kleinen, unscheinbaren Anfängen aus zu unerhörter Größe anwuchs. Nur ist hier Alles geistig, rein, zum Segen der Menschen berechnet, wie dort auf Gewalt und Herrschaft, ohne Liebe. Dennoch hat das römische Schwert dem Christenthum den Boden bereitet, und beide Mächte stehen in einem engen geschichtlichen Zusammenhange.

beigefügt sey, hat man längst vermuthet, und auch mit hin=
reichenden Beweisen erhärtet. Ich berufe mich auf Lücke,
der alles Hergehörige gut entwickelt. Wenn nicht alle An=
zeigen täuschen, rührt das 21ste Kapitel nicht von Johannes
her. Den schlagendsten Grund finde ich im 23sten Verse,
aus welchem nach meinem Gefühle klar erhellt, daß Johannes
schon gestorben war, als das Kapitel geschrieben wurde. Eine
Sage lief in der alten Kirche um, der. Lieblingsjünger, der
an Christi Brust gelegen, werde die Wiederkunft zum Gerichte
erleben. Dieselbe findet sich auch bei den Synoptikern, nur
wird sie dort nicht bloß auf Johannes beschränkt, sondern
auf Mehrere übertragen. Matth. XVI, 28 spricht nämlich
Christus: ἀμὴν λέγω ὑμῖν, εἰσί τινες τῶν ὧδε ἑσώτων, οἵτινες
οὐ μὴ γεύσονται θανάτου, ἕως ἂν ἴδωσι τὸν υἱὸν τοῦ ἀν-
θρώπου ἐρχόμενον ἐν τῇ βασιλείᾳ αὐτοῦ. Auch Lukas läßt
IX, 27 fast in den nämlichen Ausdrücken den Herrn Dasselbe
sagen. Diese Ueberlieferung ist sehr wichtig, weil sie ohne
Zweifel den hauptsächlichsten Anlaß zu der apostolischen Lehre
von der Parusie oder der Wiederkunft Christi zum Weltge=
richte gab. Welche Bewandtniß hat es mit ihr? Zwei
Fassungen eines hieher bezüglichen Ausspruches Christi werden
XXI, 23 angeführt. Einige, heißt es, behaupteten irrthüm=
lich, Jesus habe gesagt: ὅτι ὁ μαθητὴς ἐκεῖνος οὐκ ἀποθνήσκει, Seine wahre Meinung sey jedoch: ἐὰν αὐτὸν θέλω μένειν
ἕως ἔρχομαι, τί πρός σε; nur den Worten, nicht dem Sinne
nach, ist ein Unterschied zwischen beiden Formeln; denn wenn
Christus sich auch bedingt ausgesprochen hätte, so mußte doch
Johannes Seine Verheißung als unbedingt aufnehmen; welcher
Mensch würde Dieß in solchen Fällen nicht thun? Nur für
den spätern Verfasser des 21sten Kapitels hat daher die kleine
Veränderung Werth, weil sich vermittelst ihrer die Annahme,
daß Jesus Etwas der Art verheißen, mit dem wirklich er=
folgten Tode des Johannes vereinigen ließ. Etwas Wahres
muß an der Sage seyn, weil sie so frühe auffam und so

mächtige Wurzeln trieb. Aber nimmermehr glaube ich, daß sich der Herr in der einen oder andern jener Formeln gegen Johannes oder einen sonstigen Jünger ausgesprochen hat. Meine Gründe sind folgende: erstens bleibt es sehr schwer begreiflich, warum Johannes eine so ausnehmend wichtige Aeußerung Christi in seinem Evangelium ganz mit Still= schweigen überging. Allerdings könnte man hiegegen mit einigem Scheine einwenden, daß ihn vielleicht Bescheidenheit abhielt, einen Ausspruch Christi mitzutheilen, der bloß ihn, den Jünger, persönlich betraf. Dieser Einfall scheint mir aber viel zu empfindsam, als daß ich ihm Gewicht beilegen möchte. Es steht mir noch ein zweiter Grund für meine Meinung zu Gebot. Wenn Christus in Bezug auf Johannes die Worte aussprach: ἐὰν αὐτὸν θέλω μένειν, ἕως ἔρχομαι, τί πρός σε; so mußte der Jünger, wie schon gesagt ward, erwarten, daß er die Wiederkunft des Herrn erleben werde. Erwartete er Dieß, dann erkläre mir Jemand, warum er sein Evangelium schrieb; denn nicht bloß auf die Zeitgenossen, sondern auf die Nachwelt ist dasselbe berechnet. Den Bericht eines Augen= zeugen wollte er den kommenden Geschlechtern hinterlassen, der denselben zu gut kommen sollte, wenn er, Johannes, längst gestorben seyn würde. Die Thatsache der Abfassung seines Evangeliums ist der sicherste Bürge dafür, daß Johannes die Möglichkeit seines eigenen Todes vor der Wiederkunft des Herrn anerkannte. Hätte er nun die zweite Erscheinung Christi zu erleben mit Sicherheit erwartet, so würde er dieß Buch nicht in hohem Alter niedergeschrieben haben; denn dasselbe war ganz überflüssig, wenn der Herr selbst aus den Wolken niederstieg; mit diesem Ereigniß sollte ja, nach dem allgemeinen Glauben jener Zeiten, den auch Johannes theilte, die Welt erneuert, die Todten aus ihren Gräbern auferweckt, und die Wahrheit Allen offenbar werden. Da bedurfte es keiner Bücher mehr. Kurz, ich schließe so: aus dem ersten Briefe Johannes II, 18 ersehen wir zwar, daß Johannes,

wie alle anderen Apostel, sich den jüngsten Tag als nahe
dachte, und also der Wiederkunft Christi in kurzer Frist ent=
gegensah; aber zugleich erhellt auch aus der Thatsache der
Abfassung seines Evangeliums, daß er Dieß nicht mit der=
jenigen Bestimmtheit erwartete, welche man doch annehmen
müßte, wenn der 23te Vers des 21sten Kapitels wahr seyn
sollte. Was ist nun aber das Historische an vorliegender
Sage? Tiefes Dunkel lastet auf ihr, und man kann daher
nur Vermuthungen wagen. Ich denke mir die Sache so:
bei der lezten Zusammenkunft mit seinen Jüngern nach der
Auferstehung habe der Herr unter Anderm auch Dieß zu
ihnen gesprochen: bleibet treu den Worten, die ich euch be=
fohlen, von Jezt in alle Zukunft, bis wir uns — nämlich
im andern Leben — wiedersehen, oder bis wir uns treffen
im Hause des Vaters. Sehr leicht konnten die Jünger eine
Aeußerung der Art so verstehen, als ob Christus eine zweite
Ankunft auf Erden verheiße. Diese Ansicht lag ihnen um
so näher, weil die Auferstehung alle jüdischen Erwartungen
vom Messias so sehr zu bestätigen schien, daß die Jünger
schon allein aus lezterer Thatsache jene Schlüsse ableiten
mochten. Vielleicht hat Jesus den hier vorausgesezten Aus=
spruch besonders an Johannes gerichtet, wenn Dieß aber auch
nicht der Fall war, wenn derselbe vielmehr einen allgemeinern
Sinn hatte, wie er denn von den Synoptikern gefaßt wird,
so läßt es sich doch sehr leicht erklären, warum die Christen
von Ephesus, denen die Sage des 21sten Kapitels angehört,
den Spruch ausschließlich auf Johannes beschränkten, weil sie
von allen anderen Aposteln des Herrn nur ihn allein kannten
und hochverehrten, oder noch viel wahrscheinlicher, weil zur
Zeit, wo die Kunde von jener Aeußerung sich in Ephesus
verbreitete, alle anderen Apostel schon gestorben waren, was
zur Folge haben mußte, daß man die Verheißung Jesu, ohne
mit dem wirklichen Erfolge in Zwiespalt zu gerathen, nur
auf den Lieblingsjünger beziehen konnte. Möglich, daß Johannes

selbst seinen Glauben an die Wiederkunft Jesu auf solche, oder ähnliche Aussprüche des Herrn gründete; möglich aber auch, daß er sie bloß aus der Thatsache der Auferstehung folgerte; jedenfalls hat er sie, kraft der eben entwickelten Gründe, nicht an die Frist seines eigenen Lebens geknüpft. Wenn er demnach auch, im Vertrauen auf gewisse vieldeutige Aeußerungen Christi, Ereignissen entgegensah, die nicht eingetreten sind, so hat er doch jenen Worten einen weitern Spielraum gelassen, sofern er keine, der Zeit nach ganz bestimmte Hoffnung auf sie gründete, und folglich die Möglichkeit einer andern Deutung derselben thatsächlich anerkannte. — Noch ist die Frage übrig, welcher Werth dem Berichte Kap. XXI beizumessen sey? Da er nicht von Johannes herrührt, fällt die Bürgschaft des Augenzeugen weg, und derselbe sinkt in die Klasse der Erzählungen herab, welche ohne Namen des Gewährmanns in der Welt umlaufen. Wieviel Jeder von ihr halten wolle, hängt von dem Urtheile des Einzelnen ab. Ich glaube, man wird kaum mit gutem Fuge läugnen können, daß sie nur eine verschiedene Wendung von dem Vorfall sey, den Lukas V, 1—11 erzählt. Welcher von beiden mehr Schein der Wahrheit für sich habe, darüber mögen Andere entscheiden, ich habe gegen alle zwei meine Bedenklichkeiten. Mit größerer Sicherheit läßt sich dagegen angeben, warum das Stück an das Evangelium Johannis angefügt worden seyn möge. Ohne Zweifel enthält der 23ste Vers die Spitze des Ganzen, und den Grund, warum der Erzählung hier eine Stelle angewiesen ward. Die Sage hatte sich, so scheint es, in den Kirchen Kleinasiens verbreitet, daß Johannes nicht sterben, sondern die Wiederkunft Christi, mit welcher man einer Erneuerung der Welt entgegensah, erleben werde. Er starb aber dennoch. Nun entstand in irgend einem Christen der sehr natürliche Wunsch, die nachtheiligen Schlüsse zu entkräften, welche aus solcher Enttäuschung gezogen werden mochten. Er suchte also zu zeigen, daß jene Sage auf einem Mißverständniß der

Worte Jesu beruhe, und zu diesem Zwecke fügte er zugleich einen
Bericht des Vorfalls hinzu, bei welchem, gemäß der christlichen
Ueberlieferung seiner Zeit, Jesus jenen Ausspruch gethan haben
sollte. Vielleicht stammt das Anhängsel aus derselben Hand,
welche auch den Abschnitt Joh. VIII, 1—11 dem Evangelium
beigefügt hat. Alt muß dasselbe seyn, oder genauer gesprochen,
es muß jedenfalls dem Anfange des zweiten Jahrhunderts
angehören, weil es sich sonst nicht begreifen ließe, warum es
in alle Handschriften übergegangen ist. Uebrigens haben wir
alle Ursache, mit diesem Einschiebsel zufrieden zu seyn, weil
es ein wichtiges Zeugniß enthält, auf das wir später zurückkommen werden.

Wir sind mit unserer Untersuchung über den Zusammenhang des vierten Evangeliums zu Ende. Höchst günstig ist
das Ergebniß. Historische Anklänge tönten uns aus jedem
Kapitel entgegen, in einer Reihe einzelner Züge verrieth sich
der treue Augenzeuge. Vergleichen wir es jezt noch mit den
Synoptikern, um zu sehen, was es gegenüber von Diesen
übergangen, was es im Ganzen anders dargestellt hat.

Nach Matthäus und Lukas war Jesus keineswegs der Sohn
des Zimmermanns Joseph, sondern Er ist, ohne Zuthun eines
Mannes, auf die wunderbarste Weise von der Welt, durch
den heiligen Geist aus der Jungfrau Maria geboren. Da
Johannes Christum für den Logos hält, so hatte er sicherlich
ein noch größeres Interesse als die Synoptiker, die Herab-
kunft dieses himmlischen, ursprünglichen Geistes über das gewöhnliche Loos menschlicher Geburten zu erheben. Dennoch
ist er der lockenden Versuchung, hier der Sage zu folgen,
siegreich widerstanden. Kap. VI, 42 heißt es: die Juden
riefen murrend: „Ist dieser nicht Jesus, der Sohn Josephs,
und kennen wir nicht seine Eltern?“ Es sind Galiläer aus
Kapernaum, die so sprechen. Ist es glaublich, daß ihnen die
Kunde von Jesu übernatürlicher Geburt gar nicht zu Ohren
gekommen wäre, wenn die Sache sich so verhält, wie die

Synoptiker berichten. Mußte nicht Christus, sobald Er einmal für den Ersehnten sich ausgab, selbst auf seine Abstammung vom heiligen Geiste sich berufen? Doch auch angenommen, jene Galiläer hätten sich aus Irrthum so geäußert:
war es dann nicht Pflicht des Johannes, den Wahn hier oder
an einem andern Orte aufzuklären. ' Aber nein! er sagt kein
Wort von dieser wichtigen Thatsache, und läßt die christliche
Kirche im Dunkel darüber. Das heißt nun so viel: er hat
selbst Nichts von Jesu Geburt aus dem heiligen Geist gewußt, sondern Ihn im natürlichen Sinn des Worts für den
Sohn Josephs und der Maria gehalten. Mit fast noch
größerer Sicherheit folgt Dieß aus der Stelle I, 46, wo
Philippus, der nachherige Apostel, spricht: wir haben
den von Moses und den Propheten verkündigten Erretter in
der Person Jesu, des Sohnes Joseph, gefunden. Besäßen
wir nur das vierte Evangelium, so würde es Niemand eingefallen seyn, Jesum nicht für den Sohn Josephs zu halten.

Nach den beiden Synoptikern wird Jesus, gemäß der
Weissagung des Propheten Micha, in Bethlehem geboren.
Johannes ist so gut als die anderen Evangelisten überzeugt,
daß Jesus der von den alten Sehern Israels verheißene
Erretter sey; er bezieht so gut als sie eine Menge Prophe-
zeihungen auf Ihn; es war ihm endlich wohl bekannt, daß
der Messias, nach den Erwartungen aller damaligen Juden,
in Davids Stadt Bethlehem geboren werden sollte. Dennoch
erscheint Er bei ihm durchweg als ein Galiläer, als ein Ein-
geborner aus Nazareth. Kap. VII, 41 heißt es: „Andere
Juden sprachen: Jesus ist nicht der Messias, denn nicht aus
Galiläa kommt der Messias. Sagt nicht die Schrift, daß
Er aus Bethlehem, dem Wohnorte Davids, und aus dem
Samen dieses Königs erstehen soll?“ Man vergleiche hiemit
noch die Stellen VII, 52 und I, 46: εὑρήκαμεν Ἰησοῦν τὸν
υἱὸν τοῦ Ἰωσήφ, τὸν ἀπὸ Ναζαρέτ. Selbst der Apostel
Philippus weiß hier nichts Anderes, als daß Jesus von

Nazareth gebürtig sey. Auch dem Evangelisten Johannes müssen wir nothwendig dieselbe Ansicht unterlegen. Denn wenn ihm je die entfernteste Kunde von der Geburt Jesu in Bethlehem zu Ohren gekommen war, so lag ihm, als Lebens= beschreiber Jesu, die Pflicht ob, den Irrthum der Juden zu berichtigen, damit derselbe nicht auf die Nachwelt übergehe. Kurz, sein Stillschweigen über diesen Punkt läßt sich nur aus der Voraussetzung erklären, daß er mit den anderen Juden Jesum für einen gebornen Nazarener gehalten habe. Aus den angeführten Stellen ersieht man zugleich, warum die urchristliche Sage den Herrn aus dem Stamme Davids erstehen und in Bethlehem geboren werden ließ. Es war Dieß eine jüdische Voraussetzung, welcher zu Gefallen die Sage eine erdichtete Welt schuf. Weil Johannes als Augenzeuge die Wahrheit kannte, bleibt er bei den Thatsachen stehen, und weiß daher auch kein Wort von jener mit so vielen Wundern ausgeschmückten Kindheitsgeschichte Jesu, welche lauter jüdischen Vorurtheilen ihren Ursprung verdankt.

Johannes ist weiter sehr vertraut mit dem Gedanken, daß Jesus den Teufel überwunden habe. Man vergleiche die Stellen XII, 31: νῦν κρίσις ἐσὶ τοῦ κόσμου τούτου, νῦν ὁ ἄρχων τοῦ κόσμου τούτου ἐκβληθήσεται ἔξω, deßgleichen XVI, 11: ὁ ἄρχων τοῦ κόσμου τούτου κέκριται. Nichts mußte ihm daher angenehmer seyn, als eine äußerlich sicht= bare Begebenheit, kraft welcher Christus den Satan überwand. Dennoch schweigt er nicht nur gänzlich von der Versuchung, sondern läßt nicht einmal einen Raum für dieselbe übrig. Weiter kommen sehr oft in seinem Evangelium die Sätze vor: Christus sey verklärt worden, Er sey vom Himmel herniedergestiegen und kehre dorthin zurück. Dennoch erzählt er von der Verklärung so wenig, als von der Himmelfahrt. Die Leidensgeschichte Jesu gilt ihm, so gut als den Synop= tikern, für die Spitze des Wunderbaren in Christi Leben; nichtsdestoweniger sagt er kein Wort von den unerhörten

Naturerscheinungen, die laut dem Berichte der Synoptiker während der Kreuzigung und nachher stattgefunden haben sollen. Endlich sind noch zwei allgemeinere Leuchten der Wahrheit übrig, durch die sich Johannes aufs Vortheilhafteste von den Synoptikern unterscheidet. Leztere lassen Jesum nur ein einziges Mal während Seiner messianischen Wirksamkeit nach Jerusalem wandern. Wenn man sie hört, hätte der Herr die jüdische Sitte, ja auch den Buchstaben des Gesetzes, das allen erwachsenen Israeliten gebot, die hauptsächlichsten Feste am Sitze des Nationalheiligthums, also in Jerusalem, zu feiern, auf unbegreifliche Weise übertreten. Allein sie sind im Irrthum, der sich jedoch leicht erklären läßt. Die galiläische Landessage, welcher sie folgen, wurzelt, wie Dieß in solchen Fällen immer geschieht, im heimathlichen Boden, und hält daher den Herrn möglichst an den lieblichen und theuren Ufern des Sees von Genezareth fest, und was sie auch je von den Thaten vernommen, die Jesus in Judäa und Jerusalem verrichtet, wirft sie auf Einen Haufen zusammen. Dennoch hat sich auch in ihr eine dunkle Kunde erhalten, daß der Herr öfter in der jüdischen Hauptstadt gewesen. Luc. XIII, 34 und Matth. XXIII, 37 spricht der Herr: „Jerusalem, Jerusalem, die du tödtest die Propheten, und steinigst Die, so zu dir gesandt sind, wie oft habe ich wollen deine Kinder versammeln, wie die Henne versammelt ihre Brut unter die Flügel, aber ihr habt nicht gewollt.“ Dieser Vers ist, wie ich an seinem Orte gezeigt, von sehr später Abstammung; aber wie konnte die Sage den Herrn so reden lassen, wenn nicht die dunkle Kunde in ihr lebte, daß Jesus wiederholte Versuche gemacht, die Bürger Jerusalems zu gewinnen, daß Er folglich öfter die Hauptstadt besucht habe. Doch die volle Wahrheit hierüber erfahren wir nur aus Johannes. Noch glänzender ist folgender zweite Punkt. Sämmtliche Apostel, ja ohne Zweifel alle Christen des ersten Jahrhunderts, waren aufs Lebhafteste überzeugt, daß der auferstandene, für eine

kurze Frist in den Himmel entrückte Erlöser, in nächster Zu=
kunft, umgeben von aller Machtvollkommenheit göttlicher
Majestät, zum Weltgerichte und zur Herstellung des ewigen
Reichs aus den Wolken auf die Erde niedersteigen werde.
Die synoptischen Evangelien sind voll von Stellen, in welchen
Christus seine Ankunft verheißt; auch Johannes theilt, wie
wir aus seinem Briefe ersehen, denselben feurigen Glauben.
Dennoch findet sich in seinem Evangelium kein Laut, in wel=
chem Christus ein solches Reich Gottes auf Erden, eine solche
Wiederkunft verhieße. Ich betrachte sein Stillschweigen über
diesen Wahn, den die Erfahrung längst widerlegt hat, als
den großen Diamant in der Krone des vierten Evangeliums.
Gewiß hat man bei allen Zusammenkünften der Christen des
ersten Jahrhunderts von Nichts angelegentlicher sich unter=
halten, als von der Hoffnung, daß der Ersehnte heute oder
morgen die Seinigen heimsuchen werde. Wie nahe lag daher
unserm Berichterstatter die Versuchung, dem Herrn irgend
ein bestimmtes, auf seine zweite Ankunft bezügliches Wort
in den Mund zu legen? Aber der treue Jünger hat die
schwere Versuchung glücklich überwunden, und zwar darum,
weil er sich wohl erinnerte, daß der Herr nie Etwas der
Art gesagt. Den historischen Christus, d. h. den geistigen,
gibt er uns auf geistige Weise wieder!

Schließen wir. Für sich allein betrachtet, wies das vierte
Evangelium eine Menge jener unnachahmlichen Züge und
Töne auf, in denen historischer Blick überall die sichersten
Beweise der Augenzeugenschaft erkennt; verglichen mit den
Synoptikern, gab es uns den gewünschten Aufschluß, wie
und warum jener Kreis ungeschichtlicher Sagen entstanden
ist. Alle Merkmale der Wahrheit treffen zusammen. Noch
sind zwei wichtige Gegenstände zu untersuchen übrig: die
Wunder, die es erzählt, und die langen Reden des Herrn,
die es mittheilt.

Drittes Kapitel.

—

Die Wunder Jesu und die Reden.

Voltaire hat gesagt: er kenne keine genauere Begriffsbestimmung von Wundern, als die: Wunder seyen Dinge, die nie
geschehen. Dieser Satz ist weit mehr witzig, als gescheit zu
nennen, und man sieht es ihm an, daß er darauf berechnet
war, durch seine Kühnheit zu glänzen und die Leute in Erstaunen zu setzen. Ich nehme ihn auch dem ausgezeichneten
Franzosen, den ich nach Gebühr schätze, durchaus nicht übel,
obgleich ich keineswegs gleicher Meinung bin. Sein Witz
galt nicht sowohl dem neuen Testament, als der geschmack-
losen, unvernünftigen Theologie des vorigen Jahrhunderts,
als den Verderbnissen der katholischen Klerisei, namentlich aber
den eigennützigen Mirakeln, welche man mit Wallfahrten,
Heiligenbildern und dergleichen Plunder spielte. Durch einen
fürstlichen Verehrer wurde bekanntlich die Voltaire'sche Denkweise über Berlin nach Deutschland verpflanzt. Sie traf
auf dem neuen Boden ganz andere Verhältnisse, und erhielt
dadurch etwas Frembartiges, Unpassendes. Noch mehr scha-
dete der Anstrich von Vornehmheit, den sie durch den fürstlichen Ueberlieferer annahm. Der Haufe ist sehr geneigt, vor-
nehme Leute *) nachzuäffen. Darum wurde es eine Lockspeise
für die Eitelkeit, so zu reden und zu denken, wie die großen
Herren in Berlin. Schnell ging die neue Mode auch in die
Schulen über, und somit in den betäubenden Dunstkreis der
Pedanterie gezogen, erhielt die Voltaire'sche Zweifelsucht eine
Zurüstung und Gestalt, die zum Erbarmen war. Mit dem

---

*) Namentlich wenn sie vollends auch den Ruf des Genie's haben,
was hier der Fall.

berühmten Kribskrabs wurden einzelne seiner Sätze, die vorzugsweise starkgeistig schienen, zu thurmhohen Systemen ausgespizt. Der große Schulphilosoph des neunzehnten Jahrhunderts, der Denker im erlauchtesten Sinne des Worts, ist, wie Jedermänniglich weiß, der viel gefeierte Hegel. Besagter Hegel sammt seinem Schweife behauptet nun erstlich: Wunder sind unmöglich; zweitens, wer Wunder erzählt, ermangelt des Ruhmes, ein philosophisch-gebildeter Mann zu seyn, und wir haben das Recht, denselbigen in der Stille oder laut, je nachdem der Anstand und der Nutzen es erlaubt, für einen Dummkopf zu erklären. Ich gebe zu, daß, wenn man unter Wunder unmögliche Dinge versteht, Wunder auch nicht geschehen können; denn Dieß ist eine Zigeuner-Wahrheit, zu deren Entdeckung es keines Philosophen bedarf. Unmöglich scheint mir aber Das zu seyn, was den logischen Gesetzen des Denkens, der Mathematik und der reinmathematischen Naturlehre widerspricht. Wenn mir z. B. ein sonst rechtlicher und verständiger Mann erzählt, er habe ein Thier gesehen, das zu gleicher Zeit so groß wie ein Mammuth und so klein wie ein Floh gewesen, oder wenn er mir eine Gabel beschreibt, die nur drei Zinken und doch zugleich fünfzehn gehabt habe, oder wenn er mich überreden will, Drei sey nur Eins: so glaube ich ihm kein Wort davon. Aber von solcher Art ist, so däucht es mir, keines der in unseren heiligen Büchern erzählten Wunder, sondern es sind Ereignisse, die, ohne jenen Gesetzen zu widerstreiten, eine andere Gestalt haben, als die täglich gewohnte. All unser Wissen stammt nun aus der Erfahrung, welcher eine große Regelmäßigkeit zukommt. Dieselben Erscheinungen wiederholen sich unter tausend Gestalten, waren in früheren Jahrhunderten so, und sind noch jezt so. Wir sprechen daher von Gesetzen der Natur, indem wir eine menschliche Einrichtung auf die Außenwelt übertragen. Was in einem wohlgeordneten Staate der Gesetzgeber geboten, dem muß Jeglicher nachleben; weil die

Naturerscheinungen sich gleich bleiben, schließen wir, daß unser Schöpfer ihnen etwas Aehnliches, wie unsere Gesetze, eingehaucht habe. Es steht uns daher das Recht zu, darum, weil Das und Jenes gewöhnlich so geschieht und nicht anders, vorauszusetzen, daß es immer und unter allen Umständen ebenso geschehen werde; aber keineswegs haben wir das Recht, einen Fall, der anders, das heißt nicht jener Voraussetzung gemäß sich ereignet hat, darum zum Voraus für erlogen oder unmöglich zu erklären. Denn ist derselbe von glaubwürdigen Leuten genau beobachtet, so wird er selbst zur Erfahrung, und da Erfahrung, wie gesagt, die Mutter alles menschlichen Wissens ist, so muß man sie in gleicher Eigenschaft auch hier gelten lassen; sonst macht man den kläglichsten Zirkel im Beweise und schneidet jeder neuen Entdeckung die Sehnen ab. Es ist z. B. eine ausgemachte Erfahrung, daß der Mensch nur mit seinen Augen sieht; dennoch sind neuerer Zeit von ernsthaften und würdigen Leuten Fälle beobachtet worden, wo sogenannte Magnetische mit der Herzgrube Briefe lasen, und über die Wahrheit dieser Beobachtung herrscht fast kein Zweifel mehr. Nichtsdestoweniger müßte man sie, nach dem Grundsatze des großen Philosophen, für unmöglich und erlogen ausgeben. Es ist ferner eine ausgemachte Erfahrung, daß der Mensch nur in gerader Linie, und mittelst durchsichtiger Körper sieht. Dennoch behaupten glaubwürdige Beobachter, daß Magnetische auf ihrem Bette liegend angeschaut, was rein zufällig im Innern eines entfernten Hauses vorging. Es ist endlich ausgemacht, daß todte Körper aus eigenem Antriebe, oder ohne mechanischen Stoß, nicht wie lebende Körper sich bewegen. Dennoch hat man beobachtet, daß ein galvanischer Strom den Muskeln einer Leiche auf wenige Augenblicke wieder Leben einhaucht. Hätte Jemand vor 30—40 Jahren, ehe der Versuch gemacht war, die Möglichkeit dieser Erscheinung behauptet, als Narr und Träumer wäre er verlacht worden. Ich komme auf meinen obigen

Satz zurück: auf Erfahrung beruht all unser Wissen, und das apriorische Geschwätz der Metaphysiker ist keinen Pfifferling werth.

Doch Hegel hatte vielleicht besondere Gründe, warum er die Wunder der Bibel vornweg und ohne Untersuchung für erlogen und unmöglich hält. Den eben erwähnten Fällen kommt etwas Gesetzmäßiges, Wiederholbares zu, während jene Wunder abgerissene, vereinzelte Erscheinungen sind, welche nichts Allgemeines an sich haben, als die Voraussetzung, daß die äußere Natur mit großen geistigen Bewegungen, mit Veränderungen des Schicksals der Menschheit, in geheimer Sympathie stehe. Ich vermuthe, daß Hegel gerade um lezterer Ansicht willen die biblischen Wunder läugnet. Nun es sey. Für die Unmöglichkeit der Wunder zeugt also der große Mann Hegel! Ich nehme mir die Freiheit, demselben andere Namen entgegen zu setzen und zwar von Männern, welche ganz Europa, die gebildete Welt hochehrt, ich meine die Geschichtschreiber, lauter Namen des Ruhms, worunter vier Sterne erster Größe. Thucydides sagt im ersten Buche des Kriegs, dem 23sten Kapitel: „Dinge, die man früher nur vom Hörensagen kannte, in der Wirklichkeit aber nicht erfuhr, wurden nunmehr, weil durch die That bestätigt, glaublich: Erdbeben, welche einen großen Theil der Erde und zwar mit großer Heftigkeit trafen, Sonnenfinsternisse, welche gegen die Erfahrung früherer Zeiten sich viel häufiger ereigneten (ἥλιε τε ἐκλείψεις, αἱ πυκνότεραι παρὰ τὰ ἐκ τοῦ πρὶν χρόνε μνημονευόμενα ξυνέβησαν), und in einigen Gegenden große Dürre und durch sie Hungersnoth." Deutlich sieht man es diesen Worten an, daß Thucydides sagen will, die äußere Natur habe die Schwingungen der griechischen Welt mitgefühlt, und es seyen Dinge vorgegangen, die mit der sonstigen Erfahrung nicht übereinstimmen. Thucydides war demnach kein Hegeler, sondern er nähert sich, was den Wunderglauben betrifft, sehr bedeutend den Ansichten des neuen Testaments. Polybius erzählt Prodigien, d. h. Wunder, wiewohl selten. Die Bücher des Livius und Tacitus sind voll davon. Auch Cäsar, Roms größter Feldherr, berichtet im dritten Buche des Bürgerkriegs, dem 105ten Kapitel, eine ganze Reihe der auffallendsten Wundererscheinungen. Ich schätze Sueton als nüchternen Geschäftsmann nicht gering; nun man lese, was er von Cäsars Tod erzählt. Ammianus Marcellinus ist wundergläubig. Dasselbe gilt von den späteren Römergriechen: Diodor, Plutarch, Dionysius, Appian, Dio Cassius. Die Chronikenschreiber des Mittelalters übergehe ich als Männer einer Zeit, die ungebildet und von kirchlichen Meinungen zu sehr beherrscht war; aber aus der Gränzmarke des Mittelalters und der neuen Zeit führe ich einen Mann in die Reihen der Zeugen ein, und welchen? Den Mann, der den Historikern als Vater der, neuen Geschichtschreibung gilt, den florentinischen Staatssekretär. Macchiavelli sagt: *) „Wie es kommt, weiß ich nicht, aber dennoch ist es gewiß und durch Beispiele der alten und der neuen Zeit bewährt, daß nie ein wichtiges Ereigniß in irgend einer Stadt, oder einem Lande vorgeht, es sey denn zuvor durch Wahrsager, Offenbarungen, Wunder (prodigi), oder andere himmlische Zeichen verkündigt worden. Ich kann den Beweis für diesen Satz aus der nächsten Erfahrung nehmen. Aller Welt ist es bekannt, daß die Heerfahrt des Königs Karls VIII von Frankreich nach Italien **) durch den Bruder Girolamo Savonarola vorausgesagt wurde, und durch ganz Toskana geht das Gerücht, daß man über Arezzo in der Luft Kriegsvolk miteinander kämpfen sah. Jedermann weiß ferner, daß vor dem Tode des ältern Lorenzo Medici der Dom in seiner höchsten Spitze von einem

---

*) Discorsi I. Buch, 66stes Kapitel.
**) Im Jahr 1495.

Himmelsstrahle getroffen und dadurch schwer beschädigt ward. Jedermann weiß, daß kurz zuvor, ehe Peter Soderini, den das Volk von Florenz auf Lebenslang zum Gonfaloniere*) erwählt hatte, verjagt und abgesezt wurde, gleichfalls ein Blitz in den Palast einschlug. Ich könnte noch viele Beispiele anführen, aber um den Leser nicht zu ermüden, unterlasse ich es lieber. Ich will nur noch einer Geschichte erwähnen, die Livius erzählt, wie nämlich vor dem Einfall der Gallier ein Plebejer, Markus Credicius, dem Senate die Anzeige machte, daß er, um Mitternacht durch die neue Straße wandelnd, eine übermenschliche Stimme gehört habe, welche ihn ermahnte, der Obrigkeit den Anzug der Gallier zu melden. Der Grund solcher Erscheinungen mag von Männern untersucht werden, die sich auf natürliche und übernatürliche Dinge verstehen, eine Kenntniß, die mir abgeht. Doch könnte man sich die Sache so erklären: Die Luft soll nach der Meinung gewisser Philosophen voll von Geistern seyn; von diesen rühren vielleicht jene Zeichen her: denn da sie vermöge ihrer eigenthümlichen Natur die Zukunft voraussehen und Mitleiden mit den Menschen empfinden, warnen sie dieselben auf solche Weise, damit sie ihre Maßregeln treffen mögen. Mag die Sache einen Grund haben, welchen sie will, wahr ist sie, das beweist der Augenschein, und immer treten nach solchen Erscheinungen außerordentliche Ereignisse ein." Wir haben hier bei einem Manne, den Einfältige als den Abgrund aller Ruchlosigkeit verschrieen, nicht nur den Glauben an Wunder, sondern auch eine Theorie derselben.

Der Stand der Frage ist also folgender: Auf der einen Seite reihen sich die ausgezeichnetsten Geister des Alterthums, Konsularen, Feldherren, Staatsmänner, mächtige Triebräder am Wagen der Weltgeschichte, im Allgemeinen Männer, welchen die ganze gebildete Welt den Ruhm zuerkennt, menschliche

---

*) Stadthauptmann.

Verhältnisse vollkommen durchschaut und trefflich geschildert
zu haben; auf der andern Seite schildert der Metaphysiker
sammt seinem Schweife. Jene erkennen Wunder an; dieser
läugnet sie. Ich glaube, die christliche Kirche kann sich mit
solcher Austheilung der Zeugen beruhigen, ich wenigstens möchte
lieber mit jenen Leuchten des Ruhmes irren, als mit der me=
taphysischen Trompete Recht haben. *). Meine Meinung ist

---

*) Ich benütze diese Gelegenheit, um ein Urtheil zu berichtigen,
das ich schon häufig von gescheiten Männern aussprechen hörte,
nämlich das Urtheil: Hegel sey ein einfältiger und beschränk=
ter Kopf gewesen, was aufs Klarste daraus erhelle, daß er all
das närrische Zeug, das in seinen 20 Bänden steht, selbst geglaubt
habe. Ich bin andrer Meinung und berufe mich zunächst auf
das berühmte Wort des großen Denkers: Niemand hat mich
verstanden außer Einer, dieser Eine hat mich aber mißver=
standen. Will man diesen Ausspruch nicht für reine Tollhaus=
Arbeit halten — was ohne Beweis anzunehmen ungerecht
wäre — so kann er nur folgenden Sinn haben: Jener Eine
hat den Zusammenhang meines Systems ganz richtig verstan=
den, aber doch eine grundfalsche Ansicht davon gehabt, indem
er es nämlich für baare Münze annahm, während das Ganze
doch eitel Redensarten sind, darauf berechnet, durch Unver=
ständlichkeit dem großen Haufen Sand in die Augen zu streuen.
Bekanntlich gibt es Leute, welche durchaus einen Götzen haben
wollen, um ihn anzubeten und ihm Weihrauch zu streuen, und
Hegel besaß einmal den angebornen Trieb, um jeden Preis be=
wundert und für das Licht der Welt gehalten zu werden. Das
Subjektive und das Objektive, oder wie mein lieber Freund
Bauer in seinem trefflichen Roman: „Die Ueberschwenglichen“
sich ausdrückt, der Schwung und der Schwengel waren also
vorhanden, brauchte nur noch die Ehe zwischen Beiden abge=
schlossen zu werden, was vermittelst unmäßig dunkler Redens=
arten oder einer unerhört krausen Cabbalistik bewerkstelligt
wurde. Die Jäger haben ihre eigene Sprache, deßgleichen die
Zigeuner, die Matrosen, die Studenten, endlich selbst eine
vierte Menschenklasse, die ich nicht nennen mag. Warum soll
dieses köstliche Mittel den Metaphysikern nicht auch zu Theil
werden. Wer sich auf eine Weise auszudrücken weiß, daß kein
anderer Mensch ihn versteht, der kommt leicht in den Geruch
außerordentlicher Weisheit, sintemalen jeder Sterbliche Eigen=
liebe genug besizt, um vorauszusetzen, daß er den Andern

nun durchaus nicht, aus jenen Zeugnissen beweisen zu wollen, daß alle die Wunder, welche von den alten Geschichtschreibern erzählt werden, darum auch wahr seyen. Denn recht gut

keineswegs deßhalb mißverstehe, weil es ihm selbst am Kopf mangle, sondern umgekehrt, weil der Mißverstandene eine übernatürliche Weisheit besitze. Dem Endziel der Hegel'schen Philosophie wäre demnach keineswegs Wahrheit zu geben, sondern bloß durch Vorspiegelung eines neuen Steins der Weisen die Einfalt des großen Haufens in Erstaunen zu setzen. Ich erhärte diese meine Ansicht durch vier Gründe, von denen jeder für sich hinreichende Beweiskraft besizt. Erstens ist es notorisch, daß Hr. Hegel mit großer Emsigkeit bemüht war, Partei zu machen und zwar besonders unter der lieben Jugend von 18—22 Jahren. Von ächten Philosophen, wie Aristoteles, Spinoza, Kant hat man Solches nie gesehen, gelesen, noch gehört; sie verachteten vielmehr das servum pecus der Nachbeter, und wenn sie je Beifall und Zustimmung suchten, so wandten sie sich an die Verständigsten und Besten ihrer Zeitgenossen. Man muß also den Schluß ziehen, daß es dem großen Hegel bloß darum zu thun war, aus jener hoffnungsvollen Jugend sich Weltposaunen seines Lobes zu ziehen. Zweitens war, wie mich Augenzeugen, ja ein Korrektor selbst versicherte, Nichts belehrender, als der Anblick einer Hegel'schen Handschrift. Das Ding sah aus, wie das Schlachtfeld von Kunnersdorf. Acht und zehnmal ist ein Satz angefangen, verändert, ausgestrichen, wieder umgeschmolzen, wieder vernichtet, dann Streifen hingepappt, und zulezt steht auf einem Bogen so viel, als ein andrer Zweifüßler auf 20 Zeilen hinwirft. Ich schließe nun so: wer Begreifliches und klar Durchdachtes niederschreiben will, der findet — besonders bei dem Reichthum der deutschen Sprache — leicht den natürlichen und bezeichnenden Ausdruck; wer denselben nicht findet, der ist entweder ein Tropf — was auf Hegel nicht paßt — oder man muß annehmen, daß er unheilbar an der Großen-Mannssucht und dem Außerordentlichkeits=Fieber darniederliege. Denn solche Leute sind gewohnt, nach den raffinirtesten und dunkelsten Worten zu ringen, damit sie für Erhaben gelten. Drittens — und Dieß ist der eigentliche Vier und Zwanzig=Pfünder meiner Beweise — berufe ich mich auf das große Mißverhältniß zwischen dem praktischen und theoretischen Hegel. Der Berliner Beamte Hegel war ein sehr gescheiter und praktischer Mann, Bürge dafür die Thatsache, daß er sich

mögen manche derselben Mißverſtändniſſen, oder falſchen Berichten Dritter ihren Urſprung verdanken, oder auch an ſich,
wie die Blitze des Machiavelli, nichts Beſonderes enthalten,

gegen den ſehr regen Neid wie gegen gerechte Satyre zu halten wußte, der metaphyſiſche Hegel dagegen iſt ein wahres
Räthſel. Liest man in irgend einer ſeiner metaphyſiſchen
Schriften — das Fußvolk ſeiner politiſchen Schreibereien laß
ich gelten — ſo iſt der erſte Eindruck der des Ameiſen-Krab-
belns, und der Mücken-Schwärmerei vor einem kranken Auge.
Worte, verba et voces ſtehen da, ſchwarz auf weiß gedruckt, aber
der Sinn ſcheint gänzlich zu fehlen. Nimmt man ſich die ſaure
Mühe tiefer einzudringen, ſo zeigt es ſich, daß der Herr Philoſoph
in kauderwelſcher Sprache lauter bekannte Wahrheiten wiederholt,
und am Ende Nichts ſagt. Und wenn je in dem bodenloſen
Meere irgend ein ſchlagender Satz auftaucht, ſo gleicht er der
Oaſe in der Wüſte, dem Gerſtenkorn auf dem Kehrichthaufen,
und der Beweis eigener Vaterſchaft möchte erſt noch ſchwer zu
führen ſeyn, indem es am Tage iſt, daß wenigſtens manche
derſelben aus anderer Leute Schmauſe ſtammen. Es wäre
demnach erwieſen, daß der große Hegel von Gott, Schöpfung,
Welt, Unſterblichkeit, ſo viel oder ſo wenig wußte, als die
übrigen Sterblichen, oder ſo viel als Fauſt von Herrn
Schwerdtleins Tode; und daß er folglich ſich bloß, um
den Schein von Ueberſchwänglichkeit zu erkünſteln, hinter jene
Kabbaliſtik verſchanzt hat, und Dieß iſt es ja eben, was ich
beweiſen wollte. Endlich viertens darf auch der Umſtand nicht
ganz überſehen werden, daß Hegel — mag innerlich ſeine
Beſcheidenheit ſo groß geweſen ſeyn als nur immer möglich —
doch äußerlich ausnehmend ſtarke Pillen von Schmeichelei ein-
zunehmen liebte. Hat ja einer ſeiner feurigſten Bewunderer
den bereits ins Grab gelegten Wunderdenker mit dem heiligen
Geiſt verglichen, was beſagter Schüler wohl nicht gethan
hätte, wenn er nicht wußte, daß ſolche Dinge dem lebenden
Meiſter gefielen. Ein ſcheinbarer Einwurf läßt ſich allerdings gegen dieſe
meine Beweisführung machen, nämlich der große Anhang, den
Hegel immer noch unter ſo vielen jungen Philoſophen hat.
Allein dieſer Grund beweist zu viel, und darum nichts. Denn
gerade ſo haben ſie früher Fichte und Schelling vergöttert,
ja auch unſern Kant, wiewohl Dieſer Nichts von ihnen wollte,
worauf Schiller den Vers gemacht hat:

sondern erst wegen der später eingetretenen Ereignisse für Wunder angesehen worden seyn. Ich ziehe aus obigen Stellen vorerst bloß den Schluß, daß irgend Einer recht wohl an Wunder glauben, und solche auch berichten könne, ohne daß einem ärmlichen Krittler deßwegen das Recht zustände, den Er= zähler für einen Schwachkopf zu halten.

Andere Gründe machen mir es glaublich, daß hier unter dem Monde nicht durchaus und immer die alltägliche Physik geherrscht hat und noch herrscht, in welcher unsere Vielwisser den Maßstab aller Möglichkeiten sehen. Man hat in neueren Zeiten die Kunst gelernt, in einer Urkunde zu lesen, die weit über die geschriebene Geschichte hinaufreicht. Die Erde selbst sammt den Trümmern früherer Schöpfungen gibt klares Zeug= niß von Zuständen, die weit älter sind, als unser Geschlecht. Es gab folglich eine historisch beglaubigte Zeit, wo noch keine

---

Ach, was doch nicht Einer so vielen Andern zu schaffen
   Gibt! Wenn Könige bau'n, haben die Kärner zu thun.
Und doch sind sie nachher wieder von dem Erwählten weggelau=
fen, um Baalim und Astaroth zu dienen, so daß man es jezt
häufig mit anhören muß, wie metaphysische Lehrbursche herab=
setzend von Kant reden, von Kant, dessen Werke geschriebene
Vernunft sind, den noch Niemand widerlegt hat, von Kant,
vor dem sich daher auch die edelsten Geister, wie Schiller,
beugten, von Kant, dessen Geist noch jezt so viele löbliche Einrich=
tungen beherrscht. Ich behaupte sogar mit Zuversicht, daß aus
der Hegel'schen Zunft ein Schluß gegen die Hegel'sche
Philosophie gezogen werden kann. Denn wenn man sehr viele
dieser Herren beobachtet, kann man sich nicht darüber täuschen,
daß jene Lehre eine spezifische Kraft auf die Köpfe übt, sofern
ihr nämlich eine entschieden aufblähende Wirkung zukommt,
was auch keineswegs zu verwundern ist. Denn wer so vielen
geistigen Wind einschluckt, dessen geistige Gedärme müssen
nothwendig anschwellen. Würde mir daher je der Auftrag zu
Theil, ein Sinnbild für besagte Zunft zu suchen: so wäre es
kein anderer Vogel in der Welt, den ich dazu erwählte, als
der kalekutische Puterhahn, und zwar in dem Augenblicke, wo er
seinen Kropf aufbläst, und mit seinem Schweife baumelnd,
stolz einhersteigt.

Menschen die Rinde des Erdballs bewohnten, wiewohl zahl=
reiche Klassen jezt ausgestorbener Thiere damals schon lebten.
Es ist ferner höchst wahrscheinlich, daß die schwarze Rasse frü=
her entstand, als die weiße kaukasische. Die Philosophen mögen
mir nun gefälligst sagen, wie der erste schwarze, wie später der
höher stehende weiße Mensch erschaffen worden ist. Wahrlich
ganz andere Kräfte müssen dabei wirksam gewesen seyn, als
die jezt herrschenden, und in unserer Abstammung von einem
Menschen, der keinen Menschen zum Vater hatte, steht ein
großes lebendiges Wunder vor uns. Das Gleiche könnte man
sagen von unserm Ausgang, wäre nicht die christliche Ueber=
zeugung von Unsterblichkeit der Seele in neueren Zeiten schwer
erschüttert worden. Mir ist es eine innere Nothwendigkeit,
daran zu glauben, und, wie ich sehe, auch tausend Anderen, die sich
vor dem Geschwäz der Läugner nicht fürchten. Was macht's,
wenn etliche Leute, denen es prächtig scheint, besonders nach
dem Vorgange des englischen Dichterlords, Verzweiflung zur
Schau zu tragen, was macht's, wenn selbst Kirchenlehrer, wie
Schleiermacher, der den Frommen spielte, der die Zehnten
der Kirche aß, aber dafür ihre geistigen Pulsadern zu durch=
schneiden sich vermaß, was macht's, wenn Metaphysiker wie
Hegel, die Sterblichkeit der Seele verkünden! Es ist weltbe=
kannt, wie stark Eitelkeit und großmannsüchtige Nachäfferei bei
dieser neuen Lehre mit unter der Decke spielt. Wie wenig
Sterbliche sind fähig, eigene Gedanken zu haben. Wir denken
beinahe Alles durch die Gesellschaft, in der wir leben, und bei
Weitem die Meisten, Gelehrte wie Ungelehrte, gleichen gewissen
Hausthieren, die in langer Reihe hinter einander herlaufen.
Vor hundert Jahren glaubte Alles an Geister, Himmel und
Hölle; jezt, weil etliche Namen von Glanz das Gegentheil
sagten, schwäzt man ihnen nach. Nichts destoweniger ist gewiß,
daß die Edelsten unseres Geschlechts die Ewigkeit des mensch=
lichen Geistes annahmen, und dieser Ueberzeugung gemäß
handelten. Christus, der Sein Blut für die Menschheit

hingab, hat die Unsterblichkeit gelehrt, oder noch besser, überall vorausgesezt, und Das genügt. Kant zeigte, daß sie eine unabweisbare Voraussetzung sey, Spinoza suchte sie zu beweisen. *) Aber wie? wenn wir die Gewährschaft der That= sache für sie anzuführen hätten; es ist wahrlich gar nicht so ausgemacht, wie man uns einreden will, daß noch kein einsa= mer Wanderer aus der stillen Welt zurückgekommen ist. Stirbt aber die Seele im Tode nicht, so liegt in dem Kern unseres Geistes ein ganz anderes System von Gesetzen verborgen, als die gemeinen irdischen, welche nur den Wechsel von Ebbe und Fluth, von Entstehen und Vergehen uns vorhalten. Am Tage ist's, daß mit dem Glauben an die Unsterblichkeit das Thor der Wunder sich uns öffnet, und man kann sich daher nicht genug über die Gleichgültigkeit wundern, mit welcher man zahl= lose Fälle, die sich zur Untersuchung darbieten, unbeachtet lie= gen läßt. Wir haben die genauesten Forschungen über Insekten, Maienkäfer, Wespen, aber Erscheinungen, welche die wichtigsten Ergebnisse über das Wesen des Geistes liefern könnten, über= läßt man dem Volke, oft allzu dichterischen Beobachtern. Wenn nur einmal eine einzige Untersuchung der Art, mit gerichtlicher Strenge, mit dem sichern Auge eines Naturforschers geführt würde! Das menschliche Leben erscheint, in diesem Lichte be= trachtet, wie ein Spiel auf dem Proscenium, hinter welchem sich ein Vorhang erhebt, durch dessen jeweilige Spalten uns die Ahnung höherer Kräfte, einer jezt unbegreiflichen Herrschaft des Geistes über die Materie anweht. Manchmal bei beson= deren Anlässen werden solche Töne stärker vernommen. Auch

---

*) Im fünften Buche der Ethik von der 23sten Proposition. Doch muß ich bekennen, daß ich die Kraft seines Beweises nicht begreife. Andererseits verbietet mir die Achtung vor sei= nem tugendhaften Charakter, anzunehmen, daß er mit Worten spiele, wie gewisse Leute, welche von Unsterblichkeit des allge= meinen Menschengeistes faseln, und damit nur die Zigeuner= wahrheit aussprechen, daß, wenn die Väter sterben, Söhne zurück bleiben.

in die Räder der Weltgeschichte greifen sie ein. Ich berufe mich vorerst darauf, daß unter Voraussetzung der Wahrheit jener dürren Physik, die ohne alle Phantasie ist — welche Kraft doch auch ihre Rechte hat — der Glaube an eine besondere Vorsehung, an ein Schicksal auf lauter Unsinn hinaus lauft, und doch lebte und lebt derselbe noch in der Brust von Vielen, ja und gerade der Ausgezeichnetsten unseres Geschlechts, in Männern, deren Charakter von gutem Stahl ist, deren Köpfe kühne Entwürfe hegen, deren Faust sicher greift. Und nun eben in diesem Glauben ist ein ganzes Gewebe von Wundern eingehüllt. Dem so Beschützten soll Nichts widerfahren, wenn er sich auch in die größten Gefahren stürzt; nicht nur darf an den Ort, wo er steht, die vernichtende Kugel nicht einschlagen, sondern auch kein Vorgesezter soll ihm befehlen, an einen Platz sich zu stellen, wo der Tod lauert. Unsichtbare Mächte führen hier einen Damm auf. Und wenn das Schicksal eines Solchen abgelaufen ist, gibt sich das nahende Ende dem Gefühl des Bevorzugten kund. Cäsar hat tagelang den nahenden Schritt des Mörders vorausempfunden. Deßgleichen König Heinrich IV von Frankreich. Freilich mag man über diese Angaben guter Geschichtsquellen spotten, weil es an handgreiflichen Beweisen fehlt. Aber es gibt völlig beglaubigte, große, erschütternde Erscheinungen der Weltgeschichte, welche man aus jener Physik heraus nimmermehr erklären kann. Ich würde zuerst das Christenthum nennen, wenn ich nicht fürchten müßte, daß man mir einen Zirkel im Beweise vorwerfen werde, obgleich ich einen solchen keineswegs zugestünde, denn jedenfalls ist das Christenthum ein sittliches Wunder. Spittler, dem man gewiß keine Leichtgläubigkeit Schuld geben kann, beginnt seine Kirchengeschichte mit den Worten: „Die Welt hat noch nie eine solche Revolution erfahren, die in ihren ersten Veranlassungen so unscheinbar, in ihren lezten ausgebreitetsten Folgen so höchst merkwürdig war, als diejenige ist, welche ein vor 1800 Jahren geborner Jude, Namens Jesus, in wenigen Jahren seines

Lebens machte." Ja wohl dauert sie noch immer fort, diese Macht, sie hat erst neulich durch den Mund etlicher rechtschaffener Engländer dreihundert Millionen Gulden aufgebracht, um die Fesseln der schwarzen Sklaven zu sprengen, und bei den wichtigsten und wohlthätigsten Veränderungen unseres Jahrhunderts wirkt sie in erster Linie. Doch lassen wir Das. Aber die Läugner alles Uebernatürlichen mögen erklären, wie es sich mit dem Hirtenmädchen von Domremy oder der Jungfrau von Orleans verhält? Nie war die Gefahr für Frankreich größer, auf einer Nadelspitze stand es, ob dieses schöne Land ferner bestehen, oder seine Selbstständigkeit verlieren, von den Engländern unterjocht werden sollte. Eines der großen und wichtigsten Glieder der Staatenfamilie, deren Nebeneinanderbestehen die Größe, die Bildung und die Wohlfahrt Europa's bedingt, und uns Weiße überall zu Herren macht, wo wir anderen Rassen gegenüber auftreten, befand sich auf dem Punkte, ausgeschieden zu werden. Welche unermeßliche Veränderungen der Weltgeschichte hätte Dieß nach sich gezogen, was wäre aus England, was aus Frankreich geworden! Wahrscheinlich hätten sie durch die unnatürliche Ehe sich gegenseitig geschwächt, wie Deutschland und Italien, Rußland und Polen. Albion würde dann schwerlich 400 Jahre später den Dreizack geschwungen, und den Ocean mit seinen Schiffen bedeckt haben, noch würde Frankreich jezt seine für die europäische Kultur so wichtige Rolle spielen. Sondern eine Universalmonarchie, das Grab aller geistigen und bürgerlichen Freiheit, wäre wohl an die Stelle des feurigen und raschen Lebens der neueren Staaten getreten. In jenem verhängnißvollen Augenblicke nun erhob sich ein Hirtenmädchen auf den Gränzen von Champagne, Lothringen und Burgund, im Dorfe Domremy, die Tochter armer, aber unbescholtener Eltern, sie selbst vom reinsten Rufe, behauptete von Gott gesandt zu seyn, um Frankreich zu retten, und den wahren König Karl VII in Rheims zu krönen, wobei sie sich auf göttliche Stimmen, die sie mit ihren körperlichen Ohren

gehort, und auf Erscheinungen heiliger Frauen und der Mutter
Jesu selbst berief. Ungefähr 18 Jahre alt, ließ sie sich zu
Anfang des Jahrs 1429 durch einen Oheim, der an ihre
Sendung glaubte, ohne Wissen ihres Vaters, zu dem königli=
chen Hauptmann der ihr nächstgelegenen Stadt Vaucouleurs,
einem Ritter Namens Robert Baudricourt bringen, ward
Anfangs abgewiesen, selbst mit Schlägen bedroht, blieb aber
standhaft bei ihrer Aussage, so daß sie zulezt die Zweifelsucht
des Hauptmanns brach. Anfangs Februar 1429 schickte er sie
auf ihr Verlangen mit wenigen Begleitern, hundertfünfzig
Stunden weit, durch ein von Feinden beseztes Land an
Karls VII Hoflager nach Chinon, wo sie den 24. Februar
1429 eintraf, nur nach langem Zögern Gehör beim Könige
fand, den sie jedoch sogleich überzeugte, theils indem sie ihn
aus allen seinen Höflingen, unter denen er sich versteckt hatte,
herausfand, theils indem sie zu ihrer Beglaubigung dem Kö=
nige ein Geheimniß mittheilte, das sonst nur Karl VII selbst
und Gott wissen konnte. Dennoch mußte sie sich noch meh=
reren zum Theil nothwendigen, zum Theil abergläubischen Prü=
fungen unterziehen, verlangte aber fortwährend dringend Kriegs=
volk, so viel oder so wenig es sey, um Orleans, das lezte
Bollwerk Frankreichs, das von den Engländern schwer be=
drängt war, zu entsetzen. Im April ward ihre Bitte gewährt,
aber nur einige tausend Mann konnte der König aufbringen.
Am 29. April 1429 hielt sie, unbelästigt von den Feinden,
wie sie es vorausgesagt, ihren Einzug in die Stadt; bis zum
8. Mai waren sämmtliche, zum Theil sehr starke Verschanzun=
gen, welche die Engländer aufgeworfen hatten, erstürmt, und
Talbot sammt seinem Heere mußte zum Erstenmale nach
langer Zeit den Rücken kehren und abziehen. Wie die Fran=
zosen in ihr eine göttliche Gesandtin verehrten, so haßten sie
die Engländer als eine Hexe. Höhere Kräfte erkannten beide
Theile in ihr, und sie mußten es auch, denn Alles, was geschah,
hatte sie vorausgesagt, und was sie vorausgesagt, traf ein. Zu

diesen Bürgschaften des prophetischen Geistes kamen noch die Wunder, die sie als Feldherr und Soldat verrichtete. Denn überall in dem dichtesten Gewühle war sie voran, zu Roß an der Spitze der Gendarmen. Nach der Entsetzung von Orleans hat sie den König bestimmt, mit seinem Heere nach Rheims, der Krönungsstadt, zu ziehen. Gefährlich schien der Marsch, und ward von den Hauptleuten widerrathen, doch drang die Jungfrau durch, eroberte unterwegs eine Menge Burgen und Städte, schlug die Engländer in der Feldschlacht von Patay, brachte den König bis Rheims, wo er den 17. Juli 1429 gekrönt ward. Nach dieser heiligen Ceremonie verlangte sie in ihre Heimath entlassen zu werden, denn ihre Sendung sey zu Ende. Bestürmt durch die Bitten der Edlen, und durch des Königs Befehle zurückgehalten, mußte sie bleiben; aber die Zuversicht war von ihr gewichen, obgleich sie noch viele Heldenthaten verrichtete. Am 24. Mai 1430 ward sie vor Compiegne von den Burgundern, den Verbündeten Englands, gefangen, nicht ohne starken Verdacht einer Verrätherei des französischen Kommandanten, der die Thore zu bald hatte schließen lassen, so daß die Jungfrau sich nicht retten konnte. Schon gab es am Hofe des erbärmlich schwachen Karl VII eine Partei, welche der Prophetin überdrüssig war, wegen ihres Einflusses auf den König, den Jene für eigene Rechnung gängeln wollten. Die Burgunder lieferten sie an ihre Todtfeinde, die Engländer, aus, welche das Schlachtopfer nach Rouen führten, einem Gerichte unter dem Vorsitze des schändlichen Bischofs von Beauvais, Peter Cauchon, mit dem Befehle übergaben, die Jungfrau in jedem Falle schuldig zu finden. Den 31. Mai 1431 wurde sie als Hexe und Abtrünnige verbrannt. Noch erhabener, denn an der Spitze des Heeres, hat sie sich als Gefangene und Märtyrerin gezeigt, und durch ihre Unschuld und Seelengröße selbst einen großen Theil der schändlichen Richter entwaffnet. Die Prozeßakten, die sich auf der königlichen Bibliothek zu Paris befinden, und um so wichtiger sind, weil sie von ihren Feinden herrühren, enthalten die unumstößlichsten Beweise ihrer Unschuld. Vor ihrem Tode erklärte sie, wie aus diesen Akten erhellt, den Engländern, daß sie innerhalb der nächsten sieben Jahre noch eine größere Schlappe erleiden sollten, als die von Orleans. In der That wehten im Jahre 1436 die Banner Karls VII über den Thürmen von Paris. Karl VII und Frankreich hat zur Rettung der gefangenen Retterin Nichts gethan; kein Schwert wurde für sie gezogen, kein Roß gesattelt, nur ließ man 1455 ihren Prozeß revidiren, ihre Ehre wiederherstellen. Beide Prozeßakten zusammen enthalten die eidlichen Aussagen von mehr als 200 Zeugen jedes Alters, jedes Standes, die gefeiertsten Namen Frankreichs treten unter ihnen auf, und bis ins Einzelnste ist ihre Geschichte so beglaubigt und erwiesen, wie vielleicht keine andere. *) Seit der thierische

---

*) Die besten gedruckten Quellen über die Lebensgeschichte des Mädchens sind die aktenmäßigen, sehr scharfsinnigen Untersuchungen von de l'Averdy, abgedruckt im dritten Bande der Notices et extraits des Manuscrits de la bibliothèque du Roy. Außerdem ein neueres Werk von Lebrun de Charmettes, erschienen 1817 in vier Bänden unter dem Titel: Histoire de Jeanne d'Arc, surnommée la Pucelle d'Orleans, tirée de ses propres declarations, de cent quarante quatre dépositions de témoins oculaires et des manuscrits de la bibliothèque du roy et de la tour de Londres. Erst vor Kurzem hat der Geschichtschreiber des Deutschordens, Prof. Voigt, ein Aktenstück in einer Leipziger Zeitschrift abdrucken lassen, das ich hier mittheilen will, weil es eine sehr belehrende Vergleichung mit gewissen Seiten des neuen Testaments darbietet. Es besteht in einem Briefe vom 21. Juni 1429, den ein gewisser Percival Herr von Bonlamiult, damals in Diensten des Königs von Frankreich, an seinen Gebieter den Herzog von Mailand schrieb. Das Original ist Lateinisch, ich benütze die Uebersetzung des Herrn Voigt:

Dem allerdurchlauchtigsten und großmächtigsten Fürsten, Herzogen von Mailand, meinem allerehrwürdigsten Herrn.

Allerdurchlauchtigster und großmächtigster Fürst, und mein ehrwürdigster Herr! Weil die Sorge der Sterblichen, und

Magnetismus aufgekommen, hat man sie für eine Somnambule
ausgegeben. Der Name thut hier Nichts zur Sache, aber doch
muß man bekennen, daß sonst keine Schlafwandlerinnen gesehen

————————

insbesondere das Begehren wißbegieriger, ausgezeichneter Gei=
ster dahin geht, Neues und sonst Ungewöhnliches zu hören und
zu schätzen, indem ihnen das Alte als abgetragen zuwider ist,
darum habe ich, erhabener Fürst, es gewagt, in Betracht, daß
Euer Durchlaucht wunderbare Dinge preisen und loben, auch
eifrig bemüht sind, dieselben zu erforschen, Euch Nachricht zu
geben, welche Wunder und wie große unserem Könige und
seinem Reiche neulich widerfahren sind. Weil, wie ich wähne,
Euern Ohren das Gerücht von einer Jungfrau lautbar gewor=
den ist, die, wie man glaubt, uns Gott mildiglich gesandt hat,
so will ich den Anbeginn ihrer Geburt erzählen, und hernach
ihr Leben, ihre Thaten, Wesen und Sitten mit Wenigem schil=
dern. Sie ist geboren in einem kleinen Dörflein, genannt
D o m r e m i, in der Ballei von B a s i g n y, binnen und an den
Grenzen von Frankreich, an dem Flusse Maas bei Lothringen.
Wie man weiß, ist sie von gerechten einfältigen Eltern ge=
boren. In der Nacht der Offenbarung des Herrn (epiphaniae
domini), in welcher die Völker der Werke Christi in größerer
Wonne zu gedenken pflegen, ist sie ins Licht der Sterblichen
eingetreten. Und wunderbar ward alles Volk des Orts von
überschwenglicher Freude bewegt; nicht wissend von der
Jungfrau Geburt, lief es hin und her, fragend, was Neues
geschehen wäre. Etlicher Herzen jauchzten von neuer Freude;
ja, was mehr, die Hähne, gleich der neuen Freude Verkündi=
ger, ließen sich mit ungewöhnlichem, noch nie gehörtem Schrei
vernehmen, und mit den Flügeln an den Leib schlagend, sah
man sie über zwei Stunden der Neugebornen Geschichte weis=
sagen. Das Kind wuchs heran, und da es sieben Jahre er=
reicht, ward es nach Sitte der Ackerleute zur Hütung der
Schafe gebraucht, wobei ihm, wie man weiß, kein einziges
Schäflein verloren ging, und nie eins von wilden Thieren
zerrissen ward. Und wenn sie in des Vaters Hause war, be=
schützte sie alles Gesinde mit solcher Sicherheit, daß weder der
Feinde List, noch der Barbaren Bosheit ihnen im geringsten
Etwas anhaben konnte. Darnach, da ihres Alters zwölf
Jahre verflossen waren, geschah ihr die erste Offenbarung in
folgender Weise.

Als sie in Gesellschaft mit den Mägdlein die Schafe ihrer
Eltern hütete, und auf einer Wiese umherging, ward sie von

werden, welche das jungfräuliche Haupt mit dem Helme bedecken, daß Schlachtroß besteigen, und den Kühnsten voran, sich in die dichtesten Haufen der Feinde stürzen. Ich dächte, die kühlste

---

den Andern gefragt, ob sie für eine Handvoll Blumen oder Etwas dergleichen um die Wette springen wollte. Sie willigte ein, und da sie es zugesagt, wurde sie mit solcher Schnelligkeit zum zweiten und zum dritten Male im Laufe bewegt, daß die Andern gar nicht glauben konnten, daß sie die Erde betrete, also daß eines der Mägdlein ihr zurief: „Johanna (das ist der Name der Jungfrau), ich sehe dich fliegen über der Erde durch die Luft!" Und als sie den Lauf vollbracht hatte und am Ende der Wiese wie verzückt und ihrer Sinne entfremdet, wieder Athem schöpfend, den ermüdeten Körper ausruhte, da stand bei ihr ein Jüngling, der sie also anredete: „Johanna, eile nach Hause, denn die Mutter hat gesagt, sie bedürfe deiner Beihülfe" Glaubend, daß es der Bruder oder einer der Nachbarknaben sey, kam sie eilends nach Hause. Die Mutter, ihr begegnend, fragte sie um die Ursache ihres Kommens, und des Verlassens der Schafe und schalt sie darüber aus. Darauf antwortend, sprach die unschuldige Jungfrau: „Hast du nicht nach mir geboten?" Worauf die Mutter „Nein" erwiderte. Da glaubte sie sich zuerst betrogen, und war Willens, zu ihren Gespielen zurückzukehren. Schnell aber ward vor ihre Augen eine hellglänzende Wolke geworfen, und aus der Wolke geschah eine Stimme a Jr, die sprach: „Johanna, dir gebührt einen andern Weg zu gehen und wunderbare Thaten auszuführen, dieweil du Die bist, welche der König des Himmels erwählt hat zur Wiedererhebung des Königreichs Frankreich, zu Schutz und Schirm des Königs Karl, der aus seiner Herrschaft vertrieben ist. Mannskleidung anziehend, sollst du Waffen nehmen, und wirst ein Haupt des Kriegs seyn. Alles soll nach deinem Rath regiert werden." Da also die Stimme vernommen war, verschwand die Wolke, und die Jungfrau war solches Wunders erschrocken. Sie schenkte selbst dem Gesprochenen keinen Glauben, sondern verwirrt, wußte sie in ihrer Unschuld nicht, ob sie glauben sollte oder nicht. Obwohl gleiche Offenbarungen der genannten Jungfrau forthin bei Tag und Nacht geschahen und mit Zeichen öfter noch erneuert wurden, so schwieg sie dennoch und entdeckte ihr Herz Niemanden als nur allein dem Pfarrer, und in solcher Verworrenheit verblieb sie eine Zeit von fünf Jahren. Darnach, da der Graf von Salisbury von England nach Frankreich gerufen ward, wurden

Forſchung kann aus der Geſchichte des Mädchens von Orleans
mit völliger Sicherheit folgende zwei Schlüſſe ziehen: Erſtens,
daß (res humanas coelestibus curae esse) eine Vorſehung

die vorerwähnten Geſichte und Offenbarungen abermals erneuert
und vermannigfaltigt. Der Jungfrau Gemüth wurde erſchüt=
tert, ihr Geiſt von Angſt erhizt, worauf ſie an einem Tage, da
ſie auf dem Felde in Beſchauung war, eine ungewöhnliche Er=
ſcheinung ſah, noch größer und klarer, als ſie je zuvor geſehen.
Und es geſchah eine Stimme an ſie, die alſo ſprach: „Bis wie
lange ſäumſt du? Warum eileſt du nicht? Warum geheſt du
nicht raſchen Schrittes, wohin dich der König des Himmels
beſtimmt hat? Durch deine Abweſenheit wird Frankreich zer=
riſſen, Städte werden gebrochen, die Gerechten ſterben, die
Edeln werden getödtet, das achtbare Blut wird vergoſſen.“
Einigermaßen durch dieſe Ermahnung geſtärkt, ſprach ſie zu
ihrem Pfarrer: „Was ſoll ich thun, oder wie ſoll ich es unter=
nehmen? Wie ſoll ich gehen? Ich weiß nicht den Weg, ich
kenne das Volk nicht; der König iſt mir unbekannt. Sie
werden mir nicht glauben; ich werde von Allen verlacht wer=
den, und billig; denn was iſt thörichter, als den Großmächtigen
zu ſagen, daß eine Jungfrau Frankreich emporheben, die Heer=
fahrt anordnen, und durch ihre Leitung den Sieg wieder her=
beibringen wird? Was kann ſpöttiſcher ſeyn, als wenn eine
Jungfrau Mannskleider anlegt?“ Und da ſie Dieſes und vieles
Andere geſprochen hatte, vernahm ſie folgende Antwort: „Der
König des Himmels befiehlt Dieſes und will es ſo; frage nicht
weiter, wie es geſchehen wird; denn alſo wie der Wille Gottes
im Himmel iſt, ſo wird er auch auf Erden ſeyn. Gehe in den
nahe liegenden Ort, der genannt iſt Vaucouleurs, welcher
allein in dem Lande Champagne dem Könige noch die Treue
hält, und des Ortes Hüter wird dich ohne alles Hinderniß
führen, wie du es von ihm bitten wirſt.“
Alſo that ſie, und da ſie ihm viel Wunderbares voraus=
gezeigt, da ließ er ſie mit etlichen Männern geſellet zum Könige
geleiten. Obwohl ſie nun mitten durch die Feinde zogen, ſo
waren ſie doch nirgend einer Zurückweiſung unterworfen. Und
da ſie zur Burg Chinon im Lande Touraine kommen, wo ſich
der König befeſtigte, da ward vom Rathe des Königs beſchloſ=
ſen, daß die Jungfrau das Angeſicht des Königs nicht ſehen
und ihm auch nicht vorgeſtellt werden ſollte, bis zum dritten
Tage. Aber ſchnell wurden Aller Herzen umgewandelt. Die
Jungfrau ward herbeigerufen, ſtieg vom Pferde ab und ward

waltet, und daß es hier unter dem Monde nicht immer so
alltäglich phyſiſch zugehe, wie die Metaphyſiker uns bereden
wollen; zweitens, daß mit außerordentlichen Erſcheinungen

durch Erzbiſchöfe, Biſchöfe, Aebte und beider Fakultäten Ge=
lehrte aufs Fleißigſte im Glauben und in ihren Sitten geprüft.
Darauf führte der König ſie mit ſich in ſeinen verſammelten
Rath oder Parlament, auf daß ſie noch ſtrenger und ſorgſamer
befragt würde. Und in dem Allem ward ſie erfunden als Ge=
treue, Gläubige, recht denkend im Glauben, in den Sakramen=
ten und den Satzungen der Kirche. Weiter wurde ſie von
unterrichteten Frauen und erfahrenen Jungfrauen, Wittwen
und Verehelichten aufs Allerfleißigſte geprüft, die nichts An=
deres an ihr erkannten, als was ſich für weibliche Natur und
Ehrbarkeit geziemt. Außerdem ward ſie noch eine andere Zeit
von ſechs Wochen bewacht, betrachtet und beobachtet, ob irgend
eine Leichtfertigkeit oder ein Wandel in dem Begonnenen an
ihr zu vernehmen ſey, welches aber keineswegs der Fall war,
ſondern, indem ſie unabläſſig Gott diente, die Meſſe hörte, das
heilige Abendmahl empfing, folgte ſie ihrem erſten Vorſatze,
und bat jeden Tag den König mit Thränen und Seufzen,
daß er ihr Erlaubniß ertheile, den Feind anzugreifen, oder in
das väterliche Haus zurückzukehren.
Und als ſie mit Mühe die Erlaubniß erhalten, zog ſie
nach Orleans hinein, um Speiſevorrath dahin zu bringen.
Bald darauf griff ſie die Befeſtigungen der belagernden Feinde
an, die ſie, obgleich ſie für unüberwindlich galten, dennoch in
einer Zeit von drei Tagen überwältigte; nicht wenige Feinde
wurden getödtet, noch mehrere gefangen, der übrige Theil in
die Flucht geſchlagen, und jezt die Stadt von der Belagerung
befreit. Als Dieß vollbracht war, kehrte ſie zum Könige zurück.
Der König eilt ihr entgegen, nimmt ſie freudig auf, und ſie
verweilt einige Zeit beim Könige. Sie drängt und bittet, daß
er eine Heerfahrt verkünde und Schaaren ſammle, um den
übrigen Theil der Feinde zu überwinden. Und nachdem das
Heer ſich wieder gerüſtet, belagert ſie den Ort, Jargeau
genannt. Am Morgen darauf unternimmt ſie einen Kampf;
mit Macht wird derſelbe gewonnen. Sechshundert edle Streiter
wurden da überwunden, unter welchen der Graf von Suf=
folk, ein Engliſcher, und ſein Bruder gefangen, der andere
Bruder aber getödtet ward. Darauf jedoch, nach einer Zeit
von drei Tagen, greift ſie die ſtarken und befeſtigten Städte
Meun an der Loire und Beaugency an, ſtürmt und

der Weltgeschichte die christliche Religion in einem gewissen,
sehr genauen Zusammenhange stehe. Denn im Namen Jesu
hat das Mädchen die Zukunft vorausgesagt, im Namen Jesu

überwältigt sie. Ohne Säumen eilt sie an demselben Sonn=
abend, welches der 18. Tag des Juni war, Denen entgegen,
die dem Heere der Englischen zu Hülfe kamen. Die Feinde
wurden angegriffen, die Unseren erhielten den Sieg. 1500 reisige
Krieger wurden erschlagen, 1000 gefangen, worunter auch
etliche Hauptleute, als: die Herren Talbot, Fastolf, und
der Sohn des Herrn von Hendefort und noch mehrere Andere.
Von den Unseren aber sind nicht drei todt gefunden, was wir
Alles einem göttlichen Wunder zurechnen.

Dieses und vieles Andere hat die Jungfrau vollführt und
mit Gottes Hülfe wird sie noch Größeres verrichten. Das
Mägdlein ist von anmuthiger Schönheit und besizt männliche
Haltung, es spricht wenig und zeigt eine wunderbare Klugheit,
in seinen Reden hat es eine gefällig=feine Stimme nach Frauen=
art. Es ißt mäßig, noch mäßiger trinkt es Wein. An schönen
Rossen und Waffen hat es sein Gefallen. Bewaffnete und
edle Männer liebt es sehr. Die Zusammenkunft und das Ge=
spräch mit Vielen ist der Jungfrau zuwider; sie fließt oft von
Thränen über, liebt ein fröhliches Gesicht, erduldet unerhörte
Arbeit, und in der Führung und Ertragung der Waffen ist sie
so beharrlich, daß sie sechs Tage lang Tag und Nacht ohne
Unterlaß vollständig gewappnet bleibt. Sie spricht: die Eng=
lischen hätten kein Recht an Frankreich, und darum habe sie,
wie sie sagt, Gott gesandt, auf daß sie Jene austreibe und
überwinde, jedoch erst nach vorher geschehener Mahnung. Dem
Könige erweist sie die höchste Verehrung; sie sagt, er sey von
Gott geliebt und in besonderm Schuze, weßhalb er auch er=
halten werden würde. Vom Herzoge von Orleans, Eurem
Neffen, sagt sie, er werde auf wunderbare Weise befreit wer=
den, jedoch erst, nachdem zuvor eine Mahnung an die Eng=
lischen, die ihn gefangen halten, zu seiner Befreiung geschehen
seyn werde.

Und damit ich, erlauchter Fürst, meinem Berichte ein Ende
mache: noch Wunderbareres geschieht und ist geschehen, als ich
Euch schreiben oder mit Worten ausdrücken kann. Während
ich Dieß schreibe, ist die genannte Jungfrau schon nach der
Gegend der Stadt Rheims in Champagne gezogen, wohin
der König eilends zu seiner Salbung und Krönung unter Gottes
Beistand aufgebrochen ist. Erlauchtester und großmächtigster

ihre Thaten verrichtet und Frankreich gerettet. Diese zwei Punkte sind es eben, warum ich mich hier auf ihre Ge= schichte berief.

Ich glaube mir nun den Weg zur weitern Untersuchung gebahnt zu haben. Fest bestehe ich auf dem Satze: daß die Geschichte, als das Reich der Thatsachen, es nur mit Er= fahrung zu thun hat. Hier, auf diesem Gebiete, gelten Zeug= nisse und Beweise der That Alles, jenes apriorische Geschwätz von allgemeinen Möglichkeiten und Unmöglichkeiten gar Nichts, und was auch solche aufgeblasene Vielwisser sagen mögen, wir brauchen uns nicht das Geringste um sie zu kümmern. Allein wenn wir auch einen elenden Eindringling, die Meta= physik, mit Verachtung zurückweisen, so soll andererseits

Fürst und mein höchstzuverehrender Herr! ich empfehle mich Euch sehr demüthig, indem ich den Allerhöchsten bitte, daß Er Euch behüte und Eure Wünsche erfülle. Geschrieben Bitero= mis, am 21. Tage des Monats Junius.

Euer demüthiger Diener Percival, Herr von Bonlamiulk, Rath und Kämmerer des Königes der Franzosen und des Herrn Herzogs von Orleans, Seneschal des Königs, gebürtig aus Berry.

Zwar fehlt unten die Jahrszahl, allein aus den, im Briefe selbst angeführten Thatsachen ist klar, daß er im Jahre 1429 geschrieben wurde. Als historische Quelle darf derselbe erst von da an betrachtet werden wo er die Ankunft des Mädchens im Schlosse Chinon schildert. Was er vorher erzählt. ist größ= tentheils fabelhaft, und stimmt nicht mit den Prozeßakten zu= sammen; desto wichtiger ist gerade der erste Theil vorliegender Urkunde für unsern Zweck. Man ersieht hier an einem zuver= lässigen Beispiele, wie unglaublich schnell sich um bedeutende Personen der Geschichte ein ganzer Sagenkreis bildet. Lautet der Bericht von der Kindheit des Mädchens nicht, wie die zwei ersten Kapitel bei Lukas und Matthäus? Und doch hat der Verfasser des Briefs die Jungfrau oft gesehen, und ohne Zweifel mit ihr selbst gesprochen. Der Leser möge daher dieses Schreiben als einen Beitrag zu den Untersuchungen betrachten, die ich im 10ten Kapitel des vorigen Buches ange= stellt habe.

einer edlen Macht, der Hiſtorie, ihr volles Recht zu Theil
werden. Beſonnenheit und kühlem Verſtande gebührt überall
die erſte Stelle. Es iſt eine ausgemachte Erfahrung, daß
Wunder nirgends häufiger vorkommen, als wo die Berichte
auf bloßes Hörenſagen hinauslaufen und die Augenzeugenſchaft fehlt; eben ſo ausgemacht iſt es, daß gerade da, wo
außerordentliche Dinge vorgehen, Phantaſie ſich am Gefähr-
lichſten einmiſcht, aus Eigenem zuſezt, verändert, verſchönert,
verderbt, und tauſend Beiſpiele beweiſen es, daß in ſolchen
Fällen nicht immer die perſönliche Anweſenheit des Berichterſtatters und ſein redlicher Charakter hinreichende Bürgſchaft
gibt. Dem glorreichen Eroberer der neuen Welt erſchien,
wie wir oben gezeigt, in ſpäteren Tagen ſeine eigene Geſchichte
in einem zauberhaften Lichte, und er hat ſie durch Gomara's
Feder mit unhiſtoriſchen Wundern ausgeſchmückt. Um die
Perſon des Mädchens von Orleans bildete ſich, wie aus der
mitgetheilten Urkunde erhellt, noch ehe ſie die Höhe ihres
Ruhmes und ihrer Thaten erreicht hatte, ein Sagenkreis. Soll
ich erſt noch auf ſo viele Wundergeſchichten aufmerkſam
machen, die als jezt geſchehen, in der Welt umlaufen, und
deren gedruckte Berichte, wenn auch einiges Wahre, doch zugleich des Fremden, von Anderen Eingelegten, genug enthalten.
Die Geſchichte Jeſu, ſo wie ſie bei Johannes erſcheint, iſt
zwar, ihren großen Umriſſen nach, ganz beglaubigt, und ich
hoffe den Zweifeln darüber ein Ende gemacht zu haben;
ferner kommt ihr etwas ſo Außerordentliches zu, daß wir
zum Voraus erwarten dürfen, Einer, der ſo gelebt und gelehrt hat, werde auch ungewöhnliche Dinge verrichten. Ohne
dieſe Annahme iſt es ſogar ſchwer zu begreifen, wie Er ſo
großen Anhang finden und ſeinen Feinden ſo große Furcht
einflößen konnte. Die Darſtellung des vierten Evangeliſten
hat ſich ſogar bis in einzelne kleine Züge herab bewährt.
Nichtsdeſtoweniger fanden wir, daß er in die Reden des
Herrn viel Eigenes einmiſcht, auch ſonſtige Mißtöne (wie

III, 27—36) nicht ganz vermiethen hat. Mit gutem Fuge kann man daher den Argwohn nicht zum Voraus abweisen, daß Johannes gerade bei dem Gegenstande, der erweislich die kühlste Beobachtung verlangt, und Phantasie am leichtesten besticht, d. h. in dem Berichte von den Wundern des Herrn, einzelne Züge beigefügt, andere, die vielleicht zur richtigen Würdigung höchst wesentlich wären, weggelassen haben dürfte. Diesen Einwurf sich selbst zu machen, gebührt wenigstens dem Geschichtschreiber, der auf sicherm Boden sich bewegen und möglichst beglaubigte Ergebnisse erringen will. Hiezu kommt noch eine besondere Bedenklichkeit: wenn Johannes auch im Allgemeinen als Augenzeuge der Begebenheiten, welche er beschreibt, angesehen werden muß: wer bürgt uns dafür, daß er bei jedem einzelnen Falle zugegen war? und doch ist Dieß gerade bei Berichten über Wunder höchst wünschenswerth. Zu weit dürfen wir unsere Zweifel jedoch nicht treiben. Die Treue, mit welcher er die Grundzüge des Lebens Jesu geschildert hat, besonders aber die gewissenhafte Erinnerung, welche im 6ten Kapitel den Zauberschein, der ihn fest gefangen hält, augenblicklich wieder durchbricht, bürgen uns dafür, daß er auch bei den Wundern im Wesentlichen nichts Falsches berichten, noch absichtlich die Wahrheit verschweigen werde. Indeß ist es immer gut, wenn wir so vorsichtig als möglich verfahren. Ich glaube folgende Grundsätze aufstellen zu dürfen: erstens, soll ein Wunder unsere Zustimmung erhalten, so verlange ich, daß der Bericht einen strengen Zusammenhang habe; es dürfen keine wesentlichen Züge in demselben vorkommen, welche anderen eben so wesentlichen widersprechen. Diese Regel wird durch sich selbst gerechtfertigt und ist sehr nützlich. Denn da Johannes sich sonst als einen treuen Erzähler bewährt, so darf man voraussetzen, daß er, wenn er auch sonst bei Wundern Eigenes einmischen sollte, doch auch neben solchen fremden Elementen wirklich Geschehenes beibringe, das uns dann auf die rechte

Ansicht führen mag. Zweitens ist es sehr wünschenswerth, daß gerade bei den bedeutenderen Wundern andere Zeugen mit ihm Hand in Hand gehen, denn vor allen Gerichten wird die übereinstimmende Aussage Mehrerer als das wichtigste Beweismittel der Wahrheit anerkannt. Auch läßt es sich in der That kaum denken, wie die Kunde von den außerordentlichsten Werken Jesu so ganz aus dem Gedächtnisse der ältesten Kirche verschwunden seyn könnte, daß nur Johannes, nicht auch die anderen Evangelien Etwas davon wissen sollen. Nur muß man die gewünschte Mitzeugenschaft richtig verstehen, d. h. die früher von uns gemachten Erfahrungen nicht vergessen. Die anderen Quellen, welche wir neben Johannes besitzen, die Synoptiker, schöpften aus der Sage, in deren Eigenthümlichkeit es liegt, das wirklich Geschehene nach allgemeinen Ansichten umzuändern, zu übertreiben, zu verschönern. Es wäre daher unvernünftig, wenn wir verlangten, daß Johannes Nichts erzähle, als was die Synoptiker nicht auch in gleicher Gestalt berichten. Denn Dieß hieße ihn in die Klasse der Sagenerzähler herabsetzen, sondern der Sinn jener Forderung ist der: Wunder, die Johannes erwähnt, sollen sich, ihrem Kerne und allgemeinsten Inhalte nach, auch bei den Synoptikern finden. Ist Dieß der Fall, so kann daraus gefolgert werden, daß, die spätere Zuthat abgerechnet, zwei und drei oder mehrere Beobachter dieselbe Erscheinung gesehen haben, welche mit der Zeit zu verschiedenen Berichten Anlaß gab. Ich hoffe, Jedermann werde mir zugeben, daß die geforderte Zustimmung der Synoptiker, so verstanden, ein sehr wichtiges Beweismittel an die Hand gibt. Und nun gehen wir zur That über.

Johannes erzählt nur 5 Wunder Jesu im strengen Sinne des Worts, drei Heilungen: des Knaben von Kapernaum, des Kranken von Bethesda, des Blinden im Tempel, eine Verwandlung des Wassers in Wein, eine Todtenauferweckung. Die drei ersten fallen um mehr als eines einzigen Eintheilungsgrundes willen, in Eine Klasse, ich betrachte sie zunächst. Kap. IV, 46 u. flg. heißt es: Als ein Königlicher, dessen Sohn zu Kapernaum krank lag, von Jesu Ankunft in Kana hörte, sey er zu unserm Erlöser gegangen und habe Ihn ge=beten, nach Kapernaum hinabzuziehen und den Knaben zu heilen. Christus antwortete dem bekümmerten Vater nach einigen Gegenreden: Gehe hin, dein Sohn lebt. Und wirk=lich fand es sich nachher, daß der Knabe um dieselbe Stunde, wo Jesus das Wort gesprochen, gesund geworden. Es ist Dieß eine Heilung in die Ferne, und ein vollkommenes Wun=der. In dem Berichte selbst findet sich nichts Widersprechen=des, und auch die Synoptiker stimmen ein. Denn ob sie gleich einzelne Züge verschieden erzählen, ist der Grundcharakter — nämlich die Heilung in die Ferne — bei ihnen derselbe, auch darf nicht übersehen werden, daß die Geschichte des Knaben von Kapernaum zu dem ältesten und beglaubigtsten Zweige des galiläischen Sagenkreises gehört, die Zustimmung der Synop=tiker erhält also um so mehr Gewicht. Allerdings ist an sich der Einwurf möglich, die Heilung dürfte vielleicht auch ohne das Wort Jesu zu jener Frist erfolgt seyn. Man könnte sich zum Schutze dieser Vermuthung auf den Satz IV, 52 berufen: ἐπύθετο παρ αὐτῶν τὴν ὥραν, ἐν ᾗ κομψότερον εἶχεν (ὁ παῖς), sofern die gebrauchte Form des Komparativs nur eine allmälige Besserung anzudeuten scheine. Allein der bestimmte Ausspruch des Herrn: πορεύϑ, ὁ υἱός σϑ ζῇ, den auch die Synoptiker, nur in anderen Worten, wiederholen, zwingt uns, an eine außerordentliche Wirkung zu denken. Denn wie leichtsinnig hätte Jesus mit Seinem Ansehen beim Volke gespielt, wenn Er der Heilung des Knaben nicht gewiß war. Es bleibt also hier Nichts übrig, als die Glaubwür=digkeit sämmtlicher Evangelien zu leugnen, oder ein Wunder zuzugestehen. Ich thue das Leztere. Noch liegt mir die Pflicht ob, nachzuweisen, wie die Abweichungen der Synoptiker ent=standen seyn mögen. Wir haben früher gefunden, daß

19 *

Kapernaum ein Ort ist, in dem sich die galiläische Sage besonders gerne einbürgert, also lag ihr auch die Versuchung nahe, Jesum die wunderbare Heilung nicht von Kana aus, welcher Ort ihr unbekannt ist, sondern in Kapernaum selbst verrichten zu lassen. Ferner hatte sich die Kunde erhalten, daß Jesus zur Zeit der Heilung des Knaben von einer längern Reise zurückgekommen sey, also verlegte man die That ganz einfach auf Seinen Einzug in die Stadt. War Er aber eben dort eingetroffen, so duldete die allgemeine Voraussetzung Seiner Seelengüte nicht, daß Er sich weigerte, das Haus zu betreten, in welchem der kranke Knabe lag. Dennoch lebte im Gedächtnisse der Sage noch die Kunde von einer vorgefallenen Weigerung, also trug man diese auf den Vater über. So erscheint denn auf die natürlichste und ungezwungenste Weise der Bericht des vierten Evangelisten als der wahre Kern jener Begebenheit, welchen dann die synoptische Sage in ihrem Sinne umarbeitete.

Ein ähnlicher Vorfall wird im nächsten Kapitel (V, 2 flg.) von Johannes erzählt. Jesus, heißt es, betrat zum Feste Jerusalem. Daselbst befindet sich ein Teich, in welchem viele Kranke aller Art Heilung suchten. Denn ein Engel stieg von Zeit zu Zeit in den Teich herab, und bewegte das Wasser; wer dann zuerst hineintrat, der ward gesund. Es war aber dort ein Mann, der schon 38 Jahre an einer Krankheit litt. Diesen heilte Jesus völlig, indem er zu ihm sprach: Nehme dein Bett auf, und wandle. Großen Anstoß hat schon die Nennung des wasserbewegenden Engels erregt. Allein mit Unrecht, denn der vierte Vers, der den Zug enthält, ist gewiß unächt. Wäre er jedoch auch ächt, so würde ich keinen Anstoß daran nehmen, denn er spricht nur den gemeinen jüdischen Volksglauben über die Ursachen der Heilkräfte eines Wassers aus, den Johannes recht gut theilen konnte, ohne daß Dieß im Geringsten seinem Ansehen schaden würde. Jezt findet man die Ursache der Heilkraft einer Quelle in natürlichen

Gründen, damals in übernatürlichen; allein neun Zehntheile des katholischen Europa haben über ähnliche Fälle noch gleiche Meinung. Das Volk in Neapel schwört euch z. B. darauf, daß es der heilige Januarius sey, welcher den Vesuv von Jeher verhindert habe, die schöne Hauptstadt zu zerstören. Denn, sagen sie, dieser Heilige baut eine unsichtbare Mauer auf welche die Lava von Neapel abhält. In dem Berichte von der Heilung selbst findet sich kein Widerspruch. Man könnte etwa fragen, wie denn Johannes erfahren, daß der Mann gerade 38 Jahre an seiner Krankheit litt, es sey von demselben später keine Rede mehr. Allein wenn man die Dauer der Krankheit auch nicht auf eine sorgfältige Unter=suchung, sondern nur auf das Hörensagen zurückführt, so bleibt jendenfalls die Hauptsache, die schnelle Heilung, stehen. Weiter könnte man es auffallend finden, daß Jesus an dem Orte, wo nach V. 3 sich viele Sieche aufhielten, nur den Einen heilt. Hier ist ein weites Feld für Vermuthungen geöffnet. Vielleicht war in dem Augenblicke, wo Jesus die Halle be=trat, nur der Eine gegenwärtig, weil die Anderen, die sich bewegen konnten, aus Erfahrung wissen mochten, daß die Quelle sich zu jener Stunde nicht bewegen werde, *) vielleicht hatte Christus Seine besonderen Gründe, nur den Einen zu heilen. Kurz, solche Einwürfe sind viel zu unbestimmt, um Etwas gegen den Bericht des vierten Evangelisten zu be=weisen. Bedenklicher scheint das Stillschweigen der Synop=tiker, die Nichts von einer in Jerusalem erfolgten Heilung ähnlicher Art wissen. Ich entgegne: Allerdings kommen in den drei ersten Evangelien eine, vielleicht mehrere Geschichten vor, die dem Kerne, den wesentlichen Zügen nach, von der unsrigen nicht verschieden sind. Matth. IX, 2 u. flg.

---

*) Offenbar widerstreitet die Angabe V, 3 dieser Ansicht nicht nothwendig, denn Vers 3 kann recht gut den Sinn haben: gewöhnlich war daselbst eine Menge Kranker, obgleich nicht gerade in jenem Augenblicke, als Christus hereintrat.

heilt Christus einen Kranken, der ebenfalls an Lähmung leidet, wie der von Bethesda. Denn aus Joh. V, 7 geht hervor, daß Lezterer die Glieder nicht frei bewegen konnte, d. h. gelähmt war. Die Heilung erfolgt auf dieselbe Weise, wie hier. Jesus spricht zu ihm (Joh. V, 8): ἔγειραι, ἆρον τὸν κράββατόν σε καὶ περιπάτει. Fast dieselben Ausdrücke braucht Er Matth. IX, 6 und besonders in der Parallele dazu, Marc. II, 11: σοὶ λέγω, ἔγειραι ἆρον τὸν κράββατόν σε, καὶ ὕπαγε εἰς τὸν οἶκον. Der geheilte Kranke lauft dort weg, wie hier, Joh. V, 9: καὶ εὐθέως ἐγένετο ὑγιὴς ὁ ἄνθρωπος, καὶ ἦρε τὸν κράββατον αὐτοῦ καὶ περιεπάτει. Auch Dieß wiederholt sich, daß Christus hier wie dort die Sünden des Gelähmten als die wahre Ursache seiner Krankheit bezeichnet, nur sagt Er bei Matthäus offen zu ihm: Deine Sünden sind dir vergeben; bei Johannes deutet Er Dieß nur verdeckt an, indem Er ihn nach geschehener Heilung auffordert, nicht mehr zu sündigen. Matthäus läßt zwar die Geschichte in Kapernaum vor sich gehen, aber der ältere Lukas kennt in der Parallele weder Ort noch Stunde, indem er den Vorfall mit der Formel einleitet: ἐγένετο ἐν μιᾷ τῶν ἡμερῶν, woraus geschlossen werden muß, daß die Erzählung von dem Lahmen zu den schwebenden Stücken gehörte, was auch noch aus anderen Gründen erhellt. *) Endlich verlegt Johannes die Heilung auf den Sabbat, nicht aber Matthäus, der den Tag unbestimmt läßt. Dagegen scheint Lukas in der Parallele anzudeuten, daß die Heilung am Sabbat stattgefunden habe, indem er V, 17 sagt: καὶ ἐγένετο ἐν μιᾷ ἡμερῶν, καὶ. αὐτὸς ἦν διδάσκων, καὶ ἦσαν καθήμενοι Φαρισαῖοι καὶ νομοδιδάσκαλοι κ. τ. λ. Denn nur in Synagogen, nicht in Privathäuser, versezt die Sage solche Versammlungen, in der Synagoge läßt sie aber Christum gewöhnlich nur am Sabbat lehren. Sollte aber

---

*) Siehe oben IIter Band erste Abth. zu Luc. V, 17 u. flg.

auch dem Berichte des Lukas die Voraussetzung nicht zu
Grunde liegen, daß die Heilung des Lahmen an einem Sab=
bat erfolgt sey, so ist jedenfalls klar, daß ein so unbedeuten=
der Zug, wie die Angabe des Wochentags, sehr leicht der ga=
liläischen Sage entfallen konnte. Sie verlegt ja sonst Wun=
der genug auf den Sabbat, und konnte daher hier zur Ab=
wechslung den Tag weglassen. Die Aehnlichkeiten zwischen
dem Berichte Joh. V. 1—12 u. Matth. IX, 2 u. flg. sind
nun sicher nicht unbedeutend; freilich gehen beide sonst weit
von einander ab, die Ausschmückung oder die Schale ist ver=
schieden, wenn auch der Kern derselbe seyn sollte. Aber
wir haben ja längst die Erfahrung gemacht, daß die gali=
läische Ueberlieferung, welcher die Synoptiker folgten, sehr
unsicher ist, daß sie die einzelnen Züge des Lebens Jesu bald
so, bald anders ausmalt. Welcher Unterschied findet schon
zwischen den Berichten des Matthäus und Lukas statt, ob=
wohl kein Zweifel darüber obwalten kann, daß sie im Gan=
zen denselben Vorfall erzählen! Kurz, der Zweck, den wir
uns hier vorgesezt, ist erreicht; die Grundzüge der Geschichte,
welche Johannes V, 1—12 berichtet, finden sich auch bei den
Synoptikern. Ob sie den Ort, die Zeit, die Nebenumstände
ändern, thut Nichts zur Sache. Wir sind zu folgendem
Schlusse berechtigt: entweder erzählen alle vier Evangelisten
denselben Vorfall, der jedoch unter den Händen der Sage
irrthümlich die Gestalt angenommen hat, in welcher er bei
den Synoptikern erscheint, oder wenn auch Jesus wirklich
zwei verschiedene Lahme, den Einen in Jerusalem, den andern
in Galiläa unter ähnlichen Umständen geheilt haben sollte, so
ist es leicht begreiflich, warum die Sage den erstern übergehen
konnte, weil er mit dem zweiten allmälig zusammenschmolz
und ihn verdrängte. Im Uebrigen habe ich von diesem
Wunder dieselbe Ansicht, wie von dem vorhergehenden.

Die dritte Heilung berichtet Johannes zu Anfang des
9ten Kapitels. Ihr Schauplatz ist abermals Jerusalem.

Chriſtus, heißt es, ſah im Vorübergehen einen Mann, der von Geburt an blind war. Von jüdiſchen Vorurtheilen hingeriſſen, fragten die Jünger: Meiſter, hat Dieſer da ſelbſt geſündigt, oder ſeine Eltern, daß er blind geboren werden mußte? Der Herr erwiderte: Weder er, noch ſeine Eltern haben geſündigt, ſondern er iſt darum blind, damit die Werke Gottes durch mich an ihm offenbar würden. Nachdem Er Dieß geſagt und Anderes mehr, ſpukte Er auf den Boden, machte einen Teig aus Speichel und Erde, und ſtrich denſelben über die Augen des Blinden und ſprach zu ihm: Geh hin zu dem Teiche Siloah und waſche dich. Da ging derſelbe hin und wuſch ſich und kam ſehend. Nichts Widerſprechendes, ſelbſt nichts Auffal= lendes, als die That der Heilung, liegt in dieſer Geſchichte. Mit Recht kann man ſagen: wäre ſie erfunden, ſo würden wir die äußerlichen Mittel des Speichels und des Teiges nicht darin leſen, vielmehr da die Sage Jeſu freien Gebrauch göttlicher Allmacht zuſchrieb, ſo würde ſie, wenn die Er= zählung anders bloß von ihr herrührte, den Blinden durch das bloße Wort des Herrn geheilt werden laſſen. Auch kehrt derſelbe, oder doch ähnliche Vorfälle, bei den Synoptikern wieder. Nach allen drei zuſammen gibt Chriſtus bei Jericho einem oder zwei Blinden das Geſicht wieder; nach Matth. IX, 27 heilt Er zwei andere, wie es ſcheint, in Galiläa, doch iſt der Ort nicht angegeben. Endlich erzählt Markus im 8ten Kapitel V. 22—26 eine Blindenheilung, die mit der unſrigen auch darin übereinſtimmt, daß Chriſtus dabei Spei= chel als äußeres Mittel anwendet. Allerdings verlegt er die Heilung nach Bethſaida, allein Dieß rührt mich nicht. Aus zahlreichen Beiſpielen haben wir ja geſehen, daß die gali= läiſche Sage Nichts ſo leicht ändert oder vergißt, als Zeit, Ort und Nebenumſtände überhaupt. Recht gut kann ſie, was urſprünglich in Jeruſalem vorging, nach irgend einem andern Orte verlegt, oder auch, wenn dort Gleiches ſich zutrug, Bei= des mit einander zuſammengeworfen haben. Gemäß den

Grundsätzen, die ich oben aufgestellt, halte ich daher die Heilung des Blinden, die Johannes IX, 4 u. flg. erzählt, für eine Thatsache. Dennoch kann ich nicht verbergen, daß es mich bedünke, als hätte Johannes hier mehr erzählt, als was er mit eigenen Augen sehen konnte. Wie der Lahme 38 Jahre lang krank gewesen seyn soll, so wird hier von dem Blinden behauptet, daß er des Gesichts von Geburt an ermangelte. Doch erscheint derselbe als ein Mensch, den die Jünger zum Erstenmale sahen, und doch gehört eine eigene Untersuchung dazu, um zu wissen, ob er von Geburt an blind war. Denn der Augenzeuge sieht nur den Mangel des Gesichts, nicht die Dauer des Uebels. Woher wußte Johannes, daß der Blinde das Augenlicht von Geburt an entbehrte? Die Antwort liegt auf der Hand: er habe Dieß durch die V. 13—35 geschilderte gerichtliche Untersuchung erfahren. Allein eben diese Unter=suchung enthält manche Züge, welche Zweifel in meiner Seele erregen. V. 28 äußern sich die Pharisäer gegen den Geheilten, wie ich nicht glaube, daß die Obrigkeit je gegenüber einem gemeinen Menschen reden werde. V. 31 sagt der Blinde selbst, ob er gleich Jesu messianische Würde nicht kannte: „Wir wissen, daß Gott Sünder nicht erhört, sondern wenn Jemand fromm ist und Seinen Willen thut, den erhöret Er. Von Anfang der Welt an ist's nicht erfahren worden, daß Jemand einem Blindgebornen die Augen öffnete." Das ist gesprochen wie ein Buch, oder vielmehr ganz so, wie die Christen in späteren Zeiten den Vorfall behandelt haben mö=gen, um Christi übernatürliche Macht daraus zu erhärten. Dem ganzen Hergange von V. 13—35 liegt die unverkenn=bare Absicht zu Grund, mit gerichtlicher Schärfe zu beweisen, erstens, daß Jesus den Blinden zuvor nicht gekannt, und folglich daß kein Einverständniß zwischen Beiden stattgefunden haben könne; zweitens, daß der Geheilte von Geburt an blind gewesen sey. Ich gebe gerne zu, daß die Pharisäer, soferne sie Betrug argwöhnten, oder überhaupt Christo kein

wahres Wunder beimessen wollten, gerade auf diese Punkte
in der Untersuchung dringen mochten. Aber eben so gewiß
ist auch, daß die Christen, sobald es einmal zu einem Streit
über die Thaten Jesu zwischen ihnen und den Juden ge=
kommen war — was sehr bald geschah — das größte In=
teresse hatten, eine frühere Bekanntschaft Christi mit dem
Menschen zu läugnen, und seine angeborne Blindheit zu be=
haupten, damit das Wunder um so herrlicher dastehe. Jo=
hannes sagt nirgends, daß er bei dem Verhöre des Blinden
zugegen gewesen, und Dieß ist auch im höchsten Grade un=
wahrscheinlich. Daß er ihn nachher über den Hergang be=
fragt, kann man allerdings annehmen, doch eben so gut auch
das Gegentheil, jedenfalls steht Nichts davon im Texte. Ich
glaube, nur da, wo man annehmen muß, daß Johannes Selbst=
gesehenes, oder von seinen Genossen Beobachtetes erzählt,
sind wir ihm zu glauben verpflichtet. Gewiß hat er, wie
jeder andere Lebensbeschreiber, auch Manches aus bloßem Hö=
rensagen berichtet, also aus einer Quelle geschöpft, in die
sich so leicht und fast immer Irrthum einschleicht. Und diesen
Fall nehme ich hier an, weil der Augenschein zeigt, daß er
dem Verhöre des Blinden nicht beigewohnt, weil es unwahr=
scheinlich ist, daß er denselben gleich nachher darüber ausge=
fragt, weil endlich in dem Berichte auch sonst verdächtige
Stellen vorkommen! Recht gut kann man die Glaubwürdig=
keit des vierten Evangeliums und die Augenzeugenschaft seines
Verfassers auf alle Weise behaupten, und doch zugeben, daß,
wo er nicht zugegen war, spätere Elemente sich in seinen
Bericht einmischen. Gewiß sprachen die Christen der aposto=
lischen Zeit viel bei ihren Zusammenkünften von den Wun=
derwerken des Herrn, gewiß wurden leztere allmälig ver=
größert und in jüdischem Sinne verherrlicht. Ist es ein
Wunder, wenn Johannes außer Dem, was er selbst sah, der
Heilung des Blinden, noch andere Züge in sein Evangelium
aufnahm, die aus der mündlichen Ueberlieferung stammten.

Was man täglich hört, bemächtigt sich endlich unseres Geistes, und wird für uns zur Wahrheit, denn kein Mensch entzieht sich den Einflüssen der Gesellschaft, unter der er lebt, vollkommen, auch Johannes hat Dieß nicht vermocht, wie aus klaren Anzeigen erhellt. Kurz ich halte nur das Wunder der Heilung des Blinden für eine Thatsache, betrachte aber die Nebenumstände als Etwas, über das uns ein freies Urtheil zusteht.

Noch eine andere Bedenklichkeit drängt sich uns auf. Die Heilung des Lahmen erfolgt am Sabbat (V, 9), deßgleichen die des Blinden (IX, 14). Dem ersten Anblick nach scheint es, als habe Jesus vorzugsweise am gesetzlichen Ruhetage seine Wunder verrichtet. Warum so? Etwa weil nur am Sabbat sich Ihm Kranke darboten — allein diese Voraussetzung ist abgeschmackt; oder weil Er nur am siebenten Tage höhere Kräfte besaß — Dieß zu sagen wäre eine Lästerung auf seine Würde; oder weil Er die Juden dadurch ärgern wollte? Das hieße seinen Charakter beschimpfen. Es ist noch eine vierte Annahme möglich. Wie, wenn Johannes von allen Thaten Christi zu Jerusalem vorzugsweise nur diejenigen erzählt, durch welche Er mit den Pharisäern in Streit gerieth? Eine tiefe Erbitterung gegen die Mörder des Herrn beherrscht das sonst so sanfte Gemüth des vierten Evangelisten. Besonders wo er Seine verschiedenen Besuche in Jerusalem schildert, sehen wir den Herrn immer im Kampfe mit den Juden begriffen. Wer wird annehmen, daß Christus dort nichts Anderes aethan, als mit den Juden Worte gewechselt habe? Wohl aber ist es höchst natürlich, daß Johannes, weil jene Abneigung in ihm lebte, in seinem Evangelium, das kein Tagebuch, sondern eine kurze Denkschrift über ein reiches Leben ist, besonders jene Gelegenheiten und Vorfälle hervorhob, in welchen Jesus Seine Feinde ihrer Bosheit überführte und die Angriffe derselben siegreich überwand. Darum erzählt Johannes aus Jesu Thaten in der Hauptstadt namentlich solche Wunder, welche den Widerspruch der jerusalemischen Pharisäer hervorriefen, d. h. am Sabbat bewirkte. Diese Annahme darf, glaube ich, als gerechtfertigt betrachtet werden, sobald sich erweisen läßt, daß Johannes auf andere Wunder Christi hindeutet, die er bloß im Allgemeinen erwähnt, nicht im Einzelnen beschreibt. Und Dieß ist wirklich der Fall. Kap. II, 23 heißt es: „Als Christus auf das Osterfest in Jerusalem war, glaubten Viele an Ihn, weil sie die Zeichen sahen, die Er verrichtete." Vorher hatte Johannes nur ein einziges Zeichen oder Wunder Jesu berichtet, das überdieß nicht in Jerusalem, sondern in Kana erfolgte, nämlich die Verwandlung des Wassers in Wein. Da unser Evangelist dennoch von Wundern in der Mehrzahl und als zu Jerusalem erfolgt, redet, so muß man entweder voraussetzen, daß er in den Tag hinein spreche, oder zugestehen, daß er hier gewisse Thaten, die Jesus früher gethan, nur im Allgemeinen andeute. Dasselbe gilt von dem Satze IV, 45: „Die Galiläer nahmen Ihn (als Messias, oder doch als Propheten) auf, weil sie Alles gesehen, was Er in Jerusalem auf dem Feste gethan hatte." Denn sicherlich sind mit dem Ausdrucke πάντα ἃ ἐποίησεν ἐν Ἱεροσολύμοις besonders Wunderwerke und namentlich Heilungen gemeint. Darum heißt es auch gleich im nächsten Verse (V. 47): als der Königliche aus Kapernaum gehört, daß Jesus aus dem jüdischen Lande nach Galiläa zurückgekommen sey, habe er Ihn gebeten, seinen Sohn wieder gesund zu machen. Sicherlich hätte sich der Mann mit seinem Verlangen nicht an Christus gewendet, wenn er nicht wußte, daß Jesus Kranke heilen könne, und folglich auch schon geheilt hatte. Kap. VI, 2 sagt weiter Johannes ganz kurz: „Viel Volk sey dem Herrn nachgelaufen, weil sie die Wunder sahen, die Er an Kranken verrichtete." Und doch ist vorher nur von einer einzigen in Galiläa bewirkten Heilung, der des Knaben von Kapernaum die Rede. Offenbar deutet also Johannes auf andere hin, die er nicht beschrieben, aber als bekannt vorausseßt. Die gleiche Annahme wird uns durch die Stelle VII, 31 aufgenöthigt: „Viele aus dem Haufen glaubten an Ihn, indem sie sprachen: Der Messias selbst, wenn Er kommt, kann nicht mehr Zeichen thun, als Dieser." Der Vers hat keinen Sinn, wenn man nicht zugesteht, daß Jesus mehr Wunder verrichtet habe, als die im vierten Evangelium ausführlich beschriebenen. Ich wiederhole es: entweder weiß Johannes selbst nicht, was er sagt, oder müssen wir annehmen, daß er manche Wunder übergangen, und die wenigen, die er erzählt, aus besonderen Gründen ausführlich beschrieben habe. Diese Gründe sind leicht aufzudecken. Er stellt die Verwandlung des Wassers in Wein voran, weil der Messias nach der jüdischen Voraussetzung Sein erstes Wunder in Galiläa verrichten sollte, und weil demgemäß Johannes zu zeigen beabsichtigt, daß in Christo Jesu diese Erwartung erfüllt sey. Er berichtet die Auferweckung des Lazarus, als das herrlichste Wunder im ganzen Leben Christi, das die göttliche Würde Christi vorzüglich zu beweisen geeignet war, deßgleichen die Heilung des Knaben von Kapernaum, weil hier ebenfalls Jesus in die Ferne wirkend, seine himmlische Kraft strahlender als sonst erwies. Aber wozu erwähnt er die zwei Heilungen in Jerusalem, die sich von anderen Werken Christi nicht sonderlich unterschieden haben mögen? Ohne Zweifel darum, weil beide enge mit den Streitigkeiten zwischen Jesu und den Juden zusammenhingen und somit einen Gegenstand berührten, der sich, von lebendigen Gefühlen täglich angefrischt, lebhafter als andere in sein Gedächtniß eingegraben hatte. Wenn nun Christus laut dem vierten Evangelium mehr Wunder verrichtete, als die in unserer Quelle erzählten, so bleibt uns Raum für diejenigen übrig, welche die Synoptiker berichten. Allein wir haben in den drei ersten Evangelien so viele unhistorische Sagen entdeckt, daß wir auf ihr Wort allein kein Wunder stützen möchten. Im Grunde ist Dieß auch nicht nöthig, es genügt zu wissen, daß Jesus noch andere Wunder gethan, als die, welche Johannes ausführlich beschreibt, und wer die übermenschliche Natur Christi aus Wunderwerken erhärten will, der erreicht seinen Zweck mittelst einiger (drei, vier) so gut, als wenn er hunderte aufzählt. Doch müssen wir unsere Aufmerksamkeit auf eine besondere Klasse der in den drei ersten Evangelien angeführten Wunder richten. Johannes sagt Nichts von Heilungen Dämonischer. Die Synoptiker sind voll davon. Heut zu Tage sieht man die dämonischen Besitzungen, die im neuen Testamente genannt werden, gewöhnlich als Krankheiten an, deren wahre Ursache den Juden unbekannt gewesen, und denen sie daher aus Aberglauben dämonische Einflüsse untergeschoben hätten. Ohne mir eine wahre Einsicht in jene Erzählungen anzumaßen, möchte ich doch anrathen, daß man vorsichtiger sey, so hoch herab von jüdischem Aberglauben und Einfalt zu sprechen. Josephus weiß ebenfalls viel von Dämonischen zu erzählen, ja er berichtet uns sogar, daß ein Essener in Anwesenheit des Oberfeldherrn Vespasianus und seiner Hauptleute aus einem Dämonischen den bösen Geist, der ihn besaß, auf eine äußerlich sichtbare Weise ausgetrieben habe. *) Ist es glaublich, daß der Jude, der sich ja auf den römischen Generalstab als Augenzeugen beruft, aufs Unverschämteste in den Tag hinein gelogen habe? Auch scheue ich mich trotz allen Aufklärern nicht zu bemerken, daß neuerdings hier zu Lande gar seltsame Erscheinungen der Art beobachtet worden sind, **) und wenn ich recht unterrichtet bin, so hat die höchste ärztliche Behörde in Würtemberg, der solche Fälle vorgelegt wurden, dahin entschieden, daß es allerdings Krankheiten

---

*) Siehe den I. Band 1te Abth. dieses Werkes, Seite 417.

**) Mein Gewährsmann ist, außer mehreren Anderen, ein Mann, den ich genau kenne, von kaltem Verstande, unbefangen, wahrhaftig, ein mathematischer Kopf.

geben könne, durch welche zwei Bewußtseyn in den Menschen
entstehen, so zwar, daß der Betroffene überzeugt ist, neben
seinem Ich, noch ein anderes mit Gewalt eingedrungenes in
sich zu haben. Das heißt die äußere Erscheinung zugestehen.
Ueber die inneren Gründe läßt sich freilich noch streiten, und
es ist vernünftig, keine Ansicht darüber auszusprechen, bis
mehrere und genauere Beobachtungen uns dazu berechtigen.
Nur so viel sieht man schon jezt, daß, weil jene Krankheiten
hauptsächlich im Geiste ihren Sitz haben, Geisteskraft sie auch
am besten bewältigen dürfte. Ich möchte daher nicht so vorne
weg läugnen, daß Christus Dämonische geheilt habe.

Wir sind mit Betrachtung der ersten Klasse von Wundern, welche Jesus nach dem vierten Evangelium bewirkt
haben soll, zu Ende. Wenn je irgend Etwas sich im Andenken der Gläubigen des apostolischen Zeitalters erhielt, so
waren es gewiß die Wunderwerke, weil man aus ihnen
am Klarsten die höhere Würde Jesu beweisen konnte, welche
von Jeher allen Christen der theuerste Glaubenssatz gewesen
ist. Wir wissen aber ferner, daß die synoptische Sage Ort,
Zeit und Nebenumstände einer That sehr leicht änderte, daß
sie namentlich, weil sie in Galiläa wurzelt, Dinge, die ursprünglich in Jerusalem oder Judäa vorgegangen, in ihr
Stammland herübersiedelte. Beim Nachweisen einer Uebereinstimmung zwischen dem vierten Evangelisten und den Synoptikern braucht man sich nicht durch Verschiedenheit der Nebenumstände irren zu lassen; wenn der Kern eines Ereignisses
in beiden Quellen als derselbe erscheint, so ist jener Beweis
geführt. Dieß vorausgesezt, ist es gewiß sehr wichtig, daß
dieselben Wunderheilungen, welche Johannes erzählt, auch
bei den Synoptikern wiederkehren. Die sonstige Verschiedenheit
des Charakters der beiden Zeugen gibt ihren Aussagen noch
höhern Werth. Was zwei Klassen von Menschen, die im
Uebrigen eine ganz abweichende Erziehung genoßen, gleicher
Weise behaupten, Das muß wohl wahr seyn. Jedermann

würde Dieß zugestehen, wäre der Widerwille gegen Wunder
überhaupt nicht in den Köpfen; ich habe mich demselben entzo=
gen, aus Gründen, die oben entwickelt worden sind. Endlich
muß noch bemerkt werden, daß, sobald Jesus einmal die Macht
besaß, Wunder zu bewirken, Heilungen von Kranken als die
edelsten und schönsten Aeußerungen solcher Kraft erscheinen,
weil sie nicht bloß Staunen bewirken, sondern einem segens=
reichen Zwecke, dem Wohle der leidenden Menschheit dienen.

Die zweite Klasse der von Johannes berichteten Wunder
begreift in sich den Vorfall von Kana und die Auferweckung
des Lazarus. Im zweiten Kapitel erzählt unser Evangelist:
In Kana, einem kleinen Orte Galiläa's, sey eine Hochzeit ge=
wesen, zu der unter Anderen auch Jesus, Seine Mutter und
Seine Jünger geladen wurden. Es fehlte an Wein, wahr=
scheinlich weil die Brautleute zu arm waren, um genug anzu=
schaffen. Da sprach denn Maria zu ihrem Sohne: sie haben
keinen Wein. Jesus entgegnete, Weib, was habe ich mit dir
zu schaffen, meine Stunde ist noch nicht gekommen. Nicht ab=
geschreckt durch diese harte Antwort, fordert Jesu Mutter die
anwesenden Diener auf, Alles zu thun, was Jesus sagen würde.
In dem Hochzeitsaale befanden sich sechs steinerne Wasser=
gefäße, zum Abwaschen der Unreinigkeit, nach der Sitte der
Juden. Jesus sagte nun zu den Aufwärtern, füllet die Ge=
fäße mit Wasser. Sie wurden sofort gefüllt bis an den Rand.
Weiter sprach Jesus zu den Dienern: schöpfet nun aus den
Gefäßen und bringet davon dem Speisemeister. Als dieser
von dem Wasser kostete, das in Wein verwandelt worden war,
ließ er den Bräutigam rufen und sagte zu ihm: Jedermann
reicht sonst zuerst guten Wein, und erst hintendrein, wenn die
Leute schon angetrunken sind, den geringeren; du aber thust
das Gegentheil, und hast den guten Wein bis aufs Ende auf=
gespart. — Was der Bräutigam, was die übrigen Gäste dazu
gesagt, darüber berichtet Johannes kein Wort, sondern er fügt
bloß noch bei: „Das war das erste Zeichen, das Jesus that zu

Ka..a in Galiläa, indem Er Seine Herrlichkeit offenbarte, und
Seine Jünger glaubten an ihn." Daß unser Evangelist ein
Wunder erzählen wolle, ist sonnenklar, was auch gewisse
Ausleger des neuen Testaments dagegen einwenden mögen;
aber sein Bericht unterliegt den größten Schwierigkeiten.
Höchst auffallend ist vorerst das Betragen der Mutter. Ent=
weder muß man annehmen, daß sie allwissend gewesen, und
demgemäß vorausgesehen habe, ihr Sohn werde aus Wein
Wasser machen; denn nicht nur beweist ihre erste Aeußerung:
„Sohn, der Wein geht aus," daß sie frischen Wein erwartete,
sondern der Befehl an die Diener, Alles zu thun, was Jesus
anordnen würde, sezt jene ihre bestimmte Erwartung außer
allen Zweifel — oder muß man zugestehen, daß eine voran=
gehende Verabredung zwischen ihr und Jesu stattgefunden habe.
War Dieß der Fall, so soll mir Niemand ausreden, daß Jesus
wahren natürlichen Wein zur Hochzeit lieferte. Denn wozu
künstlichen nach Taschenspieler Art machen, wenn man Zeit
genug besizt, natürlichen anzuschaffen, und denselben um einen
Gulden haben kann? Zweitens gleich sonderbar ist das Be=
tragen des Speisemeisters. Während das unbegreiflichste Wun=
der fast vor seinen Augen vorgegangen ist, wundert sich er,
der doch alle Vorräthe des Hauses, vermöge seines Amtes,
aufs Genaueste kennen mußte, mit Nichten über die überna=
türliche Art der Beischaffung, sondern bloß über die Güte des
Weins, das Andere scheint ihm ganz in der Ordnung. Drit=
tens kann ich nicht begreifen, warum Johannes kein Wort
darüber verliert, was die übrigen Gäste zu dem Wunder ge=
sagt; nur Dieß erzählt er uns, Christi Jünger hätten an Ihn
geglaubt. Sonst ist doch der Eindruck, den außerordentliche
Werke Christi auf die Zuschauer machen, das Nächste, was
jeder Erzähler in solchen Fällen schildern wird, und was auch
Johannes immer hervorhebt. Sein Stillschweigen scheint daher
zu beweisen, daß die Gabe des Weins keinen messianischen
Eindruck auf die Anwesenden gemacht hat. Viertens muß

noch ein Umstand besonders berücksichtigt werden, der seltsamer=
weise allen Erklärern entgangen ist. Johannes sagt, die sechs
steinernen Gefässe seyen zur Reinigung nach der Sitte der
Juden im Hochzeitsaale oder auch Außen gestanden. Hatten
sie diesen Zweck, so waren sie nothwendig voll Wasser; denn
mit Wasser wäscht man bekanntlich, und kein Mensch hat wohl
je bei solchen Gelegenheiten leere Schwenkgefässe gesehen. Wenn
nun Jesus zu den Dienern sagt: füllet sie, so müssen wir noth=
wendig voraussetzen, daß Er zuvor Befehl gegeben, dieselben zu
leeren. Nun sage ich: konnte oder wollte Er aus Wasser
Wein machen, so forderte der gesunde Menschenverstand, daß
Er seine Macht an dem Wasser bewies, das schon in den
Gefässen sich befand, und nicht erst dieselben leeren ließ, denn
sonst entsteht unabweisbar der Verdacht, daß Er etwas Ande=
res als Wasser hineinzufüllen gebot, als Er sie zuerst leeren
und dann erst wieder anfüllen ließ. Der Einwurf, Er habe
das Wasser, das sich vorher in ihnen befand, wohl darum
auszuschütten befohlen, weil es durch die Waschungen, zu denen
man es bereits benutzt hatte, unrein geworden sey, ist völlig kraft=
los; denn wer lauteres Wasser in einem Nu in lautern Wein
verwandeln kann, dem steht gewiß auch die Macht zu, aus un=
reinem Wasser reinen Wein zu bereiten. Faßt man alle diese
Umstände zusammen, so rechtfertigt sich folgender Schluß:
sollte der Vorfall zu Kana den Eindruck des Wunder=
baren auf die Anwesenden hervorbringen, so wurde hier
eine Täuschung versucht; war keine Täuschung beabsichtigt,
so ist irgend ein Geheimniß in der Erzählung verborgen,
und sie muß anders erklärt werden. Ich bin überzeugt,
daß jedes gute Gericht in der ganzen Welt, heute oder
morgen, wenn ein gleicher Fall vorkäme, in diesem Sinne ent=
scheiden würde. Daß nun Christus auf keine Täuschung aus=
ging, dafür bürgt Seine ganze Geschichte, folglich tritt die
zweite Voraussetzung ein. Nun das Räthsel ist leicht zu lösen;
ich will kurz meine Meinung sagen. Jesus scheint mit den

Brautleuten von Kana verwandt, oder wenigstens sehr vertraut gewesen zu seyn. Darauf weist der erste Vers des zweiten Kapitels hin: ἐγένετο γάμος ἐν Κανᾷ τῆς Γαλιλαίας, καὶ ἦν ἡ μήτηρ τοῦ Ἰησοῦ ἐκεῖ. Als Befreundete des Hauses mußte sie die Umstände der neuen Eheleute kennen, und also auch voraus wissen, daß der Wein, welchen man für die Hochzeit bestimmt, schwerlich ausreichen werde. Es war nun bei den Juden ebensogut als noch heut zu Tage Sitte, daß die zur Hochzeit Geladenen den Neuvermählten Geschenke mitbrachten. Gewöhnlich bestanden dieselben in Wein und Oel. Die Mutter Jesu wählte erstere Gabe um so lieber, als sie dadurch einem wirklichen Bedürfnisse abhalf, und berieth sich deßhalb mit ihrem Sohne, vielleicht, damit Er sie im Namen der Familie übergeben möchte. Während des Mahles, als ihr der rechte Zeitpunkt gekommen schien, bedeutete sie Jesum, das Geschenk zu verabfolgen. Nach anfänglicher Weigerung gebot Jesus wirklich den Dienern, jenen Wein, den Er und seine Mutter besorgt, aus den Schläuchen, in welchen derselbe gewöhnlich aufbewahrt wurde, in die vorher ausgeleerten Wassergefäße zu füllen. Vielleicht wollte Er dadurch die Brautleute angenehm überraschen, vielleicht fehlte es auch dem armen Brautpaare an anderm Geschirre. Das Ausleeren und Füllen der Wassergefäße scheint außerhalb des Zimmers vorgegangen zu seyn. Nach vollendeter Zurüstung hieß Er aus den Wassergefäßen schöpfen, und dem Speisemeister eine Probe von der neuen ungewohnten Flüssigkeit, die sich in ihnen befand, zubringen. Hierauf äußerte sich der Speisemeister, wie wir II, 10 lesen. Einige der Jünger Jesu, namentlich Johannes, sahen später in dem Hergange ein Wunder, aber wohl keiner der Hochzeitsgäste. Daher das Stillschweigen des Evangelisten über den Eindruck, den die Anschaffung des Weins auf die übrigen Anwesenden hervorbrachte. Aber auch viele andere Gläubige der apostolischen Zeit können in dem Ereigniß zu Kana nichts Wunderbares gefunden haben. Wie wäre es ohne diese Voraussetzung begreiflich), daß die Synoptiker kein Wort von der ganzen Geschichte wissen, die doch im Stammlande der galiläischen Sage, ganz in der Nähe des Sees Genezareth, sich zutrug? Wahrlich, wenn auch Andere die Sache so angesehen hätten, wie Johannes, so würden wir in den ersten Evangelien, die ja vorzugsweise Christi Thaten in Galiläa schildern, eine Spur davon finden. Können wir vollends den Grund aufdecken, warum unser Johannes in einem an sich natürlichen Hergang eines der größten Wunder entdeckt haben mag, so läßt sich, dächte ich, unserer Erklärung der Sache nichts Triftiges mehr entgegenhalten. Die Juden waren zur Zeit Jesu und später der Ansicht, daß der Messias, wenn Er erscheine, sich zuerst in Galiläa offenbaren werde, *) denn Galiläa war zuerst von den Heiden zerstört worden, also mußte es, kraft des Vergeltungsrechts, das dem göttlichen Wirken als Richtschnur dient, auch zuerst begnadigt werden. Diese Meinung hat großen Einfluß auf das neue Testament geübt. In wie fern? wurde theilweise schon oben gezeigt, ich will hier noch einige Beweise beifügen. Die drei Synoptiker sind darüber einverstanden, daß, nachdem in Judäa an der Person Jesu, während der Taufe und der folgenden Versuchung, mehrere Wunder bewirkt worden seyen, die ersten, die Er selbst verrichtete, in Galiläa stattfanden. Da der Anfang seiner Lebensgeschichte, wie sie in den Synoptikern vor uns steht, fast ganz erdichtet ist, so hatte die Sage gewiß eine besondere Veranlassung, keines jener zahllosen Wunder, die Ihm sonst zugeschrieben werden, gleich bei oder nach der Taufe geschehen zu lassen. Offenbar hielt sie das jüdische Vorurtheil davon ab, daß der Messias seine Herrlichkeit zuerst in Galiläa zeigen müße. Namentlich war auch Johannes dieser Voraussetzung zugethan. Fast mit dürren Worten spricht er sie II, 11 aus: ταύτην ἐποίησε τὴν ἀρχὴν τῶν σημείων ὁ Ἰησοῦς ἐν

---

*) Den Beweis siehe im ersten Baude dieses Werkes, zweite Abtheilung S. 230, 231.

Κανᾷ τῆς Γαλιλαίας καὶ ἐφανέρωσε τὴν δόξαν ἑαυτοῦ.
Man bemerke besonders den Ausdruck *ἐν Κανᾷ τῆς Γαλι=
λαίας.* Es ist sehr zweifelhaft, ob es außer dem galiläischen damals
in Palästina noch ein anderes Kana gab. Im Buche Josua wird
eine Stadt dieses Namens im Stamme Ascher genannt, allein
es findet sich keine Spur, daß sie zu den Zeiten Jesu noch
bestand. Josephus kennt kein anderes Kana, als das galiläische,
welches er dreimal nennt. *) Allein auch angenommen, daß
zwei Orte gleichen Namens in Palästina gewesen seyen, so
verräth Johannes jedenfalls dadurch einen Hintergedanken, daß
er allemal, wenn er das Wort Kana niederschreibt, auch die
Bestimmung *τῆς Γαλιλαίας* beifügt. Wollte er das Städtchen
von einem andern gleichnamigen unterscheiden, so genügte die
Bemerkung II, 1: *γάμος ἐγένετο ἐν Κανᾷ τῆς Γαλιλαίας,*
allein er fügt den Beisatz auch IV, 46 hinzu: *ἦλθεν ὁ Ἰησοῦς
πάλιν εἰς τὴν Κανᾶ τῆς Γαλιλαίας, ὅπε ἐποίησε τὸ ὕδωρ
οἶνον,* und besonders auch, wie wir sahen, II, 11, aus welcher
Stelle aufs Klarste erhellt, daß er damit zu verstehen gibt,
Jesus habe, wie es Ihm als dem wahren Messias gebührte,
Sein erstes Wunder in Galiläa verrichtet. Und nun ist der
Schlüssel zum wahren Verständnisse des Vorfalls zu Kana
in unseren Händen. Wir wissen — und zwar namentlich aus
dem vierten Evangelium — daß die Apostel nach dem Hin=
gange Jesu eine Ansicht von den Thaten und Schicksalen des
Herrn sich bildeten, die sie früher während Seiner Anwesenheit
auf Erden nicht gehabt hatten, daß sie besonders eine Menge
Prophetenstellen, und mitunter auch jüdische Erwartungen in
den einzelnen Zügen seines Lebens erfüllt sahen. Der allge=
meine Volksglaube forderte, daß Er, um der rechte Messias
zu seyn, Sein erstes Wunder in Galiläa verrichten müsse.
Doch schien Er Seine Herrlichkeit zuerst in Jerusalem II, 23,
oder während der Taufe am Jordan gezeigt zu haben I, 32.

---

*) Alterth. XIII, 15, 1. Leben des Josephus 16, Krieg I, 17, 5.

Sie suchten daher emsiger nach, ob Er nicht das erste Zeichen in Galiläa gethan, und so bot sich ihrer Erinnerung der Vorfall zu Kana dar, der auf sie während des Erfolgs selbst sicherlich keinen andern Eindruck als den der Ueberraschung gemacht hatte. Jezt wurde er allmälig zum Wunder umgestempelt; die Theorie hat also dasselbe geboren. Ja, aber man sehe, wie gewissenhaft dennoch Johannes den Hergang erzählt! Fast wie VI, 5 u. flg. hebt er durch seine Darstellung das Wunder selbst wieder auf, das er doch zu schildern beabsichtigt. Am Thatsächlichen ist Nichts gefärbt, als der einzige Ausdruck ὕδατος Vers 7 nach den Worten γεμίσατε τὰς ὑδρίας, denn die Sätze: ὡς δὲ ἐγεύσατο ὁ ἀρχιτρίκλινος τὸ ὕδωρ οἶνον γενόμενον und οἱ διάκονοι ἠντληκότες τὸ ὕδωρ enthalten seine, des Erzählers, eigene ehrliche, jedoch spätere Meinung. Denkt euch jenes Wortchen ὕδατος von Dem, was zum thatsächlichen Hergange gehört, weg, und Johannes erzählt Nichts, als was wirklich geschehen ist. Vielleicht hat seine eigenthümliche Stimmung auch auf den Satz τί ἐμοὶ καὶ σοι, γύναι, οὔπω ἥκει ἡ ὥρα με eingewirkt. Nach meinem Dafürhalten fühlte Johannes, daß die Aeußerung der Mutter auf eine frühere Verabredung zwischen Beiden schließen lasse; um diesen Verdacht, von dessen Falschheit er für seine Person überzeugt war, auch im Gemüthe der Leser niederzuschlagen, legt er Jesu eine sehr harte Antwort in den Mund, sey es aus trüber Erinnerung, sey es, indem er die wirklich gesprochenen Worte aus einem längern Zusammenhange von Gegenreden, in welchem sie ursprünglich gestanden, herausriß. Endlich der Satz im 11ten Verse: καὶ ἐπίσευσαν εἰς αὐτὸν οἱ μαθηταὶ αὐτοῦ ist so anzusehen, daß hier Johannes den Eindruck, den das Wunder von Kana später auf ihn den Evangelisten machte, unmerklich auf den Augenblick der That selbst übertrug. Solche optische Selbsttäuschungen sind sehr gewöhnlich. Ich finde in der ganzen Erzählung die deutlichsten Spuren, daß ein Augenzeuge, aber immer unter dem Einflusse späterer Gefühle und Ansichten, zu uns redet. Sollte Jemand einwenden, unmöglich hätte ein Augenzeuge sich selbst so täuschen können, so sag ich ihm ins Gesicht, daß er das menschliche Herz nicht kenne. Gebt nur Acht, wie sogenannte übernatürliche Erscheinungen von Gläubigen, die überall dabei waren, und sonst recht verständig sind, geschildert werden.

Ich komme nun an die Auferweckung des Lazarus. Während Jesus sich jenseits des Jordans befand, erkrankte der Bruder zweier Schwestern, Martha und Maria, mit denen der Herr auf vertrautem Fuße stand. Sie schickten daher zu Jesu und ließen Ihn bitten zu kommen (und den Kranken zu heilen). Nachdem der Herr die Botschaft angehört, sagte Er: Die Krankheit ist nicht zum Tode, sondern daß der Sohn Gottes durch sie verherrlicht werde, und blieb sodann unbeweglich weitere zwei Tage an dem Orte, wo der Bote Ihn getroffen. Nach Verfluß derselben kündigte Er den Jüngern zuerst versteckt, dann offen den Tod des Lazarus an, indem Er die sonderbaren Worte beifügte: „Ich freue mich euretwegen, daß ich nicht dort gewesen (als Lazarus starb), denn nun werdet ihr glauben." Sprach's, brach auf mit den Jüngern nach Bethania, traf zuerst Martha, dann Maria sammt vielen Juden, die gekommen waren, die Schwestern zu trösten, außerhalb des Ortes. Auf die Bemerkung der Maria: „Herr, wärest Du da gewesen, so würde mein Bruder nicht gestorben seyn," auf einige gleichlautende Aeußerungen der anwesenden Juden, ergrimmte Er im Geiste, und ward aufgeregt. Nachher weinte Er. Als aber einige der Juden tadelnd sagten: Hätte Dieser, der doch die Augen des Blinden öffnete, nicht auch den Tod des Lazarus verhindern können? ergrimmte Er von Neuem, ließ sich zu dem Grabe, einer Felsenhöhle, führen, und gebot, daß der Stein oben abgewälzt werde. Martha entgegnete: „Es ist vergeblich, die Leiche stinkt schon, denn es sind vier Tage, seit sie hier liegt. „Jesus antwortete ihr: Habe ich dir nicht gesagt, daß du die Herrlichkeit Gottes erfahren sollst, sofern du nur glaubst?" Der Stein ward abgewälzt, und Jesus erhub Seine Augen gen Himmel und betete: „Vater ich danke dir, daß du mich erhörtest. Ich wußte aber wohl, daß du mich immer erhörest, und ich sprach deßhalb diesen meinen Dank nur wegen des umstehenden Volkes aus, damit sie glauben, du habest mich gesandt." Dieß gesprochen, rief Er mit lauter Stimme: Lazarus! Alsbald kam der Todte lebendig heraus, mit Leinwand umwunden an Händen und Füßen, das Gesicht bedeckt mit einem Schweißtuche. Jesus befahl ihn loszumachen und nach Hause zu führen. — So lautet die Erzählung bei Johannes. Fast alle neueren Ausleger, von welcher Partei sie auch seyn mögen, erklären die Worte der Martha im 39sten Verse: Κύριε ἤδη ὄζει, τεταρταῖος γάρ ἐσι so: die Schwester habe aus dem Umstande, daß Lazarus schon vier Tage todt war, den Schluß gezogen, die Leiche werde bereits stinken, keineswegs durch ihren eigenen Geruchssinn sich davon überzeugt. Man muß zugeben, daß diese Erklärung möglich ist, aber natürlich ist sie gewiß nicht, sondern ich denke, jeder Unbefangene, der sich nur an die Worte hält, nicht die Schwierigkeit der That bedenkt, wird den Sinn darin finden: Herr, ich weiß, daß er schon stinkt, ich habe mich davon überzeugt, und es ist auch begreiflich, wenn er stinkt, denn er ist ja schon seit vier Tagen todt. Alle Welt stimmt darüber zusammen, daß die Auferweckung des Lazarus das größte aller Wunder sey, das im neuen Testamente vorkommt. Nach Bayle's Zeugniß hat Spinoza zu seinen Freunden gesagt: augenblicklich wolle er Christ werden, wenn man ihn von der Wahrheit dieser Geschichte überzeugen könne, fügte aber bei, daß er den Beweis für unmöglich halte. Leider müssen wir ihm in lezterer Hinsicht beistimmen. Denn beide Regeln der Beglaubigung eines Wunders, die wir oben aufgestellt, innerer Zusammenhang des Berichts und Beipflichtung anderer Zeugen fehlen. Wie ist es zu begreifen, daß die Synoptiker kein Wort von diesem größten aller Wunder wissen, in welchem Christus wie der Allmächtige selbst auftritt? Man hat etliche lächerliche Einfälle erdacht, um ihr Stillschweigen zu erklären, aber kein Mensch mag sie mehr wiederholen, und am Tage liegt, sämmtliche Ausleger sind dieser Einen Schwierigkeit unterlegen. Hiezu kommen noch die klaffenden Wunden des Berichtes selbst. Nach Vers 2 schicken die Schwestern, welche Christus lieb hat, zu Ihm, zeigen Ihm die Krankheit des Bruders an, und bitten Ihn zu eilen, daß Er den Geliebten heile. Aber Er bleibt und spricht: die Krankheit ist nicht zum Tode, sondern sie soll zur Verherrlichung Gottes dienen. Wer wird glauben, daß Christus, wenn Er zu solchem Zwecke gerufen ward, nicht gegangen sey? Kein Herz müßte Er gehabt haben. Nach zwei Tagen sagt Er zu den Jüngern: Lazarus ist todt, und ich freue mich um euretwillen, daß ich nicht dort gewesen, denn nun werde ich Etwas thun, was Euch zwingen muß, an mich zu glauben. Das sind lauter Aeußerungen, die zu dem sonst beobachteten Charakter des Herrn sehr schlecht reimen. Er denkt nicht an den Bruder, den Er hätte vom Tode retten können, wenn Er zur rechten Zeit ankam, nicht an den ungeheuern Schmerz der verwaisten Schwestern, sondern nur an den messianischen Vortheil, den Er für sich aus dem Vorfalle ziehen kann. Noch mehr, während Er sich als ein Mann äußert, der über die Allmacht verfügen zu können ganz gewiß ist, verräth Er einen vollkommenen Mangel an Allwissenheit, an Voraussicht der Zukunft. Der Ausspruch, daß die Auferweckung des Lazarus dem Glauben an Seine Sendung die Krone aufsetzen solle, ist nicht erfüllt worden, sondern das Gegentheil trat ein. Mehrere Juden, welche zugegen waren, liefen hin, Ihn bei den Hohenpriestern zu verklagen, und das Wunder von Bethania wurde die Ursache seines Todes. Aber auch die Jünger glaubten wegen desselben nicht an Ihn, denn wir finden, daß sie, als Er am Kreuze geendet, allen Muth, alle Zuversicht verloren, und erst die Auferstehung gab ihnen den Glauben wieder, sie allein ist ihr Anker gewesen. Paulus sagt nie ein Wort von dem Wunder in Bethanien, auch die anderen heiligen Briefsteller nicht, während sie doch die Auferstehung des Herrn auf jeder Seite feiern. Und wenn man einwenden wollte, sie hätten keine Gelegenheit gehabt, von Lazarus zu sprechen, so entgegne ich: auch die Synoptiker, deren Aufgabe es ist, die wichtigsten Thaten Christi der Welt zu verkünden, wissen ja Nichts davon. Das Wunder der Wiederbelebung des Lazarus, obgleich an sich das erstaunlichste von allen, ist für sie und zugleich für die Tausende von Christen, welche Anfangs nur die synoptischen Evangelien besaßen, völlig verloren. Soll ich noch beifügen, daß, wenn Jesus wirklich so zu den Jüngern gesprochen hätte, wie wir XI, 11 u. flg. lesen, und wirklich so verfahren wäre, wie die folgenden Verse berichten, jeder Unbefangene, der davon hörte, auf eine Verabredung zwischen Ihm und der Familie des Lazarus, auf ein abgekartetes Spiel gerathen haben würde. Aber außerdem, daß schon der Schatten eines solchen Verdachts den durch sein ganzes Leben und besonders durch seinen Tod bewährten Charakter unsers Erlösers aufs Tiefste beleidigt, müßten wir dann auch Spuren finden, daß seine erbitterten Gegner, die Pharisäer und Hohenpriester, die gewiß nicht lauter Einfaltspinsel waren, so Etwas geargwohnt, und demgemäß ihre Maßregeln getroffen hätten. Dieß ist der Eine Punkt des Anstoßes. Weiter heißt es V. 33: Ἰησοῦς οὖν ὡς εἶδε τὴν Μαρίαν κλαίουσαν, καὶ τοὺς συνελθόντας αὐτῇ Ἰουδαίους κλαίοντας, ἐνεβριμήσατο τῷ πνεύματι καὶ ἐτάραξεν ἑαυτόν. Deßgleichen V. 37: Τινὲς δὲ τῶν Ἰουδαίων εἶπον· οὐκ ἠδύνατο οὗτος, ὁ ἀνοίξας τοὺς ὀφθαλμοὺς τοῦ τυφλοῦ, ποιῆσαι, ἵνα καὶ οὗτος μὴ ἀποθάνῃ; Ἰησοῦς οὖν πάλιν ἐμβριμώμενος ἐν ἑαυτῷ, ἔρχεται εἰς τὸ μνημεῖον. Aber zwischen beide Stellen hinein vernehmen wir ganz andere Töne V. 35: ἐδάκρυσεν ὁ Ἰησοῦς. Es handelt sich hier zunächst von der Bedeutung des Wortes ἐμβριμᾶσθαι. Man schlage alle griechischen Wörterbücher auf, voran das des ersten Hellenisten

Stephanus, überall heißt es „zürnen, drohen, ergrimmen,"
kurz, es bezeichnet immer eine feindselige Bewegung, und in
diesem Sinne wird es sonst überall im neuen Testamente gebraucht. Nichtsdestoweniger wollen etliche Ausleger hier den
Sinn inniger Rührung des Mitleidens unterlegen. Ich will
ihnen glauben, wenn sie mir aus der ganzen griechischen
Literatur auch nur eine einzige Stelle aufweisen, wo das
Wort bestimmt und klar die angemuthete Bedeutung hätte.
Vorerst bleiben wir dabei, ἐνεβριμήσατο τῷ πνεύματι heißt
hier, wie überall sonst: Er ward ergrimmt, voll heiligen Zorns
in seinem Geiste. Wie stimmt aber dazu der 35ste Vers
καὶ ἐδάκρυσεν ὁ Ἰησοῦς. Zwar fehlt es nicht an Beispielen,
daß gewisse Menschen — nämlich animi impotentes — vor
lauter Zorn weinen. Unter Diese wird aber kein Vernünftiger Christum zählen, sondern Jedermann sah von Jeher in
den Thränen unsers Erlösers ein Zeichen seines Mitleidens.
Also müßte Er reißend schnell von der heftigen und feind-
seligen Bewegung des Zorns zu der sanften und liebenden
des Erbarmens übergegangen seyn. Dieß sieht man aber ebenfalls nur bei schwachen Menschen, bei Kindern, es paßt nicht
auf Christum. Kurz und gut, ein Geheimniß ist hier verborgen. Das wäre der zweite Punkt des Anstoßes. — Noch
räthselhafter, als die bisherigen Mißtöne, ist drittens Vers
41 u. flg.: „Jesus hub die Augen zum Himmel empor und
sprach": πάτερ εὐχαρισῶ σοι, ὅτι ἤκουσάς μου, ἐγὼ δὲ ἤδειν
ὅτι πάντοτέ μου ἀκούεις, ἀλλὰ διὰ τὸν ὄχλον, τὸν περιε-
σῶτα εἶπον, ἵνα πισεύσωσιν, ὅτι σύ με ἀπέσειλας. Seht
diese Worte an, wie ihr wollt, ihr werdet mir, zugestehen
müssen, daß Christus im ersten Gliede Gott Dank sagt, im
zweiten den Dank wieder zurücknimmt. Im ersten spricht
Er wie ein Mann, dem ein nicht sicher gehofftes Glück widerfahren, im zweiten wie ein Mann, der für Etwas nicht danken
zu müssen glaubt, was sich nach seiner Meinung von selbst
versteht, und der daher nur um des äußern Anstands willen

ein Gefühl zur Schau trägt, dessen er innerlich enthoben zu seyn überzeugt ist. Wir danken Niemand dafür, daß sich die Muskeln unsers Mundes, so oft wir wollen, zum Essen und Sprechen öffnen, denn wir sind daran gewöhnt, Dieß zu thun, und betrachten jene Fähigkeit als ein allen Sterblichen zustehendes Eigenthum. Gleicher Weise behandelt nun auch Christus im zweiten Gliede die Auferweckung des Lazarus als eine That, die sich von selbst verstehe, weil Er dazu be= fähigt sey, wie wir zum Essen, weßhalb Er auch Niemand dafür zu danken brauche. Kurz, die zwei Glieder des 41sten Verses stimmen so schlecht zusammen, wie oben ἐμβριμᾶσϑαι und δακρύειν. Wir haben demnach in unserer vorliegenden Erzählung drei vollkommene Widersprüche. Er wird zu dem erkrankten Lazarus gerufen, und geht nicht alsbald, Er er= grimmt und weint, Er dankt Gott und hebt den Dank so= gleich wieder auf. Es ist' eine unumstößliche Erfahrung: sobald die Sage, wie ihre Mutter, Phantasie, frei und unge= hindert wirkt, arbeitet sie aus Einem Gusse, und wirft nie Widerstrebendes zusammen; wo Lezteres doch der Fall ist, sind wir berechtigt, auf historische Fesseln zu schließen, die ihren Flug hemmten. Hiezu kommt noch, daß die drei Züge jeder Reihe unter sich in innigem Zusammenhang stehen, und richtig verfolgt, eine eigene Geschichte geben. Versuchen wir Dieß. Während Jesus auf dem jenseitigen Gebiete des Jordans ist, kommt ein Bote von den Schwestern des Lazarus mit der Bitte, Er möchte doch eilends kommen, um den schwer er= krankten Bruder zu retten. Ein Theil der Jünger widersezt sich der Reise, aus Furcht vor den Juden, die den Herrn kaum zuvor steinigen wollten. Aber der Herr erklärt seinen Entschluß, sogleich dem Rufe der Schwestern zu folgen, und Thomas, der Zwölfen Einer, spricht: kommt und laßt uns mit Ihm sterben. In der Nähe von Bethanien eingetroffen, vergießt Jesus Thränen wegen des Lazarus, d. h. Er hat ihn wider Erwarten schon todt gefunden, und läßt nun seinem

Schmerze freien Lauf. Die ganze Scene wird nicht in das Haus der Schwestern, sondern vor das Dorf verlegt. Dieser Zug rührt gewiß nicht von der Sage her. Denn was für ein Interesse konnte sie haben, einen Auftritt, der eigentlich ins Dorf selbst oder wenigstens ans Grab gehörte, vor dem Orte stattfinden zu lassen. Also ist hier ohne Zweifel eine historische Größe im Spiel, und wir werden wohl am Besten thun, wenn wir annehmen, Christus sey bei seinem Nahen auf den Leichenzug gestoßen, der eben vor das Dorf heraus= gezogen kam. Und nun begreift man auch die Anwesenheit so vieler und sogar fremder Juden, von denen es heißt, sie hätten die Absicht gehabt, die verwaisten Schwestern zu trösten (XI, 19. 45. 46); denn nur am Tage der Bestattung fanden sich nach jüdischer Sitte solche Tröster ein, keineswegs vier Tage später. Nachdem Christus geweint, dankt Er plötzlich Seinem himmlischen Vater, d. h. es ist Ihm gelungen, den Todten, der eben hinausgetragen wurde, unverhofft wieder ins Leben zu rufen. Auf einen solchen oder einen ganz ähn= lichen Zusammenhang treiben uns die ersten Glieder des drei= fachen Widerspruchs. Ohne daß wir es uns versahen, haben wir die äußeren Grundzüge der Geschichte des Jünglings von Nain, Luc. VII, 11—17 vor uns. Die Aehnlichkeit erstreckt sich noch weiter, als darauf, daß ein verstorbener Jüngling vor dem Orte, in dem Augenblicke, wo Christus ankommt, von Ihm erweckt wird. Der Wiederbelebte ist bei Lukas der einzige Sohn einer Wittwe, hier der einzige Bruder zweier Schwestern. In beiden Fällen findet Verwaisung statt, dort der Mutter, hier der Schwestern; wie leicht mochte Eins in das Andere übergehen. Ist Lazarus wirklich unter dem Jüngling von Nain verborgen, so müssen wir nach unseren vielfachen Erfahrungen erwarten, daß die galiläische Sage, welcher Lukas folgte, die Geschichte, welche sich ursprünglich in Judäa zutrug, nach Galiläa, ihr Stammland übergesiedelt, und allmälig den Namen eines galiläischen Dorfs an die

Stelle des judäischen unterschoben haben werde. Nun ist Beth bekanntlich ein Wort, das sehr vielen jüdischen Ortsnamen vorgesezt wurde, etwa wie bei uns eine Menge in „heim" endigen. Oft ließ man dasselbe wohl auch weg, als sich von selbst verstehend, und für Bethania mag daher schlechtweg auch Anija, vielleicht auch Naia, gesagt worden seyn. Dieß vorausgesezt, frage ich, welche Namen konnten leichter in einander übergehen, als Nain, und die verkürzte Form von Bethania? Ich mache mich auf den Vorwurf gefaßt: dieß sey eine etymologische Spielerei ins Blaue hinein. Mit Nichten! Der Text selbst legt ein günstiges Zeugniß für meine Vermuthung ab. Hier ist der Ort, das Räthsel zu enthüllen, dessen Lösung ich oben versprochen. *) Nachdem Lukas die Auferweckung des Jünglings von Nain geschildert, schließt er seinen Bericht mit den Worten (VII, 17): καὶ ἐξῆλθεν ὁ λόγος οὗτος ἐν ὅλῃ τῇ Ἰουδαίᾳ περὶ αὐτοῦ καὶ ἐν πάσῃ τῇ περιχώρῳ. Man sieht es der Erzählung des dritten Evangelisten an, daß er voraussezte, das Städtchen Nain, wo der Jüngling wiederbelebt ward, liege in Galiläa. Warum heißt es nun aber: der Ruf der That habe sich in ganz Judäa verbreitet, während man doch die ihm geläufige Formel erwarten mußte: in Galiläa, Judäa und den umliegenden Gegenden. Der Einwurf, „ganz Judäa" bezeichne hier das gesammte alte Kanaan, ist nichtig, denn Judäa hat nirgends in den Evangelien so schlechtweg diese allgemeine Bedeutung, und was namentlich unsern Lukas betrifft, so unterscheidet er sonst Galiläa recht gut von Judäa, z. B. V, 17: Φαρισαῖοι καὶ νομοδιδάσκαλοι ἐληλυθότες ἐκ πάσης κώμης τῆς Γαλιλαίας καὶ Ἰουδαίας καὶ Ἱερουσαλήμ. Es bleibt daher kaum ein anderer Ausweg übrig, als einzugestehen, in der Sage, welche Lukas uns mittheilt, habe sich eine dunkle Spur davon erhalten, daß der wahre Ort, wo

---

*) Erste Abtheilung dieses Bandes zu Luc. VII. 18 u. flg.

Jesus den Jüngling erweckte, nicht in Galiläa, sondern in
Judäa gelegen sey.

Aber wie sind nun die Elemente der zweiten Reihe zu
denen der ersten, welche wir hier ausgezogen haben, hinzu-
gekommen? Nehmen wir an, daß Christus den Bruder der
beiden Schwestern wirklich auf die beschriebene Weise ins
Leben rief, so läßt sich zum Voraus erwarten, die Gegner
werden diese That durch die Behauptung entkräftet haben,
Lazarus sey nur scheintodt gewesen. Ich behaupte sogar,
wenn die Juden die Sache nicht so zu erklären suchten, so
wäre Dieß als ein Beweis anzusehen, daß der Herr den
gestorbenen Freund nicht belebt hat. Unter den gegebenen
Umständen, bei dem bekannten Hasse der Juden gegen Christus,
mußte die vorausgesezte That die beschriebene Wirkung haben,
und es gilt hier der Satz: eine Ursache, welche die Folgen
nicht hat, welche ihr nothwenig zukommen, gehört nicht ins
Gebiet der Wirklichkeit. Suchten aber die Juden die Auferweckung des Lazarus durch den Vorwand des Scheintodes
herabzusetzen, so wissen wir aus anderen sicheren Beispielen,
daß die Christen in solchen Fällen durch Ausschmückung und
Vergrößerung der That die Angriffe der Gegner abzuschlagen
gewohnt waren. Die Behauptung des Scheintodes konnten
sie nun auf keine Weise kräftiger widerlegen, als wenn sie
in die Erzählung des Hergangs Züge einmischten, aus welchen
aufs Klarste hervorging, daß Lazarus vollkommen todt war,
und daß Christus, ehe Er das große Wunder verrichtete, alle
Vorsichtsmaßregeln traf, die erfordert wurden, um den voll-
ständigen Beweis einer wahrhaften Todtenerweckung zu liefern
und allen künftigen Zweiflern den Mund zu stopfen. Es
fragt sich nun, was galt bei den Juden als unumstößliche
Probe des wirklich erfolgten Todes? Antwort: viertägiges
Liegen der Leiche, ohne Zeichen der Bewegung. Bereschit
Rabba Seite 114, c heißt es: *) tribus diebus (post

---

*) Entlehnt aus Lightfoot zu Joh. XI. 39.

mortem) vagatur anima circa sepulchrum, exspectans ut redèat in corpus. Cum vero (quarto die) videt anima, quod immutetur aspectus faciei, avolat et recedit a corpore. Das heißt, die ersten Tage nach dem Verscheiden ist der Tod noch nicht erwiesen, denn noch immer muß angenommen werden, daß die Seele, welche laut dem jüdischen Volksglauben sehnsüchtig um die Leiche schwebt, in ihre Hülle zurückkehren könnte. Erst am vierten Tage, mit welchem die Verwesung beginnt, wird der Tod zweifellos. Man kann noch eine andere Stelle beifügen. Jevamoth bab. S. 120 a heißt es: „Nur in den nächsten drei Tagen nach dem Verscheiden bezeugt man von einem Todten, er sey lebend die und die Person gewesen, später thut man Dieß nicht mehr, weil die Verwesung eintritt," d. h., mit dem vierten Tage wird der Körper des Todten nicht mehr als Person behandelt, weil die Möglichkeit des Wiederauflebens entschwunden ist. *) Wollte also die christliche Sage den Tod des Lazarus als sicher hinstellen, so mußte sie vier Tage verstreichen lassen, ehe er auferweckt ward. Daher der Satz XI, 17: ἐλθὼν ὁ Ἰησοῦς εὗρεν αὐτὸν τέσσαρας ἡμέρας ἤδη ἔχοντα ἐν τῷ μνημείῳ, und V. 39: τεταρταῖός ἐστιν. War er seit vier Tagen todt, so lag er nothwendig im Grabe — indem es bei den Juden Sitte ist, Gestorbene schon nach zwölf Stunden zu beerdigen — und war nach dem gewohnten Brauche mit Windeln umwickelt, mit einem Schweißtuch das Gesicht bedeckt. Deßgleichen mußte die Leiche nach so langem Liegen auch bereits in Verwesung übergegangen seyn. Aus der Einen Voraussetzung, daß Lazarus seit vier Tagen verschieden, ergaben sich nothwendig alle diese Folgen für die Leiche, aber auch noch andere für die Person des Herrn. Denn wenn Er den verstorbenen Freund erst am vierten Tage auferweckte,

---

*) Weitere Beweißstellen führt Wetstein zu Joh. XI. 39 an. Es herrschte hierüber bei den Juden nur Eine Stimme.·

so kann Er dem Rufe der Schwestern nicht alsbald entsprochen
haben, sondern muß noch längere Zeit an dem Orte geblieben
seyn, wo Ihn der Bote antraf, und zwar zum Mindesten
zwei Tage. Denn angenommen, Lazarus sey gleich nach Ab=
sendung des Boten verschieden, so verging ein Tag, bis der
Bote Christum erreichte, ein zweiter, bis Jesus die Reise
von dem Orte jenseits des Jordans nach Bethania machte;
bleiben also noch zwei weitere Tage übrig, die durch Jesu
längeres Verweilen ausgefüllt werden müssen. Daher der
sechste Vers: ὡς οὖν ἤκουσεν Ἰησοῦς, ὅτι ἀσθενεῖ (ὁ Λά-
ζαρος) τότε μὲν ἔμεινεν, ἐν ᾧ ἦν τόπῳ, δύο ἡμέρας. Aber
wie sollte nun die Zögerung Jesu bei so dringenden Umstän=
den gerechtfertigt werden? Da Ihn die Sage als Herrn über
Leben und Tod, als Besitzer der Allmacht darstellen wollte,
und doch zugleich Seiner gütigen Vorsorge für den Freund
keinen Eintrag thun durfte, so mußte sie das längere Bleiben
und den endlichen Aufbruch auf eine Weise schildern, die
zugleich seine himmlische Macht und seine Liebe außer Zweifel
sezte. Das heißt, sie ließ Ihn zuerst erklären, daß die Krank=
heit des Lazarus keinen bleibenden Tod nach sich ziehen, son=
dern bloß zur Verherrlichung Gottes dienen werde, und dann
hintendrein beim Aufbruche sagen: jezt ist Lazarus todt, ab=
sichtlich habe ich so lange gewartet, damit das Wunder aufs
Kräftigste erwiesen werde. Daher die Verse 4: αὕτη ἡ ἀσ-
θένεια οὐκ ἔςι πρὸς θάνατον, ἀλλ᾽ ὑπὲρ τῆς δόξης Θεοῦ,
und dann weiter 15: χαίρω δι᾽ ὑμᾶς, ἵνα πιςεύσηται, ὅτι
οὐκ ἤμην ἐκεῖ. Man bemerke besonders diesen leztern Saz:
nur dem Scheine nach bezieht er sich auf die Jünger, in der
That und Wahrheit beugt er den Einwürfen der Juden vor,
die von der Annahme des Scheintodes her gemacht wurden.
Jezt konnten die Christen in ihrem Kampfe mit den Gegnern
sagen: Alles, was ihr nur immer vorbringen mögt, hat der
Herr vorausgesehen und abgeschnitten.

Der wahre historische Schauplaz der Wiedererweckung

des Lazarus befand sich vor den Thoren des Städtchens Be=
thanien. Aber da die Sage den Todten schon seit vier Tagen
ins Grab gelegt hatte, so mußte sie einen andern Ausweg
ergreifen, wollte sie nicht etwa in diesem Punkte ganz von
der Wirklichkeit abgehen. Sie half sich so, daß sie dem be=
kannten Charakter der beiden Schwestern gemäß, (der Joh.
XII, 2. 3 und Luc. **X,** 38—42 in gleichem Sinne geschildert
wird) Martha, als die geschäftig besorgte, Jesu vor den Ort
hinaus entgegeneilen läßt; erst später kommt Maria hinten=
drein, mit ihr wider ihren Willen die Juden; denn es schien
unanständig, daß die Schwestern dem Herrn Menschen zu=
führen sollten, welche Er aus guten Gründen verabscheute.
Natürlich sprach Jesus gegen die klagende Martha mit höch=
ster Zuversicht, obwohl nach Seiner gewohnten Sitte etwas
dunkel, das Vorhaben aus, den verstorbenen Bruder wieder
zu erwecken. Darum durfte Er nun auch nicht weinen, denn
Dieß hätte Schwäche bewiesen, hätte so ausgesehen, als sey
Er Seiner Befähigung, Todte zu erwecken, nicht gewiß. Also
ward an die Stelle des Weinens innerliche Bewegung des
Unwillens, des Zorns, über die ungläubigen Aeußerungen der
anwesenden Juden gesezt, welche, wohlgemerkt, hier jene
späteren Zweifler vertreten, gegen welche die Sage den wahr=
haften Tod des Lazarus triumphirend erhärtet. Man bemerke
auch den Ausdruck B. 33: ἐνεβριμήσατο τῷ πνεύματι. Das
Wort πνεῦμα bezeichnet die höhere Natur in Christo, diese
ergrimmte in Ihm, weil sie von den Juden in Zweifel gezogen
ward. Jesus läßt sich sofort an das Felsengrab hinführen,
gebietet den Stein abzuwälzen, tritt Seiner Sache gewiß hin,
ruft dem Gestorbenen, der schon stinkt, und auf den Ruf
des Herrn über Leben und Tod tritt die Leiche lebendig
heraus. Natürlich darf Jesus seinem himmlischen Vater für
die Erweckung nicht danken, denn dadurch wäre ja der
Schein entstanden, als käme Ihm die Macht, Todte zu beleben,
nicht kraft innerer Nothwendigkeit seines Wesens, etwa wie uns

Anderen das Gehen mit zwei Füßen, zu. Also dankt Er bloß der Menge wegen. So vollkommen ist die Darstellung der zweiten Reihe durch die Annahme des viertägigen Todes beherrscht!

Ich hoffe hiemit Unbefangene überzeugt zu haben, daß in vorliegenden Stücken zwei verschiedenfarbige Fäden zu Einem Zwirne verschlungen sind. Eine wahre Geschichte, und eine aus polemischem Eifer übertriebene, ist in einander gewoben. Und zwar gibt erstere die Wirklichkeit viel treuer wieder, als der Bericht Luc. VII, 11—17. Der dritte Evan= gelist kennt weder die Namen des Verstorbenen und seiner Angehörigen, noch den wahren Wohnort. Er weiß Nichts davon, daß Christus herbeigerufen war, um dem Kranken zu helfen, daß Er ihn wider Erwarten todt fand, daß Er über dem Anblick der Leiche in Thränen ausbrach, daß Er weiter, nachdem es Ihm gelungen, den Entseelten wieder zu beleben, in ein feuriges Dankgebet sich ergoß, als über eine eben so unverhoffte, wie theure Gnade des Himmels. Dieß sind, wie Jedermann sieht, lauter Züge, welche das christliche Vorur= theil nur höchst ungerne zugestand, und welche die Ueber= lieferung gewiß auch bald vergaß. Noch mehr, als durch die eben erwähnten Vorzüge, zeichnet sich die eine Seite des Johanneischen Berichts vor dem des Lukas durch die Stellung aus, welche er der Wiederauferweckung des Gestorbenen an= weist, und durch die Zeit, in welche er sie verlegt. Ganz gewiß ist vor der so glaubwürdigen Berathung der Hohen= priester und Pharisäer eine außerordentliche That Jesu vor= angegangen, welche seine Feinde bestimmte zum Aeußersten zu schreiten, und wenn Christus je einen Todten erweckte, worüber doch alle Evangelisten, nur jeder auf seine Weise, einstimmen, so muß Dieß um jene Zeit geschehen seyn. Die Geschichte des Lazarus steht daher bei Johannes in ihrem wahren historischen Zusammenhange. Aber wie soll man sich erklären, daß mit diesen ächten Tönen ganz falsche

21 *

zusammengeflossen sind? Es ist eine sehr auffallende Erscheinung, hauptsächlich dadurch, weil beide Elemente, obgleich augenscheinlich feindseliger Art und sich aufhebend, neben einander bastehen. Sonst, wenn eine Erzählung verfälscht und ins Abenteuerliche ausgesponnen wird, hütet sich die umbildende Phantasie wohl, Züge unverändert zu lassen, welche den wahren Hergang der Sache schildern, sondern Alles muß die Farbe des neuen Charakters annehmen, den man dem Ereignisse geben will. Hier ist das Umgekehrte der Fall. Nach meinem Gefühle folgt hieraus klar, daß der Bericht eines Augenzeugen und die spätere Darstellung der Sage in ehrlicher Absicht mit bestem Glauben verschmolzen wurden. Ich denke mir die Sache so: Johannes ist nicht selbst bei dem Vorfall von Bethania zugegen gewesen, denn zu lebhaft würde sich sonst derselbe seinem Gedächtnisse eingeprägt haben, als daß falsche Züge neben den wahren Raum finden konnten. Ihn abwesend zu denken, hat gar nichts Unwahrscheinliches, denn wer wird glauben, daß Jesus immer von allen Jüngern umringt war? Gewiß gingen dieselben abwechslungsweise ab und zu, manche vielleicht um Lebensmittel von Hause zu holen, andere, um durch Händearbeit Geld zu verdienen, denn woher anders hätte Christus sie Alle ernähren sollen? Aber wenn Johannes auch nicht an der Reise Christi nach Bethanien, die XI, 17 beschrieben wird, persönlich Theil nahm, so hat er sich doch gewiß von seinen Mitjüngern bei dem nächsten Zusammentreffen Alles erzählen lassen, was dort vorging, und auf diese Weise erfahren, daß Jesus bei Seiner Ankunft in Bethanien den geliebten Lazarus todt fand, daß Er darüber Thränen des bittersten Schmerzens vergoß, aber auch den allgemein für todt Geltenden wieder auferweckte: eine That, welche das größte Erstaunen unter allen Anwesenden erregte und Christum selbst zum feurigsten Dankgebete begeisterte. Hätte nun Johannes zu einer Zeit, wo der Eindruck des Berichts seiner Genossen, der anderen Apostel, noch frisch in seiner Seele lebte, d. h. bald nach dem Hingange Jesu, sein Evangelium geschrieben, so würden wir in demselben nur Züge der ersten oben nachgewiesenen Reihe finden. Aber zwischen der That und der Abfassung des Evangeliums liegen volle 50—60 Jahre, und in diesen Zeitraum fällt die Ausbildung der christlichen Glaubenslehre, in welche allmälig viele Elemente der Philosophie jenes Jahrhunderts, besonders der Logosbegriff, hereingezogen wurden; fällt weiter ein heftiger Kampf der neuen Kirche gegen die Juden, ein Kampf, der, wie es in solchen Fällen überall zu geschehen pflegt, nicht ohne Einfluß blieb auf die Darstellung der Lebensgeschichte Jesu, und manchen Einzelnheiten derselben eine Färbung aufdrückte, welche darauf berechnet war, die Einreden und Angriffe der Gegner siegreich zurückzuschlagen. Besonders wurde die Auferweckung des Lazarus als eine der glorreichsten Thaten Christi in diesem Geiste allmälig verschönert, ausgemalt, umgeschmolzen. Johannes lebte in der Gemeinschaft anderer Christen, die von solchen Einflüssen beherrscht waren; er hörte, wie seine Glaubensgenossen täglich im Streite gegen die Juden jene Darstellung des Hergangs in Bethanien als kräftigstes Beweismittel der übermenschlichen Natur Christi benützten, und so glaubte er zulezt selbst daran. Denn die Gesellschaft, in welcher wir leben, beherrscht uns Alle in einem weit höheren Grade, als wir denken. Und als er nun sein Evangelium im Greisenalter schrieb, nahm er das Bild, welches die Einbildungskraft seiner ephesinischen Glaubensgenossen von der Geschichte des Lazarus entworfen, treuherzig auf, aber daneben behielt doch die Erinnerung an Das, was einst seine Mitapostel, die zugegen gewesen, ihm, dem Jünglinge, erzählt, ihr ungeschmälertes Recht, und so ist es denn gekommen, daß zwei verschiedene Fäden in unserer Erzählung zu einem Zwirne vereinigt sind. Das ruhige Nebeneinanderbestehen jener an sich widerwärtigen Elemente, von denen das eine den Bericht von Augenzeugen, das andere die

Einwirkung der Sage verräth, zwingt uns diese Ansicht aufzustellen, und ich glaube, daß die Sache, wenn man nicht den Regeln der Menschenkenntniß zu nahe treten will, gar keine andere Erklärung zuläßt. Auch hat leztere gar nichts Auffallendes an sich, Nichts was der täglichen Erfahrung widerspräche. Wo die Gemüther einmal vom Wunderglauben beherrscht sind, da mischen sich in die spätere Darstellung vierzig und fünzig Jahre alter Ereignisse, selbst wenn dieselbe aus dem Munde von Augenzeugen fließt, unhistorische, übernatürliche, der Einbildungskraft, der Ruhmliebe, dem Interesse des Streits oder anderen Mächten der Art entsprossene Züge ein. Als Beispiel führe ich die früher geschilderte Geschichte der Eroberung Neuspaniens auf, welche Gomara nach des Feldhauptmanns Cortez eigenen Angaben beschrieben hat.

Wir haben uns nun die Erzählung Joh. XI so zu denken. Lazarus erkrankte in Bethania. Seine Schwestern ließen den Herrn, der sich damals jenseits des Jordans aufhielt, eilends rufen, mit der Bitte dem Bruder zu helfen. Jesus folgte der Einladung sogleich, fand aber bei seiner Ankunft den Kranken bereits verschieden, eben trug man seine Leiche vor das Städtchen hinaus, um sie zu beerdigen. Christus brach vor Schmerz in Thränen aus, versuchte es aber den Todten wieder zu beleben, und siehe der Versuch gelang. Dieser erregte das höchste Erstaunen im ganzen Lande. Die Hohenpriester, fürchtend, daß jezt alles Volk sich dem verhaßten Propheten in die Arme werfen werde, beschloßen Ihn um jeden Preis zu verderben, und zwar auf schimpfliche Art sollte Er sterben, damit Sein Anhang durch Schande erlösche. Es gelang ihnen, aber die christliche Partei erhielt sich. Von Nun an ward die Auferweckung des Lazarus ein Gegenstand heftigen Streites. Die Christen beriefen sich auf sie, als den handgreiflichsten Beweis der göttlichen Macht ihres Meisters, die Juden sezten sie herab durch die

Behauptung, Lazarus sey nur scheintobt gewesen, und weil die Nebenumstände der That den Läugnern nicht ungünstig waren, trugen die Christen, um die jüdischen Einwürfe zu entkräften, allmälig in den Bericht von der Auferweckung eine Reihe Züge hinein, denen die Absicht zu Grunde lag, den wahren Tod des Erweckten außer allen Zweifel zu setzen. Die Einflüsse der Gemeinschaft, in welcher er lebte, vermochte unsern Johannes um so eher, jene unhistorischen Züge in sein Evangelium treuherzig aufzunehmen, weil er bei der Begebenheit selbst nicht zugegen gewesen war.

Es ist hier der Ort, noch einige allgemeine Bemerkungen über die Wundergeschichten des N. T. anzuknüpfen, mit deren Untersuchung wir jezt zu Ende sind. Die Sage von Christi Kindheit, von welcher Niemand etwas Sicheres wußte, abgerechnet, ermangelt keine neutestamentliche Klasse von Wundern eines historischen Grundes. Selbst jene mosaischen Vorbilder, die gehäuft auf Christum übergetragen wurden, fanden ein — ich möchte sagen — gesetzmäßiges Thor durch eine wirkliche Begebenheit, durch die Speisung des Volks in der Wüste, welche Johannes im 6ten Kapitel schildert. Jesus schien sich dadurch als der ächte Messias = Moses, als der Prophet von Deuter. **XVIII, 15** bewährt zu haben, also wurden an die wirkliche Aehnlichkeit andere mosaische Nachbilder, als ob sich Dieß von selbst verstünde, angeknüpft. Der Anstoß war einmal durch eine Thatsache gegeben; jezt drang Phantasie unaufhaltsam in dem betretenen Geleise fort. Die mehrfachen Arten von Krankenheilungen haben, wie wir sahen, eine wahre Begebenheit zum Ausgangspunkt; die Auferstehung des Herrn beruht auf einer Thatsache, auch die Himmelfahrt, dieweil man das räthselhafte Verschwinden des auferstandenen Erlösers sich damals nicht anders erklären konnte. Gleicherweise verhält es sich mit seiner behaupteten Herrschaft über die leblose Natur, sofern auf Jesu Anordnung wirklich Wein in einem Gefäße sich befand, das sonst nur zur Aufbewahrung

des Wassers diente, sofern weiter der Sturm, welcher beim
Abfahren der Jünger ausgebrochen war, wirklich sich legte,
als sie mit dem Herrn wieder zusammentrafen. *) Dasselbe
Gesetz muß nun auch nach meinem Dafürhalten auf die Tod=
tenerweckungen angewandt werden. Außer der des Jünglings
von Nain erzählen die Synoptiker noch eine ganze und eine
halbe: die Belebung der Tochter des Jairus und die Wieder=
herstellung des Knechts von Kapernaum, welchen wenigstens
Lukas durch die Worte (VII, 2): ἤμελλε τελευτᾷν als einen
sterbenden hinstellt. Aber wie furchtsam und bedächtlich zei=
gen sich die Synoptiker in beiden Fällen! Man sieht es ihnen
an, sie möchten die That herzlich gerne zu einer wirklichen
Todtenerweckung umstempeln, aber eine fremde Gewalt hält sie
zurück, und ihre Darstellung schwebt daher zwischen wahrem
und scheinbarem Tode. Hier zeigt sich nun keineswegs das
Walten der Sage, denn wo diese frei und ungehindert wirkt,
macht sie aus der Geschichte, was sie will, dichtet nach
ihren eigenen Gesetzen, nicht nach denen der Natur. Was liegt
ihr auch daran, einen Todten, der längst vermodert ist, durch
die Allmacht, über welche sie verfügt, wieder ins Leben zu
rufen! Es muß demnach ein ganz anderer Antrieb seyn als
dichtende Phantasie, was die synoptische Ueberlieferung be=
stimmt, mehrmals einen Anlauf auf Todtenerweckungen zu
nehmen. Mit anderen Worten, hätte Christus nicht Einen,
der wirklich für Tod galt, wiederbelebt, so würden wir nicht
mehrere, doch schwache und ängstliche, Nachbildungen jener
Thatsache in den Evangelien finden. Kurz, die Erweckung
des Jünglings von Nain, oder besser des Lazarus von Be=
thanien, ist der Kern, an welchen ähnliche Erzählungen an=
schoßen. Aufs Deutlichste sieht man Dieß aus dem dritten
Evangelium. Denn gleich nach der Geschichte des Knaben von
Kapernaum läßt Lukas, wie um sich zu rechtfertigen, daß er

---

*) Siehe oben zweiter Band I. Abtheilung S. 219 flg.

den Knaben als einen sterbenden geschildert, die Begebenheit von Nain folgen. Christus hat ohne Zweifel die schwerkranke Tochter eines jüdischen Vorstehers geheilt: weil die Einbildungskraft der ältesten Christen einmal durch die wahrhaft stattgefundene Erweckung des Lazarus mächtig aufgeregt war, bildete man auch jene Heilung allmälig in eine Todtenbelebung um, doch nur zögernd. In anderen Kreisen von Christen hatte sich aber zugleich die Ueberlieferung erhalten, daß Jesus nur einen einzigen Todten erweckte; und so erklärt sich die beim ersten Anblick so auffallende Erscheinung, daß Matthäus nur die Geschichte des Jairus, nicht die des Jünglings von Nain kennt. Die unhistorische Nachahmung verdrängte das historische Vorbild kraft einer wahren Erinnerung. Schwerer scheint es zu begreifen, warum Johannes, der doch sonst als glaubwürdiger Zeuge dasteht, die Auferweckung des Lazarus, zwar nicht in Betreff vieler Nebenumstände, die er genau schildert, sondern in Bezug auf die Anzeigen des vollkommenen Todes weit sagenhafter erzählt, als Lukas. Ich löse das Räthsel so: Die galiläische Sage, welcher das dritte Evangelium folgt, athmet keinen Groll gegen die Juden, sondern es finden sich in ihr Spuren einer versöhnlichen Gesinnung, wie z. B. in dem Stücke Luc. XIII, 35, wo so gesprochen wird, als stehe zu erwarten, daß ganz Israel in naher Zukunft den Herrn anerkennen dürfte. Dieser Umstand berechtigt uns zu dem Schlusse, daß die galiläischen Christen, die Träger unserer heiligen Sagen, ziemlich friedlich mit den dortigen Juden zusammenlebten, was auch durch andere Nachrichten bestätigt ist. Denn jene wilden jüdischen Eiferer, welche sonst mit Spott und Gewalt die neue Kirche verfolgt hätten, lebten nicht mehr, ihre Leichen moderten unter den Trümmern der zerstörten Hauptstadt, oder im Thale Josaphat. Die fürchterliche Aderläße, welche das Judenthum erlitten, hatte auch den Sektenhaß in Strömen von Blut erstickt, und die Grabesstille, welche in Galiläa herrschte,

kam dem Aufblühen der dortigen Kirchen zu Gut. Weniger
durch die Einwürfe boshafter Gegner geängstigt, bedurfte die
galiläische Sage auch keiner künstlichen Mittel, um die Macht
Christi über den Tod gegen alle Zweifel zu schützen. Die
Ueberlieferung vom Schicksale des Lazarus erhielt sich daher,
was die Länge des Todes anbetrifft, rein, nur in Bezug auf
Namen, Ort und Stunde erlag sie dem Gesetze der Vergeß=
lichkeit. Ganz anders verhielt sich die Sache in den klein=
asiatischen Städten, wo Johannes die größere Hälfte seines
langen Lebens hinbrachte. Aus den Briefen Pauli wissen
wir, daß überall im Bereiche der griechischen und römischen
Welt die neuen christlichen Gemeinden auf den Grund jüdi=
scher erbaut worden sind. Das Bestehen einer christlichen
Gesellschaft sezt also in diesen ältesten Zeiten immer die Nach=
barschaft jüdischer Gemeinden voraus. Im Schoße lezterer
fanden nun die Apostel und auch Johannes denselben wilden
Eifer wieder, der sie aus Jerusalem vertrieben hatte, und der
durch den Untergang der Hauptstadt nicht gebrochen war.
Die Folge hievon war eine große gegenseitige Erbitterung,
die deutlich im vierten Evangelium hervortritt. Durch die
immerwährenden Angriffe der Juden in die Enge getrieben,
wurden die Christen, ohne daß sie es sich selbst recht bewußt
waren, genöthigt, in ihrer Darstellung der Thaten des Herrn
Rücksicht auf boshafte Zweifel zu nehmen, und dieselben wo
möglich von Vorne herein abzuschneiden. Und so stammen
denn die Ausschmückungen der Geschichte des Lazarus aus
dem vulkanischen Boden, auf welchem Johannes weilte, aus
dem Geiste der Gemeinschaft, in welcher er vielleicht 40 Jahre
seines Lebens hinbrachte. Ich finde an der Sache nichts
Auffallendes, als daß er denselben Einflüssen nicht häufiger
erlegen ist. Wahrlich außerordentlich treu muß sein Gedächt=
niß, groß seine Wahrhaftigkeit gewesen seyn, da er bei so
starken Versuchungen, erbitterten Gegnern ein blendendes

Gemälde entgegenzuhalten, nur höchst selten, und zwar ohne es
zu wissen, im besten Glauben von der Wirklichkeit abirrte.

Auch die Reden des vierten Evangeliums, zu deren Un-
tersuchung wir uns jezt wenden, stehen zum Theil unter dem
Einflusse derselben äußeren Verhältnisse. Ich habe oben die
Unmöglichkeit dargethan, nach 40—50 Jahren sich der eigen-
sten Worte eines Dritten zu erinnern; ich habe ferner gezeigt,
daß Johannes in viele jener Reden seine persönliche Meinung
einmischt, aber auch die Lehre des Herrn treu wiedergibt.
Es ist jezt Zeit, ihre Aechtheit im Allgemeinen zu prüfen.
Dieselben Grundsätze gelten auch hier, wie bei den Wundern.
Sollen wir ihren Kern als ächt gelten lassen, so darf kein
Widerspruch in ihnen seyn, und zweitens verlangen wir mit
Recht die Zustimmung anderer Zeugen. War den Vorträgen
des Herrn — wie sich zum Voraus gar nicht anders erwarten läßt — ein eigenthümlicher Charakter aufgeprägt, so müßte
man es sehr befremdend finden, wenn uns nicht auch in anderen,
obgleich sonst trüberen, Quellen Spuren dieser Eigenthümlichkeit entgegenträten. Nun die gewünschte Zeugenaussage fehlt
uns nicht. Triumphirend können wir auch die Stelle Matth.
XI, 25 flg., sammt den Parallelen hinweisen, die ich schon
oben anzuführen Gelegenheit hatte. *) Christus spricht dort:
„Ich preise dich Vater, Herr des Himmels und der Erde
daß du Solches den Weisen und Verständigen verborgen, aber
den Unmündigen geoffenbart hast. Ja Vater, denn also war
es dein Wohlgefallen. Alle Dinge sind mir übergeben von
meinem Vater, und Niemand kennet den Sohn, als nur der
Vater, und Niemand kennet den Vater, als nur der Sohn
und Wem es der Sohn will offenbaren. Kommet her zu
Mir Alle, die ihr mühselig und beladen seyd, Ich will euch
erquicken. Nehmet auf euch Mein Joch und lernet von Mir,
denn Ich bin sanft und von Herzen demüthig, so werdet ihr

---

*) Siehe oben S. 43 flg.

Ruhe finden für Eure Seelen. Denn mein Joch ist sanft, und meine Last leicht." Diese edle, überaus köstliche Stelle sticht aufs Fühlbarste ab von der Art, in welcher Christus sonst überall bei den Synoptikern sich äußert. Wie ein Gewächs aus fremdem Boden stehet sie da, zum deutlichen Beweis, daß sie nicht aus der Werkstätte jener Sagen stammt, welche durch die Synoptiker uns überliefert wurden. Von Außen, von einer fremden Macht ist sie denselben aufgenöthigt worden, d. h. in vorliegendem Falle, weil Christus wirklich so sprach, hat sich eine Spur davon auch in den Sagenevangelien erhalten. Merkwürdig genug kann man noch einen andern urkundlichen Beweis für diesen ihren Ursprung führen. Johannes sagt im fünften Kapitel seines ersten Briefes, dem dritten Verse: „Darin besteht die Liebe Gottes, daß wir seine Gebote halten, und seine Gebote sind nicht schwer." Man sieht es lezterm Satze an, daß er ein unter den ältesten Christen verbreitetes Sprichwort gewesen seyn muß. Zu solchen Denksprüchen wählen aber alle religiösen Gemeinschaften, von welcher Art sie sonst seyn mögen, vorzugsweise Aeußerungen ihrer Stifter. Wir werden also auch von dieser Seite auf das Geständniß hingetrieben, daß Christus wirklich sich so, wie Matthäus berichtet, ausgesprochen haben müsse. Zweitens jene Rede gehört in die Klasse derer, welche nicht bloß einen augenblicklichen Gedanken zufällig verfolgen, sondern sie prägt den Charakter eines ganzen Lebens aus; eine tiefe Betrachtung liegt in ihr. Nun sage ich: ist es erwiesen, daß irgend Jemand in einem bestimmten Falle sich so ausgesprochen hat, dann dürfen wir versichert seyn, daß ebenderselbe sich oft und bei anderen Gelegenheiten in gleichem Sinne äußerte, eben weil der fragliche Satz eine allgemeine, das ganze Leben umfassende Richtung hat. Drittens, die Stelle bei Matthäus bildet, Das wird mir hoffentlich Jedermann zugestehen, den Grundton aller Reden Christi, welche im vierten Evangelium zu lesen sind. Die verlangte Zustimmung eines andern Zeugen ist also

im ausgedehntesten Sinne vorhanden, und die Aechtheit des
Kerns der Johanneischen Reden wäre somit über alle gerechten
Zweifel erhaben. — Nichts desto weniger hat unser Evangelist
viel Eigenes beigefügt. Daß man, um diese Zusätze auszu=
scheiden, vor Allem den Zweck berücksichtigen müsse, den Jo=
hannes bei Abfassung seines Werkes verfolgte, wurde bereits
oben gezeigt. Nach Kapitel **XX**, 31 ging er darauf aus,
zu beweisen, daß Jesus der Messias und der (erwartete) Sohn
Gottes sey: ὅτι ὁ Ἰησοῦς ἐϛιν ὁ χριϲὸϲ ὁ υἱὸϲ τοῦ Θεοῦ.
Wollte Johannes diese Ueberzeugung möglichst tief den Gemü=
thern seiner Leser einprägen, so mußte er vorerst die Hinder=
nisse entfernen, welche derselben zu jener Zeit am Meisten
entgegenstanden. Das größte Hinderniß der allgemeinen Aner=
kennung Christi war der jüdische Wahn, daß Christus ein fal=
scher Messias gewesen. Eine gegen diesen Wahn sehr gereizte
Stimmung herrscht durch das ganze Evangelium. Man sieht
Dieß erstens an der Art und Weise, wie er der Juden er=
wähnt. Als stammte er nicht selbst aus Israel, behandelt er
die Juden wie Fremde, die ihn gar Nichts angehen, spricht von
Festen der Juden, von einem Gesetze der Juden u. s. w., kurz
sie gelten ihm nicht mehr wie eigenes Fleisch und Blut. Zwei=
tens, sein Gedächtniß, befruchtet von diesem bittern Gefühle,
ruft vorzugsweise solche Scenen zurück, in welchen Christus
als Bestreiter und Ueberwinder der Juden erscheint. So oft
er einen Besuch des Herrn in Jerusalem erzählt, schildert er
auch lauter Kämpfe zwischen Ihm und dem dortigen Volke, ob=
gleich man sich denken kann, daß Jesus während Seiner mehr=
mals wiederholten Anwesenheit in der Hauptstadt, auch noch
andere Geschäfte, als mit den Juden zu streiten, vorge=
nommen habe. Drittens ist es am Tage, daß jenes ge=
reizte Gefühl den Evangelisten mehrfach verleitet hat, die
Streitigkeiten Jesu mit den Juden in einem zu herben
Lichte darzustellen. Er läßt den Herrn mit Seinen Gegnern

nicht so sprechen, wie derselbe zu einer Zeit gesprochen haben kann, da Christus doch noch immer einige Hoffnung hegte, Sein Volk zu gewinnen, ungerechten Haß zu entwaffnen, sondern Johannes trägt die spätere bittere Erfahrung, daß die Juden ohne alle Rücksicht auf Christi Vorträge und Lehren Ihn mit größter Halsstarrigkeit bis ans Kreuz verfolgten, auf jene früheren Gespräche und also auf eine Zeit über, wo jener betrübte Erfolg noch nicht eingetreten war. Demgemäß behandelt Jesus nach der Darstellung unseres Johannes die Juden von Vorne herein als Verworfene, an denen Oel und Mühe verschwendet, und denen man daher die schwersten Worte ins Angesicht sagen dürfe. So bitter hat gewiß Jesus während Seiner Besuche in Jerusalem mit den Juden nicht gesprochen. Längst haben scharfsinnige Männer diesen Uebelstand gefühlt, *) aber zugleich mit Unrecht und gegen die wahren Regeln der Menschenkenntniß den Schluß daraus gezogen, daß der Verfasser des vierten Evangeliums kein Augenzeuge der Begebenheiten, welche er beschreibt, gewesen seyn könne. Denn da es erwiesenermaßen eine Unmöglichkeit ist, sich nach 30—40 Jahren des eigensten Ausdrucks längerer Reden eines Dritten zu erinnern, da ferner eine trübe, halb erbleichte Erinnerung immer von lebendigen Mächten, von Gefühlen des Hasses, der Liebe, der Wehmuth und anderen beherrscht wird, so folgt aus jener allerdings unbestreitbaren Thatsache gar Nichts gegen die Augenzeugenschaft des Verfassers, sobald derselbe sonst die Bürgschaft einer richtigen Auffassung der fraglichen Reden liefert, was hier in einem ausgezeichneten Sinne der Fall ist.

---

*) Besonders Bretschneider, der mit vollem Recht (probabilia de Johanne) S. 56 sagt: (si Johannem audimus) videtur Jesus ipse studuisse, ut verbis illuderet Judaeis, nec ab iis intelligeretur, sed reprobaretur. Ita vero nec egit, nec agere potuit, neque si ita docuisset, tanta effecisset, quanta illum effecisse historia testatur. Nur lasse ich die Schlüsse nicht gelten, die er aus diesem Einwurfe ziehen will.

Johannes hat sich ferner den Zweck gesezt, nicht bloß den
Satz zu beweisen, daß Jesus der erwartete Messias, sondern
auch den andern, daß Er der Sohn Gottes sey: ταῦτα δὲ
γέγραπται, ἵνα πισεύσητε ὅτι ὁ Ἰησοῦς ἐσιν ὁ χρισός, ὁ υἱὸς
τοῦ Θεοῦ. Der Ausdruck Sohn Gottes hat aber im Munde
unseres Evangelisten einen höchst eigenthümlichen Sinn, den er
in seiner Vorrede I, 1 — 18 klar entwickelt. „Sohn Gottes"
heißt ihm ein überschwängliches, mit Gott aufs Engste ver-
bundenes Wesen, dem göttliche Eigenschaften: Ewigkeit, Allmacht, Allwissenheit, zukommen, das bei der Weltschöpfung
höchst thätig war, und am Ende der Zeiten, um die gefallene
Menschheit wiederherzustellen, mit Fleische bekleidet, in Men-
schengestalt erscheint. Ich habe in meiner Schrift über Philo
und die alexandrinisch-jüdische Theosophie genau nachgewiesen,
daß jene Sätze einer damals unter den Juden sehr verbreiteten
Schule angehören, und indem Johannes dieselben seinem
Evangelium deutlich als eigene Ansicht voranstellt, gibt er uns
selbst zu verstehen, daß er sie nicht aus Christi Vorträgen, sondern anders woher empfangen habe. Höchst theuer sind sie
ihm. Gemäß den bisher gemachten Erfahrungen läßt sich daher erwarten, daß er sie in das Evangelium einmischen, und
Christo selbst in Mund legen werde. Und wirklich ist Dieß
der Fall. Kap. I, 27 muß der Täufer von Christo zeugen:
αὐτός ἐσιν ὁ ὀπίσω με ἐρχόμενος, ὃς ἔμπροσθέν με γέγονε.
Vergleicht man diesen Satz mit den Worten Vers 30: πρῶτός με ἦν, so sieht man aufs Klarste, daß Jesu ewiges Wesen, entsprechend der Behauptung I, 1: ἐν ἀρχῇ ἦν ὁ λόγος,
καὶ ὁ λόγος ἦν πρὸς τὸν Θεὸν, καὶ Θεὸς ἦν ὁ λόγος beigelegt wird. In gleichem Sinne spricht Christus von sich selber
VIII, 58 gegen die Juden: ἀμὴν ἀμὴν λέγω ὑμῖν, πρὶν
Ἀβραὰμ γενέσθαι, ἐγώ εἰμι, im Gebete gegen den himmlischen Vater XVII, 5: καὶ νῦν δόξασόν με σὺ πάτερ παρὰ
σεαυτῷ τῇ δόξῃ, ἣ εἶχον πρὸ τοῦ τὸν κόσμον εἶναι παρά
σοι, und ebendaselbst Vers 24: πάτερ οὓς δέδωκάς μοι, θέλω

ἵνα ὅπε εἰμὶ ἐγώ, κᾀκεῖνοι ὦσι μετ' ἐμοῦ, ἵνα ϑεωρῶσι τὴν δόξαν τὴν ἐμὴν, ἣν ἔδωκάς μοι, ὅτι ἠγάπησάς με πρὸ καταβολῆς κόσμε. Nicht nur Ewigkeit, sondern auch die Eigenschaft der Allwissenheit legt ferner Johannes, wo es nur angeht, gemäß der Logoslehre, Christo bei. So II, 25: οὐ χρείαν εἶχεν, ἵνα τὶς μαρτυρήσῃ περὶ τοῦ ἀνθρώπε, αὐτὸς γὰρ ἐγίνωσκε, τί ἦν ἐν τῷ ἀνθρώπῳ. VI, 6: τοῦτο δὲ ἔλεγε πειράζων αὐτὸν (τὸν Φίλιππον) αὐτὸς γὰρ ᾔδει, τί ἔμελλε ποιεῖν. VI, 64: ᾔδει ὁ Ἰησοῦς ἐξ ἀρχῆς, τίνες εἰσὶν οἱ μὴ πιςεύοντες καὶ τίς ἐςιν ὁ παραδώσων αὐτόν. Jesum selbst läßt er in diesem Sinne sprechen XIII, 18. 19: οὐ περὶ πάντων ὑμῶν λέγω, ἐγὼ οἶδα οὓς ἐξελεξάμην, ἀλλ' ἵνα ἡ γραφὴ πληρωθῇ — ἀπ' ἄρτι λέγω ὑμῖν πρὸ τοῦ γενέσθαι, ἵνα ὅταν γένηται, πιςεύσητε ὅτι ἐγώ εἰμι. Dieser Spruch taugt ganz besonders zum Beweis dafür, daß hier etwas Anderes als die Erinnerung, nämlich seine Schulphilosophie unseren Evangelisten beherrschte, denn ich habe ja oben aus ganz anderen Gründen dargethan, daß Jesus damals nicht so gesprochen haben kann. Außerdem legt Johannes dem Herrn eine Menge Aeußerungen in Mund, welche im Allgemeinen die Logoslehre athmen; so betreffend die mystische Einheit mit dem Vater X, 30: ἐγὼ καὶ ὁ πατὴρ ἕν ἐσμεν. XII, 45: ὁ ϑεωρῶν ἐμὲ, ϑεωρεῖ τὸν πέμψαντά με, betreffend die himmlische Abstammung und göttliche Natur des Logos III, 13: οὐδεὶς ἀναβέβηκεν εἰς τὸν οὐρανόν, εἰ μὴ ὁ ἐκ τοῦ οὐρανοῦ καταβὰς, ὁ υἱὸς τοῦ ἀνθρώπε, ὁ ὢν ἐν τῷ οὐρανῷ, von welchem Spruch wir ebenfalls oben nachgewiesen, daß er nicht die Meinung Christi, sondern die spätere Ansicht des Evangelisten in sich befasse. Ferner V, 19: ἀμὴν ἀμὴν λέγω ὑμῖν, οὐ δύναται ὁ υἱὸς ποιεῖν ἀφ' ἑαυτοῦ οὐδὲν, ἐὰν μή τι βλέπῃ τὸν πατέρα ποιοῦντα, ἃ γὰρ ἂν ἐκεῖνος ποιῇ, ταῦτα καὶ ὁ υἱὸς ὁμοίως ποιεῖ, ein Satz, der aufs Wort den Aeußerungen entspricht, mit welchen Philo den göttliche Logos feiert. VI, 46: οὐδεὶς τὸν πατέρα ἑώρακεν, εἰ μὴ ὁ ὢν παρὰ τοῦ

Θεοῦ, οὗτος ἑώρακε τὸν πατέρα. Ferner IX, 5: ὅταν ἐν τῷ κόσμῳ ὦ, φῶς εἰμι τοῦ κόσμɤ, worin nur mit anderen Worten die Lehre der Vorrede wiederholt ist, I, 4: ἐν αὐτῷ ζωὴ ἦν, καὶ ἡ ζωὴ ἦν τὸ φῶς τῶν ἀνθρώπων. Deßgleichen XIV, 6: ἐγώ εἰμι ἡ ὁδὸς, καὶ ἡ ἀλήθεια καὶ ἡ ζωή. XVII, 10: τὰ ἐμὰ πάντα σά ἐςι, καὶ τὰ σὰ ἐμὰ. Jeder Kenner des vierten Evangeliums kann diesen Stellen noch eine Reihe anderer beifügen.

Man begreift, daß die Anhänger der Logoslehre leicht auf den Wahn gerathen konnten, der Sohn sey als ein ewiges, göttliches Wesen dem Vater in allen Stücken gleich. Daß in den Tagen des Johannes bereits über diese Frage gestritten wurde, ergibt sich aus zwei Stellen seines Evangeliums, wo er dem Herrn selbst Aussprüche in den Mund legt, welche zu Gunsten der Unterordnung entscheiden. Kap. X, 29 sagt Jesus: ὁ πατήρ μɤ — μείζων πάντων ἐςι, welche Worte den alltäglichsten Sinn hätten, wenn man ihnen nicht die beson= dere und eigenthümliche Bedeutung unterlegt: der Vater ist größer als der Sohn. Daß Jesus, oder besser Johannes, eben Dieß sagen wollte, ersieht man aus der klaren Stelle XIV, 28: ὁ πατήρ μɤ μείζων μɤ ἐςίν.

Ich will nun gerne zugeben, daß Christus durch den schar= fen Blick in die innersten Gedanken der Menschen, namentlich durch seine, gewiß oft wiederholte Behauptung eines innigen Verhältnisses zum Höchsten, dem Evangelisten, besonders nach= dem derselbe einmal jene obenbeschriebene Theosophie angenom= men, Veranlassung gegeben haben mag, die wirklichen Aus= sprüche des Herrn so aufzufassen und ihnen das Gewand zu geben, welches sie im vierten Evangelium tragen. Dennoch steht mir der Satz fest, daß weder ihre jetzige Form noch ihr Inhalt Christo angehört, sondern sie stammen aus der Schule, d. h. aus einer Quelle, deren unser Erlöser nicht bedurfte. Wer so lebt und stirbt, wie Er, in Dessen Innerem ist ein höheres

Licht aufgegangen, als dasjenige, welches irgend eine Schul=
philosophie der Welt gewähren kann; er handelt und lehrt aus
Inspiration. *) Noch andere Beweise stehen mir zu Gebot.
Außer den Gründen, die früher gegen einzelne jener Stellen
über die Logosnatur geltend gemacht wurden, berufe ich mich
namentlich auf den Spruch XIV, 28. Welcher geistig gesunde
Mensch sagt Solches von sich selbst aus: Gott der Allmächtige
ist größer denn ich? Nur ein Mann, der die ungemessenste
Meinung von sich selber hat, wird so von sich sprechen. Denn
Das versteht sich doch in aller Welt vornweg, daß Gott über
sämmtliche Erdenbewohner unendlich erhaben ist. Dagegen
begreift es sich unter den oben entwickelten Umständen ganz
leicht, wie Johannes dazu kam, unserm Erlöser diesen Satz in
Mund zu legen.

Endlich der Zweck, den Johannes sich gesezt: darzuthun,
daß Jesus der Messias, Gottessohn sey, bestimmte ihn, noch
eine dritte Klasse von Gegnern zu bekämpfen. Aus dem ersten
Briefe Pauli an die Korinther **) ersehen wir, daß es unter
den ältesten Judenchristen in Griechenland eine Partei gab,
welche die Auferstehung des Fleisches verwarf, und welche deß=
halb der Apostel hart angreift. Jene Christen waren dem
Uebernatürlichen zugewandt — denn wo fanden sich je früher
Christen ohne diese Richtung — sie glaubten ferner an die himm=
lische Sendung unsers Herrn, und sicherlich auch an die Un=
sterblichkeit der Seele — denn ohne diesen Glauben ist jede
Religion leeres Geschwätz — sie läugneten also bloß die jüdische
Lehre, daß unsere Seelen einst mit denselben Körpern bekleidet wer=
den sollen. Läugneten sie die Auferstehung in diesem Sinne, so
müssen wir annehmen, daß sie auch nicht glaubten, Christus
werde zum jüngsten Gerichte auf die Erde zurückkommen, die
Todten auferwecken, und hier Unten ein ewiges Reich errichten.

---

*) Ich werde mich im nächsten Kapitel über den Sinn erklären,
in welchem ich dieß Wort gebrauche.
**) Besonders im 15ten Kapitel.

Denn ohne die Auferstehungslehre haben alle diese Erwartungen keinen Sinn. Demnach beschränkten sie alle Zukunft der Gläubigen auf die andere Welt, die mit dem Tode beginnt, und betrachteten Christum bloß als den geistigen König des himmlischen Lebens. Wir können alle hier vorausgesezten Schlüsse aus der Verwerfung der Lehre von der Wiederkehr des Fleisches um so zuversichtlicher einräumen, weil erweislich unter den Juden eine sehr angesehene und auch zahlreiche Sekte *) bestand, die ganz so lehrte. Nun nicht bloß in Korinth sondern auch im Bisthume unseres Johannes gab es Christen, welche derselben Ansicht zugethan waren; gerade wie Paulus bekämpft auch Johannes diese rein geistige Richtung, und zwar ohne Zweifel aus denselben Gründen. Wie der Heidenapostel, sah auch er die Auferstehung Jesu am dritten Tage als unwiderleglichen Beweis dafür an, daß der jüdische Artikel von Wiederkehr des Fleisches Wahrheit sey, daß folglich Christus auch zum jüngsten Gericht und zu Erhebung eines ewigen Reichs auf die Erde zurückkehren werde. Zur Erhärtung meines Satzes berufe ich mich vor Allem auf die schon früher erklärte Stelle **) V, 27: καὶ ἐξουσίαν ἔδωκεν αὐτῷ, καὶ κρίσιν ποιεῖν, ὅτι υἱὸς ἀνθρώπω ἐστι. Μὴ θαυμάζετε τοῦτο· ὅτι ἔρχεται ὥρα, ἐν ᾗ πάντες οἱ ἐν τοῖς μνημείοις ἀκούσονται τῆς φωνῆς αὐτοῦ. Das heißt, weil Jesus der Danielsche Menschensohn, oder der Messias des jüdischen Volksglaubens ist, muß Er auch Gericht halten und die Todten auferwecken. Auf die Frage, woher man denn wisse, daß Jesus der jüdische Messias sey, würde Johannes sicherlich geantwortet haben: weil Er selbst am dritten Tage aus dem Grabe erstand. Besonders wichtig ist der Ausspruch: μὴ θαυμάζετε τοῦτο. Aufs Deutlichste verräth dadurch der Evangelist, daß er hier dem Herrn seine Meinung unterlegt. Die Juden wunderten sich

---

*) Ich meine die Essener.
**) Siehe oben S. 58.

keineswegs darüber, daß der Messias die Todten auferwecken solle, denn dieser Glaube war ihnen gäng und gäbe, wohl aber etliche spätere Christen, welche die Auferstehung des Fleisches verwarfen, und darum auch keine zweite Wiederkunft des Herrn zum Gerichte erwarteten. Ihre Ansicht ist es, die Johannes bekämpft. Auch an einigen anderen Stellen läßt er Christus auf gleiche Weise sprechen. So VI, 39. 40: „Dieß ist der Wille des Vaters, der mich gesandt hat, daß ich von Allen, die Er mir gegeben, Keinen verliere, sondern sie auferwecke am jüngsten Tage. Dieß ist aber der Wille Dessen, der mich gesendet, daß wer den Sohn sieht und an Ihn glaubt, das ewige Leben habe, und ich werde ihn auferwecken am jüngsten Tage." Ferner ebendaselbst Vers 44: „Niemand kann zu mir kommen, es sey denn, daß mein Vater ihn zu mir ziehe, und ich werde ihn auferwecken am jüngsten Tage." Endlich VI, 54: „Wer mein Fleisch isset, und trinket mein Blut, der hat das ewige Leben, und ich werde ihn auferwecken am jüngsten Tage." Alle drei Stellen tragen das Gepräge der Einmischung einer fremden Ansicht auf der Stirne. Denn man merke wohl: in den Vordersätzen herrscht durchaus die geistige Lehre vom ewigen Leben, das schon hier beginnt, eine Lehre, die wir, wie oben aufs Klarste dargethan, Niemand anderem, als Christo selbst angehört; hintendrein erst ist das jüdische Dogma angehängt; beide Elemente schließen sich aus, also ist lezteres dem Herrn fremd, es rührt von dem Evangelisten her, der hier verdeckt die antimessianische Richtung seiner Zeitgenossen bekämpft.

Ich glaube hiemit die fremdartigen Stoffe, welche in die Reden Christi bei Johannes eingeschlichen sind, erschöpft zu haben. Uebrigens dürfen wir mit größter Ruhe zugestehen, daß Johannes etwas Auswärtiges, den Glauben an eine Tagesphilosophie — die Logoslehre — die übrigens auf das reine Christenthum unter damaligen Umständen wohl paßte, in sein Evangelium hineingetragen hat. Es ist ihm hier Etwas widerfahren, was allen anderen Geschichtschreibern, auch den

Leuchten des Ruhmes, begegnete. Jeder bringt sein Ränzchen mit. So steht Thucydides, der thatsächlichste von allen, doch vielfach unter dem Einflusse einer trüben Ahnung des Verwelkens griechischer Blüthe, Tacitus leidet an Verzweiflung, Machiavelli an dem Wahne, daß menschliche Klugheit Alles vermöge, Hume ist ein Erzjakobite, Gibbon siecht an der Bewunderung großer Gewaltthaten. Alle zusammen lassen diese ihre verschiedenen Vorurtheile allzuviel in die Geschichtserzählung hinüberspielen. Ist es nun ein Wunder, wenn Johannes, der wohl 40—50 Jahre nach dem Erfolge Das beschrieb, was er in seiner Jugend sah, zu dem Evangelium eine eigene Philosophie hinzubrachte! Diese Philosophie herrschte unter den kleinasiatischen Judenchristen, in deren Gemeinschaft er sein Leben beschloß. Ich komme auf den Satz zurück, den ich schon öfter aussprach: kein Sterblicher entzieht sich in Gutem oder Bösem den Einflüssen der Gesellschaft, welche ihn umgibt. Unsere Ideen, unsere Wünsche, ja selbst unsere Erinnerungen werden in die Farbe des gemeinsamen Lebens getaucht, das wir mit Anderen führen. *) Natürlich ist Johannes dieser fremden Macht da am Meisten unterlegen, wo die starre Kraft des Gedächtnisses ihn am Mindesten schützte, d. h. in den Reden Jesu.

---

*) Ich berühre hier ein Geheimniß, das, in Deutschland weniger gekannt als in Frankreich, große Aufschlüsse zu geben geeignet ist. Aus ihm erklärt sich die auffallende Thatsache des Stammes- und Nationalcharakters, so wie die Erscheinung, daß zu gewissen Zeiten ganz neue Ideen in verschiedenen Köpfen zugleich auftauchen. Denn die Gesellschaft denkt durch ihr Organ.

Viertes Kapitel.

Die Aechtheit des vierten Evangeliums, die Angemessenheit der anderen. Der heilige Boden.

Ich glaube in den vorigen Kapiteln keine verächtlichen historischen Gründe für die Aechtheit des vierten Evangeliums enthüllt zu haben. Es sind noch andere übrig. Der Verfasser des
Buchs gibt an verschiedenen Stellen, wo er die Stunde einer
Begebenheit bestimmt, nicht undeutlich zu verstehen, daß er als
Augenzeuge rede. Als solchen bezeichnet er sich mit dürren
Worten zweimal. Erstlich I, 14: ἐθεασάμεθα τὴν δόξαν
αὐτοῦ. Sollte man auch noch darüber streiten, ob der Ausdruck θεᾶσθαι hier nicht eine bloß geistige Bedeutung habe,
welche über das körperliche Schauen der Person Christi hinaus
reichen möchte, so läßt doch die zweite Beweisstelle keinem
weitern Zweifel Raum, I. Joh. I, 1. 2: ὃ ἦν ἀπ' ἀρχῆς,
ὃ ἀκηκόαμεν, ὃ ἑωράκαμεν τοῖς ὀφθαλμοῖς ἡμῶν,
ὃ ἐθεασάμεθα, καὶ αἱ χεῖρες ἡμῶν ἐψηλάφησαν
περὶ τοῦ λόγου τῆς ζωῆς κ. τ. λ. Allerdings kann man
die einzelnen Worte dieser Vorrede zum Briefe dunkel
finden, obgleich sie mir klar scheinen; allein wenn Johannes
nicht im Ganzen sagen will, er habe das Wort des Heiles,
d. h. den Mann Jesum Christum selbst mit eigenen Augen
gesehen, sich mit eigenen Händen von der Wesenheit Seines
Leibes — welche gewisse Gnostiker läugneten — klar überzeugt,
so gilt mir der gesunde Menschenverstand, der erste Richter
über Alles, nichts mehr. Nimmt man nun an, der Verfasser
des vierten Evangeliums und des Briefs sey irgend ein überschwänglicher Jude gewesen, der unsern Herrn nie gesehen,
sondern eigene Träumereien beschreibe: so ist klar, daß hier
eine schmähliche Unredlichkeit im Spiele wäre. Und welchen
Zweck könnte man sich dabei denken? Jeder Betrüger sucht

fonſt irgend einen eigenen Vortheil; aber der vierte Evangeliſt
verlangt ja gar keine Ehre, er hält ſich ganz im Hintergrund,
nennt nicht einmal ſeinen Namen, obgleich ſonſt ſeine ganze
Darſtellung den Charakter einer ſcharf ausgeprägten Perſönlich=
keit trägt. Kurz wir werden mit dieſer Annahme auf baare
Unmöglichkeiten getrieben. Alſo wird es wohl das Gerathenſte
ſeyn, daß Zeugniß unſeres Verfaſſers von ſich ſelbſt gelten zu
laſſen. Zu dieſem kommen nun noch die Ausſagen anderer
Zeugen, und wie alter! Im Anhange des Evangeliums
(XXI, 24) heißt es: οὗτός ἐςιν ὁ μαθητὴς ὁ μαρτυρῶν περὶ
τούτων καὶ γράψας ταῦτα, καὶ οἴδαμεν ὅτι ἀληθής ἐςιν ἡ μα-
τυρία αὐτοῦ. Der Sinn iſt: derſelbe Jünger, welchen Chriſtus
lieb hatte, ſey auch der Verfaſſer des vierten Evangeliums.
Die jezt allgemein verbreitete Meinung geht dahin, daß der
Anhang von den Kirchenälteſten zu Epheſus nach des Apoſtels
Tode dem Evangelium beigefügt worden ſey. Dieſe Anſicht
hat hohe Wahrſcheinlichkeit für ſich, und ich ſehe nicht, was
ſich gegen ſie mit einigem Grund einwenden ließe. Indeſſen
ſollte ſie auch falſch ſeyn, ſo bleibt doch ſo viel unumſtößlich
gewiß, daß der Anhang ſammt dem Zeugniß ſehr alt iſt, und
wohl bis an das Ende des erſten Jahrhunderts hinaufreicht,
alſo einer Zeit angehört, die noch genaue Kunde von der Per=
ſönlichkeit des Apoſtels beſaß. Demnach hätte das vierte Evan=
gelium ein ſo altes und glaubwürdiges Zeugniß ſeiner Aecht=
heit aufzuweiſen, wie keine andere neuteſtamentliche Schrift.
Die Kirchenlehrer des zweiten Jahrhunderts, wie die ſpäteren,
berichten weiter einſtimmig, daß Johannes das vierte Evange=
lium im hohen Alter zu Epheſus geſchrieben habe. Sehen
wir, ob die Wahrheit dieſer Angabe ſich nicht aus dem Evan=
gelium ſelbſt erhärten laſſe. Kap. XI, 18 heißt es: ἦν δὲ
Βηθανία ἐγγὺς τῶν Ἱεροσολύμων, ὡς ἀπὸ σαδίων δεκαπέντε.
Man könnte verſucht ſeyn, aus der Form vergangener Zeit,
welche hier der Evangeliſt gebraucht, zu ſchließen, derſelbe deute
leiſe an, daß entweder Bethanien oder Jeruſalem, welche beiden

Orte gewiß bei der Zerstörung unter Titus gleichem Schicksal erlagen, in dem Augenblick, wo er schrieb, nicht mehr stand. Doch ist die Spur viel zu unsicher; denn eine natürliche Täuschung bestimmt uns oft Ortsverhältnisse, die sich gleich bleiben, mit in die Vergangenheit einer· That hineinzuziehen. Der Satz: Bethania war damals, als Lazarus erweckt wurde, fünfzehn Stadien von Jerusalem entfernt, schließt den andern Gedanken nicht aus, daß beide Städte noch jezt in gleicher Entfernung von einander liegen. Jedenfalls wird die Beweiskraft dieser Stelle durch eine andere **V**, 2 aufgehoben: ἔστι δὲ ἐν τοῖς Ἱεροσυλύμοις κολυμβήϑρα. Hier spricht der Berichterstatter so, als ob Stadt und Teich noch stünden. Allein Derjenige befindet sich nicht auf sicherem Boden, der hieraus allein beweisen will, daß Johannes vor der Zerstörung schrieb. Denn recht gut könnte der Evangelist in dem Augenblick, wo er die Worte hinwarf, sich den Vorfall so lebendig vergegenwärtigt haben, als ob der Teich vor ihm stünde; vielleicht mochte er auch den Teich troz der Zerstörung als unversehrt denken, denn die Trümmer Jerusalems wurden auch nachher — nur nicht von Juden — bewohnt. Außerdem heben beide angeführte Stellen einander auf, sie beweisen also Nichts. Entscheidend scheint mir dagegen **XI**, 48, wo die Juden sprechen: ἐὰν ἀφῶμεν αὐτὸν οὕτω, πάντες πιστεύσσωσιν εἰς αὐτὸν, καὶ ἐλεύσονται οἱ Ῥωμαῖοι, καὶ ἀροῦσιν ἡμῶν καὶ τὸν τόπον καὶ τὸ ἔϑνος. Ich habe oben bewiesen, daß hier, wenn je sonst anderswo, reine Historie uns entgegen tönt, und gewiß haben die Priester damals ähnliche Befürchtungen ausgesprochen, aber keine so fürchterliche von Ausrottung des Volks, von Vernichtung der heiligen Stadt, was doch in den Worten liegt. Ich fühle aus denselben heraus, daß Johannes hier eine eigene spätere Erfahrung, den Untergang Jerusalems, auf seinen sonst ganz getreuen Bericht einwirken läßt. Er wußte, daß messianische Rasereien Jerusalem unter Titus zum Falle gebracht hatten, und trägt diese Thatsache unwillkürlich auf jene früheren

Zeiten über. Im wirklichen Rathe mögen die Priester etwa gesagt haben: lassen wir Jesum gewähren, so erfolgt ein Aufruhr, und der wird uns vollends um den lezten Schatten von Unabhängigkeit bringen. Dieß übersezte dann Johannes gemäß dem spätern Erfolge einer messianischen Empörung. Also aus dem vierten Evangelium selbst geht hervor, daß es nach Zerstörung der heiligen Stadt verfaßt worden ist. Aber wo? Die Antwort hierauf finde ich in den Stellen XI, 49 u. XVIII, 13. Bereits oben wurde gezeigt, wie aus beiden Versen hervorgehe: entweder daß der Verfasser des vierten Evangeliums gar kein Kenner jüdischer Zustände, und demnach auch kein Augenzeuge der Begebenheiten war, welche er beschreibt, oder daß anzunehmen sey: derselbe habe — obgleich ein geborner Jude und Augenzeuge — nach der That viele Jahre in einer fremden Stadt zugebracht, die unter einer jährlich wechselnden priesterlichen Obrigkeit stand, und sich ganz in die Verhältnisse der neuen Heimath hineingelebt, also daß er, wie es uns immer in solchen Fällen geht, frühere Zustände mit den jetzigen vergleichen und durch sie erklären mochte. Die erstere Annahme ist aber aus vielen sehr gewichtigen Gründen, die ich in den vorangegangenen Abschnitten entwickelte, durchaus unstatthaft, folglich bleibt nur die zweite übrig. Nun kennen wir im vordern Asien oder auch in Europa damals keine andere Stadt, welche unter jährlich wechselnden priesterlichen Obrigkeiten stand, als Ephesus, den Siz der Asiarchen, und eben in dieses Ephesus verlegt die kirchliche, sehr beglaubigte Ueberlieferung sowohl die zweite Heimath des Johannes, als auch die Abfassung des vierten Evangeliums. So schön kommt, wie bei einer wohlgelösten mathematischen Aufgabe, jede denkbare Probe heraus, und harmonisch reiht sich Alles an einander. Jezt will ich ein kühnes Wort aussprechen, für welches ich jedoch einstehe, es lautet so: daß man bisher die Aechtheit des vierten Evangeliums vielfach bezweifelte, darf nicht auffallen, denn von Metaphysikern wurde dasselbe meist angegriffen., und gewöhnlich

auch mit metaphyſiſchen Gründen vertheidigt. Wer aber jezt
noch, nachdem das nöthige hiſtoriſche Licht über die Frage aus=
gegoſſen iſt, das vierte Evangelium für ein Machwerk und für
unterſchoben erklärt, dem ſage ich ins Geſicht, daß er unter
dem Hute nicht bei Troſte ſey, und rathe ihm ernſtlich, fürder
mit deutſcher Metaphyſik ſich abzugeben, in Geſchichte aber —
manum de tabula — ſich nicht zu miſchen. Das Werk des
vierten Evangeliſten iſt nicht nur ächt, ſondern er hat ſeine
Aufgabe ſo gut gelöst, als nur immer erwartet werden konnte.
Wenn man bedenkt, welch' langer Zeitraum zwiſchen der That
und der Beſchreibung liegt, wenn man ferner erwägt, welch'
ungeheure Verſuchung Johannes zu überwinden hatte, um nicht
jüdiſche Vorurtheile, die ſeinem eigenen Herzen höchſt theuer
waren, die ihn tauſendfältig in der Perſon ſeiner Glaubens=
genoſſen umflutheten, maſſenhaft in ſeine Darſtellung einfließen
zu laſſen, ſo muß man auch zugeſtehen, nur der Jünger, der
an Jeſu Bruſt lag, und mehr als die Uebrigen in das Innere
des Erlöſers blicken durfte, konnte ein ſo treues Bild von
unſerem Herrn entwerfen. Das vierte Evangelium iſt und
bleibt die Perle der chriſtlichen Kirche des neuern Europa,
welcher in Folge vieler Umſtände, die nicht von uns abhängen,
deren Nahen aber Chriſtus prophetiſch vorausſah, jenes jüdiſche
Beiwerk unſeres Glaubens unerträglich zu werden beginnt: ein
Beiwerk, das nicht auf Veranſtaltung unſeres Herrn, aber
doch von Ihm um höherer Zwecke willen geduldet, den rei=
nen Kern des Chriſtenthums für eine gemeſſene Zeit um=
wickelt hat.

Ja dieß Evangelium iſt das Kleinod und die Grund=
ſäule der chriſtlichen Gemeinſchaft in ihrer jetzigen Entwick=
lung, gerade ſo wie das Werk der drei Synoptiker dem
Chriſtenthum der verfloſſenen Jahrhunderte als Strebepfeiler
diente. Jedes der vier heiligen Geſchichtbücher werde geſchäzt
nach ſeinem eigenthümlichen Werthe, nach dem Segen, den
es der Kirche brachte. Weil einſt der jüdiſche Staat auf die

Religion gegründet war, weil derselbe fortwährend von äußeren
Feinden bedroht wurde, weil deßhalb innere Ruhe und Festig=
keit zu seinen höchsten Bedürfnissen gehörte, endlich weil diese
Güter nur durch die Religion, die Stütze des Staats, gesichert
werden konnten, wurde ein unüberschreitbarer Damm der
Ehrfurcht und des Schreckens um die heiligen Bücher des
Volkes gezogen. Die Behauptung kam auf, daß Gott selbst,
oder sein heiliger Hauch, dieselben ihren Verfassern eingegeben
habe. Der Zweck dieser Lehre ist klar: jeder Wechsel in
Glauben und Kirche sollte dadurch unmöglich gemacht, die
Wurzel des Volkslebens vor den Eingriffen neuernder Ehr=
sucht bewahrt werden. Doch gelangte das Judenthum dem
vorgesteckten Ziele nur ganz nahe, vollkommen erreicht wurde
dasselbe nicht, indem die Lust zur Neuerung vielfach unter
dem Deckmantel der Auslegung einschlich, so strenge auch sonst
die Lehrer Eingebung der heiligen Bücher durch den Hauch
Gottes mit dem Munde behaupteten. Von den Juden kam
dieselbe Lehre zu den Christen herüber und wurde bald auf
die Schriften des neuen Bundes übergetragen. Die Veran=
lassung dazu war ähnlicher Art. Im Laufe des zweiten
Jahrhunderts erhoben sich mit dem Aufblühen der christlichen
Gesellschaft eine Menge Ketzer, deren vielfältige Meinungen
die Kirche in so viele einzelne Bruchstücke aufzulösen drohten,
als es Lehrer gab. Die Gefahr der Zersplitterung war groß,
wurde aber von den Katholiken dadurch überwunden, daß sie
der Neuerungssucht mittelst unserer kanonischen Evangelien
einen festen Damm des Glaubens entgegenwarfen. Gieseler
hat in seiner trefflichen Schrift bewiesen, daß es der Kampf
gegen die Ketzer war, der die allgemeine Verbreitung und An=
erkennung der vier Evangelien herbeiführte. Es lag daher
in der Nothwendigkeit der Dinge, daß man jenen Schriften
ein gleich geheiligtes Ansehen zuschrieb, wie die Juden den
Büchern des alten Testaments. Das Papstthum hielt in
der Blüthe seiner Macht diese nöthige und nützliche Lehre

aufrecht, auch die Reformation durfte ihr nicht zu nahe treten, denn hätte sonst die Polemik nicht allen festen Boden verloren? aber dem prüfenden, zersetzenden Eifer des 18ten und 19ten Jahrhunderts ist sie allmälig unterlegen. Doch gibt es noch immer Kirchenlehrer genug, welche, wiewohl mit Umschweifen und Einschränkungen, behaupten, Gott selbst habe vermittelst seines heiligen Geistes die drei Evangelien dem ersten, zweiten und dritten Synoptiker eingegeben, und vermöge seiner Allmacht verhindert, daß kein irrthümlicher Zug in dieselben einschleichen konnte. Die Weltgeschichte hat bewiesen, daß in der christlichen Kirche wirklich ein heiliger Geist lebt, das heißt, eine vom Stifter herrührende Fähigkeit — ein Erbtheil Seiner Kraft — durch welche die Gemeinschaft der Christen in Stand gesezt wird, auch unter veränderten Umständen dem Plane des Stifters nachzuleben, wenigstens nach kürzeren oder längeren Schwankungen darauf zurückzukommen. Nie ist das heilige Feuer ganz erloschen, und auch aus der ärgsten Verderbniß heraus hat sich die Kirche jedesmal wieder erhoben, denn immer lieferte das christliche Volk, besonders aus den Reihen der Geistlichkeit und der Mönche, kühne, begeisterte Zeugen, welche ihr Blut für die Sache des Herrn zu vergießen bereit waren. Es fehlt auch sonst nicht an ähnlichen Erscheinungen. Bis auf den heutigen Tag dauert der Geist fort, welchen Moses seiner Nation einhauchte, und 500 Jahre lang erhielt sich im spartanischen Staate die Schöpfung, gleichsam die Seele Lykurgs, welche die Natur selbst überwand, und den Müttern die Kraft verlieh, ihren ins Feld ziehenden Söhnen zuzurufen: entweder mit dem Schilde oder auf dem Schilde! Doch ward neben gleicher Freiheit und Milde solche zähe Lebenskraft noch nie gesehen, wie die ist, welche die christliche Kirche oder der heilige Geist in ihr aufzuweisen hat. Aber von einem heiligen Geiste, der Bücherschreibern oder unbekannten Schriftstellern Worte in die Feder sagen und sie hindern soll, unhistorische Züge in ihre Darstellung zu mischen, weiß weder die Geschichte noch der gesunde Menschenverstand. Der Zweck, welcher der Behauptung eines solchen untrüglichen, Schrift= steller vor allem Irrthum bewahrenden Geistes vorschwebt, ist, so viel mir bekannt, nur dadurch erreichbar, daß gleich nach der That ein möglichst urkundliches und beglaubigtes Gemälde der heiligen Begebenheiten abgefaßt wird. Wollte Christus Etwas der Art verwirklichen, so mußte Er selbst eine möglichst bündige Darstellung seiner Lehre aufsetzen, oder Sein Leben, Seine Thaten, wie Cäsar und Andere, selbst be= schreiben, und weiter seinen liebsten Schülern den Auftrag geben, Das, was Er in eigener Person nicht durch die Schrift verewigen konnte, wie seine lezten Schicksale, seinen Tod, gleich nach dem Erfolg mit größter Genauigkeit jener Ge= schichte beizufügen. Aber Nichts hat Er in diesem Sinne gethan noch geboten, und doch werden wir hoffentlich zuge= stehen, daß Christus schreiben konnte, und doch wissen wir, daß Er die ferne Zukunft im Auge hatte, und folglich auch der einstigen Kirche die nöthige Kunde Seines Wirkens und Lehrens sichern wollte. Wir müssen demnach annehmen, daß Er den Zweck, zu dessen Gunsten die spätere Glaubenslehre den Artikel von göttlicher Erleuchtung der Evangelisten und der Anderen erfand, gar nicht oder nicht in dem vorausge= sezten Umfange erreichen wollte. Die Stelle Joh. XVI, 12 gibt uns Aufschluß über dieses Geheimniß: „ich hätte Euch noch Vieles zu sagen, aber 'Ihr könnt es jezt nicht ertragen. Wenn aber Jener kommt, der Geist der Wahrheit, so wird Euch der in alle Wahrheit leiten" u. s. w. Hierin liegt, wie wir schon oben zeigten, erstens der wichtige Satz, daß Christus, um höherer Gründe willen, augenblickliche Irr= thümer seiner Schüler duldete, zweitens der andere noch er= habnere, daß die volle Erkenntniß seines Werkes der Zukunft angehöre, d. h., weil dem Wirken des Paraklets oder des Geistes der Wahrheit keine Gränzen gesteckt sind, daß jene Er= kenntniß eine unendliche sey, aber unendlich wohlverstanden nur im Bereiche des Geistes, der von Christo ausgeht, das ist innerhalb der Kirche. Es darf nicht der nächste beste ehrgeizige Tropf kommen und sagen: ihr Alle habt bisher den Kern und eigentlichen Geist des Christenthums nicht geahnt; her zu mir, ich will euch die große Entdeckung lehren! sondern jeder wahre Fortschritt der Erkenntniß muß sich aus der christlichen Ueberlieferung, aus den heiligen Büchern bündig rechtfertigen und begründen lassen. Der Stifter unsers Glaubens hat also seine Aufgabe ungleich höher gestellt, als die Vertheidiger der Inspirationslehre sich träumen lassen. Nicht all sein inneres Schauen konnte Er damals offenbaren, dafür verheißt Er ewig zunehmende Erkenntniß. Seine Kirche ist keine starre, abgeschlossene Anstalt, sondern ein lebendiges Gewächs, das sich unsterblich fortpflanzt und immer neue Blüthen treibt; sie hat der ewig jugendlichen Natur ihr Geheimniß abgelauscht. Bei dieser Beschaffenheit mußte sie aber auch menschliche Irrthümer dulden. Wenn Christus zu den Jüngern, die doch Er selbst erkoren und unterrichtet hat, am Ende seiner Laufbahn sagt: ihr könnet nicht Alles ertragen, und dadurch zu verstehen gibt, daß Er einige ihrer Irrthümer augenblicklich nicht zerstören wolle noch könne: wieviel mehr gilt Dieß dann von den Synoptikern, welche nicht zum Kreise der Apostel gehörten, nicht den persönlichen Unterricht des Herrn genossen hatten?

Die Sache ist auch aus anderen Gründen klar. Soll eine Schöpfung höherer Art sich dauernd unter den Menschen ansiedeln, so muß sie sich unserer Eigenthümlichkeit annähern, so weit es immer möglich ist, ohne daß sie ihre eigene höhere Natur aufgibt; sie muß also Gewand und Charakter des Jahrhunderts anziehen, sich des ganzen Menschen bemächtigen, folglich auch in seinen Leidenschaften und Interessen Wurzel treiben. Der theuerste Gedanke des Volks, unter dem Christus erstand, war der Glaube an die nahe bevorstehende politische Erhebung Israels durch die Hand des Messias, an die

Errichtung eines ewigen Weltreichs. Auf diesen Glauben weist Christus mit den Worten hin: ich hätte Euch noch Vieles zu sagen, aber Ihr möget es jezt noch nicht ertragen. Er wollte ihn nicht zerstören, weil derselbe für eine gemessene Zeit der Boden bleiben mußte, aus welchem die neue Kirche allein Schutz und Trost gegen die nahende Verfolgung ziehen konnte. Derselbe Glaube füllt jede Seite der synoptischen Evangelien. Ein Wahn ist er, doch ein unschädlicher, den die Zeit allmälig enttäuschte. Aber glaubt ihr, daß die ersten Geschlechter des christlichen Volks so große Entsagung und Ausdauer bewiesen hätten, wenn nicht die allerdings irrthüm= liche Hoffnung, Christus könne jeden Tag aus den Wolken herniedersteigen und die Seinigen zu Glanz und Ehren er= heben, ihnen übermenschliche Kräfte verlieh? Sie war die Stürme abwehrende Mauer, welche dem jugendlichen Gewächs der neuen Kirche erlaubte, allmälig zu erstarken. Mit dem sehr scharf ausgeprägten chiliastischen Elemente ist auch zu= gleich der erste Same künftiger Hierarchie in die synoptischen Evangelien eingedrungen. Denn man merke wohl, der römische Stuhl, eine Anstalt von so unendlicher Wichtigkeit, und bis zur Reformation auch von außerordentlichem Nutzen für die Menschheit, hat seine Ansprüche von Jeher nur auf die Sy= noptiker begründet. Aber wähnt ihr, das Schiff der Kirche wäre ohne diese Waffe und treffliche Brustwehr durch die Brandung des spätern römischen Kaiserreichs, durch die Trüm= mer einer ersterbenden Welt so sicher durchgesteuert, — sie allein lebenskräftig mitten unter Todten und die Keime einer bessern Zukunft in ihrem Schoße tragend — wähnt ihr, sie hätte die unverdorbenen Söhne des Urwaldes, die schon in Augusts Tagen auf die Thore des römischen Zwingers Sturm zu laufen begannen, diese kerngesunden Stämme, denen die Vorsehung eine wichtige Rolle angewiesen hat — denn wir Germanen sind auch für Etwas bei Gründung der christlichen Kirche — so ganz zur rechten Zeit in ihren Kreis gezogen, wenn sie nicht jene feste Verfassung besaß? Sobald der Geist des Himmels mit dem der Erde sich vermählt, so muß jener nothwendig auch gröbere irdische Stoffe annehmen. Wohl ihm, wenn es nur solche sind, welche der Psyche zum nothdürftigen Kleide dienen, wenn sie nicht der Schlingpflanze gleichen, welche das Mark des Baumes aussaugt. Und wirklich sind die Elemente, welche die Stiftung Jesu aus der äußern Umgebung an sich zog, meist nur von ersterer Art gewesen. Der jüdisch-messianische Wahn war so tief in die Fasern des ersten Jahrhunderts eingedrungen, daß man ihn nicht ausreißen konnte, ohne dem damaligen Geschlechte zugleich den Hebel der Thatkraft zu nehmen, also blieb Nichts übrig, als ihn der Kirche dienstbar zu machen. Dieß ist geschehen, und zwar hauptsächlich durch die synoptischen Evangelien. Freilich hätten, weil sie durch die Art ihrer Entstehung dem Irrthum zugänglich waren, nicht bloß der Geist der Zeit, sondern auch persönliche Verkehrtheiten ihrer Verfasser, zum größten Nachtheil der Kirche, in sie einschleichen können, aber diese Gefahr wurde glücklich abgewendet. Denn man merke wohl, alle drei sind nicht das Werk eines Einzelnen, sondern der Sage, folglich die Frucht der gemeinsamen Ansichten des christlichen Volks, sie haben sich überdieß allmälig in dem Lande gebildet, das zugleich die Wiege des Stifters war; nur der Geist des Jahrhunderts beherrscht sie, daher mögliche Irrthümer eines einzelnen Verfassers keinen Raum fanden. Hätte Christus ein Evangelium selbst geschrieben, oder sogleich nach der That durch seine Apostel möglichst urkundlich schreiben lassen: die Lehre wäre damals zu rein, zu ätherisch gewesen; so aber brach sich das himmlische Licht, zu seinem eigenen Vortheile, in den Strahlen der Zeit. Kurz, wie in der Kirche Nichts ohne Vorsehung ist, so auch besonders die drei synoptischen Evangelien. Sie sind gerade wegen der fremdartigen Beimischung, welche sie enthalten, für die frühere Kirche so wohlthätig gewesen, als das vierte für die jetzige.

Nur beim ersten oberflächlichen Anblick erscheint die historische Unsicherheit der Synoptiker als ein Mißton, im Lichte der Geschichte besehen, löst derselbe sich in Harmonie auf. An der Hand dieser sichern Führerin wollen wir noch einen Blick auf die Umstände werfen, welche der Stiftung der Kirche vorangingen, sowie auf die Natur des Bodens, in dem sie ihre ersten Wurzeln trieb. Es ist ein Satz, der sich von selbst versteht, daß ein Ereigniß, welches so ungeheure Folgen gehabt hat, wie das Christenthum, von Ferne her vorbereitet gewesen seyn müsse; denn so mächtige Größen entstehen nicht in Einem Tage. Wir müßten die ganze Geschichte vor Christus durchgehen, wollten wir jede einzelne Ursache nachweisen, welche auf die Gründung unserer Kirche Einfluß geübt; deßhalb wollen wir uns auf die wichtigsten, in die Augen fallendsten beschränken. Ich sage nun, eine der bedeutendsten Begebenheiten, die aus weiter Ferne her der christlichen Kirche ihren künftigen Boden zurüsteten, war der Heereszug Alexanders, des Macedonen, nach Asien. Die beiden Welttheile hatten damals ihre Eigenthümlichkeit vollkommen ausgeprägt: hier in Europa die Kunst des Eisens, d. h. die Kriegführung, sonst ein Werk der Rohheit und thierischen Körperkraft, nach den Regeln der reinen Mathematik ausgebildet, von der Wissenschaft beherrscht, und deßhalb der Bildung dienstbar, dabei bereits so vollendet, daß die Macedonen, ihrer 20,000 Mann, sich auf die Hunderttausende der Barbaren stürzten und sie wie Spreu auseinander warfen, außerdem der scharfe politische Verstand, welcher Staatseinrichtungen wie Stahl zusammenschmiedet, daß sie, Freiheit und Herrschaft vereinigend, eine zähe Dauer gewinnen: dort dagegen in Asien aus dem grau'sten Alterthum, aus der Wiege unsers Geschlechts überlieferte Ahnung des Unendlichen, des Bandes zwischen Menschen und Gott, aber formlos, ohne Thatkraft gegen Außen. Es war die wohlbewußte Absicht des jugendlichen Eroberers, den Orient und

Occident mit einander zu vermählen, europäischen Schwung
auf asiatische Phantasie und Fruchtbarkeit zu impfen: gewiß
ein kühner und seines Lehrers Aristoteles, wie des Schülers,
gleich würdiger Gedanke. Alexander hat für einen Höheren
gearbeitet. Durch seine Eroberungen wurde nicht nur die
griechische Sprache von Syrien, Judäa, bis ins fernste Morgenland einheimisch, und die dortige Weisheit gewann ein
Organ, um mit Europa und dem Westen sich zu verständigen,
sondern die asiatischen Religionslehren nahmen zugleich in
dem großen Mittelpunkte geistigen und gewerblichen Verkehrs,
den er in Alexandrien gegründet, griechische Beweglichkeit
und Schöne an, welche sie aller Welt zugänglich machte. Die
zweite große Zurüstung für die Kirche war Roms Macht.
Das Alterthum kannte die Idee einer großen, neben einander
wohnenden Staatenfamilie nicht; ewiger Krieg herrschte unter
allen Staaten, jeder suchte den andern zu verschlingen; zuletzt
gewann der stärkste, Rom, die Oberhand. Es entstand, allerdings unter fürchterlichen Gräueln, eine Weltmonarchie, aber
die Besiegten durften sich mit Recht nicht beklagen, denn
jeder von ihnen hätte es, wenn es ihm nicht an Kraft ge-
brach, eben so gemacht. Ihrer übermüthigen, auf das Verderben des Nächsten berechneten Selbstständigkeit beraubt,
wurden die Völker irre an ihren Göttern, in denen sich ihr
Nationalstolz verkörpert hatte, und weil der schlimme Stand
politischer Verhältnisse dem persönlichen Ehrgeize wenig er-
freulichen Spielraum verhieß, mußte der Mensch, mit Gewalt
von der Außenwelt zurückgestoßen, sich in das Innere seiner
Seele flüchten: eine Stimmung, welche sich in dem Aufkommen
von allerlei Philosophieen deutlich aussprach, und noch mehr,
welche dem Christenthum sehr günstig war. Hiezu kam noch,
daß die Kirche, wegen der unermeßlichen Ausdehnung des
römischen Reichs, überallhin sich verbreiten konnte; kein Schlag-
baum hielt sie von irgend einer Provinz ab, keine politische
Nationalität schloß sie von dem oder jenem Gebiet aus —

alle Welt diente ja dem Einen Herrn zu Rom, der, weil er gar zu viel übersehen mußte, sich lange nicht um Dinge, die ihm eine Kleinigkeit schienen, wie eine neue Religion, oder wie man auf dem palatinischen Berge sagte, ein neuer Aber= glaube, bekümmern konnte, bis die anfängliche Kleinigkeit zu einer unwiderstehlichen Macht angeschwollen war.

Dieß sind die augenfälligsten Ursachen, welche die rasche Blüthe der christlichen Kirche vorbereiteten. Man verstehe mich wohl, ich will damit die Ausbreitung der Kirche er= klären, keineswegs das Werk und die Idee des Stifters selbst, denn leztere reicht weit über politische Dinge hinaus und stammt aus einem andern Urquell. Indeß, wenn auch jene Umstände das schnelle Wachsthum der Kirche begreiflich machen, bleibt das erste Entstehen der neuen religiösen Gesellschaft immer dunkel. Was half es, ob der Herr auch lauter Worte ewiger Wahrheit verkündigte, und selbst der höchste Prophet war: fand Er keinen weitern Kreis von Anhängern, die sich eine Verfassung gaben, und immer mehr Boden nach allen Seiten zu gewinnen trachteten, so entstand doch keine Kirche daraus, sondern nach einem Menschenalter erlosch der Funke, aus Mangel an Nahrung, wieder. Nichts ist so schwierig, als der Anfang einer festen Gesellschaft, einer Gemeinde; ist sie einmal erstarkt, so dehnt sie sich oft durch die eigene Schwere aus. Tantae molis erat, romanam condere gentem, singt Virgil. Viele einzelne Schneeflocken treibt der Wind in den Hochalpen vom Boden weg, aber sehr wenige ziehen andere an sich, werden zum Knäuel, zum Ballen, zulezt zur riesigen Lawine, welche die Thäler anfüllt. Ich will ohne Bild sprechen. Schmerzlose Entsagung, duldender Gehorsam, Liebe für Alle gehört zum Kern des Christenthums. Aber diese Eigenschaften sind dem Menschen keineswegs natürlich, da er von Haus aus mehr vom Löwen und der Schlange, als der sanften Taube an sich trägt. Dennoch fand die Lehre Jesu troz diesen, dem natürlichen Menschen so verhaßten Forderungen schon

zu den Lebzeiten des Stifters, noch mehr aber nach Seinem
Tode, bei sehr vielen Juden Anklang. Muß man nicht hier=
aus den Schluß ziehen, daß unter dem israelitischen Volke
schon zuvor eine eigenthümliche Richtung und Lebensansicht
Eingang gefunden hatte, die mit der christlichen in mancher
Berührung stand? — Weiter, Nichts ist nothwendiger zum
Gedeihen jeglicher Gemeinschaft, als eine gute Verfassung.
Wo es kein Oben und kein Unten, nicht Haupt und Glieder
gibt, da kommt — mögen sonst auch noch so treffliche Ideen
vorhanden seyn — nichts Bleibendes heraus. Wir haben
keine Spur, daß Christus selbst seiner Kirche eine Gliederung
gab, ohne Zweifel, weil Er es als natürlich einsah, daß Seine
Jünger, sobald das Bedürfniß eingetreten wäre — was erst
nach seinem Tode stattfand — eine bereits bestehende Verfassung
zur ihrigen machen würden. In der That sehen wir auch,
gleich nach seinem Hingange, eine vollständige Organisation,
Presbytern oder Bischöfe, Diakone, große Gewalt der Apostel
und sogar den Vorrang Eines derselben, des Petrus. Kurz,
in einer Gesellschaft, die sonst ein sehr lebendiges Gefühl
für die natürliche Gleichheit und Freiheit aller Menschen
verräth, tritt uns von vorne herein Abstufung, Unterordnung,
Gehorsam entgegen. Muß man nicht nothwendig schließen,
daß hier auf etwas Früheres fortgebaut worden sey? Nun
in einer damals sehr hochgeachteten jüdischen Sekte, den
Essenern, finden wir die vorausgesezte Richtung und Lebens=
ansicht, sammt der Gesellschaftsverfassung, und es ist daher
kein Wunder, daß längst klare Köpfe einen geheimen Zusam=
menhang zwischen unsrer Kirche und dem Essäismus geahnt
haben. Gleichgestimmte suchen sich überall; wäre es nicht
unbegreiflich, wenn Christus sich von den essenischen Grund=
sätzen, die gewiß in vielen Stücken mit den Seinigen zusam=
mentrafen, nicht angezogen gefühlt hätte, wenn Er diesen
merkwürdigen Orden ganz unbeachtet ließ? Wahrlich, hätte
Er diese Nachlässigkeit begangen, so verdiente Er nicht an

der Spitze einer so großen Bewegung zu stehen. Wer den nächstliegenden Baustoff einer neuen Schöpfung nicht zu benutzen weiß, den kann nur blinder Zufall zu einer bedeutenden Person machen. In der That ist die Aehnlichkeit zwischen essenischem Leben und Lehre und der christlichen so groß, daß der Geschichtschreiber unsrer Kirche, Eusebius, *) in dem Bilde, welches Philo von den ägyptischen Essenern oder den Therapeuten entwirft, christliche Mönche zu erkennen glaubt. Dennoch wurde der helle Schein historischer Wahrheit in diesem Punkte, wie in so vielen anderen, von der neueren Theologie verworfen, mißhandelt, und wenn sie es nur vermocht hätte, auszulöschen versucht. Zwei Hauptgründe wirkten auf diesen armseligen Widerstand ein; erstens fürchteten sie, Jesu hohe Persönlichkeit möchte verlieren, wenn man zugestehe, daß Er von Anderen Etwas gelernt habe. Aber es handelt sich ja gar nicht darum, Jesu eigenste Richtung, Seine Ideen zu erklären, sondern den Zusammenhang der von ihm gestifteten Kirche mit früheren Zuständen, einen Zusammenhang, der sehr viel zum schnellen Aufblühen der Kirche beitrug, nachzuweisen. Weiter haben jene Menschen eine natürliche Abneigung gegen Alles, was wahre Historie ist; der heitere, reine, freie aber auch scharfe Geist, welcher durch den edlen Dom der Geschichte weht, ist ihnen zuwider, wie Schwindsüchtlern die Luft auf den Hochalpen, welche der gesunde Sohn des Gebirgs mit gieriger Wonne einsaugt. Hiezu kommt noch der lähmende Einfluß der Trägheit. Die lautesten Schreier in der Theologie haben nicht Einen Vater ganz gelesen, geschweige daß sie die alte christliche Ueberlieferung ordentlich kennen. Freilich ist es auch leichter, allerlei Theorien, Träumereien, Tiefsinnigkeiten und Weibergeschwätz auf die christliche Glaubenslehre anzuwenden, als mit den Quellen in der Hand ein wahres, zusammenhängendes Bild der ältesten

---

*) II. Buch der Kirchengesch. 17. Kap.

Zustände unserer Kirche zu entwerfen. Doch wozu verschwende ich noch Worte!

Zur Sache. Der essenische Orden theilte sich in Jesu Christi Tagen in zwei Zweige. Es gab Essener, welche die Ehe gänzlich verwarfen, und sich ihr Leben lang körperlicher Keuschheit befleißigten; es gab aber auch andere, welche die Ehe, jedoch nicht zum Genuß, sondern bloß der Kinderzeugung wegen gestatteten. Die ehelose Partei lebte in der Wüste um das todte Meer, klösterlich, die verheirathete in den Städten; jene hatte nur gemeinsames Eigenthum, diese nothwendig auch gesondertes, da Familienleben ohne Privateigenthum nicht denkbar ist. *) Da die Essener sehr genau den späteren christlichen Orden gleichen, so können wir eine Benennung aus dem Kreise dieser mit gutem Fuge anwenden und sagen, es sey bei den Essenern eine Brüderschaft strenger, und eine andere milder Regel bestanden. Nun mit dem ersten oder dem andern Zweige dieses Ordens stand die Kirche in sehr inniger Verbindung. Ich beweise meinen Satz folgendermaßen. Erstlich sagt Josephus mit dürren Worten, daß sich das jüdische Volk zu seiner Zeit in drei Sekten: der Pharisäer, Sadduzäer, Essener getheilt habe. Jeder gebildete Jude nahm für die eine, oder die andere Sekte Partei. Nun zieht sich durch die Evangelien ein sehr bitterer und entschiedener Kampf gegen die Sadduzäer und Pharisäer hindurch; die Essener dagegen werden im neuen Testamente gar nicht genannt. Das ist schon für sich allein ein unumstößlicher Beweis, daß die älteste Kirche sich als eine Schwester des essenischen Ordens betrachtete, und die Essener als ihre eigene Partei behandelte. Wenn ich z. B. weiß, daß in irgend einem Lande nur Protestanten, denen die damaligen Sadduzäer, Katholiken, denen die Pharisäer, und endlich

---

*) Statt die Beweisstellen aus den alten Quellen selbst anzuführen, begnüge ich mich auf meine Schrift über Philo zu verweisen, wo sie entwickelt sind, namentlich II, 300 flg.

Myſtiker, denen die Eſſener entſprechen, gelebt haben, und ich finde eine Schrift aus selbigem Lande, in welcher Proteſtanten und Katholiken auf gleiche Weise verdammt, Myſtiker aber nicht mit Namen genannt werden, so schließe ich mit großer Zuverſicht, daß der Verfaſſer jener Schrift ſelbſt Myſtiker war und ſich zur Partei derſelben hielt. Zweitens, die chriſtlichen Dogmen zerfallen in ſolche, welche ſich auf die eigenſte Perſönlichkeit Jeſu Chriſti, namentlich auf ſeinen Opfertod beziehen, und dann in die große Klaſſe derer, welche wir mit den damaligen Juden theilen. Wohlan! alle Glaubensſlehren lezterer Art ſind uns mit den Eſſenern gemeinſchaftſlich. Ich glaube dieſen wichtigen Satz in dem erſten Theile des vorliegenden Werks handgreiflich bewieſen zu haben. Drittens werden einige der nächſten Anhänger des Erlöſers in ſicheren Quellen unzweifelbar als Eſſener geſchildert. Euſebius theilt im zweiten Buche ſeiner Kirchengeſchichte Kap. 23 folgendes Bruchſtück aus einer verloren gegangenen Schrift des Hegeſippus, des älteſten chriſtlichen Hiſtorikers mit: „Zugleich mit den Apoſteln regierte die Kirche (zu Jeruſalem) Jakobus, der Bruder des Herrn, der bei Allen von Chriſti Tagen an bis Heute den Beinamen der Gerechte erhielt. Viele andere hießen nämlich ebenfalls Jakobus (weßhalb man ihn vor dieſen durch den Beinamen auszeichnen mußte). Dieſer Jakobus war von Mutter Leibe an (dem Herrn) heilig. Wein und ſtarke Getränke koſtete er nicht, noch aß er Fleiſch. Ein Scheermeſſer ging nie über ſein Haupt. Mit Oel ſalbte er ſich nie, noch brauchte er ein Bad:" ἔλαιον οὐκ ἠλείψατο καὶ βαλανείῳ οὐκ ἐχρήσατο. Jakobus wird hier in den erſten Sätzen zum Naſiräer, in dem lezten aber eben ſo beſtimmt zum Eſſener geſtempelt. Denn es war die hervorſtechendſte Eigenthümlichkeit des eſſeniſchen Ordens, daß ſeine Mitglieder nie Oel berührten, nie den bloßen Leib mit Waſſer wuſchen. So verſtehe ich nämlich die Worte βαλανείῳ οὐκ ἐχρήσατο. Jn den nächſten Sätzen wird Jakobus

auf eine sehr dunkle Weise zum jüdischen Hohenpriester ge=
macht, sofern es ihm allein erlaubt gewesen sey, das Heilig=
thum zu betreten. Mißverstandene Allegorien über ein geisti=
ges Heiligthum, das er allein wegen seiner Heiligkeit im
Gebete betrat, scheinen mir zu Grund zu liegen. Aus dem
verlornen Werke des Hegesippus hat, wie mir däucht, gleich=
falls Epiphanius eine ähnliche Nachricht entlehnt:*) »Neun=
zig Jahre alt starb Jakobus, der Bruder des Herrn, nach=
dem er sein Leben lang Jungfräulichkeit bewahrt. Kein
Scheermesser ging über sein Haupt, keine Bäder brauchte er,
aß kein Fleisch, noch zog er ein zweites Gewand an, sondern
er hatte immer nur ein einfaches, leinenes.« Lezteres Merk=
mal wird auch in dem Bruchstücke bei Eusebius hervorge=
hoben: οὐδὲ γὰρ ἐρεοῦν ἐφόρει ἀλλὰ σινδόνας, nur in
Leinwand, nicht in wollene Zeuge kleidete er sich. Abermal
ein auffallend an die Essener erinnernder Zug: denn diese
trugen weiße Leinwand ὀθόνη, daher Josephus von ihnen
sagt: λευχειμονεῖν διὰ παντὸς ἐν καλῷ τίθενται. **) Immer=
hin mögen falsche Elemente in diesem Zeugnisse des Hegesip=
pus liegen, aber gewiß auch wahre! Wie mochte die bloße
Sage darauf verfallen, dem Bruder des Herrn jene Scheue
vor Oel zuzuschreiben? Hier ist gewiß Wahrheit im Spiele.
Fast Dasselbe, was Hegesipp von Jakobus, berichtet nun Cle=
mens der Alexandriner von Matthäus. Im zweiten Buche
des Pädagogen, dem ersten Kapitel***) heißt es: Ματθαῖος,
ὁ ἀπόσολος, σπερμάτων καὶ ἀκροδύων καὶ λαχάνων ἄνευ κρεῶν
μετελάμβανεν, der Apostel habe nur Früchte und Gemüße,
kein Fleisch genossen. Ebenso hielten es die Essener. Ich
möchte endlich auch eine seltsame Angabe bei Epiphanius
nicht übersehen, der in der 29sten Kezerei †) sagt: „Anfangs

---

*) 78ste Kezerei Nro. 13.
**) Siehe meine Schrift über Philo II, 313 unten.
***) Opp. I, 174 unten.
†) Opp. I, 117 oben.

hießen alle Christen Nazaräer, doch hatten sie für eine kurze Zeit auch den Namen Jessäer, ehe zu Antiochien der Ausdruck Christianer aufkam." *Πάντες δὲ Χριστιανοὶ Ναζωραῖοι τότε ὡσαύτως ἐκαλοῦντο· γέγονε δὲ ἐπ' ὀλίγῳ χρόνῳ καλεῖσθαι αὐτοὺς Ἰεσσαίους, πρὶν ἢ ἐπὶ τῆς Ἀντιοχείας ἀρχὴν λάβωσιν οἱ μαθηταὶ καλεῖσθαι Χριστιανοί.* Der Argwohn liegt gerade nicht ferne, daß vielleicht Epiphanius in den Tag hinein fasele: was er hier wenigstens nicht zum Erstenmale thäte. Allein wie sollte er auf diese sonderbare Behauptung verfallen seyn! Allem Anschein nach hat er wohl einen ächten Ton vernommen, doch schwerlich ganz. Was ist der Sinn des Ausdrucks: *Ἰεσσαῖοι*? Epiphanius selbst leitet ihn in den folgenden Sätzen von Jesse, dem Vater Davids ab, aus dessen Geschlechte ja Jesus stamme. Gewiß eine unglückliche Vermuthung! Oder ist· der Name Jessäer von Jesu abgeleitet? Ganz natürlich scheint es, daß man die Anhänger des Gekreuzigten zuerst nach seinem persönlichen Namen Jesus, Jessäer, wie später nach dem Namen Seiner Würde „Christus" Christianer hieß. Aber dann sollte man in den Evangelien doch auch eine Spur hievon finden. Auch dürfen wir das doppelte Sigma und den Mangel des η nicht übersehen, zwei Anzeigen, welche der Ableitung von Jesus widerstehen, und sicherlich auch unsern Vater veranlaßt haben, lieber an Jesse als an Jesus zu denken. Ich finde es glaublicher, daß *Ἰεσσαῖοι* hier eine andere Form von *Ἐσσαῖοι* ist, und daß sich also bei Epiphanius eine dunkle Andeutung eines Verhältnisses erhalten hat, das aus anderen sonnenklaren Anzeigen sicher genug ermittelt werden kann. Wer eine bessere Erklärung weiß, mag sie an die Stelle der meinigen rücken.

Viertens, die älteste christliche Kirche theilt sehr viele Gebräuche mit den Essenern. Luc. IX, 3 und in den Parallelen spricht Christus zu den Aposteln, als Er sie aussendet: „Ihr sollet Nichts mit euch nehmen auf den Weg, weder

Stab noch Tasche, noch Brot, noch Geld. Es soll auch Einer nicht zwei Röcke haben. Und wo ihr in ein Haus getreten seyd, da bleibet, bis ihr wieder von dannen ziehet." Bei Matth. X, 10, und auch bei Lukas, aus Gelegenheit der zweiten Aussendung von 70 Aposteln, wird beigefügt: die wandernden Glaubensboten sollen auch keine Schuhe tragen, μηδὲ ὑποδήματα φέρειν. Markus erläutert (VI, 9) dieses sonderbare Verbot durch die Worte: ἀλλ' ὑποδεδεμένϑς σανδάλια, die Apostel sollen statt der Schuhe Sandalen tragen. Ich zweifle ob mit Recht, denn ὑπόδημα ist ein Ausdruck, der eben so gut Schuhe als bloße Sohlen umfaßt. Wollte vielleicht Christus, daß sie baarfuß gehen sollten? Dieß ist eben so wenig glaublich. Folglich bleibt Nichts übrig, als den Satz so zu verstehen: sie sollen keine Schuhe mitnehmen, außer denen, welche sie anhaben, das heißt kein zweites Paar zur Aushülfe. So verstanden, meint Christus Dasselbe, was Er mit den Worten μηδὲ ἀνὰ δύο χιτῶνας ἔχειν anordnet, nur den Einen Rock, den sie auf dem Leibe tragen, dürfen sie mitnehmen, keinen andern zum Abwechseln. Ich behaupte nun: diese Verse erhalten bloß durch eine Stelle bei Josephus ihr nöthiges Licht. Im zweiten Buche des Kriegs, dem 8ten Kapitel §. 4 berichtet nämlich der jüdische Geschichtschreiber von den Essenern: „Sie haben nicht bloß Eine Stadt inne, sondern in jeder wohnen Viele. Den Ordensbrüdern, die von auswärts herkommen, steht das Haus eines Jeden offen, wie das eigene, sie gehen deßhalb auch zu solchen Genossen der Gesellschaft, welche sie früher nie sahen, so ein, als wären diese (Unbekannten) ihre nächsten Verwandte. Darum nehmen auch die Essener kein Bedürfniß irgend einer Art mit auf den Weg; nur Waffen tragen sie (zuweilen) wegen der Räuber. Auch ist in jeder Stadt von dem Orden ein Verwalter wegen der Fremden aufgestellt, welcher denselben Kleider und andere Bedürfnisse reicht. — Sie wechseln weder Kleider noch Schuhe, bis beide ganz zerriſſen und abgenüzt ſind. Auch kaufen und verkaufen ſie Nichts untereinander, ſondern Jeglicher gibt dem Ordensbruder und nimmt von ihm, was er hat oder bedarf." Wird nicht in beiden Stellen ganz Daſſelbe geſagt? eine erläutert die andere. Wenn Joſephus berichtet: διὸ καὶ ποιοῦνται τὰς ἀποδημίας οὐδὲν ὅλως ἐπικομιζόμενοι, ſo erfahren wir bei Lukas im Einzelnen, was die Wandern= den nicht mitnehmen durften: μηδὲν αἴρετε εἰς τὴν ὁδὸν, μήτε ῥάβδον, μήτε πήραν, μήτε ἄρτον, μήτε ἀργύριον, μήτε ἀνὰ δύο χιτῶνας ἔχειν. Jezt wiſſen wir auch, warum die Apoſtel angewieſen werden, nur Einen Rock, Ein Paar Schuhe auf Reiſen zu führen; denn es war Gebrauch der Eſſener, dieſe Kleidungsſtücke ganz am Leibe zu zerreißen und dann erſt neue zu nehmen. Man bemerke ferner, wie genau ſich die beiden Sätze entſprechen, Luc. IX, 4: καὶ εἰς ἣν ἂν οἰ= κίαν εἰσέλθητε, ἐκεῖ μένετε, καὶ ἐκεῖθεν ἐξέρχεσθε. Dage= gen bei Joſephus: καὶ τοῖς ἑτέρωθεν ἥκουσιν αἱρετισαῖς ἀνα= πέπταται τὰ πάρ αὐτοῖς ὁμοίως ὥσπερ ἴδια, καὶ πρὸς οὓς οὐ πρότερον εἶδον, εἰσίασιν ὡς συνηθεσάτες. Endlich wird es aus der Nachricht des Joſephus begreiflich, wie Chriſtus ein an ſich ſo ſonderbares Gebot — ſich mit gar keinen Reiſe= bedürfniſſen zu verſehen — geben konnte; widerſinnig wäre daſ= ſelbe, wenn Er nicht vorausſezte, daß ſie überall nach eſſe= niſcher Sitte offene Häuſer und Arme, kurz vollkommene Gaſtfreiheit finden würden. Aber hat Chriſtus wirklich ſo zu Seinen Jüngern geſprochen, hat Er es namentlich bei Ausſendung der Zwölfe gethan? Man kann Beides bezwei= feln, dennoch beweist die Stelle vollkommen Das, was wir aus ihr beweiſen wollen, nämlich daß die älteſte chriſtliche Ueberlieferung von einem innigen Zuſammenhange der Kirche Jeſu und dem eſſeniſchen Orden überzeugt war. Wäre ſie Dieß nicht, ſo würde ſie Jeſum nicht ſo ganz in eſſeniſchem Sinne ſprechen laſſen. Kurz, es hat mit vorliegender Rede Chriſti ganz dieſelbe Bewandtniß, wie mit der Gütergemeinſchaft der ältesten Christen, welche laut Apostelgesch. **II, 44** flg. **IV, 32** eingeführt worden seyn soll. Längst hat man in dieser Nachricht eine klare Spur der Berührung zwischen dem essenischen Orden und der urchristlichen Kirche gesehen. Allein die Angabe selbst ist, wie wir oben zeigten, sehr zwei= felhaft; nichtsdestoweniger folgt daraus, daß die älteste Sage die Nothwendigkeit essenischer Einrichtungen in den neuen Gemeinden voraussezte, und Das genügt für unsern Zweck.

Die Essener verwarfen weiter den blutigen Opferdienst, und nahmen darum auch keinen Theil an den im Tempel gefeierten, heiligen Gebräuchen, obgleich sie sonst den Tempel durch Geschenke ehrten, obgleich auch einzelne essenische Lehrer in den geräumigen Hallen desselben ihre Vorträge hielten. Den gleichen Widerwillen gegen das steinerne Heiligthum finden wir in den ältesten und glaubwürdigsten Urkunden des neuen Testaments. Ferner sind unsere heiligen Bücher voll von einer merkwürdigen Allegorie, kraft welcher die Gesammt= heit der Gläubigen als ein lebendiger und geistiger, (im Ge= gensaß des steinernen zu Jerusalem) dem Höchsten geweihter Tempel, die Förderung der christlichen Kirche unter dem Bilde des Bauens dargestellt wird. 1. Petr. **II, 5**: „Ihr Christen bauet euch auf, als lebendige Steine zum geistigen Gottes= hause, zum heiligen Priesterthum, darin dargebracht werden geistige Opfer, wohlgefällig vor Gott durch Jesum Christum." Hebr. **III, 6**: „Ihr (Gläubigen) seyd Christi Haus." In dem ersten Briefe **III, 15** schreibt Paulus an Timotheus: „Wisse, wie du wandeln sollst in dem Hause Gottes, welches ist die Gemeinde des lebendigen Gottes, ein Pfeiler und eine Grund= veste der Wahrheit." Deßgleichen im ersten an die Korinther **III, 9** flg.: „Wir (Apostel) sind Gottes Mitarbeiter, Ihr seyd Gottes Ackerwerk und Gottes Gebäude. Ich habe ge= mäß der Gnade, die mir verliehen ist, den Grund gelegt als weiser Baumeister, ein Anderer bauet nun darauf; ein Jeg= licher sehe aber zu, wie er darauf baue. Einen andern

Grundstein soll Niemand legen, als den, so da bereits ge=
legt ist, Jesum Christum. Wenn aber Jemand auf denselbi=
gen Grund bauet Gold, Silber, Edelstein, Holz, Heu, Stop=
peln: so wird sein Werk offenbar werden u. s. w. w." Beson=
ders gehört noch her V. 16: „Wißt ihr nicht, daß Ihr der
Tempel Gottes seyd, und daß der heilige Geist in Euch
wohnt?" οὐκ οἴδατε ὅτι ναὸς Θεοῦ ἐσε καὶ τὸ πνεῦμα τοῦ
Θεοῦ οἰκεῖ ἐν ὑμῖν. Ebenso 2. Kor. VI, 16: ὑμεῖς ναὸς
Θεοῦ ἐσε ζῶντος. Endlich Ephes. II, 19 u. flg.: „Ihr Chri=
sten seyd Gottes Volk, erbauet auf den Grund der Apostel
und Propheten zu einem Gebäude, dessen Eckstein Christus
ist, auf welchem das ganze Gebäude schön zusammengefügt,
zu einem heiligen Tempel heranwächst in dem Herrn, auf
welchen auch Ihr mit erbaut werdet zu einem Allerheiligsten
Gottes im Geiste." Noch ganze Reihen von Stellen, in
welchen das Wachsthum der Kirche als ein Bau dargestellt
ist, könnten angeführt werden, aber das Bisherige genügt.
Dieselbe Allegorie kehrt auch bei den ältesten Vätern wieder.
Im Briefe des heil. Ignatius an die Ephefer Kap. IX, *)
heißt es von der Gemeinschaft der Gläubigen: ὄντες λίθοι
ναοῦ πατρός, ἡτοιμασμένοι εἰς οἰκοδομὴν θεοῦ πατρός,
ἀναφερόμενοι εἰς τὰ ὕψη διὰ τῆς μηχανῆς Ἰησοῦ Χρισοῦ,
ὅ ἐσι σαυρός, σχοινίῳ χρώμενοι τῷ πνεύματι τῷ ἁγίῳ, ἡ
δὲ πίσις ὑμῶν ἀναγωγεὺς ὑμῶν, ἡ δὲ ἀγάπη ὁδὸς ἡ ἀνα-
φέρεσα εἰς θεόν ἐσὲ οὖν καὶ σύνοδοι πάντες, θεοφόροι καὶ
ναοφόροι, χρισοφόροι, ἁγνοφόροι, κατὰ πάντα κεκοσμημένοι
ἐντολαῖς Ἰησοῦ Χρισοῦ. Die Kirche ist also ein mystischer
Tempelbau, und das Bild wird bis zur Abgeschmacktheit
ausgemalt: Christus soll das Baugerüste, der heil. Geist das
Tau, der Glaube die Rolle am Flaschenzuge seyn u. s. w.
In gleichem Sinne läßt sich Barnabas in seinem Briefe,**)

---

*) Cotel. II, 14 oben.
**) Cotel. II, 48 u. flg.

Kap. **XVI**, besonders aber der Hirte des Hermas vernehmen. In lezterer sehr alten Schrift erscheint Christus als der Grundstein, die nächste Stelle über Ihm nehmen die Apostel ein, und mit dem Baustoff der anderen Christen wölbt sich der Dom in die Höhe. Später sind diese Sinnbilder von der Sekte der Freimaurer wieder aufgenommen und weiter ausgesponnen worden. Ich behaupte nun: nothwendig müssen die Verfasser unserer heiligen Bücher die an sich so sonderbare Allegorie vom geistigen Tempelbau bereits ganz fertig vorgefunden haben, denn sie behandeln dieselbe als etwas Alltägliches, Jedermann Bekanntes, woraus klar hervorgeht, daß sie nicht ihnen, sondern der Zeit angehört. Nun, woher anders sollten sie dieselbe entlehnt haben, als von den Essenern, welche den Dienst des steinernen Tempels verwarfen, eine Verehrung Gottes im Geiste und in der Wahrheit verlangten, die Allegorie übten und folglich ihre Gesellschaft und Lebensweise unter dem Bilde eines geistigen Tempels darstellten?

Vor allen anderen Juden zeichneten sich ferner die Essener dadurch aus, daß sie, mit dem Angesicht gegen Osten gewendet, ihr Gebet verrichteten, während die übrigen Juden beim Gebet gegen den Tempel zu Jerusalem sich kehrten. Es ist ganz natürlich, daß die Essener von dem allgemeinen jüdischen Gebrauche abgingen, denn ihnen war der Tempel Nichts als ein Haufe von Steinen, dagegen verehrten sie in der Sonne das reinste Sinnbild des Höchsten, und darum richteten sie beim Gebet ihr Angesicht gegen Osten. — Die nämliche Sitte finden wir nun auch bei den ältesten Christen. In den Fragen und Antworten, *) welche die Mauriner mit den Werken Justins herausgegeben, heißt es· „Der Osten ist als der trefflichste Theil der Welt uns (Christen) zum Anbeten Gottes angewiesen," ἡ ἀνατολὴ ὡς τιμιώτερον μέρος τῆς κτίσεως

---

*) Opp. Justini S. 491 unten, und 492 oben.

εἰς προσκύνησιν Θεοῦ ἀφώρισαι. Clemens der Alexandriner ſagt Strom. VII, 7: *) ἐπεὶ γενεθλία ἡμέρας εἰκὼν ἡ ἀνατολὴ, κἀκεῖθεν τὸ φῶς αὔξεται ἐκ σκότες λάμψαν τὸ πρῶτον, ἀλλὰ καὶ τοῖς ἐν ἀγνοίᾳ κυλινδουμένοις ἀνέτειλε γνώσεως ἀληθείας ἡμέρα κατὰ λόγον τοῦ ἥλιε πρὸς τὴν ἑωθινήν ἀνατολὴν αἱ εὐχαὶ, d. h. weil das Morgenlicht ein Sinn= bild körperlicher und geiſtiger Geburt, und der myſtiſchen Erkenntniß iſt, muß der betende Chriſt ſich gegen Oſten keh= ren. Potter führt in den Noten eine Stelle aus Athana= ſius an, die ſo lautet: οὐχ ὡς ἐν ἀνατολαῖς περιγραφομένε τοῦ Θεοῦ, κατὰ ἀνατολὰς προσκυνοῦμεν, ἀλλ᾽ ἐπειδὴ ὁ Θεὸς φῶς ἀληθινὸν καὶ ἔσι καὶ λέγεται — τούτε χάριν πρὸς τὸ φῶς τὸ κτισὸν ἀφορῶντες, οὐκ αὐτῷ ἀλλὰ τῷ ποιήσαντι αὐτὸ προσκυνοῦμεν, ἐκ τοῦ πρώτε σοιχεῖε τὸν πρὸ πάντων σοιχείων καὶ τῶν αἰώνων Θεὸν γεραίροντες. Dieſer Ausſpruch ſtimmt genau mit Clemens und beugt zugleich dem Ein= wande vor, als ob die Chriſten, der Allgegenwärtigkeit zu= wider, den Oſten für die Wohnung Gottes hielten. Auch Ter= tullian ſagt im Apologetikus: **) (Christianos) ad orien-tis regionem precari. Noch ſind zwei Zeugniſſe bei Orige= nes zu vergleichen. In ſeiner Schrift über das Gebet Kap. 32 ***) heißt es: τεσσάρων ὄντων κλιμάτων, τοῦ τε πρὸς ἄρκτον, καὶ μεσημβρίαν, καὶ τοῦ πρὸς δύσιν καὶ ἀνατολήν, τίς οὐκ ἂν αὐτόθεν ὁμολογήσαι, τὰ πρὸς ἀνατολὴν ἐναργῶς ἐμφαίνειν, τὸ δεῖν ἐκεῖ νεύοντας συμβολικῶς, ὡς τῆς ψυ-χῆς ἐνορώσης τῇ τοῦ ἀληθινοῦ φωτὸς ἀνατολῇ, ποιεῖσθαι τὰς εὐχας; nur die Richtung gegen Oſten tauge fürs Gebet, als Sinnbild der Seele, die das wahre Licht ſchaut. Ganz ſo ſpricht Philo †) vom Gebet der Therapeuten, oder der ägyptiſchen Eſſener: τὰς ὄψεις καὶ ὅλον τὸ σῶμα πρὸς τὴν

---

*) Opp. ed. Potter II, 856.
**) Kap. 16. opp. ed. Semler V, 45.
***) Origenes opp. I, 270 unten.
†) Siehe meine Schrift über Philo II, 268.

ἕω σάντες, ἐπὰν θεάσωνται τὸν ἥλιον ἀνίσχοντα, τὰς χεῖρας ἀνατείναντες εἰς οὐρανὸν, εὐημερίαν καὶ ἀλήθειαν ἐπεύχονται, καὶ ὀξυωπίαν λογισμοῦ. Doch beruhigt sich Origenes nicht überall bei dem eben angeführten Grunde; anders spricht er in der 5ten Homilie über das Buch Levitikus: *) in ecclesiasticis observationibus sunt nonnulla hujus modi, quae omnibus quidem facere necesse est, *nec tamen ratio eorum omnibus patet.* Nam quod, verbi gratia, genua flectimus orantes, et quod ex omnibus coeli plagis ad solam orientis partem conversi orationem fundimus, non facile cuiquam puto ratione compertum. Origenes verzichtet hier darauf, die Richtung beim Gebet anders zu erklären als durch das Herkommen, d. h. er gibt zu verstehen, man müsse es so halten, weil der Gebrauch von Jeher in der Kirche gegolten, also von Christo oder den Aposteln herrühre. Mit dürren Worten wird Letzteres behauptet, in den bereits angeführten Fragen und Antworten bei Justin: **) τὸ δὲ ἔθος, παρ᾽ ὧν εἴληφεν ἡ ἐκκλησία τὸ εὔχεσθαι, παρὰ τούτων εἴληφε καὶ τὸ ποῦ εὔχεσθαι, τετέϊ παρὰ τῶν ἁγίων ἀποσόλων, „Dieselben, die das Gebet überhaupt eingeführt haben, schrieben auch vor, daß man sich gegen Osten kehren solle; und das sind die heiligen Apostel.“ Wirklich führen die apostolischen Konstitutionen den Gebrauch auf Petrus und seine Gefährten zurück. Im zweiten Buche, dem 57sten Kapitel, ***) heißt es: μετὰ τοῦτο (nach dem Vorlesen der heiligen Bücher) συμφώνως ἅπαντες ἐξανασάντες, καὶ ἐπ᾽ ἀνατολὰς κατανοήσαντες, μετὰ τὴν τῶν κατηχεμένων καὶ τὴν τῶν μετανοούντων ἔξοδον, προσευξάσθωσαν τῷ Θεῷ, τῷ ἐπιβεβηκότι ἐπὶ τὸν οὐρανὸν τοῦ οὐρανοῦ κατὰ ἀνατολὰς, ὑπομιμνησκόμενοι καὶ τῆς ἀρχαίας νομῆς τοῦ κατ᾽ ἀνατολὰς παραδείσε, ὅθεν ὁ πρῶτος ἄνθρωπος ἀθετήσας

*) Opp. II, 284, b. unten.
**) Opp. 492.
***) Bei Cotelerius I, 267.

τὴν ἀνατολὴν, ὄφεως συμβολίᾳ πεισθεὶς ἀπεβλήθη. Nach=
dem die Neulinge und die Büßenden den Tempel verlaſſen, ſolle
die Gemeinde gegen Oſten gerichtet zu Gott beten, hauptſächlich
darum, weil im Oſten die wahre Heimath der Seele, das Pa=
radies liege, aus welchem Adam wegen ſeines Sündenfalles
vertrieben wurde. Man erſieht aus dieſer langen Reihe von
Stellen, denen noch ebenſoviele beigefügt werden könnten, *)
daß die Sitte, gegen Oſten gerichtet zu beten, in der alten
Kirche allgemein, zugleich aber auch, daß ihr wahrer Grund
ſchon vergeſſen war, worüber ich mich nicht wundere; denn die
Eſſener, von denen dieſer Gebrauch, wie ſo viele andere, her=
übergekommen iſt, beſtanden damals nicht mehr, wenigſtens
hatte der Verkehr zwiſchen ihnen und den Chriſten bald
aufgehört.

Die Eſſener trugen ferner, wie bereits bemerkt wurde,
immer weiße Kleider: daher der Satz bei Joſephus: λευχειμονεῖν διαπαντὸς ἐν καλῷ τίθενται. Iſt es nun nicht auf=
fallend, daß Klemens der Alexandriner Daſſelbe von den Chri=
ſten verlangt, und ihnen auch beilegt? Im zweiten Buche des
Pädagogen ſagt er: **) „Die Farbenpracht verderbt die Ueppigen,
weil ſie dadurch zu unſinniger Augenluſt verleitet werden.
Denen aber, welche innerlich rein weiß und ungeſchminkt ſind
(d. h. den Chriſten), kommt es zu, weiße ungefärbte Kleider zu
tragen:“ τοὺς δὲ λευκοὺς καὶ οὐ νόθος τὰ ἔνδον λευκαῖς
καὶ ἀπεριέργοις ἁρμοδιώτατον ἐσθήσεσι χρῆσθαι. Ebenſo
im dritten Buche des Pädagogen dem 11ten Kapitel: ***) „Uns

---

*) **Baſilius** de spiritu sancto Cap. 27. **Chryſoſtomus** zu **Dan.**
VI, 10. **Pſeudoorigenes** zu Job. I, 3. **Germanus** von Kon=
ſtantinopel in dem Buche theoria mystica zu Anfang, **Johan=**
nes Damascenus im vierten Buche, dem 13ten Kapitel
ſeiner Glaubenslehre, **Gregentius** im Geſpräche mit den
Juden, Seite 62.
**) Opp. I, 234.
***) Ebendaſelbſt S. 285.

(Chriſten) gebietet der Pädagog einfache Kleider von weißer
Farbe zu tragen:" δίδωσιν οὖν ἡμῖν ὁ παιδαγωγός, ἐσθῆτι
χρῆσθαι τῇ λιτῇ, χρόᾳ δὲ τῇ λευκῇ, und einige Säße weiter
unten: εἰρηνικοῖς ἄρα ἀνθρώποις καὶ φωτεινοῖς κατάλληλον
τὸ λευκόν. — Die Eſſener verwarfen den Eidſchwur: τὸ δὲ
ὀμνύειν αὐτοῖς περιίεαται, χεῖρόν τι τῆς ἐπιορκίας ὑπολαμ-
βάνοντες.*) Die gleiche Anſicht ſpricht Chriſtus in den Sagen=
evangelien aus. — Die Eſſener hielten die Eheloſigkeit für großes
Verdienſt, und geſtatteten die Ehe nur zum Behufe der Kinder=
zeugung. Auch Chriſtus räth vom Eheſtande ab, z. B. Matth.
XIX, 11. 12; in gleichem Sinne äußern ſich etliche Apoſtel
und viele der älteſten Väter. Die Eſſener betrachteten die
Reichthümer als eine ungerechte Aufhebung der natürlichen
Gleichheit unter den Menſchen und führten deßhalb Gemein=
ſchaft der Güter ein; die älteſte chriſtliche Kirche dachte eben
ſo, und hielt die Gütergemeinſchaft für eine ſehr löbliche Ein=
richtung, wie aus den früher angeführten Stellen der Apoſtel=
geſchichte erhellt; außerdem vergleiche man noch Matth. XIX,
21. 23. — Die Eſſener duldeten keine Sklaven; auch die älteſte
Kirche war der Sklaverei abgeneigt, hütete ſich aber, dieſen im
römiſchen Reich allgemein verbreiteten Mißbrauch gewaltſam
anzutaſten. — Die Taufe iſt von Johannes zu uns herüberge=
kommen, aber Johannes hat ſie ohne allen Zweifel von den
Eſſenern entlehnt, zu deren Geſellſchaft er gehörte. Von dem
Einſiedler Banus erzählt Joſephus, **) er habe ſich bei Tag
und bei Nacht häufig mit kaltem Waſſer gewaſchen, der Hei=
ligkeit oder Reinigung wegen: ψυχρῷ ὕδατι τὴν ἡμέραν καὶ
τὴν νύκτα πολλάκις λεόμενον, πρὸς ἁγνείαν. Was Joſephus
in gleichem Sinne von den Eſſenern berichtet, nebſt andern
Sachen, welche Licht über vorliegende Frage zu verbreiten ge=
eignet ſind, darüber habe ich mich an einem andern Orte

---

*) Joſephus im zweiten Buche des Kriegs, 8, 6.
**) Opp. II, 2. Mitte.

bereits ausgesprochen. *) — Die Essener hatten heilige Mahle, auf welche sich ihr ganzer äußerlicher Gottesdienst beschränkt zu haben scheint; dasselbe Verhältniß kehrt in der ältesten Kirche wieder. — Endlich herrschte bei den Christen die nämliche Ansicht vom Oele, wie bei den Essenern. Doch zu Beantwortung dieser wichtigen Frage muß ich weiter ausholen.

Josephus berichtet (II. Buch des Kriegs VIII, 3) von den Essenern: κηλίδα ὑπολαμβάνϐσι τὸ ἔλαιον, κἄν ἀλιφῇ τις ἄκων, σμήχεται τὸ σῶμα, d. h. das Oel gilt ihnen wie etwas Befleckendes, und wenn Einer auch wider seinen Willen von Oel berührt wird, wascht er den Körper. Es hat nicht an Leuten gefehlt, welche in der essenischen Scheue gegen das Oel Nichts weiter als einen Beweis ihrer Abneigung wider allen Prunk und Luxus sahen. Gewiß die armseligste Erklärung! Denn bei dieser Sekte trägt Alles einen mystischen Charakter. Nun ich habe den wahren Grund an einem andern Orte aufgedeckt. **) Das Oel war den Essenern ein Sinnbild der Gottwohlgefälligkeit, und darum mußte es von dem Leibe, als dem Herde der Sünde und der Fleischeslust, fern gehalten werden, folglich flohen sie das Oel, nicht weil sie es für unrein hielten, sondern weil es ihnen viel zu heilig galt, um zur Pflege des unreinen Fleisches zu dienen. Es fragt sich nun, ob in der ältesten Kirche eine ähnliche Ansicht vom Oele nachgewiesen werden könne. Matth. VI, 17 sagt Christus: „Wenn du fastest, so salbe dein Haupt und wasche dein Antlitz.“ Er spricht hier von dem Gebrauche des Oeles so, als verstünde es sich von selbst. Zwar könnte man einwenden: Jesus nehme auf die allgemeine jüdische Sitte Rücksicht und wolle sagen: was ihr Juden sonst immer thut, das thut auch an Fasttagen. Denn auch vorausgesezt, daß Christus Essäer war, habe Er in der Bergpredigt dem ganzen Volke Vorschriften gegeben, und

---

*) Jahrhundert des Heils, II. Abth. S. 434 u. flg.
**) In meiner Schrift über Philo II, 337.

sich deßhalb seinen Gebräuchen anbequemen müssen. Allein die Stelle Luc. VII, 46 widerspricht, wo der Herr tabelnd zu dem Pharisäer Simon sagt: „du hast mir das Haupt nicht gesalbt," und offenbar diesen Akt als eine Ehrenbezeigung hinstellt, der Ihm wohlgefallen haben würde. In der That wissen die Synoptiker und auch Johannes von einer Gelegenheit zu erzählen, wo Christus sich von einer Frau mit köstlichem Balsam salben ließ, Luc. VII, 37. Matth. XXVI, 6. 7. Marc. XIV, 3. Joh. XII, 3. Wir müssen also ehrlich zugestehen, daß dem Oel in mehreren Stellen des neuen Testaments kein überschwänglicher Werth beigelegt, noch daß es als ein Makel betrachtet wird. Allein es finden sich auch noch Spuren einer andern Ansicht. Markus berichtet VI, 13: „die ausgesandten Apostel hätten viele Teufel ausgetrieben, viele Kranke mit Oel gesalbt, und sie dadurch geheilt." Man könnte versucht seyn zu glauben, Oel werde hier bloß als ärztliches Mittel behandelt; denn in der That haben die alten Juden das Oel so gebraucht, *) und auch im neuen Testament finden wir wenigstens Ein Beispiel reinärztlicher Anwendung, Luc. X, 34, wo es von dem barmherzigen Samariter heißt: προσελθὼν κατέδησε τὰ τραύματα αὐτοῦ ἐπιχέων ἔλαιον καὶ οἶνον. Doch ist hier von einem Verwundeten die Rede, oben von Kranken im Allgemeinen, und ich lasse es mir nicht einreden, daß ohne irgend einen mystischen Grund dort Oel nicht als Heilmittel für alle Schäden hingestellt würde. In dieser Ansicht bestärkt mich die bekannte Stelle im Briefe Jakobi V, 14: „Ist einer unter Euch krank, so rufe er die Aeltesten der Gemeinde herbei, dieselben sollen über ihm beten, nachdem sie ihn mit Oel gesalbt im Namen des Herrn, und das Gebet des Glaubens wird den Leidenden retten, und der Herr wird ihn aufrichten, und wenn der Kranke eine Sünde auf sich geladen hat, soll

---

*) Man vergleiche die Stellen, welche Wetstein zu Marc. VI, 13 gesammelt hat.

sie ihm vergeben werden." Die heilende Kraft wird hier deut= lich dem Gebete zugeschrieben, welches ein mystisches Mittel ist; neben dem Gebet erhält aber das Oel eine Stelle, sofern der Kranke im Namen des Herrn damit gesalbt wird (ἀλείψαντες αὐτὸν ἐλαίῳ ἐν τῷ ὀνόματι τοῦ Κυρίε): also dürfen wir kaum zweifeln, daß der Apostel auch dem Oele eine my= stische Kraft beilege. Entscheidend sind einige andere apostoli= sche Aussprüche. 1. Joh. II, 20 heißt es: „Ihr (Christen) habt die Salbung von dem Heiligen (von Christo) und wisset Alles:" καὶ ὑμεῖς χρίσμα ἔχετε ἀπὸ τοῦ ἁγίε καὶ οἴδατε πάντα. Ebendaselbst V. 27: „Und die Salbung, welche Ihr von Ihm empfinget, bleibet in Euch, und Ihr bedürfet nicht, daß Euch ein Anderer lehre, sondern dieselbe Salbung belehrt Euch über Alles, und sie ist wahr und keine Lüge in ihr." Καὶ ὑμεῖς τὸ χρίσμα ὃ ἐλάβετε ἀπ' αὐτοῦ, ἐν ὑμῖν μένει, καὶ οὐ χρείαν ἔχετε, ἵνα τὶς διδάσκῃ ὑμᾶς, ἀλλ' ὡς τὸ αὐτὸ χρίσμα διδάσκει ὑμᾶς περὶ πάντων καὶ ἀληθές ἐςι, καὶ οὐκ ἔςι ψεῦδος. Die Christen sind von dem heiligen Christo also gesalbt, daß sie alle Wahrheit erkennen. Aber mit was sind sie gesalbt? Mit dem Oele des heiligen Geistes! Daß Johannes auf unsere Frage diese Antwort geben würde, ersieht man aus etlichen Stellen, wo er mit anderen Worten Dasselbe sagt, wie z. B. III, 24, IV, 13: ἐν τούτῳ γινώσκομεν, ὅτι ἐν αὐτῷ μένομεν καὶ αὐτὸς ἐν ἡμῖν, ὅτι ἐκ τοῦ πνεύματος αὐτοῦ δέδωκεν ἡμῖν, eben so gut aber auch aus Zeugnissen anderer Bücher des neuen Testaments. Apostelgeschichte IV, 27 beten die Gläubigen zu Gott: „Gegen deinen Sohn Jesum, den du ge= salbt hast, erhoben sich Herodes, Pontius Pilatus, sammt den Heiden und Israel." Ebendaselbst X, 38 schreibt Petrus: „Gott hat Jesum von Nazareth mit dem heiligen Geist und mit Kraft gesalbt:" ἔχρισεν αὐτὸν ὁ Θεὸς πνεύματι ἁγίῳ καὶ δυνάμει. Endlich lehrt Paulus 2. Kor. I, 21 ganz überein= stimmend mit Johannes, daß Gott dieselbe Salbung des heili= gen Geistes, welche Er dem Sohne verliehen, auch auf die

Gläubigen übertrage: ὁ βεβαιῶν ἡμᾶς σὺν ὑμῖν εἰς Χριστὸν καὶ χρίσας ἡμᾶς, Θεός, ὁ καὶ σφραγισάμενος ἡμᾶς καὶ δοὺς τὸν ἀῤῥαβῶνα τοῦ πνεύματος ἐν ταῖς καρδίαις ἡμῶν. Alle diese Stellen handeln von einer mystischen Salbung, und da Salbung ohne Oel nicht denkbar ist, von einem mystischen Begriffe des Oeles. Wenn demnach auch nicht geläugnet werden kann, daß Oel im neuen Testament zuweilen als ein gemeines Lebensbedürfniß behandelt wird, so geschieht Dieß nur in den Sagenevangelien, auf welche die pharisäische Ansicht unläugbaren Einfluß geübt hat. Dagegen finden wir in denjeni‑ gen Schriften, die erweislich von Aposteln herrühren, eine sehr ausgebildete Allegorie, kraft welcher das Oel als das heiligste Sinnbild der urchristlichen Kirche erscheint, was trefflich zu dem Zeugnisse des Josephus über die essenische Ansicht vom Oele reimt. Auch die Salbung in Bethania Joh. XII, 3 er‑ hält ihre rechte Bedeutung erst, wenn man sie in diesem Sinne erklärt: weil das Oel das edelste Symbol himmlischer Weihe ist, salbt Maria den heiligsten Leib, der je auf Erden erschien, das Fleisch Jesu Christi, mit köstlichem Balsam.

Hören wir nun die Väter, und zwar gerade die, bei welchen sich die älteste judenchristliche Ansicht rein erhalten hat. Oel wurde im ersten und zweiten Jahrhundert neben und mit der Taufe gebraucht. Im siebenten Buche der apostolischen Konstitutionen, dem 22sten Kapitel *) steht folgende Vorschrift für den Bischof: „Du sollst den Täufling zuerst salben mit Oel, dann taufen mit Wasser, zulezt besiegeln mit dem Bal‑ sam. Das Oel bezeichne die Gemeinschaft des heiligen Gei‑ stes, das Wasser sey ein Sinnbild des Todes, der Balsam das Siegel des Bundes,“ χρίσεις δὲ πρῶτον ἐλαίῳ, ἔπειτα βαπ‑ τίσεις ὕδατι, καὶ τελευταῖον σφραγίσεις μύρῳ, ἵνα τὸ μὲν χρῖσμα μετοχὴ ᾖ τοῦ ἁγίε πνεύματος, τὸ δὲ ὕδωρ σύμβο‑ λον τοῦ θανάτε, τὸ δὲ μύρον σφραγὶς τῶν συνθηκῶν.

---

*) Coteler. I, 371, unten.

Ebendaselbst Kapitel 42 heißt es weiter: „Das mystische Oel (τò μυσικòν ἔλαιον) wird von dem Oberpriester (Bischofe) zur Vergebung der Sünden und Vorbereitung der Taufe gesegnet. Derselbe ruft dabei an den ungezeugten Gott, den Vater Christi und König über alle sinnliche und übersinnliche Natur, daß Er heiligen möge das Oel im Namen des Herrn Jesu, und demselben verleihe geistliche Gnade und wunderwirkende Kraft zu Vergebung der Sünden und Vorbereitung des Taufbekenntnisses, damit der Gesalbte befreit werde von jeglicher Gottlosigkeit und würdig der Einweihung, nach dem Gebote Jesu." Eine andere Segensformel findet sich im 44sten Kap. desselben Buchs. „Herr Gott, ungezeugt, selbstständig, Gebieter über Alles, der du den Wohlgeruch der Erkenntniß des Evangeliums über alle Völker duften lässest, verleih auch diesem Balsam, daß er Kraft übe an diesem Täufling; gib, daß fest und unerschütterlich in ihm bleibe der Wohlgeruch Christi" u. s. w. Noch muß verglichen werden eine Stelle im achten Buche der Konstitutionen Kap. 29, *) die so lautet: „Ich Matthäus verordne: der Bischof soll das Wasser segnen und das Oel, und dabei also sprechen: Herr Sabaoth, Gott der Kräfte, Schöpfer der Wasser, Verleiher des Oels, barmherzig und voll Liebe gegen die Menschen, der du das Wasser gegeben hast zum Getrank und zur Reinigung, und das Oel um das Antlitz zu erheitern im Frohsinn! Segne jezt durch Christus dieses Wasser, und das Oel — gib ihm Kraft, die Gesundheit wieder zu schaffen, Krankheiten zu heilen, Teufel auszutreiben, allen bösen Anschlag abzuwenden, durch Christus, unsere Hofnung," αὐτòς καὶ νῦν διὰ Χριστοῦ ἁγίασον τò ὕδωρ τοῦτο καὶ ἔλαιον — καὶ δòς δύναμιν ὑγιείας ἐμποιητικήν, νόσων ἀπελασικήν, δαιμόνων φυγαδευτικήν, πάσης ἐπιββλῆς διωκτικήν, διὰ χρισοῦ, τῆς ἐλπίδος ἡμῶν. Hier erfahren wir ohne Zweifel den wahren Grund, warum Jakobus gebietet, die Kranken mit Oel zu salben, denn dieses hat übermenschliche

---

*) Ebendaselbst, S. 416.

mystische Kräfte. Man wird nun einwenden, Das, was die
Konstitutionen melden, seyen spätere Träume! Mit, Nichten!
Der angezeigte Gebrauch des Oeles ist so alt, als es überhaupt
christliche Väter gibt. Tertullianus sagt im siebenten Ka=
pitel des Buchs von der Taufe: *) Exinde egressi de la-
vacro perungimur benedicta unctione de pristina dis-
ciplina, qua ungi oleo de cornu in sacerdotium solebant,
ex quo Aaron a Mose unctus est, unde Christus dicitur
a chrismate, quod est unctio, quae Domino nomen ad-
commodavit, facta spiritalis, quia spiritu unctus est a
Deo patre, sicut in actis (IV, 27). — Sic et in nobis
carnaliter currit unctio, sed spiritaliter proficit, quomodo
et ipsius baptismi carnalis actus, quod in aqua mer-
gimur, spiritalis effectus, quod delictis liberamur. Ter=
tullian führt hier die Salbung bei der Taufe auf das alte
Testament zurück, woraus ersichtlich, daß er sie für einen längst
bestehenden Gebrauch hielt, aber doch zugleich keine Beweis=
stelle für sie aus den Büchern des neuen Testaments anzugeben
wußte. Auf eine noch seltsamere Weise wandten jüdische
Gnostiker des zweiten Jahrhunderts das Oel an. Epiphanius
berichtet **) Folgendes von den Anhängern Herakleons (eines
Valentinianers): „Einige von ihnen salben die Häupter der
Sterbenden ein mit Oel und Wasser, andere mit einer Salbe
von Opobalsamum und Wasser; dabei sprechen sie jüdische Ge=
bete (deren unverständliche Laute Epiphanius anführt). Dieß
thun sie darum, weil sie glauben, daß die Seelen Derer, welche
mit solchen Gebeten sammt Oel und Wasser versehen, das Le=
ben verlassen, dem Einfluß der oberen Gewalten und Herrschaf=
ten (ἀρχαὶ καὶ ἐξουσίαι, die bösen Geister, welche die Sphäre
zwischen Mond und Erde bewohnen) nicht erliegen, sondern
unbemerkt von diesen solle der innere Mensch (zu Gott)

---

*) Opp. edid. Semler IV, 192.
**) Sechsunddreißigste Ketzerei, 2. Opp. edid. Petavius I, 263.

emporsteigen." Letztere Sitte beruht im Grunde auf einer einfa=
chen Folgerung aus dem Satze, daß Oel die Dämonen aus=
treibe und die Seelen reinige.

Wie überall, wo ein Gebrauch tiefe Wurzeln getrieben,
es an eigenthümlichen Erklärungen desselben nicht fehlt, so auch
hier. Das Oel hat darum so hohe Kraft, weil sein himmli=
sches Vorbild aus dem Baume des Lebens trof, der im Para=
diese stand. Man muß nämlich wissen, daß dieses Gewächs ein
Oelbaum war. Im ersten Buche der Rekognitionen Kap. 45, *)
erzählt Petrus auf die Frage, woher, der Name Christus stamme:
Christus dicitur eximio quodam religionis ritu. Nam sicut
regum sunt quaedam communia nomina, ita ut apud
Persas Arsaces, apud Romanos Caesar, apud Aegyptios
Pharao, ita apud Judaeos Christus communi nomine rex
adpellatur. Causa autem hujus adpellationis haec est:
quoniam quidem cum esset filius Dei et initium omnium,
homo factus est, *hunc primum pater oleo perunxit, quod
ex ligno vitae fuerat sumtum*, ex illo unguento Christus
adpellatur. Inde denique etiam ipse secundum praede-
stinationem Patris pios quosque, cum ad regnum ejus
pervenerint, velut qui asperam superaverint viam, pro
laborum refectione simili oleo perunget, ut et ipsorum
lux luceat, et spiritu sancto repleti, immortalitate do-
nentur. Es folgt hierauf noch eine lange und lesenswerthe
Ve.herrlichung des Oeles, wir begnügen uns hier mit dem
Satze, daß Christus seinen Namen darum führe, weil Er
mit dem Oele aus dem Baume des Lebens gesalbt wor=
den sey. Schon Celsus kannte dieselbe Sage, er berichtet
nämlich: **) „Der, welcher das Siegel aufdrücke, Gott werde
Vater, der Besiegelte dagegen (Christus) werde der Jüngere
und der Sohn genannt, und derselbe spreche: ich bin gesalbt

---

*) Cotel. I, 503, a. unten.
**) Bruchstück bei Origenes. contra Celsum VI, 27. Opp. I,
650, unten.

mit dem weißen Oele aus dem Baume des Lebens." Noch
gehört hieher folgende Stelle aus dem Evangelium des Nikodemus. *) „Seth erzählte: mein Vater Adam der Mensch fiel
einst in eine tödtliche Krankheit, da schickte er mich ab, Gott
zu flehen hart am Thore des Paradieses, daß Er mich durch
einen Engel zum Baume der Barmherzigkeit geleiten möchte,
damit ich von dem Baume Oel nähme, meinen Vater zu salben, und ihm die Gesundheit wieder zu geben. Dieß that ich
auch. Aber nachdem ich an der Pforte des Paradieses ge-
betet, kam der Engel des Herrn auf mich zu, und sprach:
Was willst du Seth? du verlangst nach Oel, das die Kranken
wieder aufrichtet, oder nach dem Baume, der dieses Oel von
sich strömen läßt, um deinen Vater zu heilen? Allein du kannst
dasselbe jezt nicht erhalten. Geh und sag deinem Vater: wann
5500 Jahre seit der Schöpfung verflossen seyn werden, dann
soll der eingeborne Sohn Gottes Mensch werden, und auf die
Erde niedersteigen, derselbe wird dann auch deinen Vater mit
jenem Oele salben, und wieder auferwecken, im Wasser und
heiligen Geiste wird er ihn und seine Nachkommen taufen, und
dann soll er (Adam) geheilt werden von jeglicher Krankheit.
Jezt aber kann dieß noch nicht geschehen." Ich könnte diesen
Stellen noch andere beifügen, aber sie genügen.

Am Tage ist es, daß Oel in der ältesten Kirche für das
heiligste aller Sinnbilder angesehen wurde. Hieraus folgt weiter,
daß die eifrigsten Mystiker unter den Christen sich wohl gehütet haben müssen, ein so erhabenes Symbol zu gemeinen
Zwecken des alltäglichen Lebens anzuwenden, und Das, was
Hegesipp von Jakobus, dem Bruder des Herrn, meldet: Ἔλαιον
οὐκ ἠλείψατο gilt gewiß im Allgemeinen von allen Gläubigen, die
sich besonderer Heiligkeit beflissen. Nun läßt sich keine Stelle
des neuen Testaments, namentlich kein Ausspruch Christi

---

*) Codex apocryphus novi testamenti edid. Thilo I, 686 u. flg.,
außerdem vergleiche man noch die Acta Thomae von Thilo.
S. 40 u. flg.

anführen, in welchem die Verehrung des Oels den Christen als etwas Neues vorgeschrieben wäre, sondern sie wird überall als etwas Bekanntes, Herkömmliches vorausgesezt, folglich stammt sie nicht aus der Werkstätte des Christenthums, sondern aus einer ältern Denkweise, d. h. aus dem Essäismus. Denn unmöglich ist es, dem Zeugnisse bei Josephus: $\varkappa\eta\lambda\tilde{\iota}\delta\alpha$ $\dot{\upsilon}\pi o\lambda\alpha\mu$-$\beta\acute{\alpha}\nu\vartheta\sigma\iota$ $\tau\grave{o}$ $\check{\epsilon}\lambda\alpha\iota o\nu$ einen andern Grund unterzulegen, als einen mystischen: nicht weil sie das Oel für unrein, sondern im Gegentheil weil sie es hochheilig hielten, wandten sie es nicht zur Pflege des Leibes, zu gemeinen Zwecken an. Wäre je noch ein Zweifel gegen diese Ansicht übrig, so würde er vollends gehoben durch die Nachricht bei Epiphanius, daß der essenische Ketzer Elxai Oel als Gegenstand der heiligsten Schwüre gebraucht habe. *) Recht gut begreift es sich, wie die alte jübische Mystik von solcher Werthschätzung des Oeles aus auf die Lehre gerieth: daß das Holz des Lebens im Paradiese ein Oelbaum gewesen, daß der Messias mit seiner Frucht gesalbt werde, daß Oel, bei Schwerkranken angewandt, die Gesundheit wiedergebe, Dämonen vertreibe, jeglichen bösen Zauber besiege — $\pi\acute{\alpha}\sigma\eta\varsigma$ $\dot{\epsilon}\pi\iota\beta\vartheta\lambda\tilde{\eta}\varsigma$ $\delta\iota\omega\varkappa\tau\iota\varkappa\acute{\eta}\nu$ — endlich daß die Seele von Sterbenden, die mit Oel gesalbt worden, ungehindert und leicht ihren Schwung gen Himmel nehme. Oder vielmehr diese Sätze sind allem Anschein nach früher, als die gränzenlose essenische Verehrung des Oels. Kurz wenn je in anderen Punkten eine geheime Verwandtschaft zwischen dem Christenthum und dem Essäismus stattfindet, so ist Dieß gewiß hier der Fall. Nur darf man nicht vergessen, daß unsere Kirche — weil Jesus Christus ihr einen freien Geist eingehaucht hat, wovon gleich gehandelt werden soll — nicht mit jener sklavischen Aengstlichkeit, wie die jüdischen Mystiker, sich an die hergebrachten Ceremonien band.

Endlich stammt fünftens auch die älteste christliche

---

*) Siehe meine Schrift über Philo II. 376 und 388.

Gesellschaftsverfassung, wenn nicht alle Anzeigen tauschen, aus einem essenischen Vorbilde ab. Kaum ist Christus hingegangen, so finden wir in unsrer Kirche Presbyter, Bischöfe und Diakone, ohne daß irgend Vorschriften angeführt werden, welche der Herr in dieser Beziehung gegeben haben sollte, und doch wird aufs Strengste den genannten Vorgesezten gehorcht. Die Bischöfe waren Anfangs von den Presbytern nicht verschieden,[*] wohl aber machten die Diakonen eine eigene Klasse aus. Wie sind nun beide Aemter entstanden? Das Regiment der Volksältesten ist bei den Juden uralt, in Christi Tagen werden die Mitglieder des Sanhedrin so genannt; rabbinische Gelehrsamkeit führte damals zu dieser Würde, welche übrigens nur auf die Staatsverwaltung im Ganzen und auf die Justiz Einfluß verlieh, aber keine gottesdienstliche Gewalt, namentlich kein Beaufsichtigungsrecht der Einzelnen, kein Recht der Sittenzucht den Erhobenen übertrug. Obgleich die christlichen Presbyter oder Bischöfe sich gerade hierin scharf von den jüdischen Volksältesten unterschieden, könnte man doch zur Noth ihr Amt von dem Institut der gemeinen jüdischen Presbyter ableiten, aber nicht mehr das der Diakone, welches im pharisäischen Judenthum kein Vorbild findet. Dagegen können beide trefflich aus dem Essäismus erklärt werden. Die strengste Unterordnung unter Vorgesezte, welchen namentlich eine ausgedehnte Sittenaufsicht zustand, herrschte bei den Essenern. Josephus sagt von ihnen:[**] κατασολὴ καὶ σχῆμα σώματος ὅμοιον τοῖς μετὰ φόβου παιδαγωγουμένοις παισίν, „ihr Aufzug und ihre Körperhaltung ist wie die von Knaben, die mit Furcht unter der Ruthe des Lehrers stehen." Man vergleiche hiemit die Stellen Philipp. II, 12: μετὰ φόβου καὶ τρόμου τὴν ἑαυτῶν σωτηρίαν κατεργάζεσθε, und 1. Petr. I, 17: εἰ πατέρα ἐπικαλεῖσθε τὸν

---

[*] Siehe Winer, biblisches Realwörterbuch unter Bischof I. S. 217 u. flg.

[**] De bello II, 8, 4.

ἀπροσωπολήπτως κρίνοντα κατὰ τὸ ἑκάσου ἔργον, ἐν φόβῳ
τὸν τῆς παροικίας ὑμῶν χρόνον ἀναςράφητε. Täglich ward
jedem Effener von den Vorgefezten feine Arbeit angewiefen,
ebendafelbſt §. 5, und Nichts durften ſie überhaupt ohne Zu=
ſtimmung derſelben thun, als Werke der Wohlthätigkeit §. 6:
τῶν μὲν οὖν ἄλλων οὐκ ἔςιν ὅτι μὴ τῶν ἐπιμελητῶν προς-
ταξάντων ἐνεργοῦσι, δύο δὲ ταῦτα παρ᾽ αὐτοῖς αὐτεξούσια,
ἐπικουρία καὶ ἔλεος. Den Vorgefezten ſelbſt gibt Jofephus,
wie auch hier, gewöhnlich den Namen ἐπιμελετής, aber auch
ἐπίτροποι. So §. 5: τὰς εἰς τοὺς συγγενεῖς μεταδόσεις
οὐκ ἔξεςι ποιεῖσθαι δίχα τῶν ἐπιτρόπων. Erinnert der
Ausdruck ἐπίτροπος nicht ſehr ſtark an den neuteſtamentlichen
ἐπίσκοπος? Mit großer Sicherheit können wir ſchließen,
daß ihre Vorgefezten aus dem Kreiſe der Aelteſten genommen
wurden. Jofephus ſagt §. 9: „den Aelteſten zu gehorchen,
ſowie den Befchlüſſen der Mehrzahl, iſt bei ihnen Sitte,“
τοῖς πρεσβυτέροις ὑπακούειν καὶ τοῖς πλείοσιν, ἐν καλῷ τίθενται. Zweitens, das Gefchäft der chriſtlichen Diakonen beſtand
urſprünglich darin, die Almoſen oder das gemeinſchaftliche
Vermögen auszutheilen; man vergleiche Apoſtelgeſchichte VI,
1. 3. Eben ſolche Beamte zu gleichem Zwecke hatten auch
die Effener §. 4: κηδεμὼν δὲ ἐν ἑκάςῃ πόλει τοῦ τάγματος
ἐξαιρέτως τῶν ξένων ἀποδείκνυται, ταμιεύων ἐσθῆτα καὶ
τὰ ἐπιτήδεα. Da Gütergemeinſchaft bei ihnen eingeführt
war, ſo brachte es die Natur der Sache mit ſich, daß ſolche
Beamte aufgeſtellt werden mußten, ſowie auch die ähnlichen
Verhältniſſe in der chriſtlichen Kirche das gleiche Bedürfniß
ſchufen. Mit dem Ausdrucke κηδεμὼν bezeichnet Jofephus
ſchwerlich den eigenthümlichen Namen des Amts, ſondern bloß
im Allgemeinen ihr Wirken, recht gut können dieſe Verwalter
auch bei den Effenern διάκονοι geheißen haben. Die effeniſche
Gefellſchaftsverfaſſung zeichnete ſich weiter dadurch aus, daß es
unter ihnen verſchiedene Grade der Zulaſſung zab; etwas
Aehnliches finden wir in der Geſchichte Jefu, denn nur zwölfe

feiner Schüler nahm Er in den engern Kreis der Vertrauten auf. Endlich kommt es mir so vor, als ob der essenische Orden einen obersten Vorgesezten, etwa nach dem Vorbilde Mosis, gehandhabt haben dürfte; denn die verschiedenen Klöster der Essener standen in enger Verbindung, was ohne ein oberstes Haupt kaum denkbar ist. Schade, daß uns die alten Schriftsteller Nichts hierüber berichten. Aber wenn Dem so war, wie ich glaube, so erklärt sich vollkommen der Vorrang, welcher sehr frühe und mit wichtigen Folgen dem Petrus zugeschrieben wird, es erklärt sich ferner das kraftvolle Streben nach Monarchie, dessen Keime schon im ersten Jahrhundert sichtbar sind. Schließen wir. Nichts ist gewisser, als daß ein inniger Zusammenhang zwischen der Kirche Jesu und dem Essäismus stattfindet, überzeugend kann derselbe nachgewiesen werden, obgleich unsere Nachrichten über den essenischen Orden so höchst dürftig sind. Hätten wir irgend welche, von Essenern verfaßte Schriften, statt der mageren Angaben des Philo, des Josephus, welcher Leztere auch hier wie überall seine Worte auf Schrauben stellt und eine griechische Farbe erkünstelt: welch' überströmendes historisches Licht ließe sich dann über die Wiege unsers Glaubens verbreiten!

Verhält sich nun die urchristliche Kirche zum essenischen Orden so, wie ich dargethan habe, so folgt, daß auch ihr Stifter Jesus demselben nicht ferne gewesen seyn kann; denn ohne diese Voraussetzung bliebe es unerklärlich, wie die apostolische Kirche so Vieles aus jener Gesellschaft entlehnen mochte. Jesus war also allem Anschein nach in früheren Jahren ein Essener. Vortrefflich stimmt hiemit seine Stellung zu dem Täufer Johannes, der gewiß zu den Essenern gehörte, und Sein Aufenthalt in der Wüste. Auch eine andere Andeutung im vierten Evangelium läßt sich, glaube ich, hieraus am Besten erklären. Joh. VII, 15 heißt es: „Die Juden verwunderten sich über Jesum und riefen: wie spricht Dieser

so gelehrt, da Er doch nicht in die Schule gegangen ist?"
πῶς οὗτος γράμματα οἶδε, μὴ μεμαθηκώς; Lezterer Ausdruck
will ohne Zweifel besagen: Jesus habe keine Rabbinenschule
besucht. Gewiß hätte der Evangelist diesen Tadel der Juden
nicht aufbewahrt, wenn er nicht wußte, daß derselbe begründet
war. Unser Herr hat demnach keinen pharisäischen Unterricht
genossen, noch in der Schule irgend eines Rabbi gelernt.
Aber sollen wir darum voraussetzen, daß Ihm die gelehrte
Bildung, in deren Besitze sein Volk war, völlig fremd geblieben? Das ist doch höchst unwahrscheinlich! Wie, wenn
Er das, was Er überhaupt von Anderen lernen konnte, im
Umgang mit den Essenern empfing? Recht gut mochte Ihn
dann pharisäischer Hochmuth einen μὴ μεμαθηκότα schelten.
Dem sey nun wie ihm wolle, jedenfalls finden wir Ihn, nach
seinem öffentlichen Auftreten als Lehrer, außer Verbindung
mit den Essenern, welche damals eine sehr zahlreiche und
angesehene Partei bildeten. Mühsam und mit Anstrengung
schafft Er sich selbst einen Kreis von Schülern, schwach an
Zahl ist Sein Anhang, als Er lebte, und wächst erst allmälig
nach Seiner Auferstehung, überdieß herrscht ein freier Geist
in Seinen Vorträgen; während die Essener ängstlich fasten,
das Sabbatgebot noch peinlicher beobachten als die anderen
Juden, sezt sich Jesus über diese Zufälligkeit weg, und hält
nur das Wesen fest. Folglich müssen wir annehmen, daß Er
seinen eigenen Weg ging, die engen Gränzen des Essäismus
durchbrach, und nur Das von den Lehren und Gebräuchen
dieser Gesellschaft beibehielt, was wirklich gesund war, im
Uebrigen seine Verbindung mit den Essenern abgebrochen
hatte. In der That ist es auch nur der Leib der Kirche,
der dem Essäismus gleicht, und nicht einmal dieser ganz;
die beengenden Fesseln — das Sektenartige, das nur auf wenige
Mitglieder berechnet ist und seyn kann — sind abgestreift, um
einer Richtung auf die ganze Menschheit Platz zu machen.
Statt eines Strebens nach Absonderung, Vereinzelung, treten

uns die kräftigen Keime einer Weltreligion entgegen. Das kommt her von dem Geiste, den der Stifter Seinem Werke eingehaucht hat und der aus keiner damals vorhandenen Bildungsanstalt abgeleitet werden kann, sondern Ihm eigen angehört. Keine Schule auf Erden gibt es, in der man zum Propheten wird, eben so wenig kann man Aufopferung für die Menschheit erlernen. Das stammt aus einem höhern Borne, aus der Eingebung von Oben. Wie wir uns diese wahre und eigenthümlichste Quelle der Weisheit Jesu zu denken haben, ist dunkel, denn um sie zu ergründen, müßten wir selbst Ihm an Werthe gleich seyn. Nur so viel sehen wir, daß in Epochen besonders wichtiger Entwicklungen unsers Geschlechts, oder auch in großen Gefahren, plötzlich Menschen auftauchen, welche Thaten verrichten, Entschlüsse fassen, Gedanken gebären, die von ihnen selbst früher ungeahnt, wie ein Blitz ihre Seele durchzucken. Gewöhnlich dauern diese geweihten Regungen nur kurz, hier aber durchdringt himmlische Kraft ein ganzes Leben, so weit wir dasselbe kennen, ja sie hat mit gleicher Weihe weit über die Gränzen der irdischen Laufbahn Jesu hinausgewirkt, weßhalb Das, was andere Menschen thaten, bei Weitem nicht hinreicht, um Christi Eigenthümlichkeit zu erklären. Einzig steht Er in der Geschichte da!

Fünftes Kapitel.

Die Kirche.

Vorliegende Geschichte des Urchristenthums wurde sich nicht zu einem Ganzen abrunden, wenn wir nicht auch noch die Entwicklung der Anstalt, welche Christus gestiftet, wiewohl

in schneller Uebersicht betrachteten. Ohnedieß sind gerade
von Seiten der kirchlichen Zustände aus jene philosophischen
Angriffe gegen das Christenthum erhoben worden. Man hat
erklärt, das Aufkommen der Hierarchie, das Papstthum, sey
ein früher Abfall vom Sinne des Stifters; man hat überdieß
den Ketzern, welche von der Kirche verfolgt und erdrückt
wurden, durchaus Recht gegeben. Wenn die Sache sich so
verhält, dann mag Christi Plan an sich auch noch so erhaben
und rein gewesen seyn, uns nützt Dieß Nichts, weil in der
Anwendung, auf die Alles ankommt, die ursprüngliche Vor-
trefflichkeit schnell von dem menschlichen Verderbnisse verschlungen ward. Sehen wir, was an jenen Behauptungen ist.

Wäre die Kirche, nach Jesu Hingang, auf einzelne
Anhänger oder wenige Gemeinden beschränkt geblieben, so
würde sie bald wieder untergegangen, ihr Bestehen würde
wenigstens durch die Gleichgültigkeit oder die Verachtung der
römischen Kaiser bedingt gewesen seyn. Denn sobald es
Einem derselben gefiel, den neuen Glauben auszurotten, hätte
er es sicherlich auch vermocht, wenn es nur wenige und zer-
streute Anhänger Jesu gab. Ihre weltgeschichtliche Bedeutung
hat die Kirche erst erhalten durch ihr Bestreben, den Staat
zu durchdringen und Alles in ihren Kreis zu ziehen. Dieses
Bestreben ist nicht erst hintendrein gekommen, noch zufällig,
denn gleich nach Christi Wiederbelebung finden wir, daß die
Apostel in alle Welt hinausziehen, das Evangelium zu predigen. Wir sind also gezwungen anzunehmen, daß der Stifter
ihnen Dieß befohlen habe, worauf auch schon der Name Apo-
stolos hindeutet, welcher ganz gewiß von Christo herrührt.
Ein großes Hinderniß stand aber Anfangs der allgemeinen
Ausbreitung der Kirche entgegen; wir ersehen aus den sichersten Quellen (den Briefen des Paulus), daß unter den Aposteln
Verschiedenheit der Meinung darüber herrschte, ob eintretende
Mitglieder nicht zuvor Juden werden, sich dem Mosaismus
und seinen Ceremonien unterwerfen müssen, oder ob das

Geſetz Moſis aufgehört habe, für die neue Gemeinſchaft bin=
dend zu ſeyn. Wäre erſtere Anſicht durchgedrungen, ſo würde
wohl das Chriſtenthum nicht Weltreligion geworden ſeyn, da
es nicht glaublich iſt, daß die Völker des römiſchen Reichs
ſich der Beſchneidung und anderen überflüſſigen Gebräuchen
unterworfen hätten, noch mehr, die Kirche würde dann, durch
den längſt vorbereiteten Untergang des Tempels und der
heiligen Stadt, einen eben ſo furchtbaren Stoß erhalten haben,
wie das Judenthum, und ihres Mittelpunktes beraubt worden
ſeyn, während ihr jezt, nachdem beide Glaubensweiſen ſich
vollkommen getrennt, jenes Ereigniß nur Vortheil brachte.
Pauli Meinung iſt durchgedrungen. Chriſtus hatte nichts
Beſtimmtes über dieſe Frage geboten, deren Löſung während
Seiner Anweſenheit auf Erden noch der fernen Zukunft ange=
hörte. Jeſu Stillſchweigen ergibt ſich aufs Klarſte daraus,
weil weder Paulus, noch ſeine Gegner ſich in dem heftigen
Kampfe, der bald ausbrach, und der bis zum Ende des
zweiten Jahrhunderts herab fortgeführt wurde, *) auf einen
Ausſpruch des Herrn beriefen. Demnach ſcheint es, als rühre
gerade die Lehre, welche am Mächtigſten zur Ausbreitung
der Kirche wirkte, nicht von Chriſto, ſondern von einem
Manne her, der unſern Erlöſer nicht einmal gekannt hatte.
Allein Dem iſt im Grunde doch nicht ſo. Wenn auch Chriſtus
nicht ausdrücklich für die Anſicht des Heidenapoſtels entſchied,
ſo ſtammen doch die Vorderſätze aus Seinem Munde, welche
zulezt auf die fragliche Lehre führen mußten. Prüfet die
Beweiſe, aus denen Paulus die Aufhebung des Geſetzes zu
erhärten ſucht, recht genau: Ihr werdet finden, daß ihre Haupt=
kraft zulezt auf der Behauptung beruht: τὸ μὲν πνεῦμα
ζωοποιεῖ, τὸ δὲ γράμμα ἀποκτείνει, d. h. jene äußerlichen
Vorſchriften und Gebräuche, welche das Geſetz lehrt, haben
an ſich keinen Werth, nur der Geiſt, die Erkenntniß, die

---

*) In den Klementinen gährt er fort.

Liebe gilt, diese aber sind in Jesu Christo offenbar worden.
Nun derselbe Satz findet sich auch bei Johannes, VI, 63:
τὸ πνεῦμά ἐϛι τὸ ζωοποιοῦν, ἡ σάρξ οὐκ ὠφελεῖ οὐδέν·
τὰ ῥήματα, ἃ ἐγὼ λαλῶ ὑμῖν, πνεῦμά ἐϛι καὶ ζωή ἐϛι.
Zwar spricht Paulus, Galater II, 9, in einem gereizten Tone
von Jakobus, Petrus und Johannes (Ἰάκωβος καὶ Κηφᾶς
καὶ Ἰωάννης, οἱ δοκοῦντες ϛύλοι εἶναι), und scheint anzudeuten, daß sie nur widerstrebend seine Lehre von der Allge=
meinheit des Heiles anerkannten, allein sicherlich sind hiebei
noch andere Gründe im Spiele. Paulus war ein aufstreben=
der Charakter, der gerne seinen eigenen Weg einschlug, und der,
wenn wir offen reden wollen, Andere nicht gutwillig auf
gleicher Höhe neben sich duldete. Er hatte überdieß die An=
hänger Christi bitter verfolgt. Man kann es daher den an=
deren Aposteln gewiß nicht verargen, daß sie sich Anfangs
sehr gemessen gegen diesen ehemaligen Todfeind benahmen,
bis sie ihn genau kennen gelernt hatten. Und wenn Johannes
damals, als Paulus mit den Anderen in Jerusalem zusammen=
traf, sich — vielleicht mehr aus Abneigung gegen die Person —
nicht sogleich für des Heidenapostels Ansicht erklärte, so ist
doch gewiß, daß in dem Evangelium, welches Johannes
später schrieb, die Lehre von der Verschiedenheit des Christen=
thums vom Judenthume noch entschiedener herrscht, als in
den paulinischen Briefen. Behandelt ja Johannes die Juden
ganz wie Fremde, die uns Nichts mehr angehen, sondern
Christi Feinde sind. Ich glaube daher, man darf mit größter
Zuversicht behaupten, daß auch ohne Paulus die Ansicht, das
Ceremonialgesetz sey nicht mehr für die Christen bindend, sich
Bahn gebrochen haben würde. Die Entfernung jenes wich=
tigen Hemnisses allgemeiner Ausbreitung des Christenthums
ist daher nicht zufällig, nicht von Außen hergekommen, sondern
sie war durch den Geist der Lehre Jesu vorbereitet.

Daß unserer Religion eine außerordentliche Kraft der
Ordnung, der Organisation, einwohne, ist eine allbekannte

Thatsache. Gesellschaften, Vereine aller Art, neue Ansiedlungen, die auf das Christenthum gegründet wurden, haben überall Fortgang gehabt und große Lebensdauer gezeigt. *) Die Gründe dieser Erscheinung liegen zu Tage. Der Geist demüthigen Gehorsams, die Möglichkeit, augenblickliches Unglück durch Aussichten auf die Zukunft zu trösten, müssen ihre Früchte tragen. Auch dem Judenthum, aus dem unsere Kirche hervorging, muß dieselbe Fähigkeit in einem hohen Grade zugeschrieben werden. Beweis dafür die Erfahrung, daß die Synagoge, trotz den fürchterlichsten Verfolgungen, sich immer wieder von Neuem hergestellt hat. Eine treffliche Anlage kräftiger Entwicklung kam also dem Christenthum theils durch seine eigene Natur, theils durch seine Wiege zu. Nur fehlte noch jener großartige politische Geist, der Welttheile umfaßt, und die Menschheit in Einen Dom zu ziehen verstand. Dieser Schöpfungstrieb fand sich im Alterthume nur zu Rom. Nun! ist es nicht eine erstaunungswürdige Thatsache, daß die Tüchtigsten der Jünger, deren Händen das Werk des entrückten Erlösers anvertraut war, Paulus, Petrus nach der Weltstadt sich drängten. Eine unwiderstehliche Gewalt trieb sie dorthin. Das judenchristliche Element, das durch alte morgenländische Ueberlieferung hohenpriesterlicher Würde einen fruchtbaren Keim neuer Organisationen in sich trug, und das römische, das den ausgebildetsten politischen Verstand besaß, zogen sich gewaltig an, und schlossen eine Ehe, welche unermeßlichen Einfluß auf die Weltgeschichte geübt hat. Obgleich aus Mangel hinreichender Quellen nicht urkundlich beweisbar, ist es dennoch ein historisch gewisser Satz, daß der altrömische Geist sehr frühe in die Kirche übergeflossen ist. Zurückgeschreckt von dem entweihten öffentlichen Dienste, verdrängt von dem Kommando ruhmloser Legionen, wandte sich

---

*) Die geistlichen Mönchs= und Ritter=Orden, die Anpflanzungen in Nordamerika, in neuester Zeit die dortige Ansiedlung des schwäbischen Bauern Rapp am Ohio, sind Bürgen dafür.

patricische Tugend der christlichen Inful zu. Man vernimmt von nun an ihr Walten. Die Juden hatten von einem ewigen Weltreiche unter dem Scepter ihres Messias geträumt, Christus vergeistigte diese Hoffnung, indem Er an die Stelle politischer Macht eine neue Lehre sezte. Wie nun, wenn die Staats= verhältnisse so umgeprägt wurden, daß sie jener Lehre nach Möglichkeit entsprachen? Das war ein durchaus christlicher Gedanke, der den wahren Kern des Dogma's der Parusie enthielt. An seiner Ausführung arbeiteten zuerst die römischen Christen, die Errichtung eines göttlichen Staates, einer civi- tas Dei, schwebte ihnen als wohlbewußter Plan vor. Zwei Mittel führten zum Zwecke: Ausbreitung der Kirche nach allen Seiten, Herbeiziehung einer möglichst großen Menschen= zahl; denn sowie einmal die Gläubigen einen furchtbaren Haufen ausmachten, ließ sich erwarten, daß die Kaiser zulezt nachgeben und sich der Kirche in die Arme werfen würden, wie es denn auch wirklich geschehen ist. Die Masse der Gläubigen mußte zweitens auch eine gute Gliederung, und besonders ein tüchtiges Haupt bekommen, daß sie sich wie ein Ganzes bewegen, Einem Antriebe folgen mochte, denn nur dadurch konnte sie den Gegnern Schrecken einflößen, Achtung abnöthigen. Ein großer Menschenhaufe, ohne Ein= heit und Organisation, ist wie ein Körper ohne Kopf. Diese beiden Richtungen waren, wie wir oben gezeigt haben, der Kirche angeboren, sie gehörten schon dem ersten judenchrist= lichen Element an, aber vollkommen sind sie erst von den Lateinern, von dem römischen Geiste, der sich mit dem jüdischen vermählte, ausgebildet worden. Wie unendlich viel lezteren Ehe unserer Kirche genüzt habe, ersieht man am Deut= lichsten aus einer Vergleichung der römischen Väter mit den griechischen. Diese: Justinus, Athenagoras, Theophilus, Kle= mens von Alexandrien, Origenes, Eusebius, Chrysostomus, und wie sie alle heißen mögen, behandeln den christlichen Glauben wie eine neue Art von Philosophie, die sich mit

glänzenden Redensarten ausschmücken lasse; wenn auch das
Herz einiger derselben — was jedoch nur bei wenigen der
Fall — ergriffen ist, zeigt sich doch überall sophistischer
Bodensatz. Die griechischen Väter sind mehr oder minder
ächte Enkel jener alten griechischen Schwätzer, die nicht eher
geruht, bis sie sich um Ehre, Macht, Selbstständigkeit und
gute Sitten philosophirt hatten, eine heillose Sucht nach Ver=
einzelung, das Gelüsten, eine besondere Meinung für sich zu
haben, klebt ihnen an.*) Wie ganz anders stehen die römi=
schen Väter da! Zwar gibt es sehr wenige unter ihnen, die
man unter die großen Geister zählen darf, aber der Trieb
nach Einheit, Ordnung, ist allen gemeinsam. Ein Ganzes
wollen sie ausmachen, im Ganzen fühlen sie sich; sie wissen,
daß ohne Einheit Nichts herauskommt, darum werden die
Stränge der Gewalt angezogen, und so ward durch sie Vir=
gils schönster Ausspruch zum zweiten Male und in edlerem
Sinne bewährt:**)

Excudent alii spirantia mollius aera,
Credo equidem, vivos ducent de marmore voltus,
Orabunt causas melius, coelique meatus
Describent radio, et surgentia sidera dicent.
Tu regere imperio populos, Romane, memento,
Hae tibi erunt artes, pacisque imponere morem,
Parcere subjectis, et debellare superbos.

Bereits im Laufe des zweiten Jahrhunderts fand das
neue Element vielfache Gelegenheit sich zu entfalten. Jene
überschwängliche Philosophie, welche schon auf mehrere Schrif=
ten des neuen Testaments mächtig eingewirkt hatte, wurde
mit der Zeit immer mehr ins Abenteuerliche ausgebildet, und
drohte in der Form christlicher Gnosis die Kirche zu über=
wuchern. Eine Menge Lehrer, die, aus dem Judenthume

---

*) Es wundert mich in der That nicht, daß gewisse deutsche Her=
ren eine so zärtliche Vorliebe für die griechischen Väter haben,
denn sie sind aus Einem Schrot und Korn mit ihnen.
**) Aeneis VI. 848 u. flg.

abſtammend, von den Griechen die ſektireriſche Rechthaberei erlernt hatten, traten, jeder mit eigenem Syſteme, auf. Wäre es nach ihrem Kopfe gegangen, ſo würde die Kirche in ſo viele einzelne queckſilberne Punkte zerfallen ſeyn, als es ehrgeizige Führer gab: nie hätte ſie dann Einfluß auf den Staat geübt, nie eine neue chriſtliche Welt geſchaffen. Haupt= ſächlich von Rom aus trat man dieſem Unfuge entgegen; die Ketzer wurden kräftig zu Paaren getrieben, die Einheit der Lehre, ohne welche jeder Aufſchwung der Kirche zur Macht unmög= lich war, mit Entſchiedenheit gewahrt, und im Kampfe mit jenen Zertrümmerern, die ihre perſönliche Anſicht dem Ganzen entgegenſetzen wollten, bildete ſich allmälig, auf dem Boden der heiligen Bücher, aber mit ſteter Rückſicht auf das Macht= intereſſe der chriſtlichen Geſellſchaft, die Kirchenlehre aus. Man wird durchgehends die Regel bewährt finden, daß bei Streitigkeiten jedes Dogma ſo beſtimmt wurde, wie es für Macht und Kraft der Kirche am Erſprießlichſten war. Neben= bei machte die Kirche gegen Außen die reißendſten Fortſchritte. In der andern Hälfte des zweiten Jahrhunderts durfte T e r= t u l l i a n u s mit Wahrheit alſo rühmen: *) Si hostes exertos, non tantum vindices occultos agere vellemus, deesset nobis vis numerorum et copiarum? Plures nimirum Mauri et Marcomanni, ipsique Parthi, vel quantaecunque unius tamen loci et suorum finium gentes, quam totius orbis? Hesterni sumus, et vestra omnia implevimus, urbes, insulas, castella, municipia, conciliabula, castra ipsa, tribus, decurias, palatium, senatum, forum. Sola vobis relinquimus templa. Possumus dinumerare exercitus vestros: unius provinciae plures erunt, cui bello non idonei, non promti fuissemus, etiam impares copiis, qui tam libenter trucidamur? si non apud istam disciplinam magis occidi liceret, quam occidere. Potuimus et

---

*) Apologeticus cap. 37. Opp. ed. Semler vol. 5.

inermes neo rebelles, sed tantummodo discordes, solius divortii invidia adversus vos dimicasse. Si enim tanta vis hominum in aliquem orbis remoti sinum abrupissemus a vobis, suffudisset pudore utique dominationem vestram tot qualiumcunque amissio civium etc. *) Wie kräftig in diesen und ähnlichen Stellen altrömischer Geist vom christlichen veredelt weht! Nur so gelangt man in der rauhen Wirklichkeit zu Macht und Anerkennung! Hand in Hand ging damit die Blüthe innerer Organisation. Von der Mitte des zweiten Jahrhunderts an erkennen die Lateiner **) dem römischen Bischofe, wie man aus einer Reihe von Zeugnissen beweisen kann, hohen Vorrang zu. Protestantische Parteischriftsteller haben hierin die Wirkung römischer Herrschsucht und Arglist gesehen. Gewiß mit Unrecht! Die praktischen Lateiner fühlten, daß eine Gesellschaft ohne Haupt nie gedeihe, sie überließen die Vereinzelung den Griechen. Ich will noch erinnern, daß die Klementinen mit aller Macht auf Unterordnung unter die Bischöfe, auf Gliederung der ganzen Kirche, mit einem römischen Haupt an der Spitze, dringen, woraus ersichtlich, daß der jüdische Geist so gut wie der lateinische der Hierarchie, als der einzigen Form, unter der damals das Christenthum bestehen konnte, zustrebte.

An wilden Verfolgungen der Kirche durch die heidnischen Kaiser hat es nicht gefehlt. Aber stärker ging sie jedesmal aus denselben hervor, bald gab es mehr Christen im römischen Reiche als Heiden, und so ist es denn gekommen, daß nicht volle dreihundert Jahre, nachdem Christus im Namen Tibers hingerichtet worden war, die Nachfolger desselben sich vor dem Kreuze beugen mußten. Wir sind dem Konstantinus

---

*) Man vergleiche außerdem Tertullianus gegen die Juden Kap. 7, Justin gegen Tryphon Kap. 117. Irenäus I, 3.

**) Auch Irenäus gehört zu ihnen, als ein Mann, der nur der Sprache nach Grieche, der Denkweise nach Lateiner war, und auch auf lateinischem Boden wirkte.

keinen Dank schuldig für seinen Uebertritt. Der Nutzen ist es, der Staatsvortheil, der ihn dazu bestimmte, denn mit dem Heidenthum konnte fortan kein Kaiser mehr herrschen; Dieß ward durch Julians kindischen Versuch offenbar, sein Erbe mußte zu dem Christenthum zurückkehren. Ein größeres Verdienst für unsere Kirche, als durch seinen Uebertritt, erwarb sich Konstantin durch Verlegung des Reichssitzes nach Byzanz, weil dadurch Rom, das Bollwerk der abendländischen Kirche, von dem verpestenden Einfluß des kaiserlichen Hofes befreit ward. Durch die Einführung des Christenthums in den Palast von Byzanz änderten sich nur etliche Formen, nicht aber die abscheuliche Despotie. Auch war das elende sklavische Volk, das die griechischen Provinzen des römischen Reichs anfüllte, keiner Erhebung fähig. Die christliche Geistlichkeit blieb zu den Kaisern in einem schmählichen Verhältnisse; beide, Hof und Klerisei, haben sich gegenseitig Jahrhunderte lang verdorben. Folge und äußeres Zeichen dieser Erniedrigung war das Aufkommen des Islam, und zulezt mußten die elenden Reste des griechischen Kaiserthums die wohlverdiente Schande erleben, von asiatischen Barbaren, denen sonst nie Europäer erlagen, gefällt zu werden.

Die Geschichte des byzantinischen Reichs liefert den Beweis, daß die christliche Kirche unter jenen Formen der Welt Nichts zu nützen vermochte. Anders ging es in Rom. Der dortige Bischof, von lähmender Aufsicht befreit, konnte sich allmälig zum Herrn von Rom machen, in der That hat er die ewige Stadt mehrmals gegen Einheimische und Barbaren gerettet; aber sein Einfluß erstreckte sich allmälig auf das ganze, eben in Erneuerungswehen begriffene Abendland. Größtentheils von Rom aus waren die zahlreichen germanischen Stämme, die Gründer neuer naturgemäßer Staaten, für das Christenthum gewonnen worden. Die Kirche füllte sich von Nun an mit einem unverdorbenen Urvolke, mit heldenmüthigern Kriegern, bei denen uberströmende Kraft durch christliche

Milde zu mäßigen war, die aber auch zugleich aus dem Stammsitze unserer Ahnen, aus Asien, von wo im grauen Alterthume die Germanen nach Europa eingewandert, jene Ahnung des Unendlichen, ein dem Christenthum verwandtes Element, mitgebracht hatten. Es lag somit in der nothwendigen Entwicklung menschlicher Verhältnisse, daß der römische Stuhl und die Kirche bald in besondere politische Verhältnisse zu den neuen Staaten, welche die Germanen auf den Trümmern des römischen Reiches gegründet, kommen mußte. Wirklich gestalteten sich nur allzufrühe solche, welche den früheren ähnelten. Papst Leo III., fränkischen Schutzes gegen die Longobarden und die Griechen bedürftig, krönte am Christfeste des Jahres 800 den Frankenkönig Karl, den Großen, zum römischen Kaiser. Der Thron Cäsars sollte durch diese Feierlichkeit wieder errichtet werden, und der ins Leben zurückgerufene Kaisertitel gab dem Gekrönten Ansprüche auf die Herrschaft der Welt. Nun hatte bereits eine zweifache furchtbare Erfahrung bewiesen, daß eine solche Universalmonarchie, mit oder ohne Christenthum, zu den entsetzlichsten Greueln führe, und daß sie die gefährlichste Feindin der allgemeinen Wohlfahrt Europa's sey. In nicht ganz vierhundert Jahren verloren die heidnischen Nachfolger Cäsars, obgleich über Kräfte und Hülfsmittel einer ganzen Welt gebietend, Zug um Zug auf die schmählichste Weise das Erbe, das die Tugend einer einzigen italienischen Stadt zusammengebracht. Und welche Ungeheuer saßen auf jenem Throne, was haben sie sich nicht erlaubt! Aber auch die christlichen Nachfolger Cäsars zu Byzanz waren nicht viel besser, als ihre heidnischen Vorgänger zu Rom. Der Fehler lag in den heillosen Ansprüchen auf die Herrschaft der Welt, in der ungemessenen Gewalt, welche diese Menschen besaßen oder sich anmaßten. Eine ausgemachte Thatsache ist es, Nichts verderbt das menschliche Herz so sicher und so vollkommen, als der Genuß schrankenloser Macht. Kein einzelner Herrscher soll daher so stark

seyn, daß ihn nicht Andere im Zaum halten, in gehörige
Schranken zurücktreiben könnten, d. h. nur durch das Neben=
einanderbestehen vieler unabhängiger Staaten ist das Heil der
Menschheit gesichert. Hieraus folgt denn, daß Papst Leo III,
als er den Frankenkönig zum Kaiser krönte, eine große Schuld
auf sich geladen hat. Wirklich müßte man annehmen, der
Verstand dieses Bischofs sey ganz verfinstert und kein Fun=
ken des heiligen Geistes in ihm gewesen, wenn nicht eine
andere Erklärung seiner That näher läge. Ohne Zweifel wußte
er, daß Karl aus eigenem Antriebe nach der Kaiserkrone
strebe, und sie sich selbst aufsetzen würde, er wollte daher
das Prävenire spielen, und dadurch, daß er als der Höhere
das gewünschte Kleinod ertheilte, sich und seinen Nachfolgern
eine Rolle bei Uebertragung derselben sichern. Uebrigens war
das neue Kaiserthum nur, so lange Karl selbst lebte, gefähr=
lich, unter seinen schwachen Nachfolgern nicht mehr. Allein
anderthalb Jahrhunderte später ging das Reich von den Fran=
ken zu den Deutschen über. Die Ottonen arbeiteten kräftig
an einer Universalmonarchie — von welcher andern Nation
konnte dieselbe auch ausgehen, als von uns? — Hätten vier, fünf
Herrscher in gleichem Sinne gehandelt, wie Otto I, das furcht=
bare Ziel wäre erreicht worden. Zum Glück für Europa gin=
gen sie unter; zu gleicher Zeit wuchs der Widerstand gegen
diese Plane, und zwar immer durch die römischen Päpste.
Wie ist Heinrich IV, ein Elender, der die königliche Würde
in seiner Person beschimpfte, durch Gregor VII, einen Mann,
von dessen priesterlicher Größe und Erhabenheit die Welt
nie ein zweites Beispiel sah, nach Gebühr gezüchtigt worden!
Er hat die Organisation der Kirche vollendet, und dadurch
die Waffe geschliffen, mit der allein der gefährlichste Angriff
auf die Freiheit der mittelalterlichen Welt abgetrieben werden
konnte, der Angriff, welchen das Geschlecht der Hohenstaufen
machte. Friedrich 1 nahm Karl den Großen zum Vor=
bild, er glaubte sich als Kaiser zur Herrschaft über ganz

Europa berechtigt, auch war er der Mann dazu, diesen Ansprüchen Folge zu geben. Was wäre aus Deutschland, aus den anderen Ländern geworden, wenn Alles unter das Joch Einer Monarchie — und dazu in jenen finstern Zeiten — gerieth! Welche Greuel hätten sich die Enkel Friedrichs I erlaubt! Den Päpsten gebührt das Verdienst, dieses für die allgemeine Wohlfahrt so gefährliche Geschlecht, gestürzt zu haben. Der Fall des hohenstaufischen Hauses erfüllt allerdings das Herz mit Wehmuth, wir fühlen immer für Den, der nach großem Kampfe unterliegt, für Hannibal, für Friedrich II., für Konradin. Aber wenn auch das Herz ghibellinisch ist, so denkt doch der Verstand guelfisch. Die Vorsteher der Kirche haben nicht bloß die wiederholten Versuche zur Universalmonarchie unterdrückt, sie sind es auch, welche die verschiedenen Staaten Europa's mit einander in innige Verbindung sezten, und dadurch das System vorbereiteten, auf dem jezt Macht, Wohlfahrt und Ueberlegenheit Europa's beruht. Durch ihren Einfluß hat das Christenthum alle öffentlichen und besondern Verhältnisse durchdrungen, sie haben einen Damm gegen die Willkür der Herrscher aufgeführt, welcher am Meisten dazu beitrug, den neueren Thronen eine früher unerhörte Lebensdauer zu geben. Sind nicht die meisten Dynastien 800—1000jährig, und hat diese zähe Kraft nicht ihre Wurzel in dem Christenthum, welches die Könige hindert, Dinge zu wagen, die man sonst überall wagte, im Orient noch jezt wagt, und welches zugleich den Gehorchenden eine vom Zauber des Heiligen umgebene Ehrfurcht gegen die Befehlenden einflößt? Soll ich noch die zahllosen einzelnen Anstalten des Segens nennen, welche die mittelalterliche Kirche schuf: den Gottesfrieden, die Milderung der Strafrechtspflege, die Spitäler und Häuser der Barmherzigkeit, welche sich in allen Städten erhoben, die majestätischen Dome, welche die Andacht zum Himmel empor wölbte?

Wir Protestanten sind, weil man uns Haß von Jugend auf einflößte, gewohnt, das Papstthum als einen Abfall vom wahren Christenthum zu betrachten, und wir suchen die Schattenseiten desselben, deren es freilich viele hat, mit Vorliebe hervor. Dennoch ist gewiß, daß es für jene Zeiten die einzige Form war, in der die Kirche wirken und das Leben durchdringen konnte. Selbstsucht, böse Leidenschaften aller Art, spielen eine große Rolle in demselben. Aber das Christenthum kann die menschliche Natur nicht verändern, sondern nur allmälig verbessern, und um Bollwerke aufzuführen, welche dem Zahn der Zeit widerstehen, den wildesten Angriffen trotzen, dazu bedarf man grobkörnige Granitsteine, d. h. auf unsern Fall angewandt, solchen geistigen Baustoff, der die kräftigsten Triebfedern der menschlichen Seele umfaßt. Wäre das Papstthum nur auf Liebe, Demuth und andere so seltene Tugenden gebaut gewesen, die weltliche Gewalt würde es verschlungen, mit Füßen getreten haben. Allerdings ist es so gut, wie irgend eine andere menschliche Anstalt, den verpestenden Einflüssen allzugroßen Machtgenusses unterlegen, und bis in den Kern verdorben worden; aber die mittelalterliche Kirche trug den Keim der Heilung in sich selber. Durch den Widerstand, welchen sie der rohen Gewalt entgegensezte, ist es hauptsächlich gekommen, daß in den neueren Ländern sich feste Verhältnisse bildeten, welche Freiheit und Herrschaft, zwei sonst unverträgliche Dinge, nebeneinander bestehen ließen. *) Sobald auf dieser Grundlage, hauptsächlich durch Vermittlung des Papstthums, die neuere europäische Staatenfamilie entstanden war, fiel die römische Obergewalt, als nicht mehr im Leben wurzelnd, auseinander; sie hatte sich selbst entbehrlich gemacht. Wie sie einen Boden für frische Formen christlicher Entwicklung geschaffen, so hinterließ sie auch einen kräftigen Wächter der Reinheit derselben. Während des

*) Man vergleiche Tacitus vita Agricolae III: Nerva Caesar res olim dissociabiles miscuit, principatum ac libertatem.

Mittelalters beschränkte sich alle Wissenschaft auf die Kirche, sie hat das geistige Erbtheil des Alterthums auf uns überliefert, und neue Erwerbungen hinzugefügt, in ihr allein vertrat während jener finstern Zeiten geistige Kraft die Stelle des Adels und äußerer Vorzüge; nur im Bereiche der Kirche konnte ein Mann aus dem Volke, das sonst auf seine niedrigen Kreise beschränkt blieb, durch Wissenschaft zu den höchsten Würden emporsteigen, sie allein machte das Unrecht der Geburt gut. Kaum hatten die neuern Staaten zu Ende des Mittelalters die beschriebene Selbstständigkeit errungen, als auch die Wissenschaft sich von der Kirche trennte und eine immer steigende Bedeutung für sich gewann. Diese beiden Erscheinungen trafen mit dem Falle des Papstthums zusammen und bereiteten ihn vor. Mit seinem Sturze ging es so zu: In dem langen und schweren Kampfe, den die Kirche gegen die Ansprüche der kaiserlichen Allgewalt bestand, nöthigte der Trieb der Selbsterhaltung die römischen Bischöfe, nicht nur die übrigen Könige Europa's, welche nach der Ueberlieferung unter dem Kaiser stehen sollten, von dieser Abhängigkeit auch dem äußern Anscheine nach — denn in Wahrheit hatte dieselbe nie vollkommen bestanden — zu befreien, und jene fremde Machthaber gegen den deutschen Kaiser als Werkzeuge zu gebrauchen, sondern auch dem Kaiser in dem eigensten Sitze seiner Macht, in Deutschland, durch Erhebung der Reichsfürsten gefährliche Gegner entgegen zu werfen. Die Päpste sind es, welche allmälig die Landeshoheit der Reichsaristokratie geschaffen haben. Kaum fühlten sich aber die Fürsten stark genug, als sie es überdrüssig wurden, sich und ihre Unterthanen von Rom beschatzen und plündern zu lassen. Hiezu kam noch bei Einigen die Gier, das ungeheure Erbe der Kirche auf eigene Rechnung auszubeuten. Dieß sind die wahren Gründe des Siegs der Reformation. Nie, auch in den verderbtesten Zeiten des Papstthums nicht, ist das heilige Feuer christlichen Geistes ganz erloschen. Immer erhoben sich einzelne

Wiederhersteller und Ankläger des römischen Unfugs, aber
sie wurden gehenkt, geköpft, verbrannt, weil die weltliche
Gewalt, zu schwach um einer eigenen Richtung zu folgen, der
Rache Roms den Arm leihen mußte. Kaum aber war die
Landeshoheit zu selbstständiger Macht erstarkt, so horchten
die Fürsten auf die Stimme der Reformatoren und schützten
sie gegen den Papst, und darum geschah es, daß Luther, der
ganz im heiligen Geist wirkte, nicht dasselbe Schicksal hatte,
wie Huß, Hieronymus von Prag und tausend Andere. Uebri=
gens ist es ein großer Irrthum, wenn man glaubt, daß die
Reformation sich nur auf die Bevölkerungen erstreckt habe,
welche sich den Namen Protestanten gaben. Sie war viel=
mehr allgemein, nur unter anderen Formen. Auch die Für=
sten und Könige, welche katholisch blieben, ließen von der
früheren päpstlichen Gewalt nur so viel übrig, als ihnen
beliebte. Am Deutlichsten sah man Dieß bei Gelegenheit der
Kirchenversammlung von Trient, wo die wichtigsten Punkte
zwischen dem (duldenden) Papst und den (überwiegenden)
Rathgebern der Fürsten abgemacht wurden; nur die leere
Rednerei war, wie manchmal in Ständehäusern, den anwesen=
den Kirchenvätern überlassen. *) Und so ist allmälig in unse=
ren Tagen das Papstthum zu einer Pfründe für den ver=
armten italienischen Adel herabgesunken. Einige weltgeschicht=
liche Bedeutung hat es sich nur dadurch gefristet, daß es die
katholischen Machthaber verhinderte, die Religion als bloßes
Spielwerk ihrer besondern Politik zu mißbrauchen, und daß
es zweitens einen für beide Theile sehr nützlichen Gegensatz
gegen die protestantische Kirche lebendig erhielt. Denn wir
und sie werden dadurch zur Nacheiferung entzündet, manch=
mal auch durch gegenseitige Schaam, vor Verwirrungen be=
wahrt, und wenn etwa protestantische Fürsten sich ungeeignete

---

*) Ich verweise auf Ranke's goldne Schrift: „die Fürsten und
Völker des südlichen Europa."

Eingriffe in die Kirchenangelegenheiten ihrer reformirten Unterthanen erlauben, hat der Papst noch Kraft genug, die Mißgriffe zu bestrafen, und dadurch künftige Wiederholung zu verhindern. Sonst unterscheiden sich seit der Reformation protestantische und katholische Staaten nur dadurch von einander, daß in diesen die Beschränkung alter päpstlicher Gewalt allein von den Kabinetten ausgeht, während man in jenen auch das Volk an der Protestation Theil nehmen ließ. Die Ausrottung der Mißbräuche ist daher in lezteren gründlicher gewesen, in ersteren blieb manches Schädliche zurück, was am Deutlichsten daraus erhellt, daß die gehäuften Revolutionen unsrer Zeit nur in katholischen Ländern stattfanden.

Das neuere Staatensystem, welches vom mittelalterlichen Papstthum ursprünglich geschaffen, dieses selbst entbehrlich machte, ist seitdem freudig aufgeblüht. Während sonst nur der einzige römische Oberpriester die allgemeine Freiheit gegen den deutschen Kaiser verfocht, steht jezt eine Million trefflicher Soldaten, und eine ungeheure Seemacht, von der das Mittelalter Nichts wußte, bereit, Jeden zu vernichten, der die Unabhängigkeit aller Andern bedrohen würde. Das erbliche Königthum, durch das Nebeneinanderbestehen vieler Staaten, so wie durch die christlichen Begriffe, welche die ganze Gesellschaft durchdrungen haben, in wohlthätigen Schranken festgehalten, ist immer mehr erstarkt, und hat in gleichem Schritte mit seinem eigenen Wachsthume die allgemeine Wohlfahrt befördert, indem es die Geistlichkeit zwang, ihrem ursprünglichen Zwecke treu zu bleiben, den Adel auf seine wahre Sphäre zurücktrieb, innerhalb welcher er für das Ganze unentbehrlich ist, und endlich den dritten Stand, die Pflanzschule der Tüchtigkeit und guter Gesittung mächtig hob. Die Wissenschaft, früher in die Kirche verwachsen, kurz vor der Reformation selbstständig geworden, hat leztere Anfangs aufs Kräftigste unterstüzt, später allmälig neue Wege eingeschlagen, und erreichte mit der Zeit eine früher nie geahnte Gewalt;

durch ihre Ausdehnung in die Massen wurde sie zur öffent=
lichen Meinung Europa's, die jezt kein Einzelner, wäre er
auch sonst noch so mächtig, ungestraft verletzen darf. Durch
die oben bemerkten Mißbräuche, welche vom alten Papstthum
aus dem Mittelalter her in Kirche und Staat zurückgeblieben
waren, und gegen neuere Verhältnisse und Begriffe einen
immer grelleren Abstand bildeten, zu heftigem Widerspruch
aufgereizt, griff die Wissenschaft, oder die von ihr geleitete
öffentliche Meinung, zu gleicher Zeit, erst mit giftigem Spott
und Witz, dann mit Ingrimm, die Schäden des Königthums
und des Altares an, und glaubte, als sie lezteren umstürzte,
der christlichen Religion den Garaus gemacht zu haben. Allein
es war nur ein Schattenbild derselben, das Pfaffenthum,
was sie bekämpfte. Jene dauerte fort und beherrschte selbst
die Köpfe Derer, welche ihre Todfeinde zu seyn wähnten.
Man sah Dieß nie deutlicher, als zu Ende des vorigen Jahr=
hunderts. Sobald die Revolution etwas Neues schaffen und
die Massen in ihren Kreis ziehen wollte, mußte sie sich auf
gewisse elektrische Begriffe stützen, wie allgemeine Brüderschaft
der Menschen, Freiheit, Gleichheit, Ehre dem Verdienst,
der Tugend, weg mit hohlköpfigem Hochmuthe! Woher
stammen dieselben? Sie sind dem Evangelium abgebettelt,
aber ohne den Geist der Liebe, der Unterordnung. Darum
stürzte der wilde Lärm, nach vielen Gräueln aber kurzer
Dauer, in sich zusammen, und die Blutmenschen, welche auf
jene Begriffe fußend ältere Sünden rächten, erfuhren das
gleiche Schicksal; man schlug ihnen wohlverdienter Maßen
auch die Köpfe ab, man schmetterte sie auch mit Kartätschen
zusammen. Es ist ein großer Irrthum wenn man glaubt,
die Philosophie habe das wahre Christenthum überwunden,
oder Beide stehen auch nur in feindseligem Verhältnisse. Nicht
der geistige Kern, die Psyche, ist durch die philosophischen
Köpfe oder auch durch Schwätzer verwundet worden, sondern das
pfäffische und jüdische Element, das seit Jahrhunderten die

Seele des Christenthums umgab, und fortwährend unter
großen Wehen davon abgesondert wird, um einer neuen, zeit-
gemäßeren Hülle Platz zu machen. Denn einer solchen bedürfen wir so gut als unsere Ahnen.

Auch ist das wahre Christenthum gegenwärtig nicht im
Abnehmen, wie so viele klagend wähnen, sondern mächtiger als
in den blühendsten Zeiten des Papstthums. Es hat seit dem
lezten Menschenalter eine außerordentliche Kraft bewiesen, die
entmenschte französische Revolution gestürzt, dann ihren Erben,
weil er zulezt allem christlichen Wesen Hohn sprach, verjagt,
die Griechen aus den Banden der Türken befreit, erst neulich
die Ketten der schwarzen Sklaven gelöst. Es beherrscht hauptsächlich unter der Form der „Gerechtigkeit, allgemeinen Wohlfahrt,“ Millionen von Köpfen; alle Regierungen müssen sich vor
ihm beugen und die es nicht thun, gehen unter. Wo etwas
Löbliches geschieht, spielt es die erste Rolle dabei, mit Einem
Worte das Evangelium ist und bleibt der Menschheit magna
charta. Neben ihm wirkt allerdings noch eine andere geistige
Kraft, die Wissenschaft, oder wenn man so will, die Philosophie. Ich verstehe nämlich darunter das Denken der besten
und fähigsten Zeitgenossen, das in unsern Tagen schneller als
sonst in die Massen übergeht. Beide Kräfte sind nicht gleichen
Ursprungs. Jene stammt aus einer höhern Persönlichkeit als
wir und darf deßhalb von uns nicht beherrscht: oder verändert werden, sondern wir sind immer genöthigt, auf die historischen Quellen zurückzugehen; diese dagegen fließt aus
einem Borne, der uns Allen zugänglich ist. Beide sind jedoch
troz des verschiedenen Ursprungs nicht feindselig, sie unterstützen vielmehr einander, oft ohne es zu wollen. Die
Wissenschaft ist weltkundig und schlau, sie soll daher jener
die Wege bahnen, auch sie manchmal durch sanfte oder scharfe
Rüge vor pfäffischen Irrwegen bewahren. Diese gibt jener
die höhere Weihe. Aber nie sollen Beide ihrer verschiedenen
Abstammung vergessen.

Käme aber die chriſtliche Religion je in ernſten Kampf mit der Wiſſenſchaft, ſo wird ſie ihrer Feindin ſich ſchon erwehren. Vollkommen gilt von ihr der alte Saß: „Mit meinen Gegnern bin ich gewiß fertig zu werden, nur vor falſchen Freunden iſt mir bange.“ Neueſter Zeit iſt in Deutſch⸗ land etwas der Art geſchehen, durch Verſuche, die zwar an ſich kindiſch und ſchwach ſind, und darum von ſelbſt in Nichts zerrinnen, von denen hier zu ſprechen aber doch ge⸗ wiſſe Verhältniſſe gebieten. Die h i ſ t o r i ſ ch e Veranlaſſung war folgende: Durch den Sieg der Reformation wurden die proteſtantiſchen Fürſten oberſte Biſchöfe ihrer Länder. Da ſie aber keine. Luſt beſaßen, ſich mit theologiſchen Dingen abzu⸗ geben, übertrugen ſie die neu erworbene geiſtliche Gewalt an die Landesuniverſitäten, die natürlich ganz von ihrer Will⸗ kür abhingen. Hieburch entſtand zunächſt die Gefahr, daß die proteſtantiſche Dogmatik, beſonders in den Zeiten, wo ſie noch kräftig auf die Maſſen wirkte, ein Spiel fürſtlicher Po⸗ litik werden möchte. Sie iſt es auch geworden, doch in kei⸗ nem beſonders hohen Grade. Verderblicher waren der prote⸗ ſtantiſchen Kirche die ewigen Händel der ſtreit⸗ und ehrſüch⸗ tigen Theologen ſelbſt, welche, von keinem päpſtlichen Zaume mehr gezügelt, ihren gehäſſigen Geſinnungen freien Lauf ließen. Indeß hatte auch dieſer Zuſtand ſeine gute Seite, die Welt lernte allmälig daraus, daß chriſtliche Religion und Dogmatik oder Theologie zwei ſehr verſchiedene Dinge ſeyen: eine Erkenntniß, welche auch auf die Univerſitäten zurück⸗ wirkte. Die Dogmatik verlor in den Hochſchulen allmälig ihr ausſchließendes Anſehen, eine neue, von der Religion unab⸗ hängige Weisheit kam daſelbſt auf. Einige treffliche Köpfe, wie C a r t e ſ i u s; L e i b n i ß wandten derſelben ihre ausge⸗ zeichneten Talente zu. Alle aber übertraf hierin der Königs⸗ berger K a n t, gewiß der ſcharfſinnigſte Deutſche, dabei ſtreng tugendhafter Mann, großer Entdecker auf dem Gebiete der Geiſtes⸗ und Seelenkunde. Denn nicht als Metaphyſiker, sondern als Naturforscher der geistigen Welt muß man ihn betrachten. Gemäß der alten Erfahrung, daß Ehre die Tugend begleitet, wie der Schatten den erleuchteten Körper, fand Kant allmälig eine Anerkennung, wie sie deutschen Gelehrten selten zu Theil geworden ist, doch erst nachdem die metaphysischen Schwätzer seiner Zeit lange auf ihn mitleidig herabgeblickt. Damals war eben die französische Revolution ausgebrochen, man beliebte in feindlichem wie in wohlgemeintem Sinne dieses wichtige Ereigniß bloß dem Einflusse der Schriftsteller Voltaire, Rousseau, der Encyklopädisten, beizumessen. Wie mächtig stand auf einmal die Schriftstellerei da! In Deutschland gab es Tausende von Federhelden, die uns Leben gerne auch so wichtig geworden wären — versteht sich zu lauter löblichen Zwecken. — Nun lebte damals unter uns nur Ein Schriftsteller, der großen und sogar, obwohl mittelbar, politischen Einfluß besaß — Kant. Die Gier, es eben so weit zu bringen wie die Franzosen, schrieb Kants Ansehen flugs nicht seiner seltenen Geisteskraft und Tugend, sondern dem Gegenstand zu, mit dem er sich beschäftigt, der Philosophie. Nur mit Metaphysik — so redete man sich ein — könne in Deutschland Glück gemacht werden. Und nun schoßen die Metaphysiker unter uns wie Pilze aus der Erde hervor; es schien als sey die verderbteste Sophistenzeit des alten Griechenlands wieder aus dem Grabe erwacht. Kant glaubte jede künftige Metaphysik und philosophische Dogmatik durch seinen kerngesunden Scepticismus unmöglich gemacht zu haben. Aber wie täuschte er sich! Ein unerhört anmaßender Idealismus kam auf, welche Form der Metaphysik schon an sich die verkehrteste ist, weil sie allein ganz sicher von der Natur abführt. Freilich wie hätten auch die neuen Wunderdenker der Versuchung widerstehen können, Himmel und Erde, Gott und Welt aus ihrem Hirn herauszuspinnen. Das öffentliche Unglück, unsere Erniedrigung durch die Franzosen, welche uns zwang, in Träumereien Trost zu suchen, weil der Himmel ehern über uns war, hat bewirkt, daß selbst die Nation einigen Antheil an den Verirrungen nahm; doch bald wurde das Uebel noch größer. Das erste Geschlecht, das sich in Kant's geistiges Erbe verheerend ge= theilt, ließ wenigstens die christliche Religion unberührt. Das zweite aber, weil es fühlte, daß Metaphysik für sich, als ein windiges Ding, keinen Einfluß auf die Massen gewinne, noch daß man durch solchen dem Staat und seinem Schatze sich empfehlen könne, beschloß, die christliche Religion auf seine Weise zu befruchten. Nun herrschte aber damals in den tonangebenden Kreisen Norddeutschlands, in Folge eines Bodensatzes Voltaire'scher Starkgeisterei, ein großer Widerwille gegen die wesentlichen Lehren des Christenthums, besonders gegen den Glauben an Unsterblichkeit. Denn hat nicht der große Friederich zu einem Anhänger dieses Glaubens gesagt: „Was glaubt ihr denn, werde unser Herrgott mit all dem Ge= sindel elender Menschenseelen dort drüben anfangen? Er kann sie nicht brauchen." Demgemäß galt es für das sicherste Zeichen einer tüchtigen, über den Pöbel erhabenen Denkweise, von jenem Punkte zu denken, wie der König. Hätte nun Schleier= macher Unsterblichkeit gelehrt, so würde man ihn unfehlbar für einen gutmüthigen altgläubigen Gimpel gehalten haben, und Das wäre für einen Prediger, der durchaus in der großen Welt glänzen wollte, unerträglich gewesen. Folglich trug er in seinem selbstgeschaffenen Evangelium das neue christliche Dogma der Sterblichkeit unserer Seelen — welches mit praktischem Atheis= mus zusammenfällt — zwar nicht offen vor, denn Das verbot die Klugheit, ließ es aber doch merken, fügte andererseits — damit Wärme hineinkomme — eine Masse frömmelnder, her= renhuterischer Redensarten von Durchbruch der Gnade, Er= wählung und dergleichen hinzu, sprach — er, der Rechtgläubige — von pelagianischen und anderen Urketzereien, feierte — er, der eiskalte Rechner — das Gefühl über Alles, was besonders den Weibern gefiel, hüllte den wahren, halb spinozistischen Sinn

seiner Erfindungen in mystisches Dunkel — was theils Spe-
kulanten, die gern den Frommen mit Worten spielen wollten,
theils die Dummköpfe anzog — und wölbte sein System endlich
mit dem trefflichen Satze zu: der vorbildliche Christus und der
geschichtliche sind sich gleich, gehen in einander auf. Das heißt,
wie Herr Schleiermacher, der an Geist und Körper gleich
vollkommene Berliner Weise, sich den Stifter unserer Religion
aus selbst erfundenen Einfällen zuschneidet, sey derselbe auch
in Wirklichkeit gewesen. Hat man je die Bescheidenheit so
weit getrieben!! Doch ward Schleiermacher noch von dem
andern großen Gnostiker unserer Tage übertroffen. Hegel,
von stiefmütterlicher Natur, wie alle seine Jugendgenossen bezeugen, und noch mehr, wie die That selbst verbürgt, mit sehr
zweifelhaften Geistesgaben, aber dafür mit einem unbändigen
Großen-Manns-Trieb ausgestattet, suchte ebenfalls auf den Trümmern christlicher Religion Befriedigung. Während andere Gnostiker das Gefühl zu feiern strebten, wandte er, um etwas
Eigenes zu haben, einer derberen Größe sich zu, die er den
reinen Begriff oder gar den absoluten Verstand hieß, dessen
Großhändler zu seyn er behauptete, klammerte sich an die
Kirchenlehre von der Dreieinigkeit, die, nicht dem neuen Testament angehörig, bekanntlich vor 1500 Jahren auf der sogenannten Räubersynode Dauer und Sieg errang, gab vor, den
unergründlichen Sinn derselben ergründet zu haben, und bewies
seine ausschließende christliche Rechtgläubigkeit aus seiner Lehre
vom Nichts, von der seine Logik ausgeht, um freilich auch mit
lauter Nichts zu enden. Aber wenn man ihn hört, so ist es
das christliche orthodoxe Dogma von der Schöpfung aus Nichts,
die er nun, nachdem man sie lange unwissenschaftlich geglaubt,
ächt metaphysisch bewiesen habe. Ueber das liebenswürdige
Kauderwelsch dieses Systems und die wahren Gründe der
Mummerei habe ich mich oben ausgesprochen. Nicht nur am
Christenthum, sondern auch an der Geschichte im Allgemeinen
hat sich der große Geist versündigt, für welche letztere Arbeit

ich ihm jedoch sehr dankbar bin, denn da ist der nackte Werth
des Mannes ganz an Tag gekommen, sofern seine gewöhnliche
Entschuldigung, die Leute verstehen ihn nicht, hier nimmermehr
ausreicht. In der That habe ich selten etwas Einfältigeres
und Dümmeres gelesen, als seine Philosophie oder Weisheit
der Geschichte. Die christliche Religion wird durch die Versuche solcher Menschen nicht verwundet, denn dieselben zerfallen
von selbst in Nichts, nach kurzem Schillern zerrinnen die Sei-
fenblasen verrückter Systemmacherei. Aber der Geschichtschreiber
des Urchristenthums glaubte sich befugt, kühn und frei seine
Stimme über jene Armseligkeiten abzugeben, theils weil ihre
Urheber es für einen Beweis von eigenem Triumph ansehen,
daß Niemand sich die Mühe nimmt, ihnen entgegenzutreten,
theils und hauptsächlich, weil durch Männer, wie S c h l e i e r -
m a c h e r und H e g e l, der historische Geist, besonders im Gebiete
der christlichen Religion, beschimpft und als etwas Verderbliches
verschrieen worden ist. Sie fühlten richtig, daß die Historie es
ist, welche auch heute noch das Tau zu winden versteht, mit
dem man die Händler und Krämer aus dem Tempel hinaus-
werfen kann. Ich habe gesprochen, wie mir der innere Trieb
gebot.

Am Schlusse dieser Jahre lang fortgesezten Arbeit, die
mir so viel Sorge und Freude machte, angekommen, muß ich
noch einige Worte über die Anwendung der in meinem Werke
niedergelegten Resultate beifügen. Kirchliche Gewalt ist für
immer der Klerisei genommen, aber die Macht der Lehre blieb
ihr und wird ihr bleiben; dieselbe beruht auf Ueberzeugung.
Ich hoffe nun, jeder Unbefangene werde mir zugestehen, daß
die Ansicht von Jesu, welche uns strenge historische Forschung
an die Hand gab, im Wesentlichen nicht verschieden ist von
derjenigen, welche von Jeher gläubige, aber dabei verständige
Christen von dem Stifter unserer Kirche gehegt. — Ich behaupte sogar, auch mit dem Lehrbegriffe mancher christlichen
Konfessionen lassen sich die geschichtlichen Resultate im Ganzen

vereinigen, obgleich diese Bekenntnißschriften mehrere einzelne unserer Sätze nicht anerkennen werden. Was hat nun der Religionslehrer zu thun, der von der Wahrheit vorliegender Geschichte Jesu sich überzeugt hat. Soll er Das, was etwa in der hergebrachten Kirchenlehre anders lautet, den historischen Resultaten aufopfern? Nimmermehr! Die Zeit ist vorbei, wo Jeder seine eigene persönliche Meinung dem Volke vortragen zu müssen glaubte, man weiß auch, daß, wenn zwei Dasselbe sagen, es doch nicht Dasselbe ist. Die Konfessionen der einzelnen Parteien drücken die Meinung der ungeheuren Mehrzahl aus, welcher sich in jeder gut geordneten Gesellschaft der Einzelne fügen muß, sie sind überdieß eine Form, die durch Jahrhundert langen Gebrauch sich bewährt hat. Ihnen ordne jeder Lehrer seine persönliche Ansicht unter, er kann es ohne Heuchelei, weil die Geschichte, oder Das, was sich nicht ändert, mit den wesentlichen Punkten jedes christlichen Bekenntnisses im Einklange steht. Denn wenn der Kern derselbe ist, kommt auf das äußere Gewand wenig an. Was aber die gelehrte Behandlung unsers Glaubens oder die Theologie betrifft, so muß sie nothwendig von den träumerischen, philosophischen Abwegen auf den ächten Boden der Geschichte zurückkehren. Jenes metaphysische Geschwätz, das man in Kirche und Wissenschaft einzuschwärzen gesucht hat, schlägt nur zum Vortheil etlicher Gecken aus, die dadurch den Schein eines höhern Wissens erkünsteln, gibt die deutsche Gelehrsamkeit immer mehr dem Spotte der Fremden Preis, und auch die eigene Nation wendet sich allmälig mit Ekel von jenen abgeschmackten Grübeleien ab. Wenn die gelehrte Kaste daher nicht ihren Boden im Volke verlieren will, so ist es hohe Zeit, die Hirngespinnste aufzugeben. Zur Natur, zur Geschichte müssen wir zurückkehren!

Register

Lightning Source UK Ltd.
Milton Keynes UK
UKOW030505210712

196337UK00001B/19/P

9 781108 053686